W0390097

YÉMEN, LES GUERRES DES BONNES AFFAIRES

Société

La collection « Société » propose des ouvrages et des documentaires témoignant d'un point de vue sociologique, anthropologique, historique, voire politique, des temps présents. Son objet est de proposer un regard complémentaire sur l'actualité et de se forger ainsi une réflexion plus profonde et personnelle.

ISBN : 978-2-491031-33-6
www.exuvie.fr

Couverture : Geneviève Gaukler
Maquette : Marion Goux, Sandy Rémy
Illustrations intérieures : Amani Albaba

Romain Molina & Buthaina Faroq

YÉMEN, LES GUERRES DES BONNES AFFAIRES

Al-Qaïda, Total et ONU : pillages organisés

exuvie
ÉDITIONS

NOTE DE L'ÉDITEUR

Quel lecteur pourrait bien s'intéresser à un livre de fond sur le Yémen ? Quel serait l'intérêt de mobiliser plusieurs heures de son temps sur le quotidien tragique d'une contrée lointaine ? Et pourquoi déplier en 350 pages la noirceur moderne de l'Arabie heureuse dans une époque déjà bien triste ?

La réponse pourrait être que chacun, prostré face à l'incompréhension du monde dans lequel il évolue, cahin-caha, voudrait combler ces zones béantes où folie et injustice viennent s'immiscer. À l'heure où les chaînes d'information en continu font défiler de droite à gauche des textes lénifiants sur la hausse des coûts énergétiques en Europe en même temps que des images d'une guerre en Asie, des interviews d'économistes nordiques ou des résumés de matchs de football sud-américains… où chaque événement est *tweetté* à la nanoseconde, commenté, recommenté… Cela aboutit à un amas de mots à partir desquels on ne peut plus rien former. On observe au mieux des réels qui se superposent 24h/24 sans pouvoir créer des liens logiques ni en tirer une pensée rationnelle. Une actualité succédant à une autre. Les pièces du puzzle demeurent éparpillées sous nos yeux, mais nous sommes impuissants à les assembler.

Souvent, pour comprendre un phénomène global, il convient d'aller décortiquer un point de détail et de faire confiance à la puissance du mouvement fractal. C'est-à-dire la réplication schématique exacte d'un microcosme jusqu'au macrocosme auquel il appartient.

Yémen, les guerres des bonnes affaires est exactement cela pour moi. Romain Molina et Buthaina Faroq nous offrent la possibilité de comprendre le monde contemporain avec leurs regards microcosmiques conjugués. Car la lecture de cet ouvrage nous évoque rapidement que ce pays, bien loin de capter l'attention médiatique comme la Lybie ou la Syrie, représente un condensé presque total de tout ce qu'on retrouve comme énigmes de notre temps : conflits nébuleux, argent, ingérence, corruption, ressources énergétiques, sexe, pauvreté, injustice, maltraitance, services secrets, censure, manipulations médiatiques étrangères, assassinats, terrorisme... Une véritable plongée dans les abîmes de l'humanité.

Pour toute exploration, il faut un capitaine. Ce sera ici le président Saleh qu'on suivra au fil de son règne tel Marlow dans *Au cœur des ténèbres* de Joseph Conrad. Une descente aux enfers en cinq parties qui nous conduisent à l'asphyxie. Romain Molina, naviguant de faits historiques en révélations géopolitiques, sans rien gommer du grotesque le plus répugnant, nous propose trente et une escales en terre yéménite. Forte de l'expertise de Buthaina Faroq, son écriture nous conduit à la folie totale, touchant ce qu'il y a de plus vil dans l'humain, ses vices et sa perversion. Le meurtre gratuit, la torture, la marchandisation de corps, la corruption, l'infanticide, la trahison, la manipulation, la vénalité des grandes puissances occidentales générant une pauvreté persistante. Affluents serpentant qui se mêlent et s'entremêlent.

Romain Molina a construit ce livre comme un récit caressant le romanesque, nous permettant de voguer sur ces marécages de manière presque agréable, grâce à une plume élégante. Tout ce travail quotidien de révélations d'affaires sur des réseaux sordides lui a donné une tonalité plus incisive, presque chirurgicale, où le jugement et la passion sont laissés à la discrétion du lecteur. Romain fait le sale boulot pour nous : il plonge les mains jusqu'aux coudes là où l'on n'ose à peine effleurer du regard. Ayant accès à quelques coulisses de son travail depuis nos trois années de collaboration, j'ai développé une très haute estime, un respect profond pour son combat quotidien à dénoncer les injustices les plus infâmes, avec une probité qui devrait faire rougir toute une caste de journalistes bien aphasiques.

Cher lecteur, je ne souhaite qu'une chose avec ce livre : que tu comprennes que ce Yémen dépeint par Romain Molina et Buthaina Faroq ne se trouve pas seulement à des milliers de kilomètres, il se trouve également derrière notre porte, où s'exécute journellement l'extraordinaire banalité du mal. Et tu tiens là, entre tes mains, une formidable clé de décryptage.

Fabien Moine
Fondateur des éditions Exuvie

SOMMAIRE

Sanaa
Al-Hodeidah
Ibb
Taez
Aden

Mahra
areb
Mukalla

PRÉFACE

Je viens d'un pays oublié qui s'appelait autrefois *Arabia Felix*[1]. Un pays que l'on croyait autrefois être le pays du phénix. Ce pays, le Yémen, de nos jours peu connu, brûle depuis des années. Cependant, contrairement au phénix, il ne renaît pas de ses cendres. Je l'ai quitté il y a presque six ans et n'y suis jamais retournée. Je l'ai quitté physiquement, mais mon âme y est restée.

En tant que Yéménite, ma vie entière est déterminée dès le jour de ma naissance. Mon destin et mon avenir dépendent principalement de qui sont mes parents, de ma tribu et de la ville d'où je viens : des choses que je n'ai pas choisies, mais qui déterminent ce que je pourrais être et comment je devrais être traitée pour le reste de ma vie. La majorité des Yéménites savent qu'à moins de naître dans une famille de cheikhs tribaux, de hauts fonctionnaires corrompus ou de parents riches, vous aurez probablement peu de chance de vous épanouir.

En tant que Yéménite, je dois m'attendre à être considérée comme une terroriste, car on ne voit ma patrie qu'à travers le prisme d'Al-Qaïda. Très tôt, j'ai appris qu'un Yéménite doit s'attendre à être tué par un drone américain en allant à l'école, en priant à la mosquée ou en rentrant à la maison, peu importe qu'il s'agisse d'un enfant, d'une femme ou d'une personne âgée. Ceci sans jamais espérer recevoir aucune excuse. Votre vie entière serait anéantie : vos rires, vos larmes, vos rêves, vos ambitions, votre avenir, votre famille, vos souvenirs et votre présence auraient à jamais disparu et vous seriez tout de même considéré comme une erreur mineure, un dommage collatéral. Votre personne deviendrait un chiffre ou une quelconque statistique pouvant

1. L'Arabie heureuse.

être utilisée dans les rapports des agences et organisations internationales, afin de les aider à faire leurs collectes de fonds. Ceci est la triste réalité.

Depuis ma naissance, le pays était dirigé par un président qui semblait être aux manettes depuis toujours. Il s'agissait d'Ali Abdullah Saleh, un président malicieux qui régna pendant trente-trois ans. C'est le seul président que j'ai connu jusqu'à mes 20 ans. Je me souviens avoir regardé de nombreuses interviews de lui : toujours assis, les jambes croisées et la tête haute. Il me paraissait si narcissique et égoïste. Dans la plupart de ces interviews télévisées, je l'entendais tout le temps se décrire comme un danseur glissant sur la tête des serpents. Par contre, ce que j'ai toujours fermement cru, c'est que c'était lui le serpent qui avait suffoqué 30 millions de personnes. Cet homme était le marionnettiste qui avait manipulé tous les pouvoirs politiques et éliminé toute présence de véritables partenaires pour l'unification du pays. Saleh n'avait jamais vraiment eu l'intention de construire un État fort et moderne. Bien au contraire, il avait concentré tous les pouvoirs afin de maintenir sa position. Il avait divisé la société pour pouvoir gouverner.

Le Yémen est un pays mono-ethnique et non sectaire, néanmoins, Saleh avait réussi à semer les graines de la haine au sein de la société. Il avait intentionnellement marginalisé la plupart des régions et ses hommes de main mettaient de l'huile sur le feu en répandant des rumeurs sur de nombreuses villes, tout en stéréotypant leurs habitants.

Saleh était corrompu jusqu'à la moelle et les gouvernements des États soi-disant développés et civilisés étaient parfaitement au courant. Il avait utilisé des éléments d'Al-Qaïda pour se débarrasser de ses rivaux dans le Sud et, plus tard, il présenta son pays comme une terre d'accueil pour les terroristes afin de pouvoir continuer à faire chanter les autres nations. Cet homme n'avait aucun principe. Pourtant, ironiquement, il n'était ni idéologique, ni sectaire. Cet homme était simplement un dirigeant narcissique corrompu qui avait probablement trouvé des excuses pour légitimer ses actions. Il aimait se présenter comme l'artisan de l'unification et le protecteur de la république, tout en ignorant le fait qu'il avait commencé à éliminer les véritables partenaires juste après l'unification. Saleh, ou Afash, comme on l'appelait au Yémen, pensait qu'il pouvait réécrire l'histoire ; il se croyait omnipotent. Après tout, il était celui qui, seul, avait siégé sur le trône maudit et ensanglanté du Yémen durant trente-trois années.

En 2011, c'était différent. J'avais une vingtaine d'années lorsque débuta le Printemps arabe. Deux dictateurs avaient été renversés par la volonté de leur peuple et nous pensions que nous pouvions en faire autant. Des jeunes de tout le Yémen étaient venus participer aux rassemblements sur les différentes places des villes de Sanaa, Taez, Aden, Al-Hodeïda et bien d'autres. Nous étions des millions à rêver à un avenir meilleur. Nous étions animés par notre grande ambition et notre rêve d'avoir un véritable État démocratique, où nous pourrions jouir des droits les plus élémentaires. Les jeunes étaient invincibles : plus on les attaquait, plus persévérants ils devenaient. Nous avions le sentiment d'avoir enfin une vraie voix et d'être finalement entendus. Le monde entier écoutait nos chants et nous gagnions le respect de tous. Mais la vérité était accablante : nous n'avions, en fait, aucun projet tangible. Nous avions la volonté de changer le régime injuste et nous pensions que tous nos problèmes disparaîtraient alors pour toujours. Mais hélas, le sort nous réservait d'autres choses plus cruelles. La révolution qui avait été lancée par ces jeunes, animés par une pure volonté de changement, fut confisquée sous leurs yeux. Ils virent les criminels rester impunis et même récompensés pour leur participation dans la phase de transition, et leurs rêves se briser un à un. Malgré tout cela, le pire restait encore à venir.

Le coup d'État des houthis partit du village de Dammaj. Comme tout le monde, j'étais troublée par ce qui s'y passait. Puis nous entendîmes dire que les houthis se déplaçaient vers Amran, où je vivais à l'époque. Ce furent des jours difficiles. Nous entendions les bombardements et les attaques constantes de toute part et en moins de deux mois, la ville entière était contrôlée par les houthis. Et puis boum ! Sanaa fut envahie par les houthis et Saleh. C'est à partir de ce moment que ma vie et celle de millions de Yéménites changèrent de façon dramatique.

Tout se passait si vite. Chaque jour, des jeunes gens disparaissaient. Tout au mieux, ils étaient tués et leurs familles avaient alors l'occasion de récupérer leur corps. Au matin, nous nous réveillions souvent à la terrible nouvelle que les membres d'une famille avaient été tués par une attaque des houthis ou une frappe aérienne. Leurs vies envolées, comme ça, en un clin d'œil : ils disparaissaient comme s'ils n'avaient jamais existé. Ces familles, tombées dans l'oubli, étaient autrefois bien là, saines et sauves. Ce n'étaient ni des terroristes, ni des combattants. Ces gens étaient mon peuple, mes voisins, mes amis, mes parents, mes collègues. Ils étaient simplement des Yéménites. Je me souviens que nous nous préparions pour l'Aïd, qui était deux jours plus tard. Il était midi passé lorsque nous entendîmes le familier vrombissement des avions de la coalition. Comme à l'accoutumée, nous pensions qu'ils allaient attaquer le camp militaire de la rue al-Qishla à Amran. Un peu plus tard, nous recevîmes les pires nouvelles. Cette fois, ils avaient visé une maison adjacente au camp et trois membres de la famille qui vivait là furent tués : le père, la mère et un des fils. Le corps du garçon fut retrouvé en premier, puis ceux des parents. Les autres frères et sœurs furent gravement blessés. Je me souviens encore du nom du père, bien que je ne l'aie jamais rencontré, ni lui ni sa famille ; il s'appelait Abdullah Ali Al-Zubairi. Je n'ai jamais oublié ce qui s'était passé. Je crois qu'il est de mon devoir de rappeler au monde entier son histoire. Je ne peux le ramener à la vie : ni lui, ni sa femme, ni son enfant. Je ne peux non plus aider le reste de sa famille à se remettre du traumatisme qu'ils ont subi et je ne sais même pas où ils sont à présent. La moindre chose que je puisse faire est de mentionner son nom ici, le rappeler, faire revivre son histoire pour qu'il ne devienne pas une statistique de plus.

Deux ans plus tard, j'avais déjà quitté le Yémen lorsque j'appris que Riham al-Badr et sa collègue Mu'men Saeed Hammoud avaient été prises pour cible par les houthis dans la ville assiégée de Taez. Riham était une activiste ; elle et sa collègue furent ciblées et tuées alors qu'elles étaient en mission d'aide humanitaire. Malgré son jeune âge, Riham avait dédié sa courte vie à aider les habitants de sa ville ; elle est morte alors qu'elle était en train de les aider. Riham, la Sainte, n'était pas une combattante. C'était juste une jeune femme qui ne supportait pas de voir son peuple mourir de faim à cause du siège imposé par les houthis. Sa seule erreur aura été d'aller aider les gens dans le besoin et elle en a donc payé le prix, exécutée par une grêle de balles tirées par un *sniper* houthi, un lâche, caché dans les montagnes surplombant la ville, pratiquant son passe-temps favori : la chasse aux innocents.

Ma mémoire est pleine d'images horribles et d'histoires tragiques qui ne peuvent être toutes mentionnées ici. Mais au moins, dans ce livre, nous pouvons parler des Yéménites au reste du monde. Nous pouvons au moins faire la lumière sur leur tragédie. Nous pouvons raconter les histoires de grands jeunes hommes comme Hilal, l'athlète yéménite qui rêvait de gravir la montagne de la gloire du sport et de hisser au sommet, haut vers le ciel, le drapeau de sa patrie, mais qui est mort en tentant de réaliser ce rêve. Nous pouvons dire au reste du monde que les Yéménites n'ont jamais été des terroristes, que ce sont des gens formidables qui aiment la musique et peuvent cuisiner les meilleurs mets que vous puissiez goûter. Ils sont pleins de vie et peuvent oublier la guerre en un clin d'œil si leur équipe nationale de football jeune gagne un tournoi ou si le concert de l'orchestre yéménite est diffusé en direct. Ce sont les personnes les plus résilientes que vous puissiez rencontrer. Ces gens formidables peuvent faire des blagues sur tous les sujets et même rire de leur propre sort. C'est un peuple qui survit et qui résiste encore, malgré toutes les destructions et les effusions de sang. Ces gens qui, je le crois, renaîtront de leurs cendres et retrouveront la place qui leur revient, un jour, même si je ne suis plus de ce monde pour en témoigner.

Ce livre n'est pas seulement une analyse des événements qui ont détruit le pays et l'ont conduit à sa ruine. C'est plutôt une dédicace aux personnes venant de ces contrées oubliées, qui n'ont rien d'autre qu'un rêve : celui d'avoir une vie normale dans leur pauvre et bien-aimé pays où ils pourront, un jour, jouir de leurs droits fondamentaux.

Buthaina Faroq
Traduction de Leslie Gallicchio

GLOSSAIRE

Les houthis

Mouvement politique et armé d'obédience zaydite, un courant du chiisme, qui a pris le contrôle de Sanaa et du Nord du pays. Soutenu par l'Iran.

Le gouvernement dit « légitime »

La communauté internationale ne reconnaît pas les houthis, mais le gouvernement élu avant le début de la guerre durant la transition politique. Exilé à Riyad puis Aden, il était présidé par Abd Rabbo Mansour Hadi, puis par Rashad Al-Alimi, qui dirige le Conseil de direction présidentiel depuis le 7 avril 2022.

La coalition

Menée par l'Arabie saoudite, cette coalition regroupait originellement neuf pays arabes ayant répondu à l'appel à l'aide du président Hadi. L'intervention militaire, composée surtout de raids aériens, devait bouter les houthis hors de la capitale pour permettre au gouvernement légitime de retrouver son pouvoir.

Le STC

Conseil de transition du Sud, un mouvement politisé et armé voulant l'indépendance du Yémen du Sud. Incorporé au gouvernement légitime, le STC, très influent à Aden, est soutenu par les Émirats arabes unis.

Les forces de résistance nationale

Dirigé par Tareq Saleh, l'un des neveux de l'ancien président Ali Abdullah Saleh, ce mouvement politique et armé combat les houthis à l'ouest du pays. Il est soutenu par les Émirats arabes unis.

Le mouvement sudiste

Une autre branche politique luttant pour l'indépendance du Yémen du Sud. Ayant refusé le soutien des Émirats arabes unis, le Southern Movement était en bisbille avec le STC depuis des années avant qu'une accalmie ne soit trouvée.

Le Congrès général du peuple

Parti politique fondé par Ali Abdullah Saleh en 1982, qui resta au pouvoir durant l'ensemble de son règne et celui de Abd Rabbo Mansour Hadi.

Al-Islah

Parti politique fondé en 1990 sous l'influence du front islamique, une milice des Frères musulmans émergeant dans les années 1980. Originellement formée avec la bénédiction d'Ali Abdullah Saleh, Al-Islah deviendra le principal parti d'opposition.

AQPA

Fusion en janvier 2009 des branches saoudiennes et yéménites d'Al-Qaïda pour former Al-Qaïda dans la péninsule arabique.

WFP (World Food Program)

Programme alimentaire mondial de l'ONU.

GCC

Abréviation du Conseil de coopération du Golfe, une organisation régionale comprenant l'Arabie saoudite, le Bahreïn, les Émirats arabes unis, le Koweït, le Qatar et le Sultanat d'Oman. Le Yémen n'en est pas membre même s'il a été intégré à certains accords (culturels et sportifs, notamment).

Sanaa

Capitale du Yémen.

Aden

Capitale temporaire du Yémen où le gouvernement légitime s'est réfugié depuis le 7 mars 2015.

République arabe du Yémen

Nom officiel du Yémen du Nord, un pays ayant existé de 1962 à 1990.

République démocratique populaire du Yémen
Nom officiel du Yémen du Sud, un pays ayant existé de 1967 à 1990.

Royaume mutawakkilite du Yémen
État dirigé par un imam de confession zaydite entre 1918 et 1962, bien que le royaume continuât de revendiquer son statut jusqu'en 1970 et la reconnaissance officielle de la République arabe du Yémen par l'Arabie saoudite.

Protectorat d'Aden
Dès 1839, les Britanniques s'établirent à Aden où ils formèrent en 1886 le protectorat du même nom. Grâce à des traités signés avec des souverains locaux, les frontières du protectorat s'étendaient jusqu'au Sultanat de Mascate et Oman.

DATES PRINCIPALES DE L'HISTOIRE MODERNE DU YÉMEN

26 septembre 1962	Révolution au Yémen du Nord et proclamation de la République arabe du Yémen.
14 octobre 1963	Début des combats contre les forces britanniques à Aden, connu comme la révolution d'octobre.
30 novembre 1967	Retrait de la présence britannique au Sud et proclamation de l'indépendance de la République populaire du Yémen.
1er décembre 1970	La République populaire du Yémen devient la République démocratique populaire du Yémen suite à la prise du contrôle par la branche marxiste.
17 juin 1978	Ali Abdullah Saleh est élu président de la République arabe du Yémen.
22 mai 1990	Unification des deux Yémen.

4 mai-7 juillet 1994	Guerre civile entre le Nord et le Sud.
12 octobre 2000	Attentat contre l'USS Cole, un navire américain amarré à Aden. Revendiquée par Al-Qaïda, l'attaque tua 17 personnes.
19 juin 2004	Début des six guerres de Saada.
11 février 2011	Jour considéré comme le véritable début de la révolution de la jeunesse yéménite.
21 février 2012	Abd Rabbo Mansour Hadi est élu président.
27 février 2012	Passation de pouvoir entre Ali Abdullah Saleh et Abd Rabbo Mansour Hadi.
4 septembre 2014	Les houthis, avec l'aide de Saleh, prennent le contrôle de Sanaa.
21 février 2015	Assigné à résidence à Sanaa, Abd Rabbo Mansour Hadi parvient à s'échapper et se réfugie à Aden.
7 mars 2015	Abd Rabbo Mansour Hadi annonce Aden comme nouvelle capitale intérimaire.
26 mars 2015	Début de l'opération tempête décisive marquant l'intervention de la coalition arabe.
2 décembre 2017	Ali Abdullah Saleh rompt officiellement son alliance avec les houthis.
4 décembre 2007	Ali Abdullah Saleh est tué par les houthis.
7 avril 2022	Abd Rabbo Mansour Hadi transfère ses pouvoirs au Conseil de direction présidentiel (qui contient sept membres) dirigé par Rashad Al-Alimi.

I.
L'ÉPOPÉE DE HILAL AL-HAJJ

I. LES DOUZE TRAVAUX DE HILAL

« Il m'a dit à quel point il m'aimait, à quel point je lui manquais. Il a parlé de notre vie, de notre amour, puis m'a expliqué que son téléphone serait probablement hors service pendant un moment : "Ne t'inquiète pas. Si tout se passe comme prévu, je t'appellerai une fois que j'aurai rejoint ma destination." Je lui ai reproché de ne pas m'avoir tenue au courant de son plan et du lieu où il comptait se rendre. Mais ce message, il ne l'a jamais lu » (Wafa Ali, fiancée de Hilal Al-Hajj).

Champion national de kung-fu, Hilal Al-Hajj représente fièrement le Yémen lors des diverses compétitions mondiales auxquelles il se qualifie. À l'image de millions d'autres jeunes yéménites, sa vie est cependant bouleversée depuis septembre 2014 par les prémices d'une guerre civile s'étant transformée depuis en un interminable conflit international. ■

16 septembre 2019, Londres. Le soleil s'élève timidement au-dessus des nuages embrumant la capitale anglaise. Il n'est pas tout à fait 7 heures du matin que le trafic s'amoncelle déjà dans l'ouest londonien. Au milieu des automobilistes pressés de rejoindre leur lieu de travail, des bus rouges à deux étages et des *cabs*, ces fameux taxis noirs dont le compteur avance plus vite que la circulation, les passants se frayent un chemin jusqu'aux bouches de métro les plus proches de leur domicile. Loin de cette agitation matinale, caractéristique des grandes métropoles, Wafa Ali se réveille doucement d'une nuit agitée.

La jeune Yéménite, la vingtaine passée, a encore eu du mal à trouver le sommeil hier, tracassée par son fiancé, Hilal. « Il m'a avoué qu'il me cachait quelque chose et qu'il m'en parlerait seulement lorsque le moment serait venu. J'ai pensé qu'il me trompait... » Reprenant sa respiration, Wafa poursuit avec sa douceur habituelle. « Mais non. Il m'a assuré que ce n'était pas ça, que c'était quelque chose d'autre [...]. Ce soir-là, on a donc parlé comme d'habitude jusqu'à ce qu'il sorte jouer aux cartes avec ses amis. Je suis donc partie me coucher. »

Au réveil, en allumant son téléphone et l'application WhatsApp, elle écoute le long message audio de Hilal. « Il m'a dit à quel point il m'aimait, à quel point je lui manquais. Il a parlé de notre vie, de notre amour, puis m'a expliqué que son téléphone serait probablement hors service pendant un moment : "Ne t'inquiète pas. Si tout se passe comme prévu, je t'appellerai une fois que j'aurai rejoint ma destination." Je lui ai reproché de ne pas m'avoir tenue au courant de son plan et du lieu où il comptait se rendre. Mais ce message, il ne l'a jamais lu... »

En sortant de sa chambre de fortune à l'aube, Hilal coupe effectivement son téléphone. Dans quelques heures, il a rendez-vous avec un passeur devant lui permettre de rejoindre l'Europe, ultime étape d'un périple entamé il y a déjà plus d'un an. Yémen, Égypte, Indonésie, Algérie, Maroc : le voyage a été long, épuisant, mais il touche à sa fin, promis. « Il rêvait d'être champion du monde de kung-fu[2] », enchaîne Wafa. « Sauf que la guerre a éclaté. Il était vraiment angoissé, il en souffrait. Ce conflit, cette négligence, cette injustice... Il se sentait impuissant. C'est pourquoi il a décidé de quitter le pays pour étudier et continuer à faire ce qu'il appréciait le plus dans la vie : le kung-fu. Il croyait en lui, en son talent. Il me disait toujours que même s'il devait émigrer, il représenterait toujours le Yémen. »

Enfant, Hilal a fait ses premiers pas à Kharif, un village montagneux bordé de vignes à une heure et demie au nord de la capitale. « On

2. Officiellement, le nom de la discipline s'appelle *wushu*.

est parti si jeune qu'on ne se souvient même plus de notre maison natale », confie Saeed, le frère aîné. En s'installant dans la demeure du grand-père maternel, dans les quartiers ouest de la merveilleuse Sanaa, la famille Al-Hajj espérait donner un avenir à ses trois enfants : Saeed, Hilal et Hameed. « Notre père bossait pour une compagnie de travaux routiers en Arabie saoudite », continue le grand frère. « Il travaillait dur pour nous assurer une vie décente. On souffrait parfois financièrement car notre père, comme n'importe quel expatrié yéménite, était exploité par les gens pour lesquels il travaillait. Mais généralement, ça allait. Il nous a même envoyés dans une école privée, l'Arabic Unification Modern School. »

Faisant les allers-retours entre les chantiers saoudiens et sa famille vivant au Yémen tous les deux ans et demi environ, Ali Mohammed avait l'habitude de ramener quelques surprises à sa femme et ses enfants. « Il revenait avec les CD des films de Jackie Chan et Bruce Lee », sourit Saeed. « J'étais hypnotisé par Bruce Lee ! Je voulais faire comme lui, donc j'ai cherché des endroits à Sanaa pour apprendre le kung-fu. À cette époque, il n'y avait qu'un ou deux clubs. On a réussi à s'inscrire dans l'un d'entre eux avec deux de mes cousins. C'est à partir de là que j'ai enseigné ce que j'apprenais à mes frères. »

Nonchalamment installés sur l'une des banquettes marron et beige du *diwan*, la plus ample pièce d'une maison yéménite où la famille accueille normalement ses invités[3], les trois frères aimaient allumer le téléviseur pour contempler *La Fureur du Dragon*, leur film préféré se terminant avec le mythique combat entre Bruce Lee et Chuck Norris. « On sortait dans les rues avoisinantes pour répéter leurs mouvements », rigole Saeed. Plus grand, plus fort, l'aîné enchaînait alors les démonstrations sous le regard émerveillé de ses frangins et des enfants de Madbah, un quartier au nord-ouest de Sanaa où les Al-Hajj avaient construit une bâtisse en ciment de deux étages. « Hilal et notre maman prenaient soin du jardin ; ils ont même fait pousser des arbustes. De toute façon, ils étaient toujours ensemble. Hilal, c'était son chouchou [rires]. » Aimante, généreuse, protectrice, Zahra Hussein Quasila était une mère au foyer qui veillait toujours à ce que ses trois enfants ne manquent de rien, et surtout pas d'activités sportives. « Après m'être bien intégré au club, j'ai emmené Hilal et Hameed aux entraînements », rappelle l'aîné. « Lorsque notre coach

3. Le *diwan* est aussi la pièce où les hommes se réunissent pour mâcher le khat. Originellement très répandu dans le Nord, le *diwan* s'est diffusé également dans le Sud du pays. Rares sont aujourd'hui les nouvelles maisons sans cette pièce qui peut aussi accueillir des femmes.

chinois a regardé Hilal s'entraîner, il a insisté pour qu'il s'inscrive immédiatement. Six mois après, il participait à son premier tournoi officiel, au niveau local. Il est rentré à la maison avec la médaille d'or. Sa carrière venait de débuter. »

Employé par le ministère de la Jeunesse et des Sports yéménite, l'entraîneur chinois Zou Rong a développé une relation particulière avec le jeune homme au regard perçant. « Il nous disait qu'il était l'exemple à suivre », confirme Youssef Ali Alkhadhari, un membre de l'équipe nationale de kung-fu. « Il nous répétait que Hilal serait un jour champion du monde. Il en était persuadé. » Conscient de sa volonté herculéenne, Rong poussait son protégé dans ses retranchements. « Il aimait tellement Hilal qu'il en était parfois dur avec lui », corrobore Hamed Abdullah Ahmed Al-Matar, un de ses plus proches amis. « Rong est la personne qui a préparé Hilal de A à Z. S'il est devenu un incroyable athlète, c'est grâce à lui. »

Champion national des moins de 60 kilos, le natif de Kharif a représenté le Yémen dans diverses compétitions internationales, remportant le championnat arabe de 2013 en Jordanie et décrochant une médaille de bronze aux Jeux de la solidarité islamique de 2017 en Azerbaïdjan. « Honnêtement, il était le meilleur combattant en art martial du pays », loue Hamed, lui-même champion yéménite de kick-boxing. « Quand on s'entraînait ensemble, personne ne pouvait penser qu'on était les meilleurs amis dans la vie de tous les jours [rires]. On se mettait de vrais coups, on se donnait à fond. On rêvait tous les deux d'être des champions internationaux... La seule solution, c'était d'apprendre les techniques nécessaires, de repousser nos limites, et dépasser notre seuil de résistance à la douleur afin de solidifier nos corps car nous n'avions pas les ressources pour être des athlètes de premier plan. Chez nous, c'est comme ça : il faut toujours surmonter plein d'obstacles. »

179ᵉ nation sur 189 à l'indice de développement humain en 2019, le Yémen est le parent pauvre de la riche péninsule arabique. Disposant des plus faibles réserves d'hydrocarbures de la région, ses gisements sont exploités depuis la fin des années 1980, mais ils servent simplement à tenir sous perfusion un État faible et clientéliste. Rien à voir avec les puissantes monarchies voisines où les milliards tirés des énergies fossiles s'étalent à perte de vue. Gratte-ciels vertigineux, centres commerciaux luxueux, musées futuristes ou stades de football climatisés : toutes les constructions possibles semblent sortir de terre comme par enchantement. Pour Doha, Dubaï ou Riyad, chaque jour est une occasion de croître tandis que les villes yéménites restent immobiles, figées dans le temps de leur ancestrale beauté. Pas d'architecture bétonnée, pas de grandes enseignes à chaque coin de rue, pas d'uniformisation des cultures : le Yémen reste aussi pur que sauvage. Le passant peut ainsi cheminer à travers les ruelles de la capitale au gré des siècles ou de son imagination qu'il ne verra pas de différence ; Sanaa n'a pas d'âge, et c'est pour ça qu'elle est aussi belle.

La mondialisation est bien venue, comme quelques multinationales séduites par le potentiel du lieu[4], mais elle ne s'est pas arrêtée, échaudée par l'instabilité économique et politique. « C'est très dur d'imaginer un futur ici », souffle Hamed, pourtant multi-champion de kick-boxing. « Même avant la guerre, quel était notre avenir ? » Payés mensuellement par le ministère de la Jeunesse et des Sports entre 15 000 et 20 000 rial yéménites, l'équivalent de 20 ou 25 dollars selon le taux de change, Hamed, Hilal ou Youssef n'ont jamais pu se dédier complètement à leur art. « Le sport n'est pas rentable », confirme ce dernier. « Quoi que tu fasses, personne ne te regarde, personne ne te considère comme un champion dans ton propre pays. Nous n'avons pas de sponsor, rien. On ne peut compter que sur nos propres économies pour faire ce qu'on aime. » Un constat alarmant qui concerne tous les sports, même le plus populaire d'entre tous : le football. « Quand j'étais enfant, je jouais dans la rue, dans des terrains vagues, à l'école, de partout », se remémore Muaadh Abdulkhalek, l'un des plus grands gardiens de but yéménites. « Il y avait toujours une occasion de taper dans un ballon. »

Comme chaque nation arabe, le Yémen a une passion frénétique pour le football. Depuis son introduction dans les années 1880 par des Britanniques stationnés à Aden, la capitale du Protectorat d'Aden qui divisait alors le pays en deux[5], le *beautiful game* s'est développé rapidement sur l'ensemble du territoire. Populaire, pratiqué dans les campagnes et les grandes villes, principalement à Aden et Sanaa où les *derbies* drainent des dizaines de milliers de spectateurs, le football yéménite n'a pourtant jamais réussi à obtenir de résultat : aucune participation à la Coupe du Monde, aucune victoire à la Coupe du Golfe, et une seule qualification à la Coupe d'Asie marquée par une élimination dès la phase de groupes avec trois défaites sans le moindre but inscrit !

4. Marriott International a ouvert un hôtel Sheraton à Sanaa en 1980, tandis que Accor a inauguré deux hôtels Mercure (quatre étoiles) : le premier en 1996 à Sanaa, le second en 1998 à Aden. Le Sheraton a changé de propriétaire en 2017, devenant le Grand Address.
5. L'Empire ottoman disposait du Yémen du Nord. Le Protectorat d'Aden, appartenant aux Britanniques, occupait le Sud. Le Yémen du Nord a obtenu son indépendance en 1918, et le Yémen du Sud en 1967 après avoir été intégré à d'autres entités.

« On a du talent », soutient Abdulkhalek, aujourd'hui entraîneur des gardiens de la sélection nationale. « En jeunes, on gagne très souvent nos voisins en U16 ou en U18 ; on s'est même qualifié à un Mondial (U17 en 2003). C'est ensuite que les soucis arrivent. On ne s'occupe pas de tout ce qui touche à la préparation, aux entraînements, à la diététique, au repos, à tout ce qui permet à un joueur de faire une carrière professionnelle. Il n'y a pas de suivi, pas de coachs qualifiés pour faire comprendre l'importance d'aller en salle de musculation, de comment s'alimenter avant un match... Notre problème, ce n'est pas le terrain, c'est tout ce qu'il y a en dehors. On a le talent, mais pas la structure autour. C'est un peu l'inverse de nos voisins. »

Un paradoxe, un de plus ; c'est le destin réservé à la contrée que les Grecs surnommaient l'Arabie heureuse[6]. « On a un tel souci de corruption que cela engendre des difficultés dans les sports collectifs où le mérite ne repose pas sur la seule compétence », analyse Murad Subay, un artiste spécialisé dans le street-art aujourd'hui installé en France. « C'est peut-être pour ça qu'on a plus de réussite dans les disciplines individuelles. Nos sportifs voyagent eux-mêmes pour participer à des camps d'entraînement, se préparent eux-mêmes, ils ne demandent rien à personne. J'ai vécu ça, je connais [rires]. »

Comme les trois frères Al-Hajj, Murad Subay est tombé dans la marmite des arts martiaux quand il était tout petit. « C'était en 1995, j'avais 8 ans », sourit-il. Débarquant à Sanaa depuis Dhamar, sa cité natale à une centaine de kilomètres au sud de la capitale, un autre monde s'était ouvert à lui. « Quand on quitte son village pour la ville, même enfant... C'est la nature humaine, ce n'est pas propre au Yémen. Notre père travaillait loin de la maison, il nous a appris à nous débrouiller seuls. J'ai donc fait du karaté avec mon frère aîné. C'était une manière d'apprendre à nous défendre, à savoir comment réagir au cas où il nous arrivait quelque chose. »

Le regard profond, la chevelure touffue, les traits tirés, le Banksy yéménite retrace son passé de sportif avec la voix chantante d'un adolescent passant ses journées à suer dans un dojo rafistolé du centre de Sanaa. « J'ai terminé ceinture noire de judo, mais surtout troisième au championnat national des moins de 18 ans de ma catégorie. Je pesais 60 kilos à l'époque, un lointain souvenir [rires]. Le judo a été

6. Surnommée en grec « *Arabia eudaimon* », l'expression a été traduite en latin comme « *Arabia felix* », soit l'Arabie fertile en référence aux montagnes et terres irriguées du Nord du Yémen, en opposition au désert aride et poussiéreux d'Arabie saoudite. Par la suite, le surnom a été également traduit comme Arabie heureuse avec la mythification allant avec ; voir les travaux de Jan Retsö.

une large part de mon quotidien, je me suis donné corps et âme. Pour donner un exemple, ma main a été disloquée neuf fois ! Les trois derniers mois avant le championnat, j'ai subi des injections au dos tellement je souffrais ; j'en ai même gardé des séquelles. J'ai aussi cassé un de mes os en dessous de ma nuque durant la compétition, c'est comme ça... Je ne regrette rien, ça m'a enseigné beaucoup de choses. » Marquant une pause, il s'exclame avec un rictus : « Ce n'est pas facile de se souvenir de ces moments car ça commence à remonter ! C'est la première fois qu'on me demande d'évoquer ma précédente vie, celle d'athlète. » Comme chaque artiste, Murad a effectivement eu plusieurs existences, mais comme Yéménite, il en a probablement eu le double. « En 2016, j'ai passé un peu de temps à Londres – j'avais 29 ans. Quand un de mes amis a appris mon âge, il a été surpris : "Tu parais plus vieux." Je lui ai répondu : "Oui, c'est parce que je vis au Yémen." Une année chez nous, c'est une décennie ailleurs. »

Malgré ces difficultés inouïes, les combattants yéménites ont gagné une réputation unique dans la péninsule arabique où l'intérêt et la pratique du taekwondo, judo ou kung-fu sont minimes. « On a même eu un champion du monde de kung-fu », s'exclame Murad, tout heureux d'évoquer Mohammed Al-Ashawl, quatre fois médaillé sur la scène internationale et paré d'or en 2010. Un modèle pour Hilal dont le quotidien était partagé entre les entraînements, les études d'éducation physique à l'université de Sanaa et un emploi de chauffeur de taxi. « Même dans les pires moments, il s'entraînait quotidiennement », pointe Wafa, sa fiancée. « Il maintenait son régime alimentaire quoi qu'il arrive et ne fumait jamais. Il avait même peur de consommer du café ou quoi que ce soit qui pouvait affecter sa santé. » Une discipline intransigeante y compris avec les maux de son corps. « Avant la grande compétition de 2017[7], il avait l'épaule luxée et n'a pas reçu les traitements médicaux dont il avait besoin. À la place, il a payé de sa poche ce qu'il pouvait pour se soigner un peu tout en endurant la souffrance. J'ai essayé de le convaincre de ne pas participer, mais il me répétait que c'était sa passion, que c'était plus fort que tout. »

L'épaule en vrac, Hilal s'est battu de toutes ses forces dans les tours qualificatifs. Essayant de remettre en place son articulation comme il le pouvait entre les combats, le guerrier de Kharif a cravaché jusqu'à obtenir une médaille de bronze. « Pour un athlète yéménite, c'est un énorme accomplissement », remarque son ami Hamed qui ne croit pas

7. Les Jeux de la solidarité islamique en Azerbaïdjan auxquels 54 nations ont participé.

si bien dire : sur les 24 disciplines des Jeux de la solidarité islamique, le Yémen n'a remporté que deux médailles, les deux au kung-fu[8] ! Un exploit, un de plus, mais à quoi bon ? Cela faisait plus de trois ans que le Yémen avait sombré dans la guerre, et rien n'allait changer ; pour le pouvoir en place à Sanaa, les seuls héros à célébrer étaient ceux tombés sur le front ou sous les bombes. « Il a postulé pour obtenir un passeport diplomatique afin d'avoir des facilités dans les procédures de voyage et d'études à l'étranger, mais le gouvernement a refusé », déplore Wafa. « Ils ont dit que les places étaient limitées, que son profil ne correspondait pas aux exigences. Ça l'a rendu dépressif. Il sentait que son talent n'était pas apprécié par les autorités. »

Validant sa première année universitaire, Hilal survit alors comme il peut dans une nation dévastée par une guerre civile s'étant transformée en conflit régional, puis mondial. Outre l'ingérence et l'intervention des puissances voisines, Arabie saoudite, Émirats arabes unis et Iran, le Yémen a vu débarquer des forces spéciales américaines, anglaises et françaises, des mercenaires bengalais, chiliens, colombiens, panaméens, salvadoriens, soudanais ou somaliens, des drones de fabrication chinoise et même des tanks russes ! Ajoutez à cela des conseillers militaires de tous horizons[9], des gardes afghans, érythréens, népalais ou pakistanais chargés de surveiller les milliers de Yéménites détenus dans des prisons secrètes, et une question légitime se posait : qu'est-ce qui peut bien attirer tout ce beau monde dans le pays le plus pauvre de la péninsule arabique ?

Évidemment, le Yémen borde le détroit de Bab-el-Mandeb, un passage vital entre la mer Rouge et l'océan Indien pour l'exportation des hydrocarbures. Cependant, les intérêts géostratégiques et la fameuse « lutte contre le terrorisme » sont de simples prétextes ; les raisons derrière un conflit sont souvent bien triviales. Agendas politiques, enjeux économiques, rivalités et sphères d'influence – il n'est question que d'ego et de pouvoir, en l'occurrence celui d'afficher sa supériorité dans la région. Alors, si l'Arabie saoudite, les Émirats arabes unis ou l'Iran estiment qu'il est nécessaire d'écraser les milices financées par leur ennemi, qu'il en soit ainsi : tous les arguments sont bons pour faire la guerre, du moment qu'elle n'est pas chez soi.

8. Zaid Wazea, ami et partenaire d'entraînement de Hilal, a obtenu le bronze dans la catégorie moins de 52 kilos.
9. Pêle-mêle américains, anglais, égyptiens, espagnols, français, israéliens, libanais, iraniens ou syriens selon les alliances tissées par chacun des groupes locaux.

En huit ans, environ 377 000 Yéménites ont perdu la vie selon les chiffres de l'ONU tandis que plus de 4.2 millions de personnes ont été déplacées à l'intérieur du pays. Un dommage collatéral sans doute, comme la famine, les épidémies de choléra ou le retour de maladies moyenâgeuses dans une indifférence presque générale : le Yémen est une nation complexe, escarpée et lointaine, alors à quoi bon s'y attarder ? « Parfois, je ressens que nous sommes nés pour souffrir », soupire Hamed, le champion de kick-boxing. « La situation a empiré graduellement. Aujourd'hui, quel espoir pouvons-nous avoir ? Je me dis que la seule manière d'échapper à cette souffrance, c'est de partir ou peut-être de mourir. » Un désespoir partagé par nombre de Yéménites sous le regard attentif de l'ONU.

Convoquant des conférences de presse, des colloques internationaux ou des appels aux dons, l'Organisation des Nations unies semble vouloir secourir de bonne foi l'Arabie heureuse de ses malheurs, mais attention au trompe-l'œil. Si les membres du Conseil de sécurité de l'ONU vendaient la paix devant les caméras, ils étaient aussi les principaux armateurs des belligérants sur le champ de bataille. De quoi soulager les consciences comme les souffrances pour le même prix ; c'est ce qu'on appelait la guerre des bonnes affaires. « Cinq mois après les Jeux de la solidarité islamique, j'avais une compétition au Liban. J'ai dit à Hilal que je ne comptais pas retourner au Yémen à l'issue de celle-ci, que je souhaitais m'installer en Jordanie », continue Hamed. « Il m'a dit : "C'est vrai que la situation est difficile. C'est ton droit de prendre cette décision, mais le fait qu'on ne se verra peut-être plus jamais me fait mal. Ce sera difficile pour moi de trouver un partenaire d'entraînement et un ami comme toi." Le lendemain, le jour de mon départ, il est venu me chercher à la station de bus. Il m'a dit que j'allais énormément lui manquer. C'était la première fois que je le voyais pleurer comme ça... » Un simple au revoir, un possible adieu, qui peut le savoir ? Au Yémen, il n'y a plus de frontière entre la vie et la mort.

2. POUR L'AMOUR D'UNE MÈRE

« Hilal et notre mère avaient une relation vraiment spéciale. Ils plaisantaient tout le temps, on aurait dit des amis ! Ils chantaient et dansaient ensemble… Notre mère, c'était la gardienne des secrets de Hilal. Quand il était en voyage, il l'appelait des heures pour lui raconter des blagues afin qu'elle ne sente pas son absence » (Saeed Al-Hajj, frère aîné de Hilal).

Minés par la guerre et une pauvreté accrue, beaucoup de jeunes Yéménites espèrent migrer en quête d'un futur. Un phénomène ayant touché également les anciennes générations, éparpillées un peu partout dans le monde pour trouver un travail et envoyer de l'argent au reste de la famille resté au pays. Arabie saoudite, Égypte, Émirats arabes unis, Europe, États-Unis ou Malaisie : les Yéménites traversent les océans et les continents qu'importent les risques encourus. ■

Resté à Sanaa, Hilal subit la destruction des infrastructures causée par les bombardements de la coalition menée par l'Arabie saoudite et les Émirats arabes unis. « Notre salle a été fermée », confirme Youssef Ali Alkhadhari, son partenaire en équipe nationale de kung-fu. « On a discuté avec la fédération de judo pour s'entraîner dans leurs locaux. Hilal, lui, avait l'habitude de se préparer avec l'équipe de lutte quand on n'avait pas entraînement. Heureusement, grâce à ses efforts, on a pu ouvrir notre propre salle de kung-fu six ou sept mois avant notre voyage à Jakarta pour les Jeux d'Asie 2018. »

Toujours athlète, chauffeur de taxi et étudiant à la fois, Hilal s'efforçait au mieux avant la compétition. Problème, son esprit était ailleurs, ressassant les départs de Saeed, son frère aîné, et de Hamed, son ami et confident : « Hilal m'a fait part de son intention de ne pas retourner au Yémen après la compétition. Il était tellement désespéré qu'il comptait rester en Égypte jusqu'à ce qu'il trouve un moyen de rejoindre l'Europe. » Une décision bouleversant forcément sa vie et celle de sa promise, Wafa. « Il rêvait de fonder une famille », raconte-t-elle avec une quiétude épousant son accent de Djeddah, soit une intonation plus douce, plus lente que dans le reste de la péninsule. « Ma mère a longtemps vécu en Arabie saoudite, c'est pour ça [rires]. Avec Hilal, on parlait souvent du nombre d'enfants que nous souhaitions avoir, des prénoms, de l'éducation à donner… Il me disait toujours qu'il ne voulait pas que nos enfants grandissent en Europe parce qu'il voulait qu'ils aiment le Yémen autant que lui. Mais à ce moment précis, il devait quitter le pays pour continuer sa vie. »

Avant de s'envoler pour l'Égypte et le camp d'entraînement préparatoire aux Jeux d'Asie, le jeune homme au regard ténébreux resta en famille, principalement avec sa maman, Zahra. « C'était la personne la plus chère à son cœur », confirme Wafa, rejointe par Saeed. « La relation qu'ils avaient était vraiment spéciale. Ils plaisantaient tout le temps, on aurait dit des amis ! Il avait l'habitude de l'emmener dîner où elle souhaitait comme si c'était sa fiancée. Ils chantaient et dansaient ensemble... Notre mère, c'était la gardienne des secrets de Hilal. Quand il était en voyage, il l'appelait des heures pour lui raconter des blagues afin qu'elle ne sente pas son absence. »

Forcément, au moment du départ pour Le Caire, les au revoir étaient chargés d'émotions ; au Yémen, aucune maman ne savait si elle reverrait un fils qui partait loin de la maison. « Il l'aimait tellement. Jamais il ne lui a désobéi », loue Wafa. « C'était pareil avec son frère Saeed. Il parlait de lui avec admiration, comme son modèle. Hilal a toujours cru dans les liens familiaux. Il m'a même encouragée à améliorer mes relations avec ma famille. »

Arrivé en Égypte sous la moiteur de l'été, le guerrier de Kharif peaufinait sa condition physique et ses enchaînements. Repoussant comme à son habitude ses limites, il s'astreignait à un long footing matinal, des longueurs en pagaille dans une piscine olympique, puis des heures d'entraînement à répéter ses gammes avec ses amis et compagnons de l'équipe nationale ayant décroché leur sésame pour les Jeux d'Asie, Zaid Wazea et Youssef Ali Alkhadhari. « À chaque fois que j'avais besoin de Hilal dans ma vie, il était présent et vice-versa. On se stimulait et s'entraidait pour être les meilleurs », glisse Youssef. S'encourageant les uns les autres, les combattants yéménites ne ramenèrent cependant aucune médaille d'Indonésie, Hilal s'inclinant en huitième de finale contre l'Iranien Erfan Ahangarian, futur vainqueur des Jeux d'Asie et champion du monde un an plus tard. « C'est le numéro un de la catégorie », pointe Hamed. « Hilal était aussi bon que lui, mais en comparaison, il a souffert de toute cette négligence dans sa préparation. »

Déçu, le cortège Rouge et Noir quitta Jakarta pour Aden[10] en passant par Le Caire, ville où Hilal laissa pour de bon ses deux compagnons, Zaid et Youssef. « Tous les jeunes sportifs ont la même chose en tête : l'exode en Europe, coûte que coûte », souffle ce dernier. « Sur la fin, on n'avait plus d'entraîneur, plus d'équipements, rien. » Abandonnés par le ministère de la Jeunesse et des Sports, le comité olympique et les diverses parties d'un État en déliquescence, les athlètes yéménites devaient se débrouiller comme ils pouvaient s'ils n'avaient pas la possibilité de migrer hors du pays. « Zaid ne pouvait pas fuir car il était marié et venait d'avoir un enfant », explique Saeed. « Il est toujours retourné à Sanaa après les compétitions. Financièrement, il galérait. Il travaillait comme soldat dans les forces spéciales, mais elles ont été démantelées. Il a dû faire garde du corps pour quelques cheikhs afin d'avoir de quoi nourrir sa famille. Il n'avait pas le choix. »

S'installant au sud-ouest de la capitale égyptienne, dans le district de Gizeh, Hilal entamait donc sa nouvelle vie dans l'anonymat le plus absolu. Avec l'argent envoyé par Saeed, il loua une chambre dans un petit appartement niché sur l'immense King Faisal Street, l'une des artères principales de la rive gauche du Nil qui débouche au pied du sphinx et des pyramides. « La première fois que je l'ai vu, c'était au

10. L'aéroport de Sanaa, le plus important du pays, a été fermé le 9 août 2016 suite au blocus (aérien, maritime...) imposé par l'Arabie saoudite.

club où mes filles pratiquent le kung-fu », raconte Hala Haroun, une Cairote au teint rosâtre et à la voix de miel. « Il y avait un match de kung-fu entre deux équipes. Tout le public était surpris de voir un nouvel athlète défendre les couleurs de notre club. Personne ne savait qui était cet homme, mais ce qui est sûr, c'est qu'il a capté l'attention de tout le monde car ses gestes étaient parfaits. En le regardant combattre, les gens ont commencé à poser des questions, à louer ses qualités. Inconsciemment, j'ai commencé à prier pour lui afin de le protéger du mauvais œil comme s'il était mon propre fils alors que je ne connaissais pas encore son nom. »

Avenante, curieuse, Hala Haroun s'approcha du mystérieux combattant à la barbe noire mal taillée pour s'enquérir de son identité. « Il m'a dit qu'il venait du Yémen, et qu'il avait participé à des championnats internationaux. Je lui ai demandé ce qu'il faisait là : "C'est simple, c'est ici que s'entraîne le champion du monde égyptien[11]." » Alors, dans la salle d'Al Talbeyeh, située à quelques encablures de son logement, Hilal resta et trouva une seconde maison. « Tout le monde l'aimait », poursuit-elle. « Cela dit, Hilal fait partie de ces gens que vous ne pouvez qu'admirer et respecter dès la première fois que vous le rencontrez. J'étais sûre qu'il avait reçu un cadeau divin faisant que tous les gens autour de lui l'aimaient. C'était un jeune homme poli, respectueux, éduqué de la bonne manière. Il était une source de fierté pour le Yémen, et un bon reflet de la gentillesse de ce peuple. »

Avec plus d'un million de Yéménites vivant en Égypte, les liens entre les communautés sont profondément ancrés dans le temps. Il faut dire que les deux pays partagent une histoire commune, issue de la guerre civile du Yémen du Nord dans les années 1960.

Dirigé par un imamat de confession zaydite, une branche de l'islam chiite pratiquée majoritairement dans le Nord et les hauts plateaux yéménites, le Royaume mutawakkilite du Yémen s'était volontairement isolé des relations internationales, hormis pour quelques pactes et traités, comme avec l'Italie de Benito Mussolini qui appuyait les revendications du régime sur la partie sud du pays afin de créer un Yémen unifié[12]. Une Italie accueillant d'ailleurs régulièrement l'imam-roi Ahmed bin Yahya pour ses traitements médicaux et diverses opérations suite à des tentatives d'assassinat.

11. Ali Nasser, champion du monde junior dans la catégorie 48 kilos en 2016.
12. Ahmed bin Yahya a davantage ouvert le pays que son père, premier roi du royaume. Il a signé dans les années 1950 des premières relations diplomatiques et programmes d'aide avec les États-Unis, l'Union soviétique ou l'Égypte.

Régulièrement ciblé, particulièrement à la fin de son règne, le monarque redoubla de ruse pour survivre et prospérer au milieu d'un environnement hostile avec des règlements de comptes en pagaille. Surnommé Ahmed *ya jinnah* ou Ahmed *al-Jinn*, littéralement le mauvais esprit, le charismatique leader était reconnu pour sa cruauté et son intelligence. Selon les innombrables légendes émaillant son règne de quatorze ans, l'imam avait par exemple l'habitude de recevoir des cheikhs dans son palais afin de s'assurer de leur soutien. Conscient de la difficulté de la tâche, il savait qu'il devait dépasser les simples discours et démontrer son pouvoir par des actes forts. Se disant capable de chasser les mauvais esprits, les *jinn*, les cheikhs lui demandèrent une preuve. Disposant d'un système de projection cinématographique, un objet inconnu dans le reste du royaume, Ahmed fit lancer une pellicule. Effrayés, ne comprenant pas comment ces ombres puissent subitement jaillir sur l'un des murs du *diwan*, les cheikhs regardèrent l'imam réciter quelques formules faisant disparaître ces drôles d'apparitions. Subjugués, ils jurèrent fidélité au *Jinni*, le vrai, qui a toujours su retourner les situations à son avantage ; avoir gardé son pays isolé du monde présentait effectivement certains atouts.

Suite à son décès – dans son sommeil –, quelques mois après une énième tentative de meurtre avortée, son fils aîné, Mohammed Al-Badr, lui succéda. Toutefois, huit jours plus tard, le 26 septembre 1962, le régime était déposé par un coup d'État mené par Abdullah Al-Sallal, le colonel en charge de la garde privée de l'imam, soutenu par l'Égypte, celle-là même qui avait accueilli le royaume mutawakkilite comme membre fédératif des États arabes unis[13] ! « Il y a toujours des alliances, des trahisons, des revirements de situation, c'est l'histoire du monde », sourit Khaled Al-Yamani, diplomate de formation et ministre des Affaires étrangères yéménites de 2018 à 2019. « Certaines décisions politiques ont été conditionnées par la politique étrangère, principalement vis-à-vis de l'Arabie saoudite. Il y a toujours eu une crainte et une méfiance réciproque, ce qui a entraîné des alliances et des choix de part et d'autre. »

Marqué par la guerre de 1934, conclue par une victoire militaire de l'Arabie et le traité de Taëf qui accorda trois provinces yéménites à la monarchie saoudienne, l'imamat devait en outre composer avec

13. En février 1958, l'Égypte et la Syrie se sont unies pour former un État nommé République arabe unie. Un mois plus tard, le Royaume mutawakkilite du Yémen s'est joint comme membre fédéral, c'est-à-dire sans perdre sa souveraineté ou sa place de membre de l'ONU. On parle donc de Fédération des États arabes unis jusqu'à sa dissolution en 1961.

l'Empire britannique administrant le protectorat d'Aden au Sud. Une situation épineuse, nécessitant des accords de défense avec des puissances étrangères comme l'Égypte, dont l'intérêt pour la plus pauvre contrée de la péninsule arabique n'était pas innocent. « Le Yémen a été vu comme une opportunité idéale pour leur leader Gamal Abdel Nasser », poursuit Al-Yamani. « Après la nationalisation du canal de Suez en 1956, il poursuit sa politique panarabe en soutenant par exemple des mouvements de libération du Yémen du Sud. S'émanciper de la domination britannique, comme lui-même l'avait fait en Égypte, était logique. De la même manière qu'il a soutenu la révolution au Nord contre la monarchie. Ça servait son agenda. »

Le nassérisme, courant de pensée panarabique et anti-impérialiste particulièrement influent dans les années 1950 et 1960, avait donc appuyé la révolution de septembre 1962 menée par le colonel Abdullah Al-Sallal et d'autres officiers yéménites, comme un clin d'œil aux officiers libres, l'organisation clandestine dirigée dix ans plus tôt par Gamal Abdel Nasser qui a renversé la monarchie égyptienne. « En remontant notre histoire, on s'aperçoit que plusieurs pays étrangers sont intervenus militairement au Yémen pour leurs propres intérêts », constate Al-Yamani. « Nous avons toujours connu des ingérences ou des dominations étrangères comme l'Empire ottoman, l'Empire britannique. La révolution de 1962 – et la guerre s'en étant suivie – est un autre exemple. »

Au jeu des alliances fluctuantes du Moyen-Orient, les Égyptiens ont soutenu les républicains en dépêchant sur place des soldats, des agents de renseignement, des professeurs ou des docteurs[14]. À l'inverse, la famille royale saoudienne sunnite a aidé la monarchie zaydite après avoir été pourtant en guerre contre celle-ci trente ans auparavant ! Prête à tout pour éviter une expansion du nassérisme, dont l'influence aurait pu s'étendre à sa frontière et inciter la population à se soulever elle aussi contre le régime, l'Arabie saoudite pactisa avec son vieil ennemi, comme la Jordanie, le Royaume-Uni, des mercenaires venus d'un peu partout contre une poignée de dollars, notamment des Français menés par Bob Denard, l'inénarrable spécialiste des coups d'État, et même Israël qui y vit une occasion rêvée d'affaiblir le nassérisme. Au final, beaucoup d'intérêts politiques, presque autant de victimes[15], et une vieille leçon prophétique : personne ne domptera réellement le

14. Nombre de docteurs et professeurs étaient des Irakiens et Syriens partisans du nassérisme.
15. Plus de 100 000 Yéménites sont morts dans cette guerre s'étalant de 1962 à 1970 sans qu'un nombre précis ait pu être déterminé.

Yémen, pas plus les Égyptiens que les Saoudiens ; l'Arabie heureuse a été le Vietnam de Nasser, et sera plus tard celui de MBS, l'actuel prince héritier d'Arabie saoudite.

Embourbée au Yémen, contrainte de retirer ses troupes en 1967, l'Égypte avait toutefois cimenté des relations communes pour les décennies à venir. Les docteurs et professeurs envoyés par Nasser, très appréciés par la population locale, créèrent un lien profond, renforcé par le respect mutuel entre les deux peuples. Combien de familles yéménites issues de la classe moyenne ont économisé afin de partir en vacances en Égypte ? Combien ont choisi d'aller au Caire pour recevoir des traitements médicaux plutôt que d'aller dans une capitale du Golfe ? Plus accessible, plus accueillante, l'Égypte représente dans l'esprit d'une majorité de Yéménites une contrée plus clémente que l'Arabie saoudite – pourtant la première terre d'accueil de la diaspora rouge et noire – ou n'importe quelle nation arabe. « Lorsqu'on souhaite s'expatrier, l'Égypte est probablement le premier pays arabe auquel on pense », corrobore l'artiste Murad Subay. « Mon frère (Nabil) est journaliste. À cause de ses écrits, il a reçu deux balles dans les genoux début 2016. Il a dû s'enfuir, il ne pouvait plus rester au Yémen. C'était un message : "Arrête d'écrire !" Il s'est installé au Caire, c'était le choix le plus facile. »

Pour Hilal, la capitale égyptienne a également été le choix le plus évident pour assouvir ses rêves. « C'était le point de passage où il pouvait rester un certain temps avant de trouver un moyen de gagner l'Europe », explique son ami Hamed. Depuis sa petite chambre donnant sur l'immense King Faisal Street, le combattant aux yeux en amande appréciait sa nouvelle vie, tout en lorgnant sur la prochaine. « On s'est fiancé à la fin de l'année 2018 », raconte Wafa. « C'était basiquement un arrangement entre nos deux familles – je ne connaissais pas Hilal avant ça. Nos deux familles avaient déjà eu une relation lointaine, donc c'est comme ça que moi, basée en Angleterre, et lui, alors au Yémen, avions fait connaissance. L'éloignement ne nous a pas empêchés de nous aimer profondément. On parlait tous les jours, et je ressentais tellement d'attache et d'attraction pour lui… Comment est-il possible de ne pas apprécier Hilal ? Je n'ai jamais rencontré quelqu'un avec une telle pureté. »

Une innocence et un altruisme appréciés de tous, notamment par la famille cairote de Hala Haroun. « On parlait souvent parce que je n'avais pas de difficulté à comprendre son accent yéménite. Il encourageait et guidait toujours à l'entraînement ma fille, Shahd.

Elle l'écoutait très attentivement. Lorsqu'elle a participé à un tournoi local, il s'est joint à nous. Il l'a portée sur ses épaules à la fin... Non seulement Hilal supportait Shahd, mais il a fait la même chose avec tous les jeunes du club. Il avait l'habitude de les emmener à un match de foot après les entraînements afin qu'ils puissent se décontracter. Je n'oublierai jamais comment il a traité ma plus jeune fille, Hala. Il lui disait toujours qu'elle était la plus belle fille de la planète. Il prenait des photos avec elle, venait à ses combats... » Généreux, Hilal n'oubliait cependant pas son objectif premier en dépit de son épaule souffreteuse. « Il voulait devenir le champion du monde qui venait du Yémen », poursuit Hala.

Subissant un traitement régulier, il ne manquait pour autant aucune session de kung-fu, pas plus que de natation, une discipline à laquelle il s'adonnait régulièrement pour améliorer sa condition physique. « Tous les matins, il courait autour de Cairo University Bridge[16]. Il endurait les douleurs, la fatigue, tout. » Les chevilles soigneusement bandées, les tempes dégoulinantes de sueur, le guerrier de Kharif attirait l'attention de tous les curieux s'aventurant dans la salle d'Al Talbeyeh. Entraînement ou match, quelle différence ? Hilal tapait fort, c'était sa nature, mais il n'y avait rien de méchant : derrière sa grande barbe noire se cachait un sourire d'enfant. « Je lui ai dit de ne pas quitter l'Égypte, mais il m'a promis de revenir, cette fois avec sa fiancée. Il voulait me la présenter après leur mariage », lance Hala, encore émue. Se souvenant des repas à base de feuilles de vignes farcies, un mets local populaire que Hilal n'avait jamais goûté auparavant, l'hospitalière cairote retrace des mois de partage entre sa famille et un jeune Yéménite s'étant échappé de la guerre et d'un destin alors incertain. « Il était devenu un des nôtres. Même après son départ, il m'appelait régulièrement. Il me montrait ses nouveaux vêtements, prenait des nouvelles de mes filles, priait pour elles... »

Rejoignant son aîné Saeed en Algérie, Hilal attendait son confident Hamed, prêt lui aussi à quitter la Jordanie. « On avait une compétition de kick-boxing en Algérie, donc j'ai postulé pour un visa avec l'aide de l'équipe jordanienne – je m'entraînais avec eux à Amman. Évidemment, j'allais représenter le Yémen, mais vu que j'étais en Jordanie, j'ai démarré les procédures avec leur support. J'ai proposé à Hilal de faire du kick-boxing, comme ça il aurait pu voyager légalement avec nous en Algérie. Il a accepté et m'a demandé de l'épauler pour le visa. Problème, on a été informé que si Hilal décidait de changer

16. Un pont reliant le district de Gizeh à l'île de Roda, juste à l'ouest du vieux Caire.

de discipline, il perdrait son statut dans la fédération de kung-fu et ne recevrait pas ses petites récompenses ; environ 20 000 rial yéménites, soit 25 dollars. Il a accepté, et j'ai poursuivi les procédures administratives avec l'équipe jordanienne. Finalement, un jour avant le tournoi, il a obtenu son visa en étant en Égypte contrairement à notre équipe et moi-même ; ironique, non ? [Rires.] J'avais parlé à la fédération jordanienne de l'importance de ce tournoi pour Hilal, et grâce à leur médiation, il a pu voyager en Algérie. Notre plan était donc réussi à moitié : il avait rejoint Saeed, mais je n'étais pas là comme prévu pour trouver une manière de passer illégalement en Europe. »

Pour Hamed, Youssef et Zaid, Hilal n'était pas un simple coéquipier de l'équipe nationale, ni même un simple ami, un *sahebi*, mais un frère, un *akhi*. « On était tous ensemble dans les galères », soutient Youssef, resté à Sanaa. « Une fois, il m'a demandé si je pouvais lui envoyer un peu d'argent. J'ai insisté pour savoir pourquoi. Il m'a répondu que son plan était d'arriver en Espagne. » Pour cela, Hilal doit quitter l'Algérie et rejoindre le Maroc, le pays voisin et frontalier de l'Espagne à Ceuta et Melilla, les deux enclaves ibériques situées en Afrique du Nord.

Une nuit, profitant de la porosité de la frontière algéro-marocaine et de la complicité d'un garde ayant reçu de l'argent liquide, le combattant aux yeux de braise se fraya un chemin. Avec d'autres migrants, il monta dans un véhicule les emmenant aux abords de Melilla. « Il a demandé l'asile politique », narre Hamed, rentré alors au Yémen après une compétition de kick-boxing en Tunisie. « J'ai dû retourner en Jordanie pour obtenir un visa de l'ambassade marocaine afin qu'on aille ensemble en Espagne. Sauf que cela prenait du temps... »

Au Maroc, le *mukatil*[17] au regard désormais fuyant devait trouver une solution. N'obtenant pas de réponse favorable des autorités concernant sa demande d'asile, il se décida à grimper la barrière haute de plus de six mètres le séparant de Melilla. Se faufilant à travers les barbelés et les lames tranchantes surplombant la clôture, Hilal crut toucher au but avant d'être renvoyé par les gardes-côtes espagnols. Une fois, deux fois, trois fois : cette terre qu'il croyait promise se refusait continuellement à lui. « Je lui ai proposé d'arrêter mes études une année afin d'avoir un travail à temps plein pour qu'on puisse se marier et qu'il vienne me rejoindre en Angleterre », dévoile Wafa. « Cependant, il a refusé car il ne voulait pas que j'abandonne mes études. Je savais bien qu'il voulait fuir son quotidien, mais que faire ? »

17. Combattant.

Préoccupée, la jeune Yéménite n'en dormait presque plus. L'homme de sa vie était là, tout près, mais elle ne pouvait toujours pas le voir ; au Yémen, la guerre semblait même avoir interdit l'amour. « Je lui disais de continuer à essayer de rentrer en Espagne par cette barrière », indique Hamed. « C'était la manière la plus économique car voyager depuis la mer nécessite de grosses sommes d'argent. Je lui répétais que s'il n'y arrivait pas, il n'avait qu'à m'attendre pour qu'on puisse voyager ensemble. »

S'établissant dans un baraquement fissuré de Beni Ensar, ville portuaire jouxtant Melilla, Hilal passait son temps avec Akram, un ami yéménite de son frère Saeed qui l'accompagnait depuis l'Algérie. Bavardant et jouant aux cartes avec d'autres migrants yéménites pour égrainer le temps, il s'occupait avec son téléphone le reste de sa journée pour converser avec sa fiancée ou ses amis. « Après quelques temps, il m'a surpris en m'informant qu'il avait trouvé un passeur pour l'emmener en Espagne avec son ami pour une somme ne dépassant pas 1 000 dollars... » S'arrêtant un long moment, Hamed reprend son récit. « Je lui ai dit que si le passeur était sûr, il n'avait pas à attendre mon arrivée. Je ne voulais pas être un obstacle. On a échangé des mots d'adieu et des prières. » Sûr de lui, impatient, Hilal enregistrait un long message vocal WhatsApp pour l'élue de son cœur, Wafa : « *Ahbek ya hubi.* » Yémen, Indonésie, Égypte, Algérie, Maroc, Espagne : heureux qui comme Hilal a fait un beau voyage, et bientôt un beau mariage : « Je t'aime, mon amour. »

Encore allongée dans son lit, Wafa écoute une nouvelle fois la totalité de l'audio : « Ne t'inquiète pas. Si tout se passe comme prévu, je t'appellerai une fois que j'aurai rejoint ma destination. » 7 heures du matin sonnent à peine dans l'ouest londonien que les rayons s'infiltrent dans la chambre, illuminant le visage émacié de la future mariée. Chafouine le temps d'écrire un message reprochant à Hilal de ne pas lui avoir raconté les détails de son plan, Wafa n'est déjà plus énervée : elle est juste amoureuse.

À plus de 2 300 kilomètres au sud, son guerrier aux yeux noirs incandescents donne le reste des 500 dollars demandés par le passeur. Montant dans un navire rongé par le calcaire, son périple touche à son terme. Ayant coupé son téléphone, il a profité auparavant des derniers instants de réseau pour appeler son *akhi* de toujours, Youssef Ali Alkhadhari, celui qui a porté tant de fois le drapeau du Yémen avec lui dans les tournois internationaux. « Il m'a dit : "Prie pour moi mon frère. Si j'arrive en Europe, je serai un grand champion." »

À travers les courants agités de la Méditerranée, ceux-là même ayant escorté Hercule dans l'un de ses douze travaux jusqu'au géant Géryon afin de lui subtiliser ses bœufs, Hilal et son ami Akram avancent vers leur destin. Apercevant la tour du phare de Melilla dominant le fronton rocheux, le tandem est tout proche. Contournant le Mirador del Paseo de la Escollera, une jetée à l'extrémité du port, la fragile embarcation se dirige vers la plage adjacente de Horcas Colaradas. Le sable doré, les palmiers, la falaise basaltique : ils sont arrivés, du moins le croient-ils ; à une trentaine de mètres de la côte, le passeur pousse dans l'eau Hilal, puis Akram. Qu'importent les vagues déchaînées et les rochers jalonnant le Paseo de la Escollera, le passeur ne prendra aucun risque, pas pour eux, pas à ce prix-là. Changeant de cap, il laisse les deux Yéménites se débattre pour ne pas être aspirés par les hélices du bateau, comme si leur vie ne valait pas plus que ces 500 dollars donnés à l'aube.

Luttant contre la houle et les rouleaux les submergeant, Akram et Hilal tentent de gagner le bord. Proche de la noyade, Akram parvient à s'agripper à une roche. La gorge nouée, sèche, il s'époumone avec le peu de force qu'il lui reste : « Hilal ! Hilal ! Hilal ! » Pas de réponse. S'agitant, regardant les vagues redoublant à l'horizon, Akram hurle à nouveau : « Hilal ! Hilal ! Hilal ! » Le guerrier de Kharif est encore loin des rochers. Lui, le nageur et sportif accompli, est toujours à une trentaine de mètres du rivage. Seul aux abords des limites du monde antique, connues comme les colonnes d'Hercule, le jeune homme de 24 ans aux yeux rougis dispute son dernier combat, et quand bien même il le gagnerait, il n'y avait rien à faire : personne ne peut aller contre sa destinée, pas même le plus fort des Yéménites. « Il a disparu pendant trois jours, personne n'avait de ses nouvelles », confesse Wafa. « Le troisième jour, j'ai reçu un appel de Saeed. Sa voix était bizarre. J'ai immédiatement senti que quelque chose de mauvais était arrivé à Hilal. Je lui ai demandé, il a nié. Il m'a dit que Hilal avait été trouvé, qu'il était bien maintenant. Après ça, il a directement raccroché. J'ai essayé de le rappeler, mais il ne m'a pas répondu. Il a appelé mes parents pour les informer de l'âpre vérité qu'il n'avait pas réussi à me dire. Je n'y croyais pas. »

Livide, déchiré par les pleurs, Saeed assume comme à son habitude ses responsabilités. Ayant toujours veillé sur son jeune frère, il s'occupe des modalités pour rapatrier le corps et informer les proches de Hilal comme Hamed, son fidèle ami champion de kick-boxing. « Ça faisait quatre ou cinq jours sans nouvelles, j'étais malade d'inquiétude. Saeed m'a envoyé un message pour que je lui donne un numéro sur lequel il pourrait m'appeler. Je lui ai demandé si tout allait bien alors que je savais que s'il m'appelait… J'étais avec un groupe d'amis. Saeed m'a annoncé la mort de Hilal. J'ai ressenti… [Il marque une pause.] Je ne peux pas décrire ce que j'ai ressenti. Plusieurs pensées noires ont traversé mon esprit à ce moment. Beaucoup de membres de ma famille sont morts, mais je n'ai jamais eu ce sentiment auparavant, cette peine, ce vide dans mon âme. J'ai accusé Saeed de mentir et de me faire une putain de blague de merde, mais non. »

Relativement inconnue au Yémen, l'histoire de Hilal Al-Hajj devient alors le symbole d'une guerre n'en finissant plus. « Ce n'était pas un soldat, c'était un jeune homme à qui tout le monde pouvait s'identifier », soupire Saeed. Digne, responsable, le grand frère supervise personnellement le dispositif du rapatriement de la dépouille de Hilal, passée par Melilla, Madrid, Amman, puis l'aéroport d'Aden ; celui de Sanaa étant toujours fermé.

Transporté dans la capitale par voie terrestre dans un cercueil entouré d'un drapeau yéménite, les obsèques de Hilal drainent des milliers de personnes venues présenter leur respect, mais pas Hamed, coincé en Jordanie. « C'était terrible de ne pas être là. Quand j'ai pu rentrer, visiter sa tombe pour la première fois a été le moment le plus dur de ma vie. Je sentais que je l'avais poussé à mourir. C'était moi la raison derrière son voyage et tout ce qui lui était arrivé, alors que mon intention était simplement qu'il puisse trouver une meilleure place. Il aurait connu un grand futur s'il avait eu la chance d'y arriver… Que ton âme repose en paix mon *akhi*. Je vis de nouveau au Yémen, et je visite toujours sa tombe pour lui dire tout ce qu'il m'arrive. Je lui ai parlé de mon mariage, d'à quel point j'aurais aimé qu'il soit là. Sa maman m'a dit qu'il m'aurait préparé la plus grande cérémonie de mariage [sourire]. Parfois, je pense qu'il a trouvé un peu de paix où il est. C'est comme ça que je me réconforte. Un homme aussi bon que Hilal doit sûrement être dans un meilleur lieu aujourd'hui. Mais même en me répétant ça, je me reproche tellement de l'avoir encouragé à prendre cette décision. C'est comme ça, et je continue de lui rendre visite. À chaque fois, je pense qu'on se reverra un jour dans un lieu où nous n'aurions plus de raison de nous inquiéter, un lieu où nous n'aurions plus à fuir personne. »

Poète, rêveur, Hamed Abdullah Ahmed Al-Matari exprime le souhait de millions de Yéménites, exaspérés de perdre leurs êtres les plus proches. « Après Hilal, il y a eu Zaid », s'épanche Saeed. Zaid Wazea, le champion arabe de kung-fu en moins de 52 kilos, double médaillé de bronze aux Jeux islamiques de la solidarité en 2013 et 2017. « Non seulement Zaid était l'ami de mon frère, mais ils ont toujours voyagé ensemble dans les tournois internationaux. C'étaient eux qui allaient le plus loin, qui ont ramené le plus de médailles. C'était un peu les deux leaders de l'équipe nationale [...]. Après le décès de Hilal, la femme de Zaid a donné naissance à un petit garçon qu'ils ont appelé Hilal. C'était un hommage. Un an et deux mois après la disparition de mon frère, pendant l'Aïd, Zaid est retourné dans son village natal avec son frère et un autre membre de sa famille. Sur la route, la voiture s'est renversée. Les deux passagers ont eu de légères blessures tandis que Zaid est décédé sur le coup ; sa tête a tapé en premier. » Fatalité ou déveine, nul ne le sait ; seule la guerre choisit ici. C'est le triste destin de l'Arabie heureuse : ses héros périssent, et leurs bourreaux prospèrent.

3. UN DERNIER DÎNER EN TÊTE-À-TÊTE

« Il avait l'habitude de me récupérer à la maison dans l'après-midi, puis de m'emmener dans un centre commercial, au souk, au restaurant ou dans plein d'autres lieux jusqu'à minuit passé. Je ne voyais jamais le temps passer avec mon fils » (Zahra Hussein Quasila, mère de Hilal Al-Hajj).

Depuis le 21 septembre 2014 et la prise de Sanaa par les houthis, un mouvement armé d'obédience zaydite, le Yémen s'est enfoncé dans la guerre civile. Poussé à la démission, le président Mansour Hadi a demandé l'aide des monarchies voisines, notamment de l'Arabie saoudite où il s'est réfugié. C'est de Riyad que le président légitimement reconnu par la communauté internationale assiste au déclenchement de « Tempête décisive », une opération militaire menée par les Saoudiens consistant en un bombardement aérien massif sur le Yémen. ■

« La dernière fois que nous avons fait une sortie ensemble, c'était une semaine avant son départ. Il m'a emmenée à Jamal Street, une rue remplie de magasins, puis m'a acheté une *abaya*[18] et une paire de sandales. Un de ses amis l'a appelé quand il s'apprêtait à payer. Hilal lui a répondu : "J'achète des nouvelles affaires à ma mère pour qu'elle se marie de nouveau vu que papa se trouve en Arabie saoudite depuis un long moment." » Zahra Hussein Quasila laisse échapper un rire. Décontenancée, comme surprise de sa propre réaction, Zahra se tait un moment. Depuis le décès de Hilal, il y a un peu plus de deux ans, rares ont été les occasions de sourire, et encore moins de rigoler. « Je suis en deuil depuis ce jour. Avant, je sortais beaucoup. Maintenant, je ne quitte jamais ma maison. Je pleure tous les jours au point que ma vue en a été affectée ; je dois porter des lunettes désormais. J'ai

18. Tenue traditionnelle pour les femmes au Moyen-Orient, principalement dans le Golfe. Souvent de couleur noire, elle couvre l'ensemble du corps à l'exception du visage, des mains et des pieds.

aussi les intestins irritables. La maison est tellement vide, le monde est tellement vide. Je n'arrive plus à savourer quoi que ce soit. »

Dans le quartier de Madbah, au nord-ouest de Sanaa, tout le voisinage a assisté aux obsèques du champion local. « Ils pleuraient tous. Les hommes, les femmes, les enfants... » Adossée au bureau du procureur général, la maison en ciment à deux étages des Al-Hajj est visitée chaque jour par des proches, mais rien à faire : Hilal ne reviendra pas, et avec lui l'âme de la demeure auparavant la plus fleurie du *harrah*[19]. « On avait planté des pamplemoussiers, des rosiers, des goyaviers. Ils sont morts quant Hilal est mort. Aujourd'hui, le jardin est vide. »

Vivant avec son plus jeune fils, Hameed, qui a hérité du sens de l'humour potache de son père, Zahra reçoit régulièrement les amis de Hilal. « Hamed et Youssef viennent, m'appellent, prennent de mes nouvelles. Zaid aussi le faisait. Sa mort a été le deuxième choc pour moi. Il laisse derrière lui une jeune femme et ses enfants... » Stoppant ses mots pour ne pas être submergée par les larmes, la maman poursuit, entrecoupant chacune de ses phrases de l'injonction *Allah y harmou* : qu'Allah lui accorde sa miséricorde. « Personne de la famille de Zaid n'a pris soin de sa veuve et de ses enfants. C'est le père de sa femme qui les a récupérés et les a ramenés dans son village, *Allah y harmou.* »

La voix suave, avec une intonation typique de Sanaa où la dernière syllabe de certains mots a tendance à changer[20], Zahra essaye de se rappeler les bons moments, ceux où sa famille était encore présente dans cette maison bourgeonnant de fleurs, de fruits et de rires. « Saeed me manque. Je souhaite qu'il puisse revenir et se marier, mais je crois qu'il est mieux pour lui qu'il reste loin ; au moins, il est en sécurité. J'ai un conflit jusqu'au plus profond de moi-même. D'un côté, j'aimerais qu'il revienne parce que j'ai cette peur de ne jamais avoir la chance de le revoir comme Hilal. D'un autre côté, je sais qu'il est plus sûr et meilleur pour lui de rester où il est... »

Tiraillée, Zahra est cependant habituée à la solitude, elle qui a vu l'homme de sa vie quitter le foyer il y a bien longtemps désormais. « Ça fait environ vingt-cinq ans que je travaille en Arabie saoudite », confirme Ali Mohammed, son mari. « Je suis parti quand notre fils aîné, Saeed, avait deux ans. Je rentre tous les deux ans et demi ou trois ans au Yémen. Ça dépend des projets et surtout des entreprises m'employant. J'ai bossé dans la construction de routes, comme routier, etc. Je souhaitais travailler au Yémen, mais c'était vraiment compliqué

19. Quartier.
20. *Allah y harmou* s'entend davantage comme *Allah y harmeh* à Sanaa.

de trouver un bon travail. Je voulais que mes enfants puissent avoir une vie décente, donc je suis resté ici. »

Depuis Dammam, la grande ville portuaire saoudienne surchauffée à l'est du pays, jusqu'aux faubourgs vétustes de Riyad, Ali Mohammed transpire sur des chantiers poussiéreux pour envoyer l'argent nécessaire à sa famille, ainsi qu'à ses deux précédents mariages. « Ma première union a duré deux ans, et la seconde une année. La maman de Hilal est la troisième femme avec laquelle je me suis marié. C'est elle mon véritable amour et l'exceptionnelle mère de mes merveilleux enfants. Je veux tellement rentrer au Yémen pour être là pour elle, mais je ne peux pas. Je ne peux pas... » Comme des millions de Yéménites expatriés à travers le monde, Ali Mohammed est la principale source de revenus pour sa famille restée au pays. Comme Saeed ou Hilal, son exode était nécessaire, mais pour quel résultat au final pour la femme l'aimant et l'attendant ? Partir en Arabie saoudite, en France ou au paradis ne change pas grand-chose pour Zahra : avec cette guerre, personne ne pourra revenir la voir à Sanaa. « Quand j'étais énervée ou triste, Hilal venait toujours me remonter le moral. Il arrivait à me faire rire avec ses blagues, j'en oubliais même pourquoi j'étais mal ! Il me disait toujours de ne pas être triste, de profiter de chaque jour. Il avait une phrase qu'il prononçait souvent, et maintenant que je m'en souviens, mes yeux se remplissent de larmes. Il disait : "Si je meurs maintenant, je mourrai heureux parce que j'ai fait ce que je voulais et j'ai savouré tout ce que j'ai fait. Je n'y ai jamais repensé à deux fois." »

Pieuse, invitée par son époux suite au décès de Hilal à suivre la *omra*, un pèlerinage à la Mecque, Zahra n'a pas surmonté la perte de son fils adoré[21]. « Il avait l'habitude de me récupérer à la maison dans l'après-midi, puis de m'emmener dans un centre commercial, au souk, au restaurant ou dans plein d'autres lieux jusqu'à minuit passé. C'était... » Zahra s'arrête. Ses yeux se plissent, puis se ferment. Au volant de son taxi blanc, le poste de radio branché sur Yemen FM 99.9, Hilal déambulait alors dans les avenues bondées de Sanaa au son de Fairuz, la diva libanaise dont la voix s'écoute depuis des décennies dans le monde arabe, ou du regretté Abu Bakr Salem, un compositeur et chanteur natif de Tarim, cette superbe ville de

21. La *omra* est considérée comme « le petit pèlerinage », pouvant être suivi à n'importe quel moment de l'année a contrario du *hajj*, « le grand pèlerinage » à la Mecque se déroulant au cours du douzième mois de l'année musulmane. Si la *omra* n'est pas obligatoire, le *hajj* doit être réalisé au moins une fois par chaque musulman si celui-ci dispose des moyens financiers et de la forme physique nécessaire.

l'Hadramaout nichée entre une palmeraie touffue et des falaises couleur châtaigne. Sur le siège passager, Zahra était là, souriante, balançant légèrement la tête et reprenant les paroles de cet artiste connu dans tout le Golfe ; au Yémen, il n'y a pas un trajet en voiture sans qu'une chanson d'Abu Bakr Salem ne soit entonnée.

Parvenant à se garer tant bien que mal dans cette pagaille urbaine, Hilal sortit de sa voiture en lui tenant le bras. Remettant en place son élégante *abaya* noire, Zahra lui enjoignit le pas avec ses nouvelles sandales en toile. « Il aimait m'acheter des nouvelles choses, il était comme ça, surtout quand je n'étais pas bien. » Badine, décontractée, radieuse, Zahra semblait n'avoir jamais aussi bien porté son prénom[22] en prenant la direction de Hadda Street, la grande rue du sud de la capitale qui ne dormait jamais.

Barbiers, fleuristes, pharmacies, magasins d'alimentation, de bric-à-brac ou de téléphonie : le chaland trouvait de tout, surtout des restaurants pour manger sur le pouce comme Al-Hamra, célèbre pour ses généreuses portions de poulet frit. Un délice, comme les shawarmas maisons de l'Eagle à l'autre bout de la ville – l'un des endroits favoris de la famille. Toutefois, ce soir-là, pas question de rester debout. Zahra en avait parlé à Hilal, cela faisait longtemps qu'ils n'avaient pas dîné en tête-à-tête. Choisissant l'al-Ard al-Khadra, littéralement « la terre verte », ils s'attablèrent à 20h30 et décidèrent de ne plus regarder l'heure ; à Sanaa, la nuit n'est pas seulement réservée aux amoureux. « Je ne voyais jamais le temps passer avec mon fils. »

Sur une nappe blanche immaculée, le serveur ramena rapidement du pain, l'ingrédient avec lequel chaque Yéménite accompagne ses repas. Si la France est le pays de la baguette, le Yémen est celui du pain en général ; plus d'une centaine de variétés sont pétries chaque jour à travers le pays[23]. Sanaa oblige, on servait du *malouj*, un pain proche de celui préparé en Iran et cuit patiemment au tannour, un four en argile. Sur la carte de l'établissement, Hilal et Zahra voyaient les recettes traditionnelles de la capitale et des régions Nord comme le *saltah* ou la *fasha*, des ragoûts assaisonnés d'épices généralement servis pour le déjeuner, à base de viande d'agneau (plus rarement de poulet), ou la *susi*, un mets cuisiné au four dans une cassolette comprenant du

22. Zahra signifie « fleur en arabe ».
23. Selon Raufa Hassan, un chercheur yéménite, il existe 136 types de pains différents. Aucune étude académique n'a été cependant réalisée, mais le consensus entre les chercheurs évoque un chiffre dépassant la centaine.

pain, des œufs battus, du lait, du beurre et l'inventivité du chef. « On a un patrimoine alimentaire insoupçonné », sourit Nadwa Dawsari, auteure et chercheuse yéménite basée désormais à Washington. « Notre cuisine a énormément influencé le monde arabe, mais aussi d'autres parties du monde au gré des migrations yéménites. C'est une partie de notre culture, de nos traditions. »

Une fois rassasiés, Hilal et Zahra quittèrent la terre verte pour plonger dans les arcanes de Sanaa. Remontant Hadda Street, Mujahed Street et l'immense Zubayri Street, ils débouchèrent devant Bab al-Yemen, littéralement « la porte du Yémen », celle qui garde jalousement depuis quasiment un millénaire le vieux Sanaa, Sana'a al-Qadimah. Passant sous les murailles fortifiées, joliment illuminées par la lune, Hilal et Zahra s'accordèrent une dernière promenade dans ce dédale unique de ruelles et d'échoppes d'un autre temps. Décor de film, les Murs de Sanaa[24] ont été décrits par les plus grands romanciers au fil des siècles, mais aucun mot ne pourra réellement saisir l'âme vivant entre ces parois érodées par le temps. « Il faut le voir, le sentir, le vivre », confirme Nadwa Dawsari. « C'est un endroit magique comme seul le Yémen en compte. » Un nouveau monde en couleurs, fabuleux, merveilleux, alors s'il te plaît, Zahra, n'ouvre pas les yeux, pas encore ; vu des cieux, Sanaa est un rêve bleu. « La situation n'était pas toujours bonne avant la guerre, mais si on fait une comparaison avec ce qui se passe aujourd'hui, alors le Yémen était un paradis », confie Zahra, désabusée. « C'est de pire en pire. Je ne vois pas d'espoir. »

Si Hameed lui a donné une première petite-fille prénommée Ayha, un terme coranique indiquant un signe, la jeune grand-mère ne voit toujours aucun miracle à l'horizon. Depuis le 21 septembre 2014 et la prise de Sanaa par les houthis, un mouvement armé d'obédience zaydite provenant essentiellement des montagnes au nord, une succession d'événements impitoyables s'est abattue sur l'Arabie heureuse, à commencer par la démission (forcée) du président Mansour Hadi le 22 janvier 2015. Implorant l'aide des monarchies voisines, il se réfugie le 26 mars 2015 à Riyad, quelques heures après le déclenchement de l'opération *Decisive Storm*, « tempête décisive ».

Menée par l'Arabie saoudite, soutenue militairement par huit autres pays arabes (Émirats arabes unis, Bahreïn, Koweït, Qatar, Jordanie, Maroc, Égypte, Soudan), cette campagne de bombardements aériens devait permettre la restauration du gouvernement de Hadi, ainsi que de

24. *Les Murs de Sanaa* est un documentaire du réalisateur italien Pier Paolo Pasolini, sorti en 1971, qui appelait l'UNESCO à préserver la vieille ville. Pasolini a également tourné des scènes du vieux Sanaa dans son film *Les Mille et Une Nuits*.

bouter les houthis hors de la capitale ; et avec eux l'influence iranienne toquant à la frontière saoudienne. « On pensait que cela serait rapide, d'où le nom de l'opération », raconte un ancien membre du ministère de la Défense d'Arabie saoudite dirigée à l'époque par Mohammed ben Salmane, pas encore prince héritier. « Il misait beaucoup sur cette guerr e pour montrer son leadership, et aussi celui de notre royaume. Sauf qu'on s'est mal préparé, on a mal analysé la situation. On s'est rapidement rendu compte que sans troupes au sol, il était impossible d'avancer. »

Une erreur stratégique en appelant hélas d'autres, innombrables et tragiques. « Les Saoudiens ont tout raté, et leurs adversaires ont profité de leur stupidité », analyse Nadwa Dawsari dont les écrits et interventions publiques n'ont épargné aucun acteur du conflit. « Les maladresses existent, mais comment expliquer autant d'erreurs ? Comment la coalition a pu frapper autant de cibles n'ayant rien à voir avec les houthis ? Au bout d'un moment, il faut se demander s'il n'y avait pas une volonté de viser des civils et des infrastructures yéménites n'ayant rien à voir avec les objectifs affichés militairement. » D'une guerre devant durer trois semaines, l'Arabie saoudite et ses alliés, du moins ceux étant restés avec elle, sont empêtrés depuis huit ans dans un conflit les ayant vus lancer plus de 25 000 frappes aériennes sur le Yémen[25].

Parmi elles, une tombant le 5 septembre 2015 sur le toit d'une maison dans le sud de Sanaa, réduisant instantanément en gravats tout ce qui se trouvait à côté, dont le restaurant al-Ard al-Khadra. « C'est notre vie, nous ne sommes plus en sécurité nulle part. » Zahra soupire. Comme ses concitoyens, elle endure les événements sans pouvoir y changer quelque chose. « Cette guerre, c'est aussi une succession d'incompréhensions et de mauvaises lectures de la communauté internationale », pointe Nadwa Dawsari. « Les houthis ont utilisé intelligemment les bêtises et les distensions de la coalition, ainsi que les limites du gouvernement reconnu. Personne n'a pu les arrêter. Mais il faut aussi se rappeler qu'ils ont pu en être là grâce à un homme : Ali Abdullah Saleh. Sans lui, on n'en serait pas là. Il est l'un, si ce n'est le principal responsable de ce qu'on vit actuellement. » Saleh, l'ancien président yéménite au pouvoir pendant plus de trente-trois ans, celui-là même qui a ordonné une guerre d'une décennie contre les houthis avant de s'allier à eux en 2014 dans le fol espoir de reprendre son trône ! Un revirement total, funeste, mais loin d'être inattendu : à Sanaa, les alliances politiques se comptent par dizaines, et les trahisons par centaines ; c'est le risque à courir pour s'offrir ce monde aux mille et une splendeurs.

25. Voir le site yemendataproject.org qui collecte toutes les données liées aux frappes aériennes de la coalition.

II.

LA CONSTRUCTION D'UN ÉTAT À TRAVERS ALI ABDULLAH SALEH

« Au cours de ses trente-trois années de règne, la politique et les discours médiatiques d'Ali Abdullah Saleh n'ont pas été capables d'apporter une explication convaincante de la voie qu'il a prise pour atteindre le pouvoir. Ça veut dire beaucoup. » Choisissant soigneusement ses mots, Taher Shamsan a parfaitement formulé l'un des mystères entourant la présidence de Saleh. Comment ce jeune colonel illettré a-t-il pu être propulsé président de la République arabe du Yémen[26] et chef des armées par le Parlement le 17 juillet 1978 ? « Il a profité d'un vide politique », continue le journaliste aux petites lunettes rondes. « Avant le 17 juillet 1978, il ne jouissait d'aucune popularité, que ce soit à l'intérieur ou à l'extérieur du système. Ce qui est certain, c'est que son élection n'a pas été un coup contre le système politique, mais plutôt pour le préserver. »

Depuis la révolution de 1962 menée par le colonel Abdullah Al-Sallal, premier président de la République arabe du Yémen, le pays a connu effectivement trois autres dirigeants aux fortunes diverses. « Nos deux derniers présidents avant Ali Abdullah Saleh ont été assassinés », pointe Yahya Dwaid, un membre de la haute commission du Congrès général du peuple, le parti politique de Saleh. « L'instabilité prédominait. Le pays était soumis à des influences diverses. Gouverner était très dangereux. »

Après Al-Sallal, le pouvoir a été récupéré par Abdul Rahman Al-Eryani en 1967. Seule personne issue de la société civile à avoir dirigé la République arabe du Yémen, il avait été emprisonné une quinzaine d'années et condamné à mort à l'époque de l'imamat pour avoir participé à un mouvement révolutionnaire réclamant la fin de la monarchie et l'instauration d'une république.

Gracié miraculeusement – la légende raconte que c'est le roi-imam en personne, le diabolique Ahmed *ya jinah*, qui a pris cette décision quelques minutes avant l'exécution –, Al-Eryani a encouragé des idées avant-gardistes dès son intronisation comme président.

Défenseur de la culture et des arts, féru de littérature, il a incité la création de partis politiques, une notion alors étrangère dans le Nord, et posé les premières bases d'un hypothétique Yémen unifié suite à l'indépendance du Yémen du Sud en 1967. Devant composer avec la toute puissance de certaines tribus, la méfiance du voisin saoudien, et un environnement local hostile entre les partisans d'un retour à la monarchie et les républicains convaincus, Al-Eryani n'a jamais eu la liberté d'imposer totalement ses réformes. Pour l'affaiblir davantage,

26. Nom officiel du Yémen du Nord suite à la révolution de 1962 ayant mis fin à la monarchie.

ses ennemis exploitaient le moindre détail, quand bien même celui-ci n'avait aucun rapport avec la réalité.

Juge dans le civil, il portait comme il était de coutume dans la profession le traditionnel *emamh*[27] au-dessus de son crâne. Un turban blanc qui lui a valu tous les qualificatifs possibles : communiste, religieux zélé, Al-Eryani serait dangereux, c'est certain ; on disait même qu'il aurait eu des origines juives ! « Les batailles pour le pouvoir sont tellement féroces que les gens sont prêts à tout inventer pour vous faire passer comme un ennemi », explique Khaled Al-Yamani, ancien ministre des Affaires étrangères. « Ce n'est toutefois pas propre au Yémen le fait d'agiter des slogans ou des rumeurs infondées pour vous décrédibiliser. » Menacé, usé, Al-Eryani est déposé le 13 juin 1974 par un coup d'État mené par divers officiers avec le colonel Ibrahim Al-Hamdi à leur tête. Contrairement à bon nombre de présidents, le juge n'a pas montré de résistance, préférant accepter son sort ; à quoi bon s'accrocher au pouvoir si le sang devait encore couler ?

S'exilant en Syrie, il laissa le pays à un homme plus autoritaire, mais non dénué d'ouverture d'esprit. Poursuivant le travail de son prédécesseur, Al-Hamdi œuvra pour un Yémen moderne et uni, du nord au sud. Dédiant plus de 30 % du budget de l'État à l'éducation, il initia la fondation de communautés locales bâtissant des écoles et des infrastructures nécessaires pour améliorer le quotidien des citoyens. Hôpitaux, réseaux hydrauliques, des kilomètres de route, la République arabe du Yémen connut un essor économique et social inédit durant trois ans. « Dans notre histoire, nous n'avons hélas jamais eu de périodes de stabilité », remarque Ali Al-Sakani, journaliste basé dans la province de Marib pour *Almasdar Online*. « Il y a toujours eu quelque chose nous ramenant dans un état d'instabilité, de guerre. Politiquement, notre pays a constamment été secoué, c'est comme ça. Qu'est-ce qu'on peut y faire ? » Rien : aux jours heureux succède le malheur, et à l'Arabie heureuse le détroit de Bab-el-Mandeb, littéralement « la porte des lamentations » ; tel est le destin du Yémen. « Le pays allait dans la bonne direction, puis Ibrahim Al-Hamdi a été tué dans des circonstances encore non élucidées plus de quarante ans après », explique un ancien membre du gouvernement Saleh désireux de garder l'anonymat. « C'est une affaire encore très sensible. »

Le 11 octobre 1977, les corps du président Al-Hamdi et de son frère, Abdallah, sont retrouvés perforés de multiples balles en compagnie

27. Un turban.

des dépouilles de deux jeunes Françaises dénudées, Véronique Troy et Françoise Scrivano. « J'entendis parler pour la première fois de leur histoire à Taez de la bouche du docteur Yvette Viallard, alors directrice de la mission médicale française de l'hôpital républicain de cette ville », écrit le chercheur Franck Mermier, ancien directeur du Centre français d'études yéménites. « Elle me confia avoir été appelée par l'ambassade de France à Sanaa pour établir un certificat médical avant le transport des cercueils en France. Anne-Marie Moulin[28] avance que : "Mise en présence des corps criblés de balles de deux très jeunes femmes en nuisette, Mme Viallard se vit enjointe de délivrer un certificat de mort naturelle. Raison d'État." » Une première énigme en appelant d'autres : aucune enquête criminelle sérieuse n'a été réalisée, pas plus en France qu'au Yémen, et nul ne sait quarante ans plus tard comment et par qui ces quatre personnes ont été abattues ! « Faute d'avoir accès aux documents classés confidentiels en France et face aux obstructions mises au lancement d'une enquête judiciaire au Yémen, seuls des témoignages épars permettent de reconstituer, tant bien que mal, les tenants et aboutissants de cette affaire », relate Mermier. « Mettre en regard les sources françaises et yéménites s'apparente à une nouvelle mise en abyme où se confrontent des imaginaires, des stéréotypes et des récits qui se télescopent pour suivre le fil d'une nouvelle trame narrative. »

Fin connaisseur du Yémen, le chercheur et écrivain français a été l'un des seuls à remonter l'ensemble des théories entourant ces assassinats. Des règlements de comptes tribaux à une opération saoudienne, en passant par une action des services français, Franck Mermier n'a rien oublié, et surtout pas la possible participation du lieutenant-colonel Ahmad Al-Ghashmi et de son collègue Ali Abdullah Saleh. « Il fallut attendre 1994 pour qu'Ali Abdullah Saleh soit directement mis en cause pour sa participation au meurtre d'Al-Hamdi », rédige-t-il dans son investigation pour la revue *Pount*[29]. « Dans un ouvrage au titre qui ne pouvait qu'attirer l'attention, *Mémoires d'un officier de renseignement yéménite*, Nasr Al-Boutoul consacrait un court chapitre au meurtre des frères Al-Hamdi et des deux Françaises [...]. S'appuyant sur les récits de tiers bien informés, Nasr Al-Boutoul raconte qu'Ibrahim et Abdallah Al-Hamdi avaient été invités à déjeuner chez Ahmad Al-Ghashmi. Arrivé

28. Médecin et philosophe, Anne-Marie Moulin a été directrice de recherche émérite au CNRS. Elle a publié de nombreux ouvrages, dont *Le Médecin du Prince : voyage à travers les cultures* d'où est tiré cet extrait.
29. Merci à Franck Mermier de nous permettre d'utiliser ces extraits.

en premier, Abdallah fut tué par Ahmad Al-Ghashmi, Ali Abdullah Saleh et Ahmed Faraj. Quant à Ibrahim qui fut introduit dans une autre pièce, il fut agoni d'injures. Le président demanda aux comploteurs de lui laisser la vie sauve en échange de son départ immédiat du pays en arguant qu'il était parvenu au pouvoir sans effusion de sang et qu'il craignait que son frère ne cherche à le venger s'il était tué. Lorsqu'il apprit sa mort, Ibrahim Al-Hamdi se décomposa. Nasr Al-Boutoul précise ensuite qu'Ali Abdullah Saleh aurait tiré deux balles de son pistolet sur Ibrahim Al-Hamdi. Les deux corps auraient ensuite été transportés dans une maison à la construction encore inachevée, située sur les hauteurs de Sanaa, et où avaient déjà été amenées les dépouilles des deux Françaises qui avait été totalement dénudées. Chacun des frères fut placé à côté d'une femme sur un lit vert. »

Rythmée comme un thriller, mystérieuse comme un roman d'espionnage, l'enquête de Mermier dresse le portrait d'un président dont la mémoire était devenue un tabou avant le Printemps arabe de 2011 où son visage guilleret ornait les affiches et pancartes des manifestants dans les rues. Magnifiée, mythifiée, oubliant ses décisions hâtives lui aliénant un nombre considérable d'ennemis en un temps record et concentrant l'ensemble du pouvoir entre ses mains et celles de Mohamed Khamis[30], son chef des services de renseignement « se délectant à pratiquer la torture », la figure d'Al-Hamdi incarne une histoire arrachée aux Yéménites. « Nous devons nous réapproprier notre histoire », abonde Nadwa Dawsari, l'une des rares voix locales à être entendue à l'international. « L'un de nos problèmes, c'est que ce sont trop souvent des gens extérieurs qui parlent du Yémen, sans parfois rien connaître ou même prendre le temps de parler avec la population. Cela donne une fausse perception de notre pays, mais c'est aussi de notre faute : qu'avons-nous fait pour changer ça ? Qu'ont fait les gens censés nous représenter dans les tribunes internationales ? Rien ! » Une inaction assumée qui n'a pas aidé l'image d'une contrée où trois chefs d'État ont été assassinés en moins d'un an ! « Cette époque marquait une violence politique inouïe », glisse Yahya Dwaid. « Deux présidents au Nord, un au Sud, ça laisse des traces. »

Dans l'ordre, Ibrahim Al-Hamdi le 11 octobre 1977 de plusieurs balles, puis son successeur Ahmad Al-Ghashmi d'une bombe placée dans une mallette tendue par un envoyé spécial du Yémen du Sud – lui aussi mort dans l'explosion – le 24 juin 1978, et enfin *Salimin*, Salim Rubai Ali, le président du Sud, renversé et exécuté trois jours

30. Officiellement, Khamis était le chef de l'appareil central de la sûreté nationale.

après l'assassinat d'Al-Ghashmi dont certains l'accusaient d'en être le commanditaire. « On plaisantait à l'époque qu'il fallait être suicidaire pour prendre le pouvoir », rigole un ami de Saleh, élu président du Nord par le Parlement le 17 juillet 1978. « En huit mois, on avait tué trois présidents. La question était simple : combien de temps allait durer le prochain ? » Une interrogation légitime, mais attention : ce jeune colonel illettré était plus malin qu'il ne voulait bien le montrer. « Il était très rusé. Tout le monde l'admet, même ses ennemis », note Mustapha Noman, diplomate yéménite ayant servi deux décennies dans le gouvernement de Saleh. « Il connaissait ce que je nomme la carte tribale du Yémen avec ses points chauds. Il savait comment négocier des arrangements avec les tribus, soit en donnant de l'argent ou des contrats, soit en permettant à certaines d'importer des armes. » Pour paraphraser l'un des plus proches confidents de Saleh : « Il a basé sa politique autour des milieux d'où il venait : les militaires et les tribus. »

Natif de Bait al-Ahmar, un village montagneux à une vingtaine de kilomètres au sud de Sanaa, le futur président a grandi dans une famille conservatrice et modeste appartenant à la tribu Sanhan. Orphelin de son papa tout jeune, il est élevé dans la plus pure tradition tribale du Nord du Yémen ; lorsqu'un père décède et laisse derrière lui sa jeune famille, l'un de ses frères doit se marier avec sa veuve afin de préserver la communauté et l'éducation des enfants. Une coutume respectée par les Saleh qui célébrèrent une nouvelle union avec Muhammad, l'oncle et désormais nouveau beau-père d'Ali Abdullah. Nouant une profonde relation avec cette figure paternelle, le jeune garçon est envoyé dans une école coranique avant de rejoindre les forces armées de l'imamat en 1958.

Dépourvu de formation scolaire, contraint par une situation financière précaire, « Afash » – un de ses surnoms hérité du deuxième nom de famille de son père – suivit la trajectoire de beaucoup de jeunes déshérités des alentours de Sanaa, Amran ou Hajjah. Certes, il n'avait que 12 ans et des yeux encore innocents, mais c'était sans importance : au Yémen, les enfants sont envoyés en première ligne. « Historiquement, le recrutement d'enfants dans des milices armées est un fléau qui a gangrené notre société », remarque l'artiste Murad Subay, qui a peint entre 2013 et 2014 des fresques à ce sujet dans sa campagne *12 Hours*. « La guerre, les armes, c'est tout ce qu'ils connaissent. C'est la situation aujourd'hui, et ça l'était déjà à l'époque. » Engagé comme soldat d'infanterie, puis accepté comme élève de l'académie militaire à 14 ans, le jeune Ali Abdullah Saleh n'a effectivement connu que les fusils et les coups d'État d'une nation plongée dans les affres de la guerre civile. Parfaisant sa formation en Irak, il est affecté à son retour au camp militaire de Khalid Bin al-Walid, tout près de la frontière avec le Sud et de Mocha, la célèbre ville portuaire ayant été la première importatrice de café au XVIe et au XVIIe siècle.

Donnant sur les côtes djiboutiennes et érythréennes, elle est un lieu de passage historique de marchandises et personnes de tous bords. « C'est une région de contrebande », glisse le journaliste politique Taher Shamsan. « Ali Abdullah Saleh dirigeait un bataillon armé dans la zone. Il avait des relations avec des opérations de contrebande, notamment de liqueurs. » En l'occurrence du whisky, transité depuis Djibouti, dont le *raïs*[31] a toujours été friand comme l'indique un câble de 2010 publié par WikiLeaks :« Dîtes à Ismaïl Guelleh (le président djiboutien) que je m'en fiche s'il fait entrer clandestinement au Yémen du whisky – pourvu que ce soit du bon whisky –, mais pas d'armes ou de drogues. »

Rusé, sociable, Afash est progressivement monté en grade, obtenant le poste de gouverneur militaire de Taez, la deuxième ville du Nord derrière Sanaa. « C'était quelqu'un de très ouvert, toujours prompt à nouer des relations sociales », appuie Yahya Dwaid, un de ses proches qui l'a connu durant les années 1980. « Il aimait rencontrer les gens, manger avec eux. C'est comme ça qu'il concevait la politique. » Dans la pure tradition yéménite, principalement du Nord, Saleh a l'habitude de passer les après-midi avec des membres de son entourage à mâchouiller des feuilles de khat, une plante aux effets euphorisants et stimulants considérée comme une drogue dans beaucoup de pays[32]. « Le khat joue un rôle central au Yémen », explique Amjed Bamatraf, un professeur yéménite désormais installé en Angleterre. « Mon père, le docteur Awadh Salem Issa Bamatraf, a été un membre du Parlement, avant et après l'unification, mais il a surtout été le premier pharmacien yéménite. Lors de sa dernière année d'études à la faculté de médecine et de pharmacie de l'Université de Syrie, plus tard renommée Université de Damas, il devait réaliser un sujet de recherche pour valider son diplôme. Il a choisi le khat en conduisant une analyse chimique et sociale. Ses recherches ont été considérées comme une des plus avancées à l'époque. Elles font même partie des références de l'Organisation mondiale de la santé. » Pour le docteur Bamatraf, le khat est « la plante du diable », dont l'addiction a de

31. Chef.
32. Interdit en Arabie saoudite, le khat est aussi placé sur la liste des stupéfiants dans la plupart des pays occidentaux : France, Royaume-Uni, États-Unis, etc.

potentielles conséquences sur le système cardiaque (augmentation de la pression artérielle notamment), digestif ou psychologique. « Il était contre la distribution du khat dans la région d'Hadramaout », poursuit son fils. « Il s'y est opposé et a convaincu les membres de son cabinet politique en leur montrant comment le pays était présenté à une conférence de l'Organisation mondiale de la santé. Cette réunion était un exemple de comment combattre les drogues en réduisant par exemple la distribution du khat à des zones proches du lieu de la culture, et seulement le week-end. »

Cultivé massivement dans l'est de l'Afrique – principalement autour de la Corne, de l'Éthiopie à la Somalie en passant par Djibouti et l'Érythrée – et le sud de la péninsule arabique, le khat est indissociable de la vie quotidienne au Yémen. « L'après-midi est réservée au khat », sourit Ameen, fils d'un chef tribal d'Al-Riyashuya, une tribu reliée à Bakil, l'une des plus puissantes tribus du Nord. « On se rassemble, on mâchouille le khat, on parle, on débat. C'est un moment de sociabilisation qui sert aussi à apaiser des différends. » Ambivalent, paradoxal, le khat est à l'image de l'Arabie heureuse : ses bienfaits sont réels, comme les malheurs qu'il entraîne. « C'est un désastre écologique », coupe Amjed Bamatraf. « C'est une plante très gourmande en eau qui consomme plus de la moitié de nos ressources hydrauliques. Sans compter qu'elle est de plus en plus cultivée au détriment d'autres cultures vivrières. » Brunissant les dents de ses consommateurs, le khat a envahi le pays, du nord au sud, d'est en ouest, donnant lieu à des marchés spécialement dédiés à sa vente : le *souk al-khat*. « Il y en a partout », rigole Ameen. « Dans les grandes villes, dans les villages, il y a toujours un endroit où acheter du khat. Parfois, les gens me demandent pourquoi on ne cultive pas davantage de légumes, mais ils ne comprennent pas la mentalité. OK, c'est beau de pouvoir cultiver des aliments afin d'avoir de quoi manger, on est tous d'accord. Mais les tribus, elles ne voient pas forcément ça sous cet angle. Elles vont d'abord demander : "D'accord, mais ça nous rapporte quoi ?" Le khat ne nécessite pas beaucoup d'entretien, et se vend plus cher, donc le choix est vite fait. »

Vendue en vrac dans un petit sac plastique ou ordonnée autour d'un ruban, *rubtat khat*, cette plante est l'une des principales sources de l'économie nationale. Si son prix reste accessible pour la majeure partie de la population, il peut s'envoler à plusieurs milliers de rial yéménites selon la fraîcheur ou la race, comme le *shami*, prisé par la haute classe de Sanaa. « Le khat se mâchouille toujours avec quelque chose », indique le membre de la tribu Al-Riyashuya. « C'est une saveur assez amère, donc il faut le mélanger avec une boisson sucrée ou des confiseries par exemple. Sans compter le tabac. » Outre les cigarettes yéménites, *rothman* ou *kamaran*, les Yéménites aiment allumer un narguilé ou une *mada'a*, une pipe à eau unique au monde par ses dimensions XXL. « Il y a plein de choses qu'on trouve uniquement au Yémen », poursuit fièrement Ameen, installé aujourd'hui en Andalousie, à La Linea de la Concepcion, ville frontalière avec Gibraltar d'où il travaille. « Culturellement, historiquement, socialement, nous avons une richesse que les gens ne connaissent pas. C'est ce que j'ai envie de dire à ceux ne voyant le Yémen que par le biais de certaines actualités comme la guerre ou le terrorisme. Notre pays, ce n'est pas ça : il est à part. » Authentique, brute, incomprise, rustre, l'Arabie heureuse est effectivement un peu tout ça à la fois, et qui de mieux qu'un colonel illettré issu d'une modeste famille tribale pour le symboliser ? « C'est l'histoire d'un jeune homme venu d'une petite tribu au sud de Sanaa, sachant à peine lire et écrire, et qui a en quelque sorte trébuché devant l'histoire pour devenir président car ses deux prédécesseurs ont été tués neuf mois auparavant », résume Barbara Bodine, ambassadrice américaine au Yémen de 1997 à 2001. « Il n'était pas supposé être président, si ce n'est pour un intérim. Ce n'était pas quelqu'un ayant reçu une éducation, mais au final, il était probablement l'un des plus astucieux politiciens que j'ai rencontrés. »

Sans prestance particulière, sans programme politique concret, Afash n'était pas prévu pour durer ; un an après sa nomination, un coup d'État menaça même de le renverser. « Ça a été le début d'une longue liste de tentatives de putsch ou d'assassinat », Abdo Borgi, ancien directeur adjoint du cabinet présidentiel. « Une fois, des personnes ont creusé un tunnel pour arriver dans la mosquée construite dans sa résidence privée. Ils ont été arrêtés à temps, mais ils avaient passé des mois à bâtir ce tunnel pour venir le tuer ! » Dans ces circonstances, Saleh privilégia volontairement la loyauté, que ce soit dans ses services de sécurité ou dans son gouvernement. « Ça a toujours été son leitmotiv », confirme Yahya Dwaid, dont les liens tribaux lui permirent d'occuper différentes positions dans le parti politique de celui qu'il appelle encore le *raïs*. « S'il avait le choix entre une personne compétente ou loyale, il choisissait la loyauté. » C'est ainsi que les hommes de sa tribu, Sanhan, récupérèrent des postes importants, comme l'ensemble de la tribu Hashid[33], ainsi que des militaires. « Je

33. Hashid est une grande tribu regroupant plusieurs tribus du Nord (Sanhan, Hajour, al-Anhoum, Banu Suraim...).

pense que sa politique la plus intelligente a été de démanteler les hiérarchies à l'intérieur des tribus », analyse le diplomate Mustapha Noman. « Dans l'ancien temps, nous connaissions tous qui était le cheikh de telle tribu, mais il a créé ses propres cheikhs à l'intérieur même de ces tribus. Il a fabriqué comme une rivalité entre le vieux cheikh traditionnel et les nouveaux qu'il a conçus et qui étaient loyaux envers lui. Il les sponsorisait si on peut dire ça ainsi, les défendait, les protégeait, leur donnait du pouvoir et ce dont ils avaient besoin, que ce soit de l'argent ou des projets à réaliser. C'est pourquoi tous les cheikhs voulaient être proches de Saleh. Ils souhaitaient obtenir les contrats et les ressources allant avec pendant que lui voulait être certain de ne pas être trahi par les tribus. Au final, c'était une situation gagnant-gagnant pour les deux camps. »

Alors, les années passèrent, et le colonel à la moustache fournie resta au pouvoir. Troquant son uniforme militaire et sa montre de pacotille pour un costume trois pièces et une Rolex, Afash prit même goût à sa nouvelle vie. « C'est resté un homme du peuple, un pur Yéménite », nuance Yahya Dwaid. « Ce qu'il aimait, c'était rester au pays, aller dans des villages, rencontrer des gens. » De quoi perpétuer la légende rapportée entre deux éclats de rire par Barbara Bodine, l'ambassadrice américaine ayant noué la plus forte proximité avec Saleh. « Quand je suis arrivée ici, tous les Yéménites que je rencontrais me disaient avoir une connexion personnelle avec Ali Abdullah Saleh. Ils me lançaient : "Je peux vous aider !" Je leur répondais : "Mes amis, je suis l'ambassadrice américaine, donc je vous rassure, je peux rencontrer le président, mais merci !" Cependant, j'essayais de comprendre comment tous les habitants pouvaient avoir des connexions avec leur président. En fait, Saleh avait une brochette de conseillers autour de lui qui étaient connectés à plein de personnes. Ça fonctionnait un peu comme un kaléidoscope : tout le monde pensait qu'il n'y avait qu'un ou deux intermédiaires entre eux et le président. Maintenant, est-ce que cela était vrai ou non n'était pas important car le sentiment était là. C'est comme ça qu'Ali Abdullah a essayé de puiser dans un récit national yéménite. »

Débrouillard, redoublant d'astuces, Saleh savait que la roublardise était sa seule manière de perdurer, et donc de survivre. « Il avait l'habitude de dire que gouverner le Yémen était comme danser sur la tête de serpents », se remémore Khaled Al-Yamani, à l'époque membre du service des Affaires étrangères. « Il n'avait pas forcément tort, sauf qu'il y avait un problème : Saleh lui-même était un serpent en qui vous ne pouviez avoir aucune confiance. » La voix envoûtante, répétant inlassablement les mêmes discours que lors de ses jeunes années, le colonel à la moustache noire réussit peu à peu à endormir son peuple : aie confiance, crois en moi, que je puisse veiller sur toi, fais un somme, sans méfiance ; le Yémen m'appartient, et vous ne pourrez plus rien y changer !

5. VANITÉ FATALE

« Saleh se présentait comme un véritable partenaire pour tout le monde vu qu'il était impossible pour lui à l'époque d'être en désaccord avec les éléments centraux du pouvoir. Sans légitimité, il s'est donc appuyé sur la même classe politique qui le précédait à l'exception d'une personne : Mohammed Khamis. Il connaissait trop de détails dangereux à son sujet » (Taher Shamsan, journaliste politique yéménite).

Opposé à un contexte chaotique avec diverses guerres, le début de la présidence d'Ali Abdullah Saleh n'augurait rien de bon. Néanmoins, avec le soutien de l'Arabie saoudite, il a posé les bases d'un État se stabilisant peu à peu. Grâce à un système de patronage économique et d'alliances politiques fluctuantes, le colonel s'est imposé malgré un passé trouble, bien connu par Mohammed Khamis, le responsable des services secrets sous le défunt président Ibrahim Al-Hamdi. ■

« Les supporters de Saleh et les gens proches de lui ne peuvent nier les traits de sa personnalité, que ce soient le mensonge, le fait de rompre ses promesses ou de ne pas adhérer aux accords et engagements qu'il avait passés avec les forces politiques yéménites. » Direct, franc, Aiman Nabil n'hésite pas un instant au moment de décrire le régime du colonel à la moustache noire. « Ironiquement, les aspects de sa personne étaient dépeints dans les médias comme des avantages, comme une habileté politique, et non comme des défauts moraux qui ne devaient être en aucun cas à la tête d'un État. » Une antinomie qui exaspère le jeune trentenaire exilé à Berlin depuis 2013. « C'est un souverain qui a usé de tout ce qui était possible pour rester au pouvoir pendant des décennies, y compris en manipulant le tissu social du pays, en sponsorisant des milices armées, sans oublier la corruption et le népotisme. »

Écrivain réputé pour sa droiture, Aiman Nabil incarne l'une des figures intellectuelles de la jeunesse yéménite. « Il n'y a pas grand-chose à dire sur moi », élague-t-il, presque gêné de parler de sa propre histoire ou de ses riches articles historiques et sociologiques. « J'ai été élevé dans une famille de la classe moyenne à Sanaa. Mon père était un ingénieur, ma mère était femme au foyer. Elle avait décidé de dédier son temps à mon éducation et à celle de mes frères et sœurs. »

Parmi les élèves les plus brillants de sa génération, Aiman était un candidat légitime aux rares bourses destinées aux étudiants yéménites susceptibles de poursuivre un cursus universitaire à l'étranger. Travaillant d'arrache-pied pour réaliser son objectif, le jeune sanaanéen a obtenu son précieux sésame, mais attention au mirage : au Yémen, les rêves sont inlassablement rattrapés par la réalité, celle d'un régime clientéliste. « L'entourage de Saleh et ses proches ont toujours bénéficié des faveurs de l'État », concède le journaliste politique Taher Shamsan. « Ce système a permis à un petit groupe de s'accaparer divers avantages, contrats et marchés du pays. » Dans le cas d'Aiman Nabil, sa bourse échoua finalement au fils d'une famille bien introduite auprès du pouvoir, mais pas question d'abandonner ; il n'avait pas passé toutes ses nuits à réviser en vain avec sa maman. « J'étudie à l'université de Humboldt », lâche-t-il avec son habituelle discrétion. « Je continue d'étudier, mais mon travail reste d'écrire pour plusieurs publications. »

Collaborateur régulier de divers médias arabes, *Al-Madaniya Magazine*, *New Arab* ou *Al-Adab* notamment, le trentenaire au visage de poupon est un étudiant heureux de la plus vieille faculté de Berlin. Un exil lui permettant de se livrer sans retenue à l'analyse des turpitudes historiques et politiques du pays, de la figure du regretté Ibrahim Al-Hamdi à celle devenue totémique d'Ali Abdullah Saleh. « Le régime était attaché aux règles sociales et ne pratiquait pas de violences économiques. Il a maintenu l'approche minimale des développements socio-économiques établis durant l'ère d'Ibrahim Al-Hamdi, premièrement pour des raisons régionales, puis internationales. Ensuite, de 1978 à 1990, le régime était une république plus ou moins similaire à d'autres États arabes qui se sont formés au milieu de la Guerre froide. » À une nuance près : son plus proche voisin, le Yémen du Sud, était la seule nation communiste du monde arabe. « C'était une situation unique. Néanmoins, ce n'est pas pour cela qu'on a soutenu plus que de raison le Yémen du Nord », coupe Barbara Bodine, ambassadrice américaine au Yémen de 1997 à 2001. « Par exemple, nous ne leur avons presque pas fourni d'équipements militaires. Pourtant, leur armée était une blague, une mauvaise blague ! En 1979, je leur ai personnellement expédié des armes à cause de la guerre sévissant à la frontière[34], mais c'était la dernière fois. Pour preuve, je suis retournée vingt-trois ans plus tard au Yémen comme ambassadrice et j'ai vu qu'ils avaient toujours les mêmes équipements que je leur avais envoyés ! Saleh m'a dit : "Vous avez fait vraiment un super boulot avec ces armes il y a plus de vingt ans. Est-ce que je peux en avoir plus ?" [Rires.] Je lui ai répondu : "Premièrement, dis-moi où tu vas trouver l'argent ? Deuxièmement, quelle est la menace ? Si tu me dis l'Arabie saoudite, vous ne pourrez pas gagner !" »

Si la faiblesse de l'armée yéménite est fortement contestée par de nombreux officiers de l'époque, le pouvoir de Saleh, lui, s'est consolidé avec l'aide de militaires et tribus dévoués. « Le problème, c'est que ces gens n'étaient pas fidèles au Yémen, mais à Saleh », regrette le général Muhsen Khasrouf, qui s'est engagé dans l'armée dans les années 1960. « C'était un système basé sur des intérêts personnels au détriment de ceux du pays. » Un favoritisme assumé offrant cependant une relative stabilité à un pays tourmenté. « Les humains sont une espèce souffrant d'amnésie », sourit Abdulrahman Al-Eryani, ancien employé au ministère des Affaires étrangères et responsable des questions économiques à l'ambassade yéménite des États-Unis. « On a tendance à oublier beaucoup de choses. Concernant l'économie, gouverner le Yémen requiert une capacité d'équilibre assez fine. Ali Abdullah Saleh

34. Suite aux assassinats des présidents du Nord et du Sud en 1978, les tensions entre les deux Yémen se sont envenimées. Entre février et mars 1979, durant un peu plus de trois semaines, la guerre a éclaté, le Sud causant des pertes matérielles et humaines substantielles au Nord. Voir plus tard dans le chapitre.

avait compris cette question, et c'est pourquoi ce système de patronage a été créé [...]. C'était tout simplement pour garder en vie l'État. En tant que président, qu'est-ce qu'il pouvait faire ? »

Une question légitime dans une nation où trois des quatre derniers chefs d'État ont été assassinés. « Le Yémen est unique pour un grand nombre de raisons », poursuit Abdulrahman, un relatif du président El-Aryani[35]. « C'était le cousin de mon père ! Beaucoup de membres de notre famille ont occupé des fonctions importantes, ce qui m'a permis de comprendre davantage les ressorts du pouvoir [...]. Imaginez que le Yémen a pris un virage drastique pour devenir une république alors qu'il était une monarchie zaydite depuis des siècles. Cela a été un énorme changement politique. Certains rapports expliquaient que les nations ayant connu des révolutions similaires ont eu besoin d'environ cinquante ans pour se stabiliser. Chez nous, après 1962, il y a eu deux décennies de combats entre les royalistes et les républicains, une instabilité chronique, et l'échec des gouvernements depuis Sallal jusqu'à Al-Hamdi en passant par Al-Ghashmi et Al-Eryani. C'est à ce moment que Saleh récupère le pouvoir dans un pays chaotique à gouverner. Ce n'était pas comme l'Irak par exemple. L'Irak était dirigé d'une main de fer, personne ne peut le nier. Au Yémen, c'était différent. Les échecs des gouvernements s'expliquaient à cause des mouvements incessants des différentes factions à l'intérieur du pays. Par exemple, des cheikhs tribaux étaient plus puissants que l'État ! Certains étaient connectés à des pays étrangers, recevaient de l'argent, des armes. Donc, en tant que président, que feriez-vous ? »

Proche de Saleh, la famille El-Aryani est originaire d'Eryan, une localité de la province d'Ibb, l'une des régions les plus densément peuplées du Yémen, à 200 kilomètres au sud de Sanaa. « Notre famille compte 6 000 ou 7 000 membres, ça commence à faire », s'esclaffe Abdulrahman. « Nous sommes fiers de nos origines même si chacun a construit sa vie, que ce soit au pays ou à l'étranger. »

Toisant le ciel, niché entre les crêtes des montagnes de Najd Raiman, Eryan est un village d'environ 400 habitants aux contours divins. Surplombé par son château dominant le piton rocheux, entouré d'un vert incandescent, le lieu est comme un trésor caché embaumé de douces saveurs ; jadis, ne l'appelait-on pas la cité du miel ? « C'est un endroit magique, comme le Yémen en recèle un peu partout », poursuit l'économiste qui revient à son explication. « J'ai voyagé en France l'été

35. Président du Yémen du Nord de 1967 à 1974.

dernier, et il y avait un Yéménite me disant : "Regarde, ils sont heureux et vivent en sécurité." Je lui ai répondu : "Oui, après beaucoup de sang versé !" L'histoire de France est remplie d'horreurs ; les Français se sont entretués il y a quelques siècles, n'est-ce pas ? Est-ce que vous croyez qu'ils se sont levés un matin en se disant : "Allez, on va mettre en place une démocratie !" ? Non ! On a tendance à oublier l'histoire. Les Européens ont beaucoup souffert avec de grandes périodes d'instabilité et de guerre ayant même conduit à de larges vagues migratoires. Le genre de violence que les Européens ont connu, honnêtement, ce n'est pas comparable avec nos problèmes au Moyen-Orient. Nous, c'est un jeu d'enfant – je parle évidemment sur le temps long. Bien sûr, la situation que nous vivons n'est pas bonne, et il n'est pas question de minimiser nos problèmes. Cependant, il faut être réaliste : l'Europe a connu deux guerres atroces rien qu'au siècle dernier. Maintenant, oui, il y a une stabilité, et encore, regardez ce qui se passe récemment. Nous, nous sommes une nation très jeune. Cela demande du temps pour se stabiliser. »

Soucieux de s'accrocher au pouvoir et avant tout à la vie, Saleh n'a donc pas bouleversé le système économico-politique. Ménageant les différents partis, il s'est principalement appuyé sur le patronage du puissant voisin saoudien pour afficher une légitimité lui faisant alors défaut. « L'Arabie saoudite avait une grande influence sur le Yémen du Nord », détaille le journaliste Taher Shamsan, considéré comme l'une des plumes les plus exhaustives autour de la vie d'Afash. « Saleh comptait sur les Saoudiens pour s'imposer dans les cercles d'influence et de pouvoir qui n'étaient pas dénués d'une certaine emprise saoudienne. Du moins, il était impossible de garantir la stabilité du régime, et probablement sa survie, sans le support de Riyad. C'est pourquoi les Saoudiens ont traité originellement la présidence de Saleh comme une fatalité en laissant au temps le soin de déterminer la nature de leurs rapports futurs avec lui. »

Tumultueuse, l'histoire entre l'Arabie saoudite et le Yémen a toujours été teintée de conflits et de méfiance partagée, voire de paranoïa. « C'est compliqué », souffle en rigolant Gerald Feierstein, nommé par Barack Obama ambassadeur américain au Yémen en 2010 et qui a officié diplomatiquement dans plusieurs contrées du Moyen-Orient, dont l'Arabie saoudite. « Pour contextualiser, nous avions depuis les années 1950 un office militaire promotionnant les accords de coopération américano-saoudiens. On appelait ça l'USMTM[36]. Plus tard,

36. US Military Training Mission.

les Saoudiens ont ouvert à Sanaa un bureau nommé SAMTM[37] dirigé par un de leurs colonels. Moi, j'arrive pour la première fois au Yémen en 1986. Je dois visiter avec d'autres officiels américains plusieurs lieux, dont ce bureau saoudien. Nous avons été reçus par ce colonel qui nous a expliqué avoir renvoyé sa famille en Arabie saoudite car il était convaincu que les Yéménites allaient la tuer ! Il était devenu complètement parano, mais je pense que cela reflète une vision assez commune dans les hautes sphères saoudiennes à propos du Yémen. Certains pensent que les Yéménites sont des fous tribaux assoiffés de sang prêts à vous sauter dessus ! Sans compter, évidemment, les propos apocryphes d'Abdelaziz ibn Saoud disant à ses fils de ne pas faire confiance aux Yéménites. »

Une référence à l'une des plus fameuses légendes parsemant la drôle de relation entre deux voisins que tout semble opposer. « Votre bien et votre mal viendront du Yémen », aurait prononcé le fondateur de l'État saoudien à l'aube de sa mort. Une phrase prophétique à défaut d'être réellement prouvable, mais qu'importe : pour de nombreux Yéménites, les confessions d'Abdelaziz ibn Saoud se passeraient de génération en génération au sein de la famille royale : « Votre puissance réside dans l'humiliation du Yémen, et votre humiliation dans la puissance du Yémen ! »

Cependant, en 1978, les intérêts des deux voisins convergaient pour stabiliser un minimum la République arabe du Yémen. « Les Saoudiens ne veulent pas d'une trop grande instabilité de peur que cela puisse avoir des effets sur leur territoire ou leur population », explique la chercheuse Nadwa Dawsari. « Ils ne veulent pas non plus d'un Yémen en plein essor. En fait, ils veulent garder le contrôle et n'avoir aucun ombrage ; c'est pourquoi ils avaient peur pendant des décennies d'une réunification et ont œuvré contre. » Une balance et une emprise difficiles à maîtriser tant la relation est jonchée d'échanges et d'interactions n'allant pas dans le sens d'une politique claire. « Des tribus recevaient de l'argent en provenance d'Arabie saoudite, ce qui compliquait la donne », recadre le diplomate yéménite Mustapha Noman. « Un pays est immensément riche, l'autre est immensément pauvre, donc vous avez des frictions. Il n'y a rien d'étrange, surtout dans des sociétés où la mentalité tribale prédomine – regardez entre l'Égypte et la Libye. Saleh avait compris le danger et les potentielles dissensions que cela pouvait causer. »

37. Saudi Arabia Military Training Mission.

Parmi les chefs de tribus recevant un support saoudien régulier, Abdullah ibn Hussein Al-Ahmar a probablement été le plus notable[38]. Leader de la tribu Hashid, l'une des plus importantes du Yémen avec Bakil, il avait combattu avec ses fidèles contre les monarchistes – soutenus par l'Arabie saoudite –, puis s'était de nouveau rebellé plus tard sous le règne du président Al-Hamdi ; ce dernier tentant de limiter l'influence des tribus qui avaient gagné en importance sous la présidence du juge, Al-Eryani. Consciente que la situation était une poudrière encore prête à exploser, la monarchie saoudienne a œuvré pour une médiation entre le gouvernement et les tribus dissidentes. Considéré comme « l'homme des Saoudiens », le responsable de Hashid a facilité les discussions, promettant sa loyauté au nouveau jeune président Saleh, issu lui aussi d'une petite faction de la même tribu. « Sa connaissance tribale a permis d'apaiser les tensions », loue Yahya Dwaid, un proche de Saleh qui officiera dans son parti politique deux décennies. « C'est ce qui a cimenté son pouvoir et le régime qui en avait bien besoin. »

Rapidement, des membres de Hashid et Bakil sont nommés au Parlement ou dans l'armée. Au début des années 1980, un tribunal des affaires tribales est aussi établi pour permettre à plusieurs cheikhs d'y siéger en échange de juteux salaires, sans compter les parcelles de terre accordées à d'autres. « Saleh n'est pas venu avec son équipe au pouvoir », poursuit le journaliste politique Taher Shamsan. « Il acceptait ce que les gens voulaient afin que chacun puisse en retour l'embrasser comme président. » De quoi s'acheter la paix sociale et tribale. « Il se présentait comme un véritable partenaire pour tout le monde vu qu'il était impossible pour lui à l'époque d'être en désaccord avec les éléments centraux du pouvoir. Sans légitimité, il s'est donc appuyé sur la même classe politique qui le précédait à l'exception d'une personne : Mohammed Khamis. »

Khamis, l'homme au visage émacié et aux sourcils broussailleux, chef de l'appareil central de la sûreté nationale, autrement dit des services secrets. Impulsée par l'ancien président Al-Hamdi en 1975, cette organisation dépendant officiellement du ministère de l'Intérieur était censée protéger le pays des potentiels ennemis externes et internes de la République arabe du Yémen. En réalité, elle répondait surtout à son *raïs*, lui reportant toutes activités suspectes de potentiels

38. Il confirme d'ailleurs dans son autobiographie le soutien saoudien à Ali Abdullah Saleh lors de sa nomination comme président.

dissidents à l'image des autres nations arabes ayant adopté depuis une petite décennie déjà le système de *moukhabarat*[39].

Lieutenant-colonel de son état, Mohammed Khamis était un homme sûr de sa valeur. Craint, il était réputé pour faire quotidiennement deux fois le tour de Sanaa afin de vérifier les activités de chacun. Avec lui, les disparitions et centres de torture s'étaient démocratisés, de même que les rapports complets sur les personnalités proches du pouvoir. De quoi menacer un homme au passé trouble : Ali Abdullah Saleh. « Il connaissait trop de détails dangereux à son propos », soutient Shamsan. « Beaucoup trop. » En privé, derrière sa fine moustache dépareillée, le chef des *moukhabarat* aimait se vanter qu'il était au courant de tout, y compris des affaires d'État comme l'assassinat de son ancien patron, Al-Hamdi. Bluffait-il ? Qui pouvait en être sûr ? Son visage était inexpressif et ses émotions rares. Un gage de sécurité selon lui : il savait tout, alors qui oserait le toucher ? Personne, et surtout pas Saleh, victime d'une tentative de putsch par des nasséristes quatre mois après sa nomination.

Aussi connu comme le front, ce groupe reprenant l'idéologie politique du leader égyptien Gamal Abdel Nasser a été pourchassé par les services de Khamis. Certains membres disparurent, d'autres furent exécutés, tandis que les leaders trouvèrent refuge à Aden, la capitale du Yémen du Sud. Formant une alliance avec les cinq partis de gauche ayant dans le temps soutenu Al-Hamdi[40], les nasséristes profitaient du mécontentement des populations au sud de Sanaa suite à l'instauration d'une taxe spécifique à ces régions centrales[41]. « Un conflit en appelait un autre », coupe Abdulrahman Al-Eryani. « La relative stabilité des années 1980 a été difficile à obtenir. »

Soutenue par le Yémen du Sud, l'alliance des partis de gauche et des nasséristes s'empara de nombreux territoires dans les provinces d'Ibb et de Taez. Fin 1978, « les villages libérés » tombaient régulièrement, bien aidés par les déserteurs de l'armée au Nord. Pour Saleh, le danger était réel : derrière cette guerre des régions centrales se cachait l'ambition du tout nouveau parti socialiste yéménite en place au Sud souhaitant unifier les deux Yémen sous la bannière du socialisme.

39. Personne travaillant pour les services de renseignement.
40. L'Union du peuple démocratique, le Parti travailleur yéménite, le Parti démocratique révolutionnaire, l'Organisation résistante révolutionnaire, le Parti populaire de l'avant-garde. Ces cinq partis s'étaient regroupés pour créer le Front national démocratique.
41. Cette taxe déjà vue du temps de l'imamat favorisait les tribus du Nord, doublement moins taxées que celles des régions centrales.

Avec l'aide de l'URSS et de la Libye – soutenant depuis le début les nasséristes yéménites –, le Front national démocratique s'était propagé idéologiquement et physiquement jusqu'à Dhamar, à une petite centaine de kilomètres de Sanaa.

Parallèlement, les relations entre les deux Yémen s'étaient envenimées, les uns accusant les autres de déstabilisation suite aux assassinats des précédents présidents. Finalement, le 24 février 1979, les tensions accouchaient d'une nouvelle guerre à travers des échanges de tirs à la frontière. Immédiatement, l'armée du Sud envahit des villes du Nord, mettant en déroute les troupes de Saleh. Durant trois jours, l'avancement sudiste fut implacable malgré des effectifs bien inférieurs en nombre. « C'est là où on a dû intervenir », rappelle Barbara Bodine, ancienne ambassadrice américaine au Yémen. « L'armée du Nord était une blague, que cela plaise ou non à Abdullah (Saleh). »

Fournissant de l'équipement militaire avec l'Arabie saoudite, la Jordanie ou l'Irak, les États-Unis évitèrent au Yémen du Nord d'être renversé par les socialistes supportés par le bloc soviétique. Au final, grâce à la médiation de la Ligue arabe, les chefs d'État des deux nations signèrent un cessez-le-feu au Koweït fin mars avec l'engagement d'un comité constitutionnel devant poser les bases d'un pays unifié dans les quatre mois qui suivirent. Une promesse vaine, une de plus, même si les deux présidents s'accordèrent sur quelques réformes, à commencer par le sort de Mohammed Khamis.

Leader du Sud et fondateur du parti socialiste yéménite, Abdul Fattah Ismail a été clair avec Saleh : Khamis devait partir. Son zèle à poursuivre les nasséristes et à infiltrer la République démocratique populaire du Yémen pour la fragiliser n'étaient plus tolérable. Une aubaine pour Afash, désireux de se séparer de ce personnage encombrant.

Démis de ses fonctions juste après la guerre, l'homme aux sourcils touffus ne pouvait y croire. Lui, l'indéboulonnable chef des *moukhabarat* a été mis dehors par ce jeune colonel illettré ? Pourtant, il ne lui avait jamais dit ce qu'il savait ; du moins pas directement. Khamis n'était pas bavard, c'est un fait, mais son ego parlait pour lui. Sans rien révéler, il montrait qu'il savait des choses, tellement de choses qu'il contrôlait encore l'appareil central de la sûreté nationale après en avoir été écarté !

Se rapprochant des Saoudiens, ceux-là mêmes qui l'avaient dans leur ligne de mire lorsqu'il était au service d'Al-Hamdi, il revenait dans les discussions comme un potentiel successeur à Saleh. Intelligent, puissant, parfaitement renseigné, Khamis continua ses diverses missions de renseignement à travers le pays. Accomplissant sa besogne lors de l'une d'entre elles à Al-Hodeïda, la grande ville portuaire de l'ouest, il était escorté pour revenir dans la capitale. Néanmoins, son convoi fut victime de trois tentatives d'embuscade, dont la dernière, fatale, à un *checkpoint* proche de Sanaa où il fut tué. Quarante et un ans plus tard, sa mort n'a toujours pas été élucidée bien que des sources pointent la responsabilité d'Afash ; au Yémen, il y avait des secrets dont il valait mieux ne pas être au courant.

Toujours confronté à la guerre des régions centrales, Saleh s'était pendant ce temps allié aux Frères musulmans, un mouvement en vogue durant les années 1970 soutenu par l'Arabie saoudite. Dans sa quête du jihad contre le communisme, Riyad a financé des écoles, nommées instituts scientifiques, avec des moyens bien plus importants que les établissements primaires de l'État yéménite. Ramenant des professeurs égyptiens ou syriens persécutés dans leur pays car proches des Frères musulmans, les Saoudiens espéraient entraver l'influence bassiste ou nassériste des enseignants égyptiens et syriens venus une décennie auparavant grâce à Nasser.

Obtenant quelques postes au gouvernement, comme Qadhi Abdullah Al-Hajri, Premier ministre sous la présidence d'Al-Eryani suite à la recommandation du responsable des services secrets saoudiens[42], les Frères musulmans yéménites se firent une place dans le paysage politique à défaut d'être réellement structurés. Néanmoins, une branche armée, financée là encore par l'Arabie saoudite, a été formée : le front islamique. Une occasion pour appuyer l'armée de Saleh, bien que celui-ci, selon plusieurs de ses proches, fût réticent : « Il ne croyait pas qu'ils seraient capables de l'aider à battre le Front national démocratique. » Un scepticisme partagé par les Frères musulmans, inquiets de la proéminence du Front national démocratique sur le terrain. Cependant, c'était sans compter sur la force de persuasion du président. « Il était très fort pour vous convaincre de quelque chose », loue Yahya Dwaid. « Il savait parler à tout le monde, y compris à ses adversaires. » Écoutant les craintes et doléances des frères, Saleh leur siffla une douce mélodie aux oreilles : « Il faut stopper ces mécréants de marxistes qui cherchent à s'emparer du pays pour changer notre société ! » Afash, le nationaliste vouant de base une admiration à Saddam Hussein, le président de l'Irak baasiste et laïque, s'était transformé pour l'occasion en garant des valeurs islamiques et traditionnelles ! Une métamorphose spectaculaire, mais

42. Kamal Adham. Notons que Al-Hajri, ainsi que sa femme, ont été assassinés par balles dans leur voiture en 1977 à Londres. Ces meurtres n'ont pas été élucidés aujourd'hui.

qu'importe : il devait rester au pouvoir, en vie de préférence, alors tous les moyens étaient bons.

Persuadé de lutter ensemble contre le communisme, le front islamique se joignit donc à la bataille, plantant des champs de mines et reprenant des villages à ces mécréants de socialistes. En juin 1982, asphyxié par trois ans et demi de guerre ayant laissé des milliers de maisons et de vies détruites, le Front national démocratique rendait les armes. Bon prince, Saleh ne les enfonça pas, au contraire : il ordonna la libération de plusieurs de leurs prisonniers tout en permettant la publication de leur journal, *Al-Amal*. « Domestiquement, il était très, très bon », juge l'ancien ambassadeur américain Gerald Feierstein. « Il savait manœuvrer les différentes composantes afin de garder un équilibre pour consolider son pouvoir. C'était une forme d'intelligence. » Saleh ne savait effectivement pas vraiment lire ou écrire, mais quelle importance ? Il n'a jamais eu besoin de grands discours pour charmer les gens : il parlait juste à leur ego.

6. LES PROTECTEURS DES ARBRES À ENCENS

« Toutes les compagnies pétrolières fonctionnent plus ou moins de la même manière. Il faut voit plus loin que les conneries publiques du genre *Regardez comme nous sommes éthiques ! Regardez comme nous sommes écolos !* pour noter quelques différences. Néanmoins, c'est assez simple à comprendre : il y a des conditions et des gens à payer, donc si vous ne le faites pas, vous n'êtes pas dans le *game*. Que ce soit en Angola ou au Yémen, c'est pareil » (Henry Thompson, ancien employé de British Petroleum au tournant des années 2000, et membre du panel d'experts des Nations unies dédié au Yémen, de 2018 à 2021).

Après des expéditions géologiques avortées dans les années 1950 et de minces découvertes italiennes et russes au tournant des années 1980 au sud, une compagnie du Texas a déniché d'importants gisements pétroliers au nord à l'été 1984. Une trouvaille attirant les intérêts de grandes compagnies, ainsi que ceux du gouvernement d'Ali Abdullah Saleh, désireux de profiter du boom économique provenu par ricochet sur sa population grâce aux deux chocs pétroliers et aux migrations yéménites. ■

Depuis l'Antiquité, le Yémen fascine les explorateurs et écrivains. Romancées, mythifiées, ses légendes ont façonné l'imaginaire de ce carrefour du monde où se sont mêlées diverses civilisations, croyances et populations. Jadis, du temps des royaumes de Hadramaout, Himyar, Qataban ou Saba, le Yémen n'existait même pas. Il était l'Arabie fertile, l'Arabie heureuse, et plus sûrement l'Arabie du Sud pré-islamique, celle d'où le phénix prenait son envol depuis l'île de Socotra, au large du golfe d'Aden, cette mer reliant les continents africain et asiatique.

Lieu incontournable de la route de l'encens s'étendant de l'Égypte à l'Inde, cette terre hospitalière a vu un creuset unique de migrations. « L'héritage yéménite s'étend bien au-delà de ses frontières », confirme l'économiste féru de culture Abdulrahman Al-Eryani. « Les Indonésiens et Malaisiens ont une partie de leurs racines au Yémen comme les Kényans et Tanzaniens. Certaines tribus vieilles de 3 000 ou 4 000 ans ont émigré en Arabie saoudite, voire en Jordanie, Syrie ou Irak. Inversement, notre population a aussi des origines éparses de par son positionnement géographique. »

Isolé une large partie de son histoire, principalement dans les hauts plateaux du nord, le Yémen a pourtant toujours été connecté au monde à travers les époques. Terre de migration ouverte sur la Corne de l'Afrique, la péninsule arabique et le sous-continent indien, elle a constitué la principale main d'œuvre des pays du Golfe suite au choc pétrolier de 1973. Avec un prix du baril ayant quadruplé en quelques mois[43], l'Arabie saoudite, le Koweït ou les nouveaux États issus des anciens protectorats britanniques (Bahreïn, Émirats arabes unis, Qatar) en ont profité pour se développer économiquement. Chaque pays s'est doté d'infrastructures (aéroports, ports, routes) et de métropoles en adéquation avec sa nouvelle richesse.

Bénéficiant d'un boom économique accru en 1979 par le second choc pétrolier[44], les investissements et projets ont été encore plus ambitieux, voire grandiloquents. Dingue de football, l'Arabie saoudite a par exemple inauguré huit stades de plus de 20 000 places aux noms des différents membres de la famille royale entre 1970 et 1987, tandis que le Qatar a mandaté le prestigieux cabinet d'architecture et ingénierie libanais Dar Al-Handasah pour construire le Khalifa International Stadium en 1976, afin d'accueillir pour la première fois la Coupe du Golfe. « Toutes ces nations avaient besoin de travailleurs », explique

43. Entre octobre 1973 et janvier 1974, le prix du baril brut passe de 2,60 dollars à 11,65 dollars. Voir le livre *Or noir : la grande histoire du pétrole* de Matthieu Auzanneau pour plus de détails.
44. Le prix du baril brut dépasse les 35 dollars en mai 1979.

Khaled Al-Yamani, ancien ministre des Affaires étrangères yéménites. « Par la proximité et la langue, les Yéménites sont venus en nombre, surtout ceux du Nord. »

N'étant pas soumis à la *kafala*, un système de tutelle qui imposait aux migrants une personne locale faisant office de sponsor afin de pouvoir travailler, les ressortissants du Yémen du Nord pouvaient aller et venir sans problème dans les pays du Golfe. Une possibilité refusée en 1970 aux sudistes peu après l'ascension des socialistes au pouvoir, bien que des tours de passe-passe existent ; soit en obtenant un passeport nordiste, soit grâce à d'anciens commerçants de Hadramaout installés principalement en Arabie saoudite, qui ont établi de (timides) relations diplomatiques avec la République démocratique populaire du Yémen en 1976.

Selon la chercheuse Helen Lackner, auteure de *Yemen in Crisis*, environ 800 000 Yéménites ont émigré durant cette période. Un chiffre colossal bien qu'impossible à déterminer exactement, faute d'archives précises. « Généralement, seuls les hommes partaient. Les femmes et les enfants restaient au pays », enchaîne Al-Yamani. « Ils expédiaient régulièrement une partie de l'argent qu'ils gagnaient à leur famille, ce qui a généré des revenus supplémentaires. » De 40 millions de dollars en 1970, les envois d'argent des expatriés sont passés à 1.3 milliard en 1976, puis 1.6 milliard en 1983 ! Une aubaine pour le régime de Saleh qui jouit d'une stabilité inédite durant les années 1980. Tout n'est pas parfait, loin de là, mais la manne financière amassée par la sueur des Yéménites exilés permet aux familles restées au pays de voir leurs conditions de vie s'améliorer drastiquement.

Sans réelle politique étatique de développement, Afash a également profité de l'appétit des compagnies pétrolières pour la région. Alléchée par l'idée que l'Arabie heureuse recèlerait d'énergies fossiles, la société texane Hunt Oil a signé un contrat en août 1981 avec la République arabe du Yémen lui octroyant un permis de recherche dans la région de Mareb, à une grosse centaine de kilomètres à l'est de Sanaa. Trois ans plus tard, le miracle se produisit : l'or noir coulait bien en Arabie heureuse !

Baptisée le gisement d'Alif, cette trouvaille sur le territoire de l'ancien royaume de la Reine de Saba a agité l'intérêt des rivales de Hunt Oil. Une chance pour les caisses nécessiteuses de l'État et les gens proches du pouvoir. « Toutes les compagnies pétrolières fonctionnent plus ou moins de la même manière », commente Henry Thompson, membre du panel d'experts des Nations unies dédié au Yémen, et ancien employé de British Petroleum au tournant des années 2000.

« Il faut voir plus loin que les conneries publiques du genre *Regardez comme nous sommes éthiques! Regardez comme nous sommes écolos!*, pour noter quelques différences. Néanmoins, c'est assez simple à comprendre : il y a des conditions et des gens à payer, donc si vous ne le faites pas, vous n'êtes pas dans le *game*. Que ce soit en Angola ou au Yémen, c'est pareil. »

Saleh et son ministre du Pétrole, Ahmed Ali Al-Mohanny, ont été clairs : Hunt Oil pouvait exploiter pendant quinze ans le gisement d'Alif à condition de construire l'oléoduc et le terminal maritime nécessaires à son exportation. Des conditions drastiques, sans oublier les pourcentages reversés à un pays ne disposant d'aucune structure pour l'exploitation des énergies fossiles. « On partait de loin », sourit Abdo Borgi, attaché de presse d'Afash pendant plus de quinze ans. Devant l'ampleur des coûts, Hunt Oil s'est associé avec les Sud-Coréens de Yukong et un mastodonte du secteur, Exxon, en échange d'une partie de la concession. Mission : faire sortir de nulle part les équipements nécessaires et un pipeline de 438 kilomètres jusqu'à la mer Rouge !

Gourmand, Exxon a rapidement obtenu un autre permis de recherche, pendant que de grosses compagnies concurrentes finalisèrent des deals similaires comme British Petroleum (BP) et Total-Compagnie française des pétroles. « Il y a eu une certaine frénésie », détaille Henry Thompson, ancien de BP. « Tout le monde voulait sa part du gâteau même si elle n'était pas comparable aux réserves des pays voisins. » Infiniment inférieur à l'Arabie saoudite, l'or noir yéménite représentait cependant une opportunité pour Ray Hunt et la firme qu'il a héritée de son père. Loin des majors, Hunt Oil a consenti à des investissements inédits pour ce projet. Alors, le 12 avril 1986, pour l'inauguration de la raffinerie près des champs pétroliers de la région de Mareb, Ray s'est rendu sur place en personne avec un dirigeant d'Exxon et un de ses plus fidèles amis : George Herbert Walker Bush.

La veille, le vice-président américain atterrissait à Sanaa pour conclure sa tournée de dix jours au Moyen-Orient. Accueilli triomphalement par des hourras et des *USA ! USA!* descendant des balcons, Bush senior a arpenté le souk et les antiques ruelles de la capitale escorté par son service de sécurité. Peu rassurés malgré l'ambiance festive, les gardes du corps regardaient avec interrogation la foule se dresser devant eux, notamment les hommes portant à la taille une *janbiya*, un poignard à la lame courbée faisant partie de la tenue traditionnelle yéménite. Sans aucun grabuge, le bain de foule se termina par une conférence de presse où Bush invita Saleh à Washington, tout en promettant de doubler l'aide humanitaire annuelle dédiée à la République arabe du Yémen pour la nourriture[45]. Souriant comme un enfant, Afash applaudissait des deux mains même s'il ne comprenait pas un mot ; il ne parlait pas anglais et son interprète mettait un peu (trop) de temps à lui traduire les paroles. Qu'importe, cette visite était hautement prestigieuse et symbolique pour le président du parent pauvre de la péninsule arabique, *a fortiori* après avoir signé un contrat d'armement avec l'URSS six ans plus tôt !

Rassurant son interlocuteur quant à ses rapports avec Moscou – ville où il s'est rendu en voyage officiel en 1981 et 1984 –, Saleh accompagnait le lendemain Bush et Hunt dans le désert de Mareb pour la fameuse cérémonie d'ouverture de la raffinerie. Vêtu d'une chemise bleue et d'un casque blanc d'ingénieur floqué à son nom, Afash est resté silencieux, zieutant les caméras en fronçant les sourcils dès qu'un officiel intervenait. Une mise en scène dont lui seul a le secret : personne ne pouvait jurer qu'il comprenait de quoi il en retournait sur le fond, mais sur la forme, Saleh était sur toutes les photos avec les gens les plus importants ! « Il avait une vision très personnelle du pouvoir », commente Mustapha Naji, ancien premier secrétaire de l'ambassade yéménite en France. « Il se mettait volontiers en avant lors des événements importants même s'il n'a pas développé un culte de la personnalité aussi poussé que d'autres leaders arabes. » Aimant les honneurs, le *raïs* savait surtout obtenir les bonnes grâces des personnes qui comptaient. En garantissant à Ray Hunt de s'occuper des tribus pouvant gêner la construction du pipeline, il avait calculé juste : quelques années plus tard, Hunt Oil fera bien fortune en étant reconnu mondialement comme la compagnie ayant fait jaillir l'or noir du Yémen. De quoi disposer d'un bon ami pour le futur ; Hunt sera nommé par Bush junior conseiller présidentiel en 2001.

Bien sûr, il y a eu quelques mésaventures dans l'élaboration de l'oléoduc, comme le rapportait non sans ironie le *Washington Post*. Outre la corruption – un employé s'est plaint à sa direction d'avoir dû obtenir 26 signatures différentes contre 26 pots-de-vin pour récupérer du matériel aux douanes –, un travailleur a dû chasser un troupeau de chameaux égarés un peu trop près des installations. À l'aide d'une clé à molette, l'homme est parvenu à ses fins, cassant malencontreusement la dent d'un camélidé dans l'action. Le lendemain, le propriétaire est venu furieux sur les lieux en réclamant la dent d'un des salariés de la compagnie en retour ; une justice tribale finalement réglée avec un dédommagement financier. « Il y a beaucoup de clichés au sujet

45. De 5 à 10 millions de dollars.

des tribus, mais ce sont des gens très intelligents », estime Sébastien Deledicque, auteur français ayant vécu plus d'une décennie au Yémen et qui a travaillé pour Total à la médiation avec les tribus. « Ils savent obtenir ce dont ils ont besoin. Il faut trouver une bonne entente cordiale. Quand tu as compris les mentalités et les fonctionnements internes, c'est plus facile. » Une question d'équilibre en somme, comme le lieu de stockage des barils décidé par Hunt Oil et ses partenaires.

Disposant d'une licence d'exploitation de seulement quinze ans, les propriétaires n'avaient pas de temps et d'argent à perdre. Au lieu de bâtir un onéreux terminal maritime avec toutes les structures nécessaires, ils investirent dans un grand pétrolier japonais, l'Esso Japan, pour le convertir en navire de stockage pouvant contenir trois millions de barils. Renommé le Safer, le bateau a été amarré à quelques kilomètres des côtes yéménites avec un personnel international de renommée, dont des chefs italiens. Profitant de la relative quiétude politique au Nord, la bourgeoisie nord-yéménite déjà existante depuis la fin de l'imamat a prospéré autour de Saleh en récupérant des marchés comme la distribution et l'importation de produits internationaux. Coca-Cola, Mercedes-Benz, Philips ou Whirlpool : la mondialisation a commencé à toucher le Yémen, et les poches d'un homme d'affaires en particulier, Shaher Abdulhak. « Il était le principal contrebandier de Saleh », révèle Fernando Carvajal, membre du panel d'experts du Yémen pour les Nations unies de 2017 à 2019.

Discret, fuyant les flashs, Shaher Abdulhak a tissé un empire allant du pétrole aux télécommunications en passant par l'import-export de produits alimentaires. Une opulence tranchant avec l'infortune du Yémen du Sud. « Le problème, c'était la violence politique », coupe Hend Omairan, activiste sudiste habitant désormais en Suède et participant régulièrement au Conseil des droits de l'homme des Nations unies. « Je garde des souvenirs très tendres de mon enfance. Aden était bien plus riche et organisée que maintenant. Par exemple, on avait un bus scolaire nous récupérant à la maison, des repas pendant nos pauses, de très bons professeurs qu'on appelait "*mama*" comme Mama Amal, Mama Tahia... J'éprouve une certaine nostalgie en me remémorant tout ça. » Plus le temps s'égraine, plus les souvenirs semblent s'embellir : au Yémen, du nord au sud, l'imagination s'est substituée à l'histoire, et c'est peut-être mieux ainsi ; les serpents ailés gardant jalousement les arbres à encens[46] seront toujours plus accueillants que les miliciens armés surveillant les puits de pétrole.

46. Récit tiré du recueil *L'Enquête* (livres II et III) de l'historien grec Hérodote.

7. SUR LES AILES D'UN AIGLE

« Il y a toujours eu un cercle de violence chez nous. Historiquement, le Sud a été marqué par la colonisation britannique et une forte décentralisation. Il y avait 21 entités différentes, dont certaines étaient administrées et dirigées par des potentats locaux. Lorsque le parti socialiste a pris le pouvoir, on a voulu tout centraliser à Aden. C'est ce qui a causé ce cercle de violence car chacun voulait récupérer quelque chose. Imaginez ces gens de 21 entités différentes venir à Aden pour devenir un seul pouvoir ? » (Amr Al-Beidh, représentant spécial du président du STC, le conseil de transition du Sud, pour les Affaires étrangères).

Suite à son indépendance le 30 novembre 1967, le Yémen du Sud a connu trois décennies de conflits et de socialisme. Régime unique dans le monde arabe, ses dirigeants se sont quasiment tous entretués, précipitant la chute du pays et de sa capitale, Aden, deuxième port mondial en termes de trafic après la Seconde Guerre mondiale. De quoi permettre à Ali Abdullah Saleh de finaliser l'unification attendue par les populations des deux Yémen. ■

Comme beaucoup de natifs du Sud, de surcroît à Aden, la mélancolie d'un pays autrefois florissant a gagné les esprits. « C'est vrai, mais il ne faut pas oublier qu'il y a toujours eu un cercle de violence chez nous », tempère le politicien adéni Amr Al-Beidh, fils d'Ali Salem Al-Beidh, ancien secrétaire général du parti socialiste sudiste. « Historiquement, le Sud a été marqué par la colonisation britannique et une forte décentralisation. Il y avait 21 entités différentes, dont certaines étaient administrées et dirigées par des potentats locaux. Hadramaout par exemple avait deux sultanats : celui de Qu'aiti et de Kathiri. La province d'Al-Mahra disposait aussi de son sultanat[47]. Lorsque le parti socialiste a pris le pouvoir, on a voulu tout centraliser à Aden. C'est ce qui a causé ce cercle de violence car chacun voulait récupérer quelque chose. Imaginez ces gens de 21 entités différentes venir à Aden pour devenir un seul pouvoir ? Personne n'était habitué à être dirigé depuis un État centralisé ; chacun gouvernait à sa propre manière. Ça a été une erreur de changer cela drastiquement. »

Atypique, l'histoire du Sud diffère grandement de son voisin. Si divers peuples et dynasties se sont battus pour gouverner le Yémen à travers les âges, le Nord a globalement été dirigé continuellement par un imamat de confession zaydite depuis la fin du XVIe siècle[48], entrecoupé de deux périodes de domination ottomane, Sanaa devenant une province de cet empire de 1872 à 1918, année où le Royaume mutawakkilite du Yémen a proclamé officiellement son indépendance. « Même pendant cette période, les rebellions éclataient. Les Ottomans ne contrôlaient pas l'ensemble du territoire », remarque le général Muhsen Khasrouf. Au Sud, où le sunnisme prédomine[49], les Chinois, Éthiopiens, Indiens, Portugais – qui gouvernèrent Aden au début du XIVe siècle – ou Ottomans commerçaient avec les villes littorales. Aden, Al-Mukalla, Mocha ou Shaqra connurent un essor à tour de rôle, contrairement à l'intérieur des terres, peu explorées et jugées inhospitalières. « Le Sud est une mosaïque de nuances », sourit Hend Omairan.

Passionnée par ses racines, cette défenseure des droits humains raconte pendant des heures les subtilités d'un espace géographique presque deux fois plus grand que son voisin du Nord, mais cinq fois moins peuplé. « Je suis adénie, mais mes origines proviennent de Hadramaout. Comme d'autres membres de ma famille, je ne me sens

47. Le sultanat Mahri de Qishn et Socotra, qui englobait comme son nom l'indique l'île de Socotra.
48. Le premier imamat zaydite au Yémen a même été fondé en 897 !
49. Au Yémen, le courant usité est le chaféisme, une des quatre écoles traditionnelles de l'islam sunnite.

pas yéménite. Mon père disait souvent :"Le nom Yémen est apparu pour nous en 1967. Avant, personne n'appelait notre territoire Yémen. Hadramaout, c'était Hadramaout, point." [...]. Il y a plein de mélanges à l'intérieur même du Sud. La sœur de la femme de mon frère par exemple vient de la même zone que nous à Hadramaout. Elle s'est mariée à quelqu'un d'Al-Mahra, comme d'autres personnes de ma famille, mais les règles divergent : pour un homme d'Al-Mahra, cela coûte moins cher d'épouser une femme de Hadramaout que d'Al-Mahra. C'est un détail significatif sur la diversité de nos coutumes. »

L'accent, les mariages, la nourriture, les vêtements, même la langue comme à Socotra où les habitants parlent le socotri, le Sud n'est définitivement pas un espace uniforme. « On ne peut pas comparer les grandes villes portuaires, surtout Aden, avec l'arrière-pays », confirme le politicien Amr Al-Beidh. « Néanmoins, nous partageons une identité commune remplie de spécificités. C'est ce qui rend le Yémen du Sud unique, comme son positionnement géographique, son relief... »

Arides, désertiques, escarpés, ces grands espaces dépeuplés aux oueds asséchés[50] n'attiraient toutefois guère la curiosité des colons anglais qui s'établirent à Aden en 1839. S'appuyant sur le sultanat plus verdoyant de Lahij, à une quarantaine de kilomètres au nord, les Britanniques développèrent leurs relations avec d'autres souverains locaux, signant des traités formant officiellement le protectorat d'Aden dont les frontières s'étendaient jusqu'au sultanat de Mascate et Oman. Abandonné, délabré, enclavé entre des montagnes volcaniques au noir incandescent, Aden n'était alors qu'une triste relique d'un prestige acquis il y a de cela quatre siècles sous les dynasties rassoulides et tahirides.

Au débarquement anglais, un peu plus de 1 000 habitants parsemaient cette fournaise au paysage lunaire où aucun brin d'herbe ne semblait pousser. « C'est une cuvette, on suffoque en été », confirme Hend Omairan. Bouillante, la baie s'est cependant peu à peu militarisée et transformée, attirant une population cosmopolite. Indiens, Juifs, Somaliens, Yéménites du Nord comme du Sud, Européens, les résidents se sont multipliés, peuplant les collines surplombant le Crater, le quartier historique bâti sur un ancien volcan.

Sans être une priorité absolue pour Londres, qui avait laissé sa gestion à son régime colonial des Indes, Aden profita du contexte international

50. Un oued, *wadi* en arabe, est un cours d'eau intermittent, connaissant des périodes de sécheresse et se remplissant lors des périodes de pluie. On l'emploie aussi pour décrire une vallée comme la sublime ville de Wadi Dawan ou la région de Wadi Hadramaout.

et des progrès technologiques. Grâce à l'ouverture du canal de Suez en 1869, puis la démocratisation du bateau à vapeur les années suivantes, le commerce maritime mondial s'intensifia, notamment entre la mer Rouge et la route des Indes. Moralité, la baie devint une escale presque obligatoire pour les navires afin de décharger leurs cargaisons et faire le plein de charbon. Une reviviscence pour Aden, deuxième port le plus fréquenté derrière celui de New York après la Seconde Guerre mondiale ! « C'était une plateforme mondiale », s'exclame Amr Al-Beidh. « Sauf que ça a bien changé depuis... »

Contrairement à certaines cités s'émancipant suite à leur indépendance, Aden avait amorcé son déclin. Dans le contexte de la Guerre froide, le rattachement au bloc soviétique suite à un coup d'État marxiste en 1969 a isolé la République démocratique et populaire du Yémen, notamment son port ouvert sur le monde qui souffrait déjà de la fermeture du canal de Suez après la guerre des Six Jours en 1967. Des embarcations accostaient encore, mais ils battaient surtout le pavillon des pays amis. De fait, le commerce s'effondra, comme les flux migratoires : Européens et Indiens[51] quittèrent la ville déjà dépourvue de la majeure partie de sa communauté juive, exfiltrée entre 1948 et 1950 à travers l'opération tapis volant, un plan clandestin rappelant les contes surréalistes de l'Antiquité.

Pas de phénix cette fois, ni de serpent ailé, mais une autre émanation mythique, inconnue pour beaucoup de membres de cette communauté faisant partie des plus vieilles diasporas de la communauté juive. Entassés dans des baraquements surchauffés proches d'Aden, ils regardaient avec stupéfaction un engin volant atterrir dans un nuage de poussière. N'en croyant pas leurs yeux, ces hommes et ces femmes y voyaient là un signe divin ; Dieu ne leur avait-il pas promis de les ramener un jour à Jérusalem sur des ailes d'aigle ? Bien sûr, à défaut d'oiseaux chimériques, il s'agissait d'un avion, mais qui avait vu dans l'arrière-pays pareille créature s'envoler à travers les nuages ?

Suite au plan de partage de la Palestine le 29 novembre 1947 et la création de l'État d'Israël, le 14 mai 1948, les relations se détériorèrent pour les populations juives disséminées dans le monde arabe. Les émeutes connues comme le pogrom d'Aden début décembre 1947 tuèrent ainsi 82 juifs, ainsi que 38 autres personnes, majoritairement musulmanes. Dans ce contexte, l'Agence juive a imaginé un plan d'exfiltration aérien avec des avions américains et anglais en

51. Une partie de la communauté indienne resta, notamment celle de confession musulmane.

utilisant ce camp de fortune proche d'Aden surnommé *Guéoulah*, « la rédemption ». En deux ans, plus de 45 000 Yéménites de confession juive, essentiellement du Nord, ont rejoint Israël avec l'accord tacite de l'imam-roi Ahmed bin Yahya. Seulement un petit millier d'entre eux resta à Aden, pleurant la destruction de leur grande synagogue, puis la malédiction semblant s'attacher à leurs pas et à ceux de leurs frères marginalisés en Israël.

En retournant sur la terre sacrée, les *Teymanim*[52] pensaient faire leur *alya*, leur élévation spirituelle, mais d'ascension il n'y aura pas ; excepté la mort. Privées de papiers d'identité, les familles étaient claquemurées sous des tentes ou des *ma'abarot*, des camps de transit aux cabanons rudimentaires, attendant des nouvelles de leurs bébés indisposés récupérés par un docteur ou une infirmière. Fièvre soudaine, maladie inconnue, virus foudroyant : ces petits étaient emportés les uns après les autres sans plus d'explication, ni même de corps redonnés aux parents. Une malédiction, une fatalité, ça ne peut être que ça : à quoi bon avoir fui le pogrom d'Aden pour mourir ici ?« La communauté juive issue du Yémen a toujours été très pieuse », commente la chercheuse Fatima Abo Alasrar, conseillère à l'ambassade yéménite de Washington durant plusieurs années. « C'est une diaspora ayant laissé des traces historiques. Culturellement, tout un folklore s'est rattaché à ces individus dont l'accoutrement et les danses dépareillaient, sans compter leur religiosité. » Implorant le ciel, ces familles immigrées en Israël gardèrent cependant la foi ; après tout, Dieu n'accepterait pas un pareil forfait, pas en ces lieux.

La plupart de ces nouveau-nés n'étaient effectivement pas tous décédés, mais pour quel sort ? Certains ont été donnés à des foyers ashkénazes[53], d'autres ont été vendus à l'étranger, tandis que les plus infortunés ont servi de cobayes. Dans le plus grand secret, des médecins israéliens avaient testé ces enfants pour savoir s'ils avaient « du sang nègre » ou s'ils étaient « moins sensibles à la malaria »... Pire encore, quatre bébés sont décédés suite à un « traitement expérimental actif »[54], puis enterrés à la hâte sans que personne ne puisse définir leur emplacement soixante-dix ans plus tard ! Une tragédie, une énième : des chefs d'État aux enfants, combien de Yéménites ont été assassinés puis balancés dans un trou sans jamais être retrouvés ?

52. Yéménites en hébreu.
53. Personnes de confessions juives originaires d'Europe centrale et orientale.
54. Selon le témoignage de plusieurs infirmières à la commission d'enquête parlementaire menée en 1995.

« J'ai récupéré le témoignage d'une infirmière racontant comment des médecins tentaient de savoir pourquoi le cœur des Yéménites étaient aussi résistant », s'est emporté en 2016 le député israélien Amir Ohana, futur ministre de la Justice, lorsque le gouvernement dirigé par Benjamin Netanyahou a déclassifié plus de 400 000 documents liés à ces milliers de disparitions. « Sur des photos des bébés disparus, figure également la mention manuscrite "*rate*" sans que l'on sache à quelle expérience ce mot se réfère... »

Si des enfants provenant d'autres diasporas (arabe, balkanique) ont connu un sort similaire, l'écrasante majorité émanait du Yémen. Bien sûr, depuis février 2021, Israël s'est engagé à dédommager ces familles[55], Netanyahou évoquant une « blessure ouverte dans le cœur de la nation » sans jamais toutefois enjoindre la responsabilité de l'État dans cette tragédie. Pour les *Teymanin* acutels, infiniment plus intégrés à la société israélienne que leurs ancêtres balbutiant l'hébreu dans les années 1950, le combat pour une transparence totale continue ; ils ont obtenu de l'argent, mais pas encore de réponse. « Beaucoup ne comprennent pas les souffrances endurées par les différentes couches de notre population », souffle Summer Ahmed, représentante aux États-Unis du STC, le conseil de transition du Sud. « J'englobe tout le monde, toutes les croyances et origines. Le destin des sudistes a souvent été ostracisé avec un drame en amenant un autre, puis un autre... »

Sans ces diverses communautés ayant fait son expansion, Aden dut se réinventer après son indépendance avec des aides financières bulgares, chinoises ou soviétiques qui tardaient bien souvent à venir. Contrairement aux idées reçues et aux rapports gratinés de la CIA[56], la République démocratique et populaire du Yémen (RDPY) n'était pas la préséance des préséances de Moscou qui n'a jamais consenti à des investissements massifs. Un peu comme du temps de l'occupation britannique, le Sud était vu comme une opportunité, non comme la panacée.

Devant se débrouiller comme il pouvait, le régime s'appuya essentiellement sur l'Allemagne de l'Est, dont les conseillers influaient la rédaction de la constitution. « Il y avait plusieurs accords avec des pays communistes, comme les bourses d'étude pour aller à l'étranger »,

55. 200 000 shekels (50 400 euros) pour les familles dont le sort de l'enfant est inconnu, 150 000 shekels (37 800 euros) pour les familles ayant perdu un enfant dont le lieu d'inhumation n'a pas été trouvé.

56. En 1981, un rapport secret a par exemple été intitulé : « L'URSS et les Yémen : l'ancrage de Moscou dans la péninsule arabique ».

relate l'ancien ministre des Affaires étrangères Khaled Al-Yamani. « Je suis parvenu à en obtenir une pour étudier à Cuba. J'y ai beaucoup appris, et pas uniquement l'espagnol. Cela m'a permis de m'ouvrir à une autre culture totalement différente de celle que je connaissais. »

Alliage politique complexe, la jeune nation n'était pas simple à décrire. Elle était marxiste, la seule dans le monde arabe, ce qui courrouçait les monarchies voisines comme l'Arabie saoudite, prête à tout pour combattre ces infidèles de socialistes, mais elle avait pourtant fait de l'islam sa religion d'État. Nationalisant entreprises et logements inoccupés, développant une politique agricole calquée sur le bloc soviétique avec des fermes collectives, la RDPY visait à réduire l'influence tribale tout en obtenant d'autres aides financières pour mener à bien son projet politique. La Libye de Kadhafi, le Koweït – seul pays du Golfe à contribuer –, les prêts du FMI ou de la banque mondiale : les dirigeants n'avaient pas le choix pour renflouer des caisses désespérément vides depuis le départ des Britanniques, et de la bourgeoisie tenant l'économie locale.

Entravant les libertés de mouvement et les départs hors du pays, le régime lança des campagnes d'alphabétisation, des constructions de routes goudronnées pour relier les différentes provinces, ainsi que des dispensaires médicaux sur l'ensemble du territoire grâce à l'aide de médecins cubains formant le personnel local. Avec l'objectif du plein emploi, le pays se fit surtout remarquer dans le monde arabe pour son soutien aux autres mouvements d'émancipation jugés révolutionnaires comme les camarades du Front de libération du Dhofar chez le voisin omanais. « Géopolitiquement, ils se sont aliénés les puissances de la région, ce qui a limité le développement économique même si des relations diplomatiques ont été nouées par la suite », note la chercheuse Fatima Abo Alasrar. « Outre les déstabilisations externes, le pays s'est ensuite sabordé par des querelles internes. »

Avec des idéaux progressistes, comme l'interdiction du port d'arme en public, l'égalité formelle entre les femmes et les hommes, la possibilité de divorcer pour les femmes, un âge minium de 16 ans pour se marier ou la volonté d'éradiquer la polygamie, cette nation socialement avant-gardiste dans le monde arabe a été *in fine* un laboratoire politique durant ses trente-trois années d'existence. L'État est resté pauvre, ses habitants aussi, mais chacun ou presque avait un emploi et de quoi se nourrir. « Tout au long de son histoire, le régime a connu des tentatives perpétuelles de putsch », rappelle Summer Ahmed, désormais installée aux États-Unis et collaborant avec le STC. « Lorsque le leader était tué, le bureau politique choisissait un nouveau dirigeant sans impliquer la population, puis continuait comme si rien ne s'était passé. »

Le 26 juin 1978, deux jours après l'assassinat du président nordiste Ahmad Al-Ghashmi, le charismatique leader du Sud, Salim Rubai Ali, a été exécuté au plus grand plaisir de ses rivaux à l'intérieur même du parti. Populaire auprès des classes les plus modestes, « Salimin » avait une sensibilité maoïste contrairement aux deux autres responsables, le très soviétique Abdel Fattah Ismail, et le plus libéral Ali Nasser Mohamed. De quoi perpétuer des batailles idéologiques sans fin. « Le 13 janvier 1986, il s'est produit une nouvelle tentative de renversement », poursuit Summer Ahmed. « Les gardes d'Ali Nasser ont tué les chefs militaires durant une réunion du bureau politique. Sa milice, al-Zomrah, a commencé à abattre toutes les personnes à Aden faisant partie du camp d'Abdel Fattah Ismail, al-Toghmah. Ali Nasser a parlé à la télévision et à la radio, déclarant sa victoire et assurant que Ismail avait été tué. Problème, il n'était pas mort. Il a donc demandé à sa milice de défendre Aden et de répliquer. Les combats entre les deux factions ont été terribles, prenant au piège des citoyens n'ayant rien demandé. Tout le monde était devenu une cible. » En onze jours, presque 10 000 personnes ont péri selon les estimations, dont Abdel Fattah Ismail et de nombreux politiciens de premier rang ; à Aden, on était « camarade », mais pas trop quand même.

Comme Salimin ou l'ancien Premier ministre au tournant des années 1970, Faisal Abdul Latif, la dépouille d'Ismail n'a jamais été retrouvée. S'enfuyant au Nord, l'omnipotent Ali Nasser Mohamed, qui cumula un temps les fonctions de président, secrétaire général et Premier ministre, a laissé le pouvoir à des hommes moins huppés comme l'ancien ministre de la Défense, Ali Salem Al-Beidh, nouveau secrétaire général. « C'était une lourde tâche pour mon père », soupire son fils Amr. « Il a récupéré le pays au pire moment. » Avec une croissance négative de 11.8 % en 1986 (!) et la dislocation progressive de l'URSS, la destinée de la RPDY était en effet bien exsangue.

Au Nord, l'exaspération gagnait aussi une population dépassant désormais les 10 millions d'habitants. Si les exportations pétrolières soulagèrent la nation économiquement (19.2 % de croissance en 1988), le système de patronage et l'absence d'une politique de développement global ne permettaient pas aux citoyens de s'élever. « Le supposé État national devant représenter la République arabe du Yémen était en réalité un système politique pour les parties de l'alliance faite par Saleh, et non un État pour les gens du Nord », s'exclame le journaliste Taher Shamsan. « Il a uni cinq groupes : les chefs militaires, les cheikhs tribaux, les responsables religieux, les politiciens expérimentés, et quelques gros businessmen. Le président était le symbole de cette alliance contrôlant les structures étatiques, l'armée, la sécurité, le judiciaire, les corps diplomatiques, la fonction publique, l'appareil administratif, les médias, l'école, l'université et même les lieux de culte ! Pour la première fois, la corruption avait un État au Yémen. » Heureusement, Afash a tout prévu pour apaiser la grogne populaire : ne serait-il pas temps d'unir le Nord et le Sud ?

Après des pourparlers interminables, Saleh et Al-Beidh annoncèrent subitement – un peu à la surprise générale – un accord pour une unification complète le 13 novembre 1989, soit dix ans après les agréments signés au Koweït avec la promesse d'un comité constitutionnel devant poser les bases d'un pays unifié en... quatre mois. « Il y a eu une vague d'enthousiasme des deux côtés après cette nouvelle », se rappelle le fils d'Al-Beidh. « Les gens pensaient que l'unification allait régler leurs problèmes. » Affaibli financièrement et politiquement, le Sud avait un besoin vital de fonds que les potentielles découvertes de pétrole autour de la frontière avec le Nord pouvaient combler. Quant à Saleh, l'opportunité était trop belle : il sera reconnu par la postérité comme l'homme ayant permis l'unification, tout en récupérant des champs pétroliers ! « L'union a été officialisée le 22 mai 1990 avec une période de transition avant la tenue d'élections libres », poursuit Amr Al-Beidh. « Nous pensions que nous allions quitter notre régime socialiste et qu'ils allaient aussi quitter leur régime afin de créer une nouvelle nation démocratique. On a donc abandonné notre système, mais eux ne l'ont pas fait. Ils ont utilisé les différentes facettes classiques du pouvoir – militaires, tribus et chefs religieux – afin de gouverner tout le pays. Nous n'avions pas assez pris en compte le fait que les mentalités, le contexte, le passé et nos caractéristiques étaient complètement différents. »

De fait, moins de quatre ans après l'unification, le 20 février 1994, la guerre civile éclata. Le 21 mai, Ali Salem Al-Beidh fit même sécession, proclamant l'indépendance de la République démocratique du Yémen jusqu'à sa capitulation le 7 juillet 1994 après quatre mois de combats, et près de 10 000 morts en cumulé. « Notre initiative était de décentraliser le gouvernement, de décentraliser tout le pays. Ali Abdullah Saleh ne l'a pas acceptée, le Nord non plus », se remémore son fils. « Chaque camp donnera sa version. Néanmoins une chose est claire : tout s'est effondré après 1994. » Pas de terre promise, ni de Yémen unifié : à croire que l'Arabie heureuse est bien le pays des mirages...

8. LE FRUIT DU PARADIS

« C'était en 2007, 2008. J'ai vu un enfant de 11 ou 12 ans qui n'était pas à l'école. À la place, il tenait une arme et s'apprêtait à recevoir un entraînement militaire. Imaginons ce garçon une dizaine d'années plus tard. S'il est toujours en vie, il est devenu un homme, dans la vingtaine, qui n'a connu qu'une seule chose depuis son enfance : la guerre. Tous ses souvenirs, tous les éléments sur lesquels il peut se construire sont rattachés à ce prisme, et il en va de même pour les autres jeunes de sa génération » (Baraa Shiban, activiste et ancien conseiller de l'ambassade du Yémen à Londres).

Berceau historique du zaydisme, le Nord du Yémen a vu son équilibre politique et social s'altérer à la fin de l'imamat avec l'émergence d'autres courants religieux. Au début des années 1990, Hussein Al-Houthi, un prédicateur revendiquant une ascendance avec le Prophète de l'islam, créa un mouvement censé revivifier l'identité zaydite. Une occasion idéale pour Saleh d'affaiblir l'influence de son vieil allié, le parti politique Al-Islah, avec lequel il a pourtant maté les sudistes lors de la guerre civile de 1994. Néanmoins, le 11 septembre et le partenariat avec les États-Unis imposèrent d'autres contorsions au président yéménite, prêt pour un nouveau conflit interne... ■

« Je crois que je n'oublierai jamais ce que j'ai vu à Saada. Jamais. » Baraa Shiban pose ses lunettes. L'ancien conseiller de l'ambassade du Yémen à Londres boit une gorgée d'eau, puis reprend son récit. « C'était en 2007, 2008. J'ai vu un enfant de 11 ou 12 ans qui n'était pas à l'école. À la place, il tenait une arme et s'apprêtait à recevoir un entraînement militaire. Imaginons ce garçon une dizaine d'années plus tard. S'il est toujours en vie, il est devenu un homme, dans la vingtaine, qui n'a connu qu'une seule chose depuis son enfance : la guerre. Tous ses souvenirs, tous les éléments sur lesquels il peut se construire sont rattachés à ce prisme, et il en va de même pour les autres jeunes de sa génération. C'est complètement différent de ce qu'on a connu en grandissant dans la capitale, comme si deux mondes totalement distincts existaient à l'intérieur du même pays. »

Natif de Hajjah, une province montagneuse du nord-ouest, Shiban s'est établi avec sa famille à Sanaa, devenant un activiste renommé pour ses travaux autour des tirs de drones américains au Yémen dans le cadre de la « guerre contre le terrorisme » menée après le 11 septembre 2001. « Je me suis intéressé réellement à ce dossier lorsque les frappes américaines ont atteint un pic après 2011 », explique-t-il. « Le contre-terrorisme a façonné la politique étrangère américaine au Yémen. Ils voyaient le Yémen par ce prisme, sans prêter attention à ce qui se passait réellement dans le pays, notamment à Saada. »

Ville immémoriale cernée par les arbres fruitiers et les monts Sarawat, Saada est à quelques encablures de la frontière saoudienne. Lieu de passage obligatoire des marchandises et voyageurs, la province a vu défiler les civilisations et les croyances au même rythme que les armes et les guerres. « C'est un territoire stratégique géographiquement parlant », note Ahmed Al-Shami, une bonne connaissance de Baraa Shiban. « Saada a toujours suscité les convoitises, ce qui a entraîné des conflits. » Choyée par la nature, peut-être par les Dieux, Saada est aussi le berceau historique de la communauté juive yéménite et de l'islam zaydite. Invité à la fin du IXe siècle pour apaiser des conflits tribaux, Al-Hâdi Yahya Ibn Al-Hussein, un imam zaydite descendant du prophète Mahomet, a posé les premiers jalons de l'imamat qui gouvernera plus tard le Nord du pays. « Toute cette région est marquée par le zaydisme », continue Al-Shami. « C'est un héritage religieux définissant une partie de l'identité des habitants. »

Adeptes de la *baraa*, une danse traditionnelle du Nord où les hommes enchaînent les pas en sortant leur *janbiya*, les habitants ont fièrement conservé leurs coutumes. Abritée des chaleurs, verdoyante, la cité semble aussi protégée du temps, comme emmitouflée autour de son château et de ses typiques maisons de brique et de terre à plusieurs étages. Depuis la vallée, sous les arômes des abricotiers et caféiers, le passant a même l'impression que Saada monte droit jusqu'au ciel et peut-être plus encore ; ses grenades aux pépins rosâtres sont si bonnes qu'elles ne peuvent être qu'un fruit du paradis. « C'est un coin reculé, peu développé », poursuit Baraa Shiban. « Avec les montagnes et sans réelle route goudronnée, il était difficile de s'y rendre dans les années 1990. » Se sentant en marge – comme les sudistes –, la population de Sadaa s'est retranchée davantage sur elle-même, bien aidée par l'accroissement d'établissements religieux aux obédiences antagonistes. « L'émergence des Frères musulmans dans les années 1970 pour lutter contre le communisme avait modifié le paysage religieux dans le Nord », juge Mustafa Naji, ancien premier secrétaire à l'ambassade yéménite de France. « Or, tout fonctionnait alors très bien jusqu'ici. »

Divisé en plusieurs branches, dont certaines très minoritaires à l'échelle du globe comme le kharijisme dont est issu l'ibadisme, majoritaire au Sultanat d'Oman, l'islam est essentiellement composé de sunnites et de chiites. Regroupant environ 85 % de croyants à travers le monde, le sunnisme est composé de plusieurs écoles, comme le chaféisme en vogue au Yémen. Quant au chiisme, qui concentre entre 10 et 15 % des musulmans, il est aussi fractionné en plusieurs groupes comme le duodécimain pratiqué en Iran, les alaouites au pouvoir en Syrie[57], les ismaéliens éparpillés ici et là et les zaydites présents en Arabie heureuse. « Contrairement à d'autres pays arabes, le Yémen est étranger à la notion de sectarisme », continue Naji. « Qu'il y ait eu des tensions dans le passé à cause de différences religieuses, oui, mais que ce soit l'élément central de conflit à travers notre société, c'est faux. Après l'invasion américaine de 2003 en Irak, il y a eu là-bas une guerre civile sur fond sectaire entre milices chiites et sunnites. Chez nous, ça n'a jamais existé. Des zaydites priaient dans les mêmes mosquées que des sunnites, une femme zaydite pouvait épouser un homme sunnite, ça ne gênait personne. »

Néanmoins, en 1980, un institut d'études islamique salafiste, Dar al-Hadith, littéralement « la maison du verset », ouvrit ses portes dans le bastion du zaydisme, à une petite quinzaine de kilomètres au sud-est de Saada, dans le village de Dammaj. Fondée par Muqbil Al-Wadi'i, un homme modeste d'une tribu de Bakil ayant renié le zaydisme pour le salafisme lors de ses années en Arabie saoudite, l'école coranique

57. Courant minoritaire en Syrie (10-12 %), les alaouites sont concentrés sur le bassin méditerranéen, notamment dans la région de Lattaquié, dont est originaire la famille Assad.

devint un centre à l'influence planétaire, attirant au début des années 2000 des milliers d'étudiants arabes, africains, américains, asiatiques ou européens. Prônant le retour à une pratique religieuse, morale, spirituelle et sociétale comme à l'époque du Prophète, le salafisme développé par Al-Wadi'i était aussi teinté de critiques envers la monarchie saoudienne, un régime l'ayant emprisonné à deux reprises avant de le renvoyer au Yémen en 1978[58]. Ironiquement, les financements furent constitués par des associations caritatives saoudiennes et de riches saoudiens admiratifs des valeurs prônées par l'ancien pensionnaire de l'Université islamique de Médine.

Apolitique, loyal au pouvoir en place – quel qu'il soit –, Al-Wadi'i s'opposait fermement à toute forme de violence, ce qui différencia son mouvement, qualifié de salafisme quiétiste, loin du salafisme politique ou djihadiste. « Tous ces éléments ont bouleversé l'équilibre religieux », estime Mustafa Naji, faisant aussi référence aux écoles, nommées instituts scientifiques, financées par l'Arabie saoudite avec des professeurs de diverses nationalités arabes proches de l'idéologie fériste ou salafiste. « Les années 1980 ont été marquées par la lutte contre le communisme. Au Yémen, bien sûr, mais aussi en Afghanistan contre l'Union soviétique. C'est comme ça qu'il faut comprendre l'importance prise par ces mouvements. »

Cornaqué par les États-Unis, financé en majorité par les monarchies du Golfe – en premier lieu l'Arabie saoudite –, le programme de recrutement de musulmans désireux d'effectuer le djihad contre le communisme a rassemblé près de 3 000 Yéménites, essentiellement du Sud. De retour au pays, ils furent essentiels à Ali Abdullah Saleh pour mater la sécession au Sud en 1994. « Il s'est servi de ces combattants rentrant d'Afghanistan », pointe Amr Al-Bideh, le fils de l'homme ayant déclaré l'indépendance de la République démocratique du Yémen en ce temps. « Il s'est servi de ces miliciens islamistes comme mercenaires dès qu'il en avait besoin. » Adepte du diviser pour mieux régner, Afash était cependant soucieux de limiter l'influence grandissante des Frères musulmans, principale faction du parti politique Al-Islah créé en 1990 avec Abdullah ibn Hussein Al-Ahmar, le leader tribal de Hashid ayant fait alliance avec le président yéménite lors de son intronisation en 1978. « Il s'est servi d'eux pour défaire le parti socialiste et régner sur tout le pays », analyse le journaliste indépendant Aiman Nabil.

58. Lire sur le sujet les excellents travaux de Laurent Bonnefoy ou de François Burgat et Mu'hammad Sbitli (*Les Salafis au Yémen ou...la modernisation malgré tout*).

Débarrassé du second parti en nombre de voix aux élections de 1993, le *raïs* se méfiait des potentiels rivaux, particulièrement du chef de Hashid, devenu président de la Chambre des députés tout en ayant amassé une fortune avec ses fils[59]. « Sur le plan législatif, Saleh a apporté des amendements à la constitution lui donnant des pouvoirs illimités comme le droit de dissoudre le Parlement sans référendum populaire », ajoute Nabil. « Il a changé ses alliances politiques en excluant les islamistes du gouvernement alors qu'il s'était allié à eux depuis son ascension au pouvoir. Il a également restreint le leadership du régime en excluant les officiels de son district – Sanhan – pour affecter ses fils et proches aux postes les plus importants de l'armée et de la sécurité. Le régime, basé originellement sur des alliances régionales, se reposait désormais sur une famille dirigeante qui dépassait même certaines monarchies inconstitutionnelles. Pour finir, il a aussi destitué l'élite technocrate et les leaders de son propre parti politique, le Congrès général du peuple, pour les remplacer par de nouvelles élites. » Une purge, une bonne, qui en appellera de nouvelles ; avec Saleh, un ennemi en cache forcément un autre. « C'est oublier le contexte », coupe Abdo Borgi, qui a commencé à travailler pour lui en 1985, devenant son attaché de presse, puis le directeur adjoint de son cabinet. « Il a été la cible de nombreuses tentatives d'assassinats. Plusieurs d'entre elles ont été connues du grand public, mais d'autres n'ont jamais été mentionnées. »

Sans tomber dans la paranoïa d'autres leaders arabes craignant en permanence pour leur vie, le *raïs* yéménite avait conscience que la moindre erreur pouvait être fatale, *dixit* Borgi. « Après le meurtre du président Ibrahim Al-Hamdi, Saleh a appris comment se protéger et comment choisir ses gardes. Il utilisait plusieurs organisations sécuritaires lui fournissant des informations pour garder la vie sauve. Une fois, on l'a averti d'une possible bombe placée dans l'avion présidentiel qu'il devait prendre à l'aéroport de Sanaa. En réponse, il est parti immédiatement à Al-Hodeïda en voiture. L'avion a lui bien décollé de Sanaa, sans Saleh, puis tout a été vérifié pour que l'engin aille le récupérer à l'aéroport de Al-Hodeïda. »

Dans un univers politique impitoyable, le colonel à la moustache savait qu'il ne pouvait pas trop lâcher de lest pour les autres factions. Pourtant, il a sciemment laissé se développer à Saada au début des

59. Le parti de Saleh avait terminé en tête, glanant 123 sièges de députés avec 28.69 % des votes. Le parti socialiste a obtenu 18.54 % pour 56 sièges tandis qu'Al-Islah a remporté 62 sièges malgré des votes inférieurs en nombre (17.14 %).

années 1990 un mouvement revivaliste zaydite. « Après l'établissement d'un régime républicain, l'idée de l'imamat a commencé à disparaître », éclaire l'activiste hachémite[60] Baraa Shiban. « Plusieurs savants zaydites réalisaient que cette identité n'attirait pas la jeune génération ayant grandi dans l'ère républicaine. Il y a ensuite eu l'unification en 1990, une nouvelle constitution, divers partis politiques, des journaux discutant du gouvernement, de la corruption, des élections, etc. C'était un environnement différent des croyances historiques zaydites plaçant un leader descendant du Prophète pour régner sur un royaume, à la manière d'une théocratie. Dans ce contexte particulier, Hussein Al-Houthi a ouvert son institut à Sanaa comme un mouvement revivaliste, soit redonner naissance à l'école traditionnelle de pensée zaydite. »

Inspiré par la révolution iranienne de 1979 ayant renversé la monarchie du Chah pour instaurer une république islamique, Hussein Al-Houthi a profité du sentiment d'ostracisation ressenti par une partie de la population ayant auparavant régné sur le Yémen du Nord. Une sensation renforcée par l'affluence d'autres courants religieux, encouragés et financés sur les terres du zaydisme. « Le développement du salafisme était inconcevable pour lui », appuie le diplomate Mustafa Naji. « Cela l'a aidé à renforcer l'idée d'appartenance au zaydisme. »

Orateur passionné, ses prêches galvanisants trouvèrent un écho auprès d'une jeunesse désœuvrée, abandonnée par un système centralisé autour de la capitale et des proches de Saleh. « Saada n'avait pas de routes pavées, ni de réseau électrique », décrit la chercheuse Hannah Porter, dont les travaux portent en majorité sur le Yémen. « Ces gens n'avaient pas de réelle représentation dans le gouvernement central, ils étaient complètement marginalisés. Ce n'était pas parce que Saleh détestait Saada ou voulait faire en sorte que la province soit ruinée, non, mais parce que cela faisait partie d'une stratégie globale lui permettant de garder le pouvoir. Lorsque des salafistes sont venus d'Arabie saoudite, il savait que ce mouvement zaydite allait les opposer. Pour lui, il valait mieux qu'ils se disputent, voire qu'ils se battent. Cela leur faisait une occupation, sans quoi les salafistes auraient eu d'autres chats à fouetter que de venir à Sanaa. » De fait, bien que certaines arrestations et une surveillance active aient été opérées contre des partisans de Hussein Al-Houthi, un blanc-seing lui a globalement été accordé dans les années 1990 ; il siégea même comme député après les élections parlementaires de 1993 sous le parti de la vérité, Hizb Al-Haqq.

60. Mot spécifique au Yémen signifiant une personne faisant partie de la descendance du Prophète de l'islam. On l'appelle aussi un *sayyid* (*sada* au pluriel).

Organisation politique zaydite, ce courant mineur (0,7 % des voix en 1993 pour deux sièges de députés, 0,3 % en 1997 et aucun élu) a rapidement été délaissé par Hussein, qui poursuivit sa propre mouvance, les Jeunes croyants, entamée déjà depuis quelques années. À travers des camps d'été et des actions sociales, l'homme aux grosses lunettes rondes et à la barbe noire réunit des fidèles l'écoutant prononcer des *speeches* anti-impérialistes à la mosquée ou sur des cassettes radiophoniques. « Au début, il était en désaccord avec certains savants zaydites qui estimaient que son approche était trop ambitieuse et irréaliste », se remémore Shiban. « Il louait la révolution iranienne avec cette idée que les leaders religieux pouvaient être à la tête du pouvoir sans forcément être président. »

De plus en plus audible et virulente, son organisation perdit au début des années 2000 le financement accordé par le gouvernement. Une occasion parfaite pour durcir encore le ton : Saleh serait un traître soumis aux intérêts américains ! « Si vous étiez une jeune personne dans le monde arabe, vous pouviez sentir une grande frustration », poursuit l'activiste. « Vous n'aviez pas l'impression que votre gouvernement vous représentait. Les régimes républicains étaient davantage des dictatures militaires que de réelles républiques, tandis que dans le Golfe, c'étaient des monarchies absolues. C'est pourquoi la révolution iranienne pouvait convaincre une large partie de la population qu'elle représentait une alternative. » *A fortiori* après les invasions américaines en Afghanistan et surtout en Irak, qui représentèrent un tournant dans le monde arabe. « La politique américaine après les attentats du 11 septembre a généré un chaos », soupire Feurat Alani, journaliste et auteur franco-irakien ayant reçu le prestigieux prix Albert-Londres pour son ouvrage *Le Parfum d'Irak*. « Près de vingt ans après, la porte de l'invasion en Irak n'a pas encore été fermée. On voit ses conséquences, premièrement en Irak, mais aussi dans toute la région. Les groupes djihadistes ont pu se servir de cela pour recruter de jeunes hommes prêts à se battre contre des intérêts américains, mais aussi contre leurs propres gouvernements considérés comme soumis à la politique de Washington. »

Officiellement partenaire des États-Unis dans cette fameuse « guerre contre le terrorisme », le régime de Saleh a autorisé des frappes américaines sur son territoire, une décision vue par une partie des Yéménites comme une entrave à la souveraineté. « Il avait été convenu de combiner les efforts pour combattre Al-Qaïda au Yémen », se rappelle Abu Bakr Al-Qirbi, le totémique ministre des Affaires étrangères de 2001 à 2014. « Malheureusement, les Américains prenaient des décisions sans nous consulter, ce qui rendait cette lutte plus difficile. Saleh avait insisté pour qu'avant chaque attaque contre des membres d'Al-Qaïda, tout fût coordonné avec nos agences de sécurité. »

Problème, la méfiance était de mise envers Afash, dont le soutien tacite lors de la guerre du Golfe à Saddam Hussein n'avait pas encore été digéré[61]. « Les gens à Washington me disaient : "On ne peut pas faire confiance à cet homme" », se souvient Edmund Hull, nommé ambassadeur américain au Yémen après le 11 septembre par George Bush. « Je leur répondais qu'ils avaient raison : on ne pouvait pas lui faire confiance, mais nous pouvions allier nos forces afin qu'il fasse ce que nous lui demandions de faire. C'était notre job. Ce n'était pas de changer sa personnalité, ni d'établir une profonde confiance mutuelle comme nous pouvions l'avoir avec le Royaume-Uni par exemple. Ça n'allait pas arriver. Néanmoins, nous pouvions réussir vis-à-vis de ce qu'on devait faire. » Assortie de généreuses aides financières et militaires, la collaboration a été épineuse, ponctuée d'incompréhensions, mais aussi de quelques réussites, du moins selon les points de vue : la Maison-Blanche se félicitait de calciner des Yéménites associés à Al-Qaïda sur un sol étranger, tandis que Saleh voulait en tirer profit pour recevoir plus d'argent. « Sa tactique était de garder diverses options ouvertes devant lui », indique l'ambassadeur Hull. « Le challenge était de coordonner nos forces pour qu'il choisisse de soutenir la politique internationale contre le terrorisme avec des actes contre les forces d'Al-Qaïda au Yémen. À la longue, il a fourni une coopération substantielle, mais ça n'a pas été directement le cas. Il y avait beaucoup de manœuvres en sous-main de son côté. Il ne faut pas oublier les connexions historiques entre son régime et les *moudjahidin*[62], ainsi que le rôle joué par les combattants islamistes lors de la guerre civile en 1994. Saleh était très préoccupé par ce qu'une enquête ouverte pourrait révéler. »

Plus que des révélations glaçantes, le président yéménite était ennuyé par le balancier à effectuer pour contenter les États-Unis tout en ne donnant pas l'impression à « son grand peuple » – une de ses expressions favorites – d'être une marionnette. « C'est là où son intelligence

61. Le Yémen a été le seul pays arabe à ne pas condamner l'invasion du Koweït par les troupes de Saddam Hussein. Il sera également l'une des deux nations au monde, l'autre étant Cuba, à s'opposer à la résolution 678 du Conseil de sécurité des Nations unies permettant le recours à la force contre l'Irak si son armée ne quittait pas le Koweït.
62. Personne qui combat au nom de l'islam. Le terme s'est répandu principalement après la guerre d'Afghanistan en 1979 où des milliers de combattants musulmans sont venus lutter contre les Soviétiques.

politique a fait la différence », complimente l'ancien attaché de presse Abdo Borgi. « Il essayait de satisfaire les Américains sans énerver son propre peuple, donc il tentait de minimiser les pertes. Il était conscient qu'il y aurait des morts en acceptant de coopérer, mais il savait surtout le prix que le Yémen pourrait payer au cas où il ne coopérerait pas. » Après tout, l'Afghanistan et l'Irak sont tombés au nom de la guerre contre le terrorisme, alors pourquoi pas le Yémen ; ils ont peut-être eux aussi des armes de destruction massive ! « Ce contexte a donné une autre ampleur aux discours de Hussein Al-Houthi », pointe Baraa Shiban. « Davantage de gens l'écoutaient et rejoignaient sa mouvance, persuadés que le Yémen vivait une injustice. » Les Jeunes croyants ont effectivement grandi en une décennie : ils sont devenus « les partisans de Dieu », *Ansar Allah*.

Capable de drainer des milliers de fidèles, sans compter les campagnes de financement eu égard à son statut de *sayyid*, le théologue ponctua ses harangues de quelques phrases qui deviendront le slogan de son organisation : *Gloire à Dieu ! Mort à l'Amérique ! Mort à Israël ! Maudits soient les juifs, victoire à l'islam !* Un discours belliciste repris en cœur par l'assistance, quand bien même celle-ci a vécu pendant des siècles avec la plus vieille communauté juive yéménite. « L'histoire attachée à cette devise remonterait à la seconde intifada palestinienne[63] », détaille la chercheuse Hannah Porter. « Il y avait cette image d'un enfant, Mohammed Al-Durah, caché derrière un mur avec son père et tué par des tirs israéliens. Hussein Al-Houthi aurait supposément prononcé ces mots juste après, souhaitant la mort d'Israël et des États-Unis tout en maudissant les juifs[64]. » Une position empêchant tout dialogue avec l'ambassadeur américain alors en place, Edmund Hull. « Ils refusaient tout contact avec nous ; ils considéraient les États-Unis comme les patrons d'Israël. Ils conduisaient des protestations à Saada, mais aussi dans la capitale en chantant : *Mort à l'Amérique ! Mort à Israël !* Il n'y avait aucune possibilité de mener un dialogue pacifique. »

Encore à son balbutiement, Ansar Allah exportait ses théories en dehors de sa zone d'influence, défilant pour une nouvelle manifestation anti-américaine à Sanaa. Un danger pour Saleh, soucieux de ne pas froisser Washington, et encore plus de voir son nom ajouté à ceux

63. Débuté le 28 septembre 2000, ce soulèvement palestinien a entraîné des affrontements israélo-palestiniens pendant plusieurs années, faisant plusieurs milliers de morts.
64. Très médiatique, l'affaire a suscité de grandes polémiques, notamment en France suite à un reportage de France 2. Treize ans plus tard, après une énième décision de justice française liée au travail du journaliste Charles Enderlin, le gouvernement israélien a publié un rapport expliquant que le garçon n'était pas mort. Une mise en scène avancée à laquelle Enderlin a répondu en rappelant que le père de Mohammed, Jamal, avait été opéré en Jordanie suite à cet incident.

méritant le bûcher. Ordonnant l'arrestation de centaines de partisans dans la capitale, l'État émit également un mandat d'arrêt contre Hussein Al-Houthi pour une variété de délits : incitation à la haine, organisation de protestations contre le partenaire états-unien, ouverture d'écoles religieuses sans licence, sectarisme ou création d'un groupe rebelle armé financé par un pays étranger, en l'occurrence l'Iran.

Loin de se résigner, le prédicateur redoubla d'intensité dans ses *speeches*, obligeant Afash à envoyer son armée dans les hauts plateaux du Nord juste avant l'été 2004. « La guerre a démarré de façon inattendue », commente Ghamdan Al-Yosifi, un des journalistes yéménites les plus respectés, basé aujourd'hui aux Pays-Bas. « Les nouvelles ont parlé de la mort de plusieurs soldats à un poste de contrôle suite à une attaque d'hommes armés menés par un certain Hussein Al-Houthi. Des confrontations s'en suivirent, mais personne ne savait réellement ce qui se passait à Saada. Les communications étaient très limitées, Internet n'était encore qu'à ses débuts. Imaginez que les premiers téléphones portables ont débarqué en 2001, le premier site Internet, al-sahwa-yemen.net affilié avec Al-Islah en 2002, puis celui du parti en place, almotamar.net, de l'armée, etc. Il n'y avait pas de site indépendant. C'était donc les médias étatiques qui couvraient cette guerre. Les journaux locaux avaient des capacités trop restreintes sachant qu'il était impossible de s'approcher vu la situation sécuritaire. »

Nommé la guerre de Saada, ce conflit dégénéra rapidement, causant des centaines de morts entre le gouvernement et ce que les médias appelèrent les houthis, en référence à la famille du fondateur, qui avait elle-même pris ce nom de la zone où elle vivait dans la province nordiste d'Amran. Invité par Saleh à se rendre en lui garantissant « un procès équitable », Hussein s'était retranché dans les montagnes de Maran jouxtant Saada. Tapi entre les rocailles, il préparait avec sa garde rapprochée les prochains mouvements contre des unités de plus en plus nombreuses, sans oublier des tribus potentiellement alléchées par la récompense promise pour sa capture : 10 millions de riyals yéménites, environ 75 000 dollars à l'époque !

Présent depuis le début des hostilités, le général Thabet Gawas, commandant de la 15e brigade d'infanterie, reçut début septembre 2004 des informations crédibles sur la planque du fugitif. Faisant partie des rares militaires sudistes à occuper un poste à responsabilités, le gradé à la moustache en fer à cheval en parla à sa hiérarchie. Leader des opérations sur le terrain, le général Ali Mohsen, un cousin éloigné de Saleh l'ayant accompagné depuis son arrivée au pouvoir, était enthousiaste. Depuis des semaines, ses soldats cherchaient sans succès

Hussein, accumulant les fausses pistes. Pour Mohsen, sympathisant salafiste, cette traque devenait une obsession. Cependant, cette fois, c'était la bonne, il le savait : Gawas était peut-être natif du Sud (Lahij), mais il était l'un des meilleurs généraux de l'armée ; s'il retrouvait cet infidèle de Hussein Al-Houthi, il saurait quoi faire.

Au palais présidentiel, l'excitation laissait place à l'incertitude. Recroquevillé dans son bureau, Saleh hésitait à annuler la mission. Informé de ces flottements, le général Gawas ordonna à son bataillon d'éteindre tous les téléphones portables. Apprécié de ses troupes, il s'en alla dans les montagnes de Maran sans aucun moyen de communication avec l'extérieur : cette guerre avait tué trop d'hommes, alors personne ne l'empêcherait de trouver Hussein Al-Houthi, pas même le président de la république.

Arrivé à proximité de la cachette, une cave proche de la frontière saoudienne, il invita le prédicateur à se rendre. Acculés, les insurgés répondirent en vidant un chargeur de kalachnikov. S'engagea immédiatement un combat sanglant dans lequel Gawas, blessé, dirigea sa brigade jusqu'à tuer Hussein Al-Houthi et ses gardes. « Son décès a été un des symboles fondateurs du mouvement houthi », commente Hannah Porter. « Pour eux, il est mort en martyr. » Recueillis dans les mosquées, les fidèles pleurèrent leur leader dont la dépouille ne sera rendue par le gouvernement que neuf ans après, attisant une colère de plus en plus forte. Les affrontements étaient finis, oui, pourtant qui se faisait des illusions ? Guerre ou pas, rien n'avait changé à Saada ou presque : les arbres fruitiers semblaient toujours pousser jusqu'au ciel, et les grenades qui en tombaient continuaient d'envoyer les enfants au paradis.

9. LE MARCHAND D'ARMES DE SAADA

« Il y a eu une controverse puisque Fares Manaa était intermédiaire et vendeur d'armes en même temps. Il s'occupait des contrats d'armement pour le gouvernement, il avait un bureau à Moscou, et un autre au World Trade Center à New York avant les attentats. Il a gagné en importance dans ce domaine après la guerre de 1994 ; il avait demandé la permission à Saleh qui vit cela d'un bon œil » (Ghamdam Al-Yosifi, journaliste indépendant yéménite désormais basé aux Pays-Bas).

De 2004 à 2010, le gouvernement et les houthis se sont affrontés durant les guerres de Saada. Au nombre de six, elles ont bouleversé l'équilibre tribal du Nord, tout en semant le doute dans la population et l'armée quant à leurs véritables enjeux. Au milieu, un homme s'était imposé comme l'un des intermédiaires préférés des deux camps : Fares Manaa, une figure tribale capable de faire transiter n'importe quelle marchandise n'importe où sur le globe. D'Europe de l'Est à la Corne de l'Afrique, tout en passant par le Yémen, des sacs de riz ou des tanks soviétiques accostaient sans que personne ne puisse poser de question. ■

Bénéficiant du prestige accordé aux descendants du prophète Mahomet, les hachémites (ou *sada*) disposent d'une légitimité religieuse et même politique pour une partie de la population, principalement au Nord. « C'est le résultat de l'histoire », lance Riyadh Al-Dubai, un des plus éminents activistes yéménites. « L'imamat a conditionné un mode de pensée. Cela a favorisé la reviviscence des houthis qui se basait sur ce bien-fondé de par les origines de la famille. »

Persuadé que le pouvoir devait être détenu par des individus de la lignée du Prophète, le mouvement s'attira la sympathie d'autres *sada* éparpillés à travers le pays, qu'importe leur courant musulman. Subitement, il n'y avait plus de chiites ou sunnites, ni de chérifiens, ismaéliens[65] ou zaydites, mais simplement des clercs estimant que l'autorité devait leur revenir. « On accusait Ansar Allah de vouloir un retour à l'imamat », soupire Akram Al-Masnai, un Anglo-Yéménite soutenant les houthis à travers des publications et travaux publiés en anglais. « Ils n'ont jamais dit ça. Ils n'ont jamais été contre une république. Ils se sont soulevés contre des injustices et cela dérangeait des gens. Je ne dis pas que tout est parfait, mais on raconte beaucoup de mensonges à leur égard. »

À Saada, Hussein Al-Houthi n'était pas vu comme un partisan de l'ancien système ; il n'était même pas un imam. Pour ses fidèles, il était un révolutionnaire se levant contre le joug d'un gouvernement corrompu et soumis à l'impérialisme américain. Qu'importe si sa famille taxera une décennie plus tard toute la population n'ayant pas du sang hachémite comme elle, la cause de Hussein était juste ; il était même mort en martyr pour cela. « C'était une révolution, mais on préférait parler de groupes rebelles, les décrire comme des terroristes », poursuit Akram. « Je pose simplement une question : qui est le terroriste lorsque vous bombardez des civils n'ayant rien demandé ? Pourquoi n'a-t-on pas eu de couverture médiatique de ce qui s'est passé à Saada ? Avait-on quelque chose à cacher ? » Des interrogations légitimes pour les journalistes, à l'instar de Ghamdam Al-Yosifi, l'un des rares à venir sur place dès la fin de la première guerre. « J'ai visité la province de Saada avec un collègue. Des tanks étaient dispersés autour des entrées de la ville. Sortir sa caméra était comme sortir un fusil ! »

Si les hostilités avaient cessé, aucun accord n'a été conclu entre les deux parties. Moralité, six mois après la mort de Hussein Al-Houthi, un second conflit éclata durant un petit mois (mars-avril 2005), puis un autre sept mois plus tard (novembre 2005-février 2006). « Les gens

65. Autre courant chiite minoritaire présent historiquement dans le Nord du Yémen.

ne comprenaient pas ce qui se passait à Saada », explique l'activiste Baraa Shiban, qui a travaillé avec plusieurs ONG dans le cadre de ces affrontements. « Si vous parliez à un citoyen lambda de Sanaa, il vous répondait qu'il y avait une guerre dans le Nord, mais sans vraiment savoir ce qui l'avait causée ou ce qui se déroulait concrètement. Il n'y avait pas vraiment de couverture médiatique. » Un blackout favorisant le recrutement de jeunes hommes prêts à défendre les houthis contre une agression inique d'un gouvernement infiniment plus puissant. « Il était dur de ne pas avoir d'empathie pour ces gens », confirme Shiban. « Il n'y avait aucune transparence de l'État. On donnait des raisons pour lesquelles la guerre avait commencé sauf que la population n'était pas convaincue. » Même l'ambassadeur américain Gerald Feierstein, en poste de 2010 à 2013, était circonspect quant à la version officielle du régime yéménite. « Ali Abdullah Saleh nous disait toujours, ainsi qu'aux Saoudiens, que les Iraniens dirigeaient en réalité les houthis, qu'ils étaient les seuls responsables de ces conflits. Nous attendions impatiemment les preuves de ces allégations, mais nous n'avons jamais vraiment vu quelque chose de solide. Les Iraniens ont sans doute fourni un petit support financier et d'autres choses, mais à cette époque, les houthis étaient un mouvement domestique qui n'était pas réellement associé à l'Iran. »

Opaques, les guerres dépassaient la province de Saada et la zone d'influence d'Ansar Allah. Dans les provinces limitrophes, à Amran et Hajjah, des tribus s'engagèrent en faveur des houthis malgré un différend idéologique, tandis que d'autres augmentèrent les rangs de l'armée. De quoi bouleverser le fragile équilibre tribal du Nord, déjà influencé par le voisin saoudien. « Avec mon collègue, on avait rencontré une figure tribale, le cheikh Faisal Manaa. Cependant, les choses étaient ambiguës et rien n'est sorti de tout ça », se rappelle le journaliste Ghamdam Al-Yosifi. « Il était difficile de démêler le vrai du faux, surtout que la communication des houthis était limitée aux interventions de Mohammed Abdul Salem. Il parlait au nom du groupe avec des téléphones par satellite qu'il changeait régulièrement. Il ne s'adressait qu'à un faible nombre de médias, surtout les publications étrangères ayant un correspondant sur place. »

Essayant de profiter de l'aversion américaine et saoudienne pour le régime à Téhéran, Saleh s'exprima publiquement en mettant en garde « le grand peuple du Yémen » contre la menace houthie s'exprimant dans des journaux iraniens. « Il a instrumentalisé les houthis pour garder sous pression les Saoudiens », confirme le diplomate yéménite Khaled Al-Yamani. « À chaque fois, il disait à l'Arabie saoudite que les houthis étaient à leur porte et les menaçaient :"Vous devriez faire ceci et cela, nous vous aiderons !" » En agitant le danger zaydite, Afash espérait compenser la baisse des aides américaines. Depuis le 3 novembre 2002 et l'assassinat de Qaed Salim Sinan Al-Harethi, un opérateur important d'Al-Qaïda abattu avec cinq de ses comparses à l'aide d'un missile hellfire tiré depuis un drone, les États-Unis réduisirent les financements ; s'il y avait moins de terroristes, alors il y avait moins de subventions[66]. « Il était un partenaire extrêmement frustrant », affirme l'ambassadeur Gerald Feierstein. « Une anecdote pour montrer sa personnalité. John Brennan[67] était venu en visite au Yémen. Saleh le pressait pour obtenir davantage d'aides. Lorsque la réunion s'est terminée, Brennan a essayé de se retirer, mais Saleh s'accrochait à la portière de la voiture. Il ne laissait pas Brennan partir tant qu'il n'avait pas obtenu ce qu'il voulait de lui [rires]. »

Habitué au double jeu, le président yéménite se surpassa en opérant sur un nombre incalculable de tableaux. D'un côté, il a laissé se développer les houthis pour contrecarrer à l'avenir l'influence du parti politique Al-Islah dont la popularité augmentait. De l'autre, il a brocardé les partisans de Hussein Al-Houthi comme un danger pour la nation, désirant renouer avec l'imamat grâce au soutien d'une puissance étrangère, la République islamique d'Iran, rivale honnie par l'Arabie saoudite et les États-Unis. Des Américains qui, bon gré mal gré, avaient accepté les doléances de Saleh dans la lutte contre le terrorisme, pourvoyant l'armée de véhicules militaires à l'instar des Humvee qui ont surtout servi pour les guerres de Saada et non contre Al-Qaïda. Ajoutez à cela un laxisme à poursuivre des éléments liés à Al-Qaïda – dont 23 membres s'évadèrent d'une cellule commune à l'aide d'un tunnel de plus de 100 mètres en 2006 (!) –, ou la signature de contrats d'armement records avec la Russie, pour compléter un arsenal militaire comprenant de vieux équipements nord-coréens... Il y avait de quoi perdre la tête selon Gregory Hicks, diplomate américain ayant officié à l'ambassade de Sanaa : « C'était un individu vraiment, vraiment incroyable. Tellement incroyable qu'il nous a rendu fous, ainsi que les Saoudiens ! »

66. Plus de 55 millions de dollars d'aides ont été approuvés entre 2002 et 2006 par le Congrès, la majeure partie étant utilisée pour lutter contre le terrorisme. En 2006, le montant est descendu à 4.6 millions, bien loin des premières années post 11 septembre ou des chiffres obtenus plus tard (un package de 155 millions pour la seule année 2010).
67. Conseiller de Barack Obama pour la Sécurité intérieure et la lutte contre le terrorisme, devenu chef de la CIA de 2013 à 2017.

Versatile, Saleh n'en restait pas moins un habile politicien, « l'un des plus doués que j'ai pu rencontrer », *dixit* Hicks qui a pourtant officié dans divers pays (Afghanistan, Bahreïn, Gambie, Libye, Syrie). « Il faisait des manœuvres politiques si je peux m'exprimer ainsi », dit son ancien ministre des Affaires étrangères, le placide Abu Bakr Al-Qirbi. « Il n'a jamais réellement lancé de menace à ses ennemis. Il les gardait toujours près de lui en dépit de leurs désaccords, faisant des concessions avec eux tout au long des conflits ayant sévi sous sa présidence. »

Recroquevillés à Wadi Falah, une zone de la province de Hajjah au nord-ouest, une bonne partie des houthis étaient à la merci de l'armée durant la troisième guerre de Saada. Un matin, une brigade partit depuis Haydan[68] afin de porter l'assaut final ou obtenir une reddition ; les insurgés étaient prêts à déposer les armes à condition de pouvoir vivre en paix. Quant au bastion historique houthi à Saada, il était encerclé par la première division blindée qui avait percé le champ de mines. « C'était l'opportunité d'éliminer pour de bon ce mouvement », note la chercheuse Nadwa Dawsari. Pourtant, depuis son palais présidentiel, le colonel à la moustache hésitait. Il appela alors Fares Manaa, président du comité de médiation censé obtenir un traité de paix entre le gouvernement et les houthis. « Il était impliqué dans les deux camps », tonne Baraa Shiban. « Tout passait par lui. »

Proche du pouvoir, Manaa est issue d'une confortable famille tribale d'Al-Talh, un village au nord de Saada. Frère du cheikh Hassan, un temps gouverneur de la province (2008 à 2010), Fares a étudié dans la capitale, puis à Londres où il a obtenu un master en gestion des entreprises. Effacé, fuyant les lumières, il bâtit en toute discrétion son réseau, obtenant par exemple des parcelles de terre colossales à l'intérieur de Sanaa, dans le quartier de Sonaynah – l'ancien fief de la première division blindée –, dont le terrain appartenait au major-général Ali Mohsen, cousin de Saleh. « C'est la définition du patronage », se lamente Gamal Al-Moliky, journaliste yéménite travaillant pour Al-Jazeera où il présente l'émission d'investigation « Al-Mutahari », « le détective ». « Le Yémen était vu comme une république, mais c'était une illusion. La nation était gouvernée par Ali Abdullah Saleh, sa famille et son entourage qui recevaient presque tous les bénéfices. Cet entourage incluait différents types de personnes : des militaires, des membres de partis politiques, des chefs tribaux portant encore le turban ou des businessmen habillés en costume trois pièces. »

68. Ville de la province de Saada.

Homme de l'ombre, Fares Manaa était de la dernière catégorie même s'ils se réunissaient aussi en habit traditionnel avec d'autres responsables de tribus pour mâchouiller du khat. Soignant ses relations, il savait rendre des services aux bonnes personnes, surtout pour le parti présidentiel, le Congrès général du peuple (CGP). Nommé superviseur par Saleh à Saada, il dut intervenir avant les élections de 2003 pour empêcher la victoire d'Al-Islah, assurant au CGP un nouveau succès. « Les combines pour s'accrocher au pouvoir se sont accentuées au fil des années », assure Al-Moliky. « Saleh utilisait davantage son expérience politique pour se promouvoir plutôt que d'insuffler un vrai changement au pays. » Récompensant sa fiabilité et sa fidélité, le président laissa Manaa agir comme intermédiaire pour quantité de deals entre le gouvernement et des compagnies étrangères, comme les commandes d'armement à la Russie, un domaine qu'il connaissait depuis tout petit ; son père tenait un étal dans l'important marché d'armes d'Al-Talh.

Lieu de contrebande, ce coin fleurissant du district de Sahar a vu passer depuis des siècles les fusils, les hommes, le khat ou les marchandises sans jamais trop poser de question. S'il y avait toujours une combine pour passer la poreuse frontière saoudienne, l'idée se trouvait bien souvent à Al-Talh où les commerçants se réunissaient au souk. « Ce sont des zones reculées, difficiles d'accès », pointe l'activiste Baraa Shiban. « Les habitants se débrouillent pour survivre en commerçant comme ils peuvent. » Débrouillard, Manaa s'était spécialisé sans surprise dans l'import-export. Alimentation, outils, produits ménagers : tout était trouvable pour le marchand d'Al-Talh.

Parlant anglais, disposant d'un bureau à Moscou ou au World Trade Center à New York avant les attentats du 11 septembre, Fares voyageait aux quatre coins du globe pour ses activités officielles et officieuses. « En 2004, il a été partie prenante de contrats d'armes en provenance d'Europe de l'Est, qu'il aurait vendues à des combattants somaliens », écrit un rapport du Conseil de sécurité des Nations unies en 2008. « Malgré l'embargo sur les armes, imposé par l'ONU en Somalie depuis 1992, les activités de Manaa en matière de trafic d'armes vers la Somalie remontent au moins à 2003. En 2003, il a fait une offre pour acquérir des milliers d'armes d'Europe de l'Est et déclaré qu'il entendait en vendre une partie en Somalie. »

Sanctionné d'un gel de ses avoirs par le Conseil de sécurité des Nations unies, Manaa avait anticipé toute éventualité : depuis des années, il était officiellement chargé par le ministère de la Défense yéménite d'agir comme intermédiaire dans les contrats d'armes, tout en obtenant un poste de directeur du département de l'armement. Une manière de légaliser son business, bien aidé par des sociétés-écrans, dont la colossale Al Fosal Trading qui sera gérée sur le papier par son fils, Abeed.

Toujours tiré à quatre épingles, le bouc finement taillé, l'élégant quadragénaire négociait avec les plus grands trafiquants de la planète, y compris Viktor Bout, le marchand de la mort aussi surnommé *Lord of War*, un personnage digne d'un film aux multiples identités, passeports et compagnies aériennes lui ayant permis d'armer le monde pendant deux décennies. Une aubaine pour Saleh, dont le ministère de la Défense laissait une partie des cargaisons à son homme-à-tout-faire qui réexportait du stock, principalement en Afrique de l'Est et dans la Corne de l'Afrique. « Le plus fou, c'est que Manaa vendait des armes des deux côtés durant les guerres de Saada », raconte un membre important des houthis toujours actif, désireux de garder l'anonymat. « Il était l'intermédiaire du gouvernement, mais il nous aidait aussi à obtenir de l'armement. Et ce n'est pas comme si c'était un secret. » Un double agenda dans la plus pure tradition *afashi* : n'est-ce pas Saleh qui a nommé en connaissance de cause Fares Manaa président d'un comité de médiation œuvrant pour la paix alors qu'il vendait des kalachnikovs à chacun des belligérants ?

De retour au palais présidentiel, Saleh échangeait par téléphone avec Manaa. Ignorant l'avis de son état-major, le colonel ordonna à son marchand préféré de passer le mot : toutes les unités devaient se retirer immédiatement ! Abasourdis, plusieurs officiers crurent à un canular : pourquoi décamper alors que les houthis étaient cernés et sur le point de capituler pour de bon ? « Personne n'a compris cette décision », s'emporte Nadwa Dawsari. « Vous faites une nouvelle guerre, vous êtes sur le point de l'emporter définitivement, et vous laissez tomber ! »

Appelant personnellement des commandants de bataillon, Saleh les enjoignit d'écouter Manaa et de partir en laissant les armes lourdes, ainsi que les véhicules. La 105e division d'infanterie dut ainsi laisser derrière elle cinq tanks et son artillerie alors qu'elle avait pénétré en plein cœur du district Al Dhaher, une partie importante de la province de Saada. Rentrant à pied avec leurs armes personnelles, les soldats savaient que les houthis venaient de récupérer de précieux équipements qu'ils utiliseraient sans tarder. « Le gouvernement a lâché les tribus ayant combattu à ses côtés », continue la chercheuse Dawsari. « Les houthis se sont vengés, ça a été une boucherie. Ils n'ont pas hésité une seconde. »

Sur le chemin du retour à Sanaa, beaucoup s'interrogeaient sur ce choix apparemment incompréhensible. Comme la population, l'armée commençait à ne pas être dupe : cette guerre ne cacherait-elle pas en réalité d'autres objectifs pour Saleh ? « Ces conflits se fondaient sur de vraies raisons sauf qu'il s'en est servi pour se débarrasser de ceux qui auraient été un frein à ses ambitions », assure le journaliste Gamal Al-Moliky qui a produit le documentaire *Pulling the Strings* sur le sujet. « Saleh voulait imposer une succession familiale. Il souhaitait donc se désencombrer des menaces comme Ali Mohsen et des militaires lui étant loyaux. »

Ali Mohsen, le cousin avec qui Afash a grandi, son ami, son confident, son homme de toutes les batailles devenu major-général prenait désormais trop de place ; et s'il ravissait le trône à Ahmed Ali Saleh, le fils aîné du *raïs* ? « J'ai fait mon service militaire avec la Central Security[69] sous les ordres du frère de Saleh, puis d'un de ses neveux », poursuit Al-Moliky. « Mes compagnons de l'époque étaient de la première division blindée commandée par Ali Mohsen. Nous servions tous à Sanaa ; il n'y avait que trois kilomètres entre nos quartiers généraux et ceux de la première division blindée. On se voyait le vendredi, on parlait, et j'ai remarqué une grosse différence : nous autres, les recrues de la Central Security, n'étions pas loyaux à nos chefs, nous ne les appréciions pas ; on les voyait comme un genre de fait accompli avec qui nous devions dealer. De l'autre côté, les nouveaux de la première division blindée ressentaient comme un sentiment d'appartenance à cette unité et ses commandants. C'était un autre modèle, comme si nous avions deux armées distinctes. Ce que je veux dire à travers cet exemple, c'est que Saleh avait peur d'Ali Mohsen et des militaires sous son contrôle qui pouvaient représenter un obstacle. »

Déjà dans le milieu des années 1990, les rivalités familiales prirent des allures de règlements de comptes chez les Saleh ; Afash étant par exemple soupçonné d'avoir orchestré un accident d'hélicoptère fatal à un de ses oncles, le général Mohammed Ismail. En favorisant son fils aîné, Ahmed Ali, nommé commandant de la garde républicaine et des forces spéciales, le président pensait former patiemment son successeur, envoyé plus jeune à la prestigieuse école royale militaire anglaise de Sandhurst, comme plusieurs monarques du Golfe[70]. « Il

69. La Central Security Organization, placée sous le ministère de l'Intérieur, était une des plus importantes unités de l'armée yéménite, bénéficiait aussi du soutien américain. Elle a été dirigée par Yahya Saleh, le neveu du président, de 2001 à 2012.
70. L'actuel émir du Qatar, Tamim Al-Thani, le prince héritier des Émirats arabes unis, Mohammed ben Zayed, le prince héritier de Jordanie, Hussein ben Abdellah, etc.

voyait le pays comme sa propriété, ainsi que celle de sa famille », corrobore Khaled Al-Yamani, alors employé au ministère des Affaires étrangères. Se posant en père de la nation, Saleh imaginait avoir initié une longue et prospère dynastie. « Il était inconcevable pour lui de quitter le pouvoir sans s'assurer que sa lignée ne dirige le pays », renchérit Mustafa Naji, premier secrétaire de l'ambassade yéménite à Paris.

Doutant des capacités d'Ahmed Ali Saleh à gouverner, beaucoup à Sanaa se tournaient vers Ali Mohsen, l'un des hommes les plus puissants du régime qui bénéficiait en prime de l'approbation du voisin saoudien. Néanmoins, le major-général n'avait pas le temps de penser à cela puisque la quatrième guerre de Saada éclata en février 2007, un an après la fin de la troisième. « Avec les avancées technologiques, c'est à partir de ce conflit qu'ont émergé les premières véritables images de cette guerre », se souvient le journaliste Ghamdam Al-Yosifi. « On voyait des tragédies défiler sous nos yeux comme le grand nombre de familles déplacées [...]. J'ai pu me rendre dans la province de Hajjah avec un défenseur des droits humains et d'autres journalistes. Nous devions rencontrer des leaders houthis. Avant cela, nous avions vu un des plus grands marchés détruit et miné, ainsi qu'un camp de réfugiés internes. Un homme criait que les houthis avaient bombardé sa maison. Il donnait une horrible description d'eux. Soudain, devant nos yeux, les houthis l'ont pris. Nous avons donc refusé de rencontrer leurs leaders jusqu'à ce que ce citoyen soit libéré. Ils ont refusé. Quelques jours plus tard, nous sommes retournés à Sanaa en apprenant qu'ils avaient tué cette personne parce qu'il avait parlé de leurs crimes. » Une loi du silence rappelant la nature de ce conflit : non, les guerres de Sadaa n'étaient pas oubliées, elles étaient juste cachées.

Présent sur place, Baraa Shiban confirme cette impression. « J'ai fait partie d'un convoi humanitaire avec la Croix-Rouge. Nous étions un groupe d'ONG yéménites partant de Sanaa pour Saada lors de la quatrième guerre. Sur place, nous avons vu des horreurs. On a également essayé de comprendre les tenants. Les houthis ne nous expliquaient pas vraiment pourquoi ils se battaient. Ils répétaient que les Américains étaient arrivés sur les rives yéménites alors que ce n'était pas vrai. Je leur disais que j'étais à Aden il y a quelques semaines et qu'il n'y avait aucune force américaine. En réponse, ils parlaient de Saleh comme d'une marionnette de l'agenda américain. Ils évoquaient aussi une confrontation avec l'Arabie saoudite, le principal allié des États-Unis dans la région. C'était un dialogue de sourds. »

Si le Qatar a essayé de jouer les médiateurs durant le quatrième affrontement fini en juin 2007, deux autres conflits s'ajoutèrent les années suivantes (avril-juillet 2008, puis août 2009-février 2010) portant le total à six guerres en l'espace de six ans. « Les houthis en sont sortis renforcés », juge Shiban. « Cela leur a donné un entraînement, une préparation, et même un capital sympathie puisque le gouvernement paraissait s'acharner sur eux. » Vu comme une organisation marginale ne menaçant en aucun cas l'État, la souffrance réelle des partisans de Dieu commençait à se répercuter dans les rares médias parlant de ce conflit. « Des journaux étaient peut-être biaisés dans le traitement des houthis de par leur opposition au régime », corrobore Al-Yosifi. « Ils évoquaient l'aspect humanitaire, totalement légitime, mais pas les objectifs des houthis [...]. Les médias Al-Shoura et Al-Umma couvraient tout ce qui se passait. Ils étaient affiliés à une idéologie proche des leaders houthis. Par conséquent, deux journalistes ont été arrêtés, jugés, puis condamnés. Le premier, Muhammed Al-Maqalen, deviendra plus tard un des leaders médiatiques les plus proches des houthis, tandis que Karim Al-Khaiwani sera assassiné en 2015 – sa mort reste à ce jour un mystère. »

Au cours de la sixième guerre, la violence atteignit son paroxysme avec des armements de plus en plus lourds et variés grâce à un homme : Fares Manaa. « Il était intermédiaire et vendeur d'armes à la fois », décrit Al-Yosifi, l'un des rares journalistes ayant pu l'interviewer. « Il a gagné en importance dans ce domaine après la guerre de 1994 ; il avait demandé la permission à Saleh qui vit cela d'un bon œil. » Faisant rentrer des stocks chinois en contrebande pour les houthis, le marchand de Saada avait aussi participé à la revente d'une partie des tanks T-72 de l'époque soviétique achetés par Saleh à la Russie en 2003, puis acheminés dans la Corne de l'Afrique, principalement en Éthiopie. Le Yémen se plaçait alors comme une plaque tournante de la rétrocession d'armes, de contrebande ou non. Des petites navettes maritimes accostaient à Djibouti, au Soudan ou en Somalie avec à leur bord des marchandises cachant le véritable chargement, tandis que des Yéménites en guenilles profitaient des complicités tribales et de la perméabilité de la frontière saoudienne pour acheminer à dos de mulet des grenades ou des fusils dans le Royaume.

Souvent déguisés pour ne pas éveiller les soupçons, les houthis s'incrustaient régulièrement en Arabie saoudite, enfouissant à même le sol des fusils d'assaut. Une atteinte à la souveraineté saoudienne, comme la prise d'un territoire montagneux, le Djebel Doukhan, en totale violation avec le traité de Djeddah signé entre les deux pays le

12 juin 2000 pour (enfin) régler une querelle frontalière. Redoublant la surveillance, une patrouille tomba sur un groupe de « rebelles » – le terme utilisé pour décrire les miliciens d'Ansar Allah. Bataillant, un garde-frontière saoudien décéda, un autre fut fait prisonnier, et un troisième succomba plus tard de ses blessures. « C'est à ce moment que l'Arabie saoudite est entrée en guerre contre les houthis », indique le diplomate yéménite Mustafa Naji. Une providence pour Saleh qui attendait de mettre à contribution l'Arabie saoudite depuis des années.

Bombardant des positions houthies afin « de les mettre à genoux » selon l'adjoint du ministre de la Défense et de l'Aviation saoudienne, le prince Khaled bin Sultan[71], Riyad agençait certaines cibles avec Sanaa grâce à un comité spécialement dédié. Passant par le bureau de la sécurité nationale, dirigé par un neveu de Saleh, Ammar, les informations transitaient ensuite par le ministère de la Défense du major-général Mohammed Nasser Ahmed, un cadre du parti présidentiel. « Sauf qu'ils ont donné des coordonnées erronées aux pilotes saoudiens », se lamente Gamal Al-Mulaky.

Pour son documentaire *Pulling the Strings* diffusé sur Al-Jazeera, le journaliste a interrogé le colonel yéménite Askar Zoa'al, un proche d'Ali Mohsen et du parti Al-Islah, dont le témoignage illustre le traditionnel double jeu *afashi* : « Le coordinateur de l'aviation saoudienne m'a appelé pour confirmer les coordonnées de l'attaque. J'ai été surpris en voyant les chiffres, donc je lui ai demandé s'il était sûr de lui. Il m'a répondu : "Affirmatif !" Je lui ai dit que les coordonnées n'étaient pas une position houthie, mais la base d'Ali Mohsen et des autres commandants [...]. C'était le nouveau scénario : comment éliminer des gens puissants qui pourraient faire barrage, selon lui, à la succession de son fils ? » Confirmée par un télégramme confidentiel de Riyad daté du 7 février 2010 et publié par WikiLeaks[72], cette histoire rappelait les plaisanteries entendues entre deux réunions ministérielles à Sanaa : les guerres de Saada s'arrêteront le jour où Ali Mohsen sera tué au combat !

N'écoutant plus personne, Saleh s'était isolé dans une paranoïa croissante. Persuadé de détenir la bonne stratégie, il s'attirait de plus en plus d'ennemis, poussant le Yémen dans un chaos incontrôlable. « Depuis 2007-2008, le pays s'est effondré », déplore Barbara Bodine, l'ambassadrice américaine ayant été la plus proche du président yéménite au cours de son règne. « Il n'avait plus la capacité de remettre

71. Citation tirée d'un câble de WikiLeaks daté du 7 février 2010.
72. Cable : 10RIYADH159_a (wikileaks.org)

les choses à l'endroit, comme s'il avait perdu sa patte qui faisait son succès. Un de ses officiels, qui était un ami, m'a confié qu'il était juste épuisé, à l'image d'autres dictateurs dans le même cas. Il est resté plus de trente ans au pouvoir, il a perdu pied, et le pays s'est écroulé. »

En janvier 2010, juste avant la fin de la sixième guerre de Saada, il décida d'écarter Fares Manaa, envoyant une brigade l'arrêter pour avoir vendu des armes aux houthis ; ce que le colonel à la moustache savait depuis le début ! « J'ai interviewé Fares à ce moment », se remémore Ghamdam Al-Yosifi. « Il y avait des désaccords entre sa famille et Saleh. Le frère de Fares, gouverneur de Saada, a démissionné. Il a réuni ses proches dans la cour de la maison familiale à Sanaa où j'ai été convié. Tout le monde contestait cette arrestation. » Embastillé cinq mois à la prison de la sécurité nationale[73], Manaa sortit après avoir apaisé les tensions avec le *raïs* le 4 juin 2010, renouant immédiatement avec ses anciennes besognes.

Considéré comme un des plus grands trafiquants d'armes de la région, il nia l'illégalité de ses activités dans ses très rares interventions médiatiques, se décrivant comme un « entremetteur » ou un « pragmatique ». Après tout, il y avait un besoin à satisfaire, et si le seyant quadragénaire refusait, un autre accepterait, qu'importe son allégeance ; l'offre et la demande ne manquaient pas. « Suite aux six guerres, les houthis sont devenus une force », pointe l'activiste Riyadh Al-Dubai. « Malgré les pertes colossales infligées par l'armée, ils parvenaient à recruter de nouveaux soldats, notamment des enfants et des adolescents. Ce mouvement était devenu une véritable milice. » Une nouvelle puissance militaire dans un pays n'en manquant pas en somme, mais avec quelques spécificités : à Saada, ce n'était plus le marchand de sable qui passait dire bonne nuit aux enfants, c'était le marchand d'armes.

73. Centre de détention appartenant à une branche des services de renseignement.

III.
LA RÉVOLUTION ET LA RÉÉMERGENCE D'AL-QAÏDA

10. LA PRIÈRE DU VENDREDI

« J'ai travaillé vingt-cinq ans dans l'ombre pour lui. Ça marque une vie avec tout ce que le président a traversé. J'avais déjà parlé des tentatives d'assassinat, plus nombreuses qu'on puisse imaginer, mais c'était aussi valable pour les membres de son équipe. On s'attendait à être attaqué en étant à ses côtés. Le danger était partie intégrante du job » (Abdo Borgi, ancien attaché de presse et directeur adjoint du cabinet d'Ali Abdullah Saleh).

Fin 2010, les révolutions dans le monde arabe se succédèrent. Pourtant, à Sanaa, les ambassades étrangères et le gouvernement central n'imaginaient pas que le phénomène puisse se propager ici. Depuis trente-deux ans, Saleh tenait son pays malgré une situation économique détériorée et de nombreux conflits au sein même du pouvoir. Échappant comme à son habitude à des attentats, le président voyait pourtant le danger se rapprocher de partout : à l'étranger, dans la rue et même au sein de sa propre famille. ■

« J'étais avec le président quand ça s'est passé. » Pondéré, Abdo Borgi ne souhaite pas en rajouter. Depuis son bureau égyptien, l'ancien compagnon d'Ali Abdullah Saleh évoque ses souvenirs, ceux « qui mériteraient bien un livre », dit-il en souriant. Au contact de l'homme qu'il appelle encore « le président » depuis 1985, le natif d'Al-Hodeïda a effectivement tout connu, de la célébration de l'unification aux dîners chantants, en passant par les guerres et les révoltes. « J'ai été diplômé en communication à l'université du Caire en 1983. Je suis immédiatement retourné au Yémen. Deux ans plus tard, j'intégrai l'équipe de communication du président. Au début, j'étais juste un journaliste travaillant pour le bureau du président, puis je suis devenu son attaché de presse, et enfin le directeur adjoint de son cabinet jusqu'en 2011 lorsqu'on a attaqué la mosquée d'Al-Nahdin. J'ai tout quitté après ça. »

Ce vendredi 3 juin 2011, le palais présidentiel grouillait de personnalités du Congrès général du peuple. Irascible, Saleh cherchait en vain une solution à un soulèvement qu'il ne comprenait toujours pas, « le soi-disant Printemps arabe », pour reprendre l'expression de son ministre des Affaires étrangères, Abu Bakr Al-Qirbi. Un terme partagé par bon nombre de conseillers et proches d'Afash, qui avait accusé le média qatari Al-Jazeera d'instrumentaliser les manifestations de la jeunesse yéménite. « La chaîne devrait arrêter d'inciter, exagérer et déformer les faits. En outre, elle devrait éviter les actes qui encouragent les troubles, la violence et le sabotage dans les pays arabes », dit-il dans une conversation officielle avec l'émir du Qatar de l'époque, Hamad ben Khalifa Al-Thani. « Ce que la chaîne est en train de faire sert les intérêts de l'entité sioniste et les groupes terroristes tel que Al-Qaïda, ainsi que les ennemis des Arabes qui cherchent à attiser la dissidence pour menacer l'avenir des générations futures. »

Rapportés le 28 janvier 2011 par l'agence de presse étatique yéménite Saba, ces mots illustraient la tension du *raïs*, voire sa « paranoïa » comme le pensaient certains de son entourage. Voyant un potentiel traître en chacun, Saleh avait réduit son cercle, ne se confiant plus qu'à quelques personnes, dont Abdo Borgi. « J'ai travaillé vingt-cinq ans dans l'ombre pour lui. Ça marque une vie avec tout ce que le président a traversé. J'avais déjà parlé des tentatives d'assassinat, plus nombreuses qu'on puisse imaginer, mais c'était aussi valable pour les membres de son équipe. On s'attendait à être attaqué en étant à ses côtés. Le danger était partie intégrante du job. »

Sous tension, le président avait dirigé une énième réunion de travail sans succès. À ses côtés, le Premier ministre Ali Muhammad Mujawar n'avait pas plus de solution. Le 20 mars déjà, Saleh l'avait destitué ainsi que son gouvernement, espérant apaiser la foule. Problème, personne n'a été nommé ensuite, laissant Mujawar diriger les affaires courantes devant une grogne populaire ne désemplissant pas. « En 2010, la relation entre Saleh et l'opposition, regroupée dans ce qu'on appelait le Front commun[74], était difficile. Il y avait beaucoup de soucis entre les lois électorales, les pouvoirs présidentiels, etc. », décrit Borgi. « Le président et son parti politique ont remporté une écrasante victoire lors des élections de 2006. Ce résultat lui a donné

74. Une coalition de plusieurs partis politiques incluant Al-Islah, Al-Haqq, le Parti socialiste yéménite, l'Organisation populaire et unitaire nassérienne, le Parti arabe socialiste et nationaliste du Baath, ainsi que l'Union des forces populaires.

encore plus de confiance[75], et il a eu une certaine négligence vis-à-vis de l'opposition menée par les Frères musulmans[76]. Au final, cela a affecté la scène politique puisque toutes ces divergences se sont développées en conflit. »

Chafouin, Saleh sortit de la réunion pour aller à la traditionnelle prière du vendredi. Accompagné de son service de sécurité et de plusieurs cadres du parti, il fit les quelques pas séparant le palais de la mosquée Al-Nahdin installée au sein de la propriété. Enfin, il allait pouvoir s'accorder un moment d'apaisement, de paix, de sérénité : quand on appelle à la prière du jour du vendredi, accourez à l'invocation de Dieu et laissez tout négoce ; cela est bien meilleur pour vous, si vous saviez[77] ! « On était tous là, puis... » Borgi se tait quelques secondes. « Le président et son équipe ont été victimes d'une attaque. J'ai été moi-même gravement blessé. On m'a transféré en Arabie saoudite pour recevoir des traitements médicaux. Pendant deux ans, j'ai dû recevoir des soins. Même aujourd'hui, je sens encore les séquelles. » Celles d'une explosion meurtrière causée par cinq explosifs cachés à l'intérieur de la mosquée, tuant sur le coup sept personnes. D'autres trépasseront de leurs blessures, comme le président du conseil consultatif, Abdel Aziz Abdel Ghani, l'un des plus fidèles compagnons d'Afash qui avait servi jadis comme vice-président et Premier ministre. « Combien d'assassinats politiques ont eu lieu au Yémen ? », interroge Barbara Bodine, l'ancienne ambassadrice américaine (1997 à 2001). « Dans ces conditions, imaginez l'exploit pour un président de durer plus de trente ans sans se faire tuer ! » Un miracle assurément, celui de danser sur la tête des serpents ou de ne pas succomber immédiatement à cet attentat.

Brûlé sur plus d'un tiers du corps, souffrant d'une hémorragie cérébrale causée par un saignement interne, Saleh a été transporté en urgence à l'hôpital militaire de Sanaa. Essayant de rassurer le grand peuple du Yémen à travers un message audio diffusé à la télé nationale – « je vais bien, je suis en bonne santé » –, le colonel savait très bien ce qui l'attendait : cette nuit, il danserait encore, mais avec la mort.

—

75. Saleh a été élu à 77.17 % devant le candidat du Front commun, Faisal ben Shamlan (21.82%), ancien ministre des Infrastructures et du Pétrole à l'époque du Yémen du Sud, devenu député (et un temps ministre du Pétrole) depuis l'unification. Un large score cependant en baisse comparé aux élections de 1999 (96.2%).
76. Beaucoup de Yéménites décrivent Al-Islah comme le parti des Frères musulmans étant donné qu'ils en sont la base historique depuis sa création en 1990.
77. Sourate 62, verset 9 du Coran.

Cinq mois plus tôt, le mardi 11 janvier 2011, l'ambiance était bien plus joyeuse. Habillé d'un costume bleu sombre, Ali Abdullah Saleh réajustait sa cravate ondulée en attendant la secrétaire d'État américaine, Hillary Clinton. Un événement pour le pays le plus pauvre de la péninsule arabique, qui n'avait pas eu pareille visite depuis 1990 et la guerre du Golfe lorsque James Baker, le secrétaire d'État nommé par Bush senior, tentait de convaincre le président yéménite de lâcher Saddam Hussein. « Saleh était tout excité de rencontrer Hillary Clinton », rigole Gerald Feierstein. « Mon ambassade avait tout organisé. Elle était en tournée dans la région. »

Comme à son habitude, Afash avait soigné l'accueil. Grand sourire, poignée de main chaleureuse, il paradait avec la secrétaire d'État sous les flashs des photographes, suivi par sa kyrielle de conseillers et de ministres. « Il adorait être vu avec les grands dirigeants de ce monde comme François Mitterrand », sourit Mustapha Noman, l'une des figures de la diplomatie yéménite en ce temps. « C'était quelque chose lui faisant sentir : "Maintenant, je suis une figure internationale !" C'était très important pour lui. » Comme lors de la venue de George Herbert Walker Bush en 1987 pour l'inauguration de la raffinerie de Hunt Oil, Saleh avait prévu un tour de la capitale en passant par les ruelles escarpées du souk sentant bon les épices, persuadé que la magie allait opérer de nouveau ; Bush avait bien promis de doubler les aides alimentaires après la promenade !

La veille, des agents de renseignement avaient vérifié le chemin, peu rassurés par la foule et les potentiels risques d'attentat d'Al-Qaïda contre une haute dignitaire de la Maison-Blanche. « Il y avait un dispositif sécuritaire spécial », confirme l'ambassadeur Feierstein. Montant dans des véhicules blindés, Saleh et ses convives voguaient en direction de l'immense porte fortifiée de la ville, Bab-al-Yemen, qui abrite la vieille ville classée au patrimoine mondial de l'UNESCO. Depuis près d'un millénaire, cette entrée protège les bâtiments ocres à plusieurs étages frisant vers le ciel, édifiés comme des gâteaux nappés de décorations blanches[78]. Remontant la cité comme les siècles, la délégation américaine était subjuguée : s'il existait une pareille cité en ce bas monde, alors le Yémen pouvait garder espoir ! « La première fois que vous pénétrez à Sanaa, votre regard se perd entre ses maisons », dit joliment Feierstein.

De loin, l'impression visuelle a effectivement toujours été la même, celle d'un musée à ciel ouvert. Néanmoins, en s'approchant de plus près, la vieille dame a changé : des constructions modernes, sans respect de l'histoire, se sont mêlées à la détérioration visible d'anciennes bâtisses.

78. Le blanc vient d'une pierre à plâtre, le gypse.

« Nous avions une politique de préservation et de restauration », plaide l'ambassadeur yéménite à l'UNESCO, Hamid Alawadhi. « Il n'y a jamais eu la volonté de changer Sanaa, mais le temps endommage les constructions. Or, cela coûte beaucoup d'argent. » Une réalité économique visible dans la capitale, et encore plus en province où l'inflation galopait (11.17 % en 2010, 19.54 % en 2011) pendant que la classe moyenne se raréfiait. « Pour une personne travaillant dans une belle entreprise étrangère ou dans une ambassade, la vie était très belle à Sanaa », appuie Linda Al-Obahi, ancienne assistante administrative du CEFAS, le Centre français d'archéologie et de sciences sociales alors basé à Sanaa. « Pour les fonctionnaires, c'était plus compliqué. Ils gagnaient environ 200 dollars par mois, donc avec les enfants, les factures, le loyer… Il y avait un grand écart de richesse entre les gens haut placés et l'ensemble de la population. Au fur et à mesure, la classe moyenne, qui représentait une petite élite, a presque été supprimée. »

Cependant, malgré les problèmes économiques et sociétaux, les habitants accueillirent chaudement la délégation américaine avec des *ahlan, ahlan*, « bienvenue ». Bienveillante, respectueuse, sans une once d'animosité, la foule surprenait Hillary Clinton et donnait raison à Saleh : oui, le Yémen est bien un grand peuple ! « C'est un pays ne ressemblant à aucun autre », loue Feierstein. « Beaucoup à Washington avaient des préjugés qui se sont évanouis en venant ici. » Néanmoins, l'hospitalité yéménite ne résolvait pas tout, encore moins les turpitudes politiques. « Les élections parlementaires devaient se tenir en 2009, mais elles ont été reportées à cause de plusieurs désaccords législatifs », continue l'ambassadeur américain. « L'opposition et le pouvoir ont convenu de travailler ensemble pour qu'elles puissent avoir lieu à l'été 2011. Sauf que Saleh ne tenait pas sa parole. »

Pire encore, il impulsa fin 2010 plusieurs amendements à la constitution afin de pouvoir briguer un nouveau mandat, le troisième, en attendant que son fils aîné, Ahmed Ali, dépasse les 40 ans, l'âge minimum pour se présenter. De quoi amplifier la frustration. « J'ai compris qu'il y avait un problème lorsque je travaillais pour Médecins du monde », indique Linda Al-Obahi. « C'était fin 2010, début 2011. On avait des cliniques mobiles à Saada. On a reçu un courrier officiel de la part de leur conseil exécutif nous demandant de faire une séparation entre les employés hommes et femmes […]. Les houthis prenaient de l'importance dans le Nord sauf que nous n'avions pas une idée concrète de qui ils étaient. On était au courant de leurs guerres contre Saleh, ça n'allait pas plus loin car tout était caché. Donc à ce moment, j'ai compris qu'il y avait un État se construisant à Saada. Le fait d'imposer à des organisations internationales une séparation de cette manière... C'était une demande menaçante : soit vous acceptez et continuez à travailler, soit on ne veut plus de votre service. »

Au même moment, le monde arabe s'embrasait pour de bon après des manifestations éparses durant l'année 2010. « Les soulèvements en Tunisie et en Égypte ont été un choc », pointe Linda. « On n'y croyait pas. Ça paraissait impossible, surtout pour un dirigeant comme Mubarak ! » Démissionnant le 11 février 2011, le président égyptien était le deuxième leader à tomber après la fuite de son homologue tunisien, Ben Ali, le 14 janvier 2011. « Initialement, il n'y avait pas vraiment d'inquiétude que ce phénomène se propage au Yémen », tempère Feierstein. « Personne ne pensait que cela pouvait arriver. L'opinion à ce moment, c'était que Saleh était fermement attaché aux commandes du pays. » Une illusion renforcée par une compétition de football, la Coupe du Golfe, jouée quelques semaines auparavant à Aden et Abyan, deux zones marquées par les protestations d'un mouvement sécessionniste et la présence d'Al-Qaïda. L'occasion rêvée de montrer que rien n'avait changé en trente-deux ans : Saleh et l'Arabie heureuse ne faisaient qu'un, elle lui appartenait ; s'il tombait, elle chuterait aussi. « C'était un nationaliste », pointe Abdo Borgi. « Il aimait profondément son pays. Chaque année, il visitait plus d'une province, même les plus reculées, seulement pour parler aux gens et écouter leurs problèmes. Il était proche d'eux, il aimait communiquer directement avec les citoyens ordinaires. Il n'aimait pas être isolé de son peuple. »

Même en voyage officiel à l'étranger, le colonel à la moustache n'attendait que la séance photo officielle ponctuant des accords économiques pour rentrer chez lui. « Il avait un côté humain », continue l'ancien directeur adjoint de son cabinet. « Il a permis à plusieurs leaders politiques en exil de revenir. Il n'a jamais fermé le dialogue même à ses pires ennemis, personne ne peut le nier. Après la guerre civile de 1994, il a essayé de se réconcilier avec les dirigeants sudistes pour qu'ils reviennent. Il avait un profond amour pour son pays. » Problème, Saleh aimait tant le Yémen qu'il en était aveuglé : son grand peuple ne voulait plus de lui, c'en était quasiment fini, mais il se donnait le droit de simuler le temps d'un match de foot ; après tout, les occasions de prendre du plaisir étaient bien trop rares ces dernières années.

II. LE MAÎTRE CHANTEUR

« Saleh s'est tout le temps servi d'Al-Qaïda comme d'un levier pour obtenir des fonds. À Washington, il y avait un grand débat à propos de lui parmi les gens responsables de la lutte contre le terrorisme. Ils étaient réticents à supporter l'opposition parce que même si Saleh n'était pas un bon partenaire, ils avaient peur que son départ rende les choses encore plus difficiles. En gros, ils craignaient que le Yémen ne devienne une plus grande base d'opérations terroristes » (Gerald Feierstein, ambassadeur américain au Yémen nommé par Barack Obama de 2010 à 2013).

Depuis les attentats du 11 septembre 2001, le Yémen est devenu un partenaire officiel des États-Unis dans la guerre contre le terrorisme. Apeuré de voir son pays être envahi comme l'Afghanistan et l'Irak, Saleh permit à la CIA d'assassiner plusieurs Yéménites sur son sol en 2002 à l'aide d'un drone. Une attitude conciliante lui sécurisant des soutiens à la Maison-Blanche pendant que son régime menait une politique assez floue quant à la réelle répression des membres d'Al-Qaïda. Jouant avec cette menace, le président yéménite a focalisé l'attention de la communauté internationale sur cet unique point au détriment de tous les autres et d'un pays allant à vau-l'eau. ■

Fin connaisseur du monde arabe et musulman dans lequel il a officié durant trois décennies (Arabie saoudite, Liban, Oman, Pakistan, Tunisie), Gerald Feierstein ne compte pas ses heures lorsqu'il s'agit d'énumérer ses aventures au Yémen. « On me sollicite souvent pour des articles, colloques ou conseils », concède-t-il avant de se replonger dans son ancien habit d'ambassadeur américain à Sanaa. « Surprenamment, le football a été essentiel pour Saleh à cette époque. Personne n'a idée à quel point la Coupe du Golfe a influencé l'avis extérieur sur le pays. Personne ! »

Dans un contexte chaotique, le natif de Pennsylvanie pressait alors le colonel à la moustache pour améliorer la coopération en matière de lutte contre le terrorisme depuis la fusion des branches saoudiennes et yéménites d'Al-Qaïda en janvier 2009. « Ce groupe, AQPA, Al-Qaïda dans la péninsule arabique, était le plus dangereux parmi la nébuleuse terroriste. Sauf que Saleh ne nous rendait pas la tâche facile. Disons qu'il courait plusieurs lièvres à la fois. Il gardait ses lignes de communication ouvertes avec Al-Qaïda tout en prenant des aides américaines, saoudiennes ou d'autres pays. Il essayait de jouer avec chaque camp pour maximiser cela à son avantage. » Une accusation déjà entendue dans plusieurs composantes politiques yéménites, principalement au Sud depuis la guerre civile de 1994. « On le dit sans trembler : l'agent numéro 1 d'Al-Qaïda au Yémen était Ali Abdullah Saleh », lance Amr Al-Beidh, le fils de l'ancien président séparatiste. « Il a utilisé les *moudjahidin* revenant d'Afghanistan en les plaçant dans l'armée contre les forces sudistes. Ensuite, il a continué à se servir de certaines factions comme des mercenaires quand il voulait toucher quelqu'un. »

Si les preuves formelles n'ont jamais été établies devant une cour de justice, les suspicions et les mystères entourant certaines affaires interrogèrent bien du monde, de Sanaa à Washington. « Nous n'avions pas vraiment la capacité d'identifier des cibles terroristes parce que Saleh nous bloquait », avoue Feierstein. « Il fallait le convaincre de nous donner sa permission pour être plus actif sur le terrain. » Un point de vue s'entendant, mais qui pose question : pourquoi les Américains pourraient mener des opérations punitives sur un sol étranger contre lequel ils ne sont pas en guerre ? « C'est tout le débat ! À moins que les perspectives des élites occidentales ne soient plus importantes que celles des gens vivant dans une nation pauvre comme le Yémen », s'emporte Muhammed Al-Ahmadi, un journaliste d'investigation yéménite. « Il y a toujours ce problème qui émerge dans les médias occidentaux sur la façon dont il faut gérer ces affaires. Ils voient chaque attaque menée par un individu venant de ces pays, même si elle a échoué, de manière différente qu'une tuerie de masse tuant des dizaines d'enfants dans une école américaine. On constate un double standard en regard des actes criminels. »

Membre de la Fédération internationale des journalistes (FIJ), Al-Ahmadi a aidé divers médias internationaux à enquêter sur les groupes djihadistes sévissant au Yémen, notamment Al-Qaïda. « Quand les gens apprennent que vous travaillez sur des dossiers d'Al-Qaïda, certains ont instinctivement peur de vous », sourit-il. « Ils ne parviennent pas à distinguer votre travail journalistique de votre opinion personnelle. Ce genre de malentendu cause beaucoup de problèmes aux gens comme nous en laissant sous-entendre que nous sommes impliqués avec ces groupes. Il y a quelques années, je trouvais des commentaires sur ma page Facebook ou des tweets m'accusant de défendre Al-Qaïda alors que ce n'était pas le cas. »

Bavard, guilleret, le quadragénaire montre ses archives avec plaisir, celles d'une vie à risque où il a côtoyé des gens considérés comme potentiellement les plus dangereux de la planète. « J'ai par exemple été commissionné par le *New York Times* pour rencontrer Khaled Abd Rabu Al-Nabi, un ancien *moudjahidin* revenu d'Afghanistan qui a été l'un des fondateurs de l'armée islamique d'Aden-Abyan[79]. Il avait participé à des enlèvements de touristes britanniques[80] ainsi qu'à des batailles avec les forces du gouvernement yéménite. D'ailleurs, lorsque j'ai visité sa maison à Jaar, dans la province d'Abyan, il y avait encore les impacts des obus lancés lors des affrontements ! J'ai aussi rencontré un leader d'Al-Qaïda, Adel Al-Abab, qui a été tué plus tard par un drone américain. »

Vivant en exil suite aux menaces de mort reçues par plusieurs organisations politiques (et armées), Al-Ahmadi n'en rajoute pas. Humble, respecté dans la profession pour sa réelle indépendance, il avait également participé à un comité de médiation permettant la libération de 72 soldats détenus par Al-Qaïda. « C'est l'un des moments où j'ai senti le plus de gratitude dans ma vie. Je ne sais pas si nos efforts avaient été la seule raison les ayant convaincus de relâcher les prisonniers,

79. Ce groupe a été répertorié le 6 octobre 2001 par le Conseil de sécurité des Nations unies comme une structure affiliée à Al-Qaïda. Dès les années 1990, cette petite organisation avait reçu des financements et du matériel d'AQ sous l'égide d'Oussama ben Laden.
80. Le 28 décembre 1998, 16 touristes occidentaux (douze Britanniques, deux Américains, deux Australiens) ont été kidnappés dans la province d'Abyan. Demandant la libération de leur chef arrêté deux semaines auparavant, Saleh Haidara Al-Atwi, l'armée islamique d'Aden-Abyan a gardé captif les otages à Mawdiyah, dans le Sud. Les forces de sécurité yéménites sont intervenues pour secourir les captifs, mais quatre touristes britanniques sont décédés durant le raid.

mais c'était tout ce qui comptait. Deux ans plus tard, j'avais même rencontré un de ces 72 soldats par hasard à Sanaa ; il était devenu chauffeur de taxi. Il était très reconnaissant de ce qu'on avait fait. » Une fin heureuse tranchant avec l'activité accrue d'AQPA pour la préparation de la Coupe du Golfe. « L'âge d'or du groupe se situe probablement entre 2009 et 2011 suite à la fusion des branches saoudiennes et yéménites », estime le journaliste. « La faction saoudienne était décimée, elle trouvait presque un refuge au Yémen qui avait vu une recrudescence des groupes extrémistes après des années plus calmes. Plusieurs facteurs expliquaient cela : la division à l'intérieur des appareils de sécurité étatiques, les bavures américaines ayant tué des civils dans l'impunité la plus totale – mais ce sera surtout le cas quelques années plus tard –, puis l'exploitation d'AQPA par le régime de Saleh lorsque des membres d'Al-Qaïda ont été libérés de prison et envoyés à Abyan. Ce qui s'est passé était préparé et intentionnel. »

En février 2006 déjà, la Maison-Blanche avait presque fait un ulcère en apprenant que 23 membres liés à Al-Qaïda s'étaient échappés en creusant un tunnel long de 140 mètres débouchant dans les toilettes d'une mosquée voisine. Selon un rapport confidentiel du gouvernement yéménite, les bagnards avaient utilisé pour l'excavation quatre ballons de football et des pelles fabriquées à partir de balais et pièces de ventilateur. Une histoire abracadabrantesque, nécessitant des complicités internes et externes, des tonnes de terres enfouies on ne sait où, ainsi qu'une bonne dose de cran pour annoncer à Washington que les 23 renégats étaient tous regroupés dans la même cellule d'un établissement dit de haute sécurité ! « C'était surréaliste », appuie Feierstein. « Sauf que vous deviez vous préparer pour ce genre d'événement en dealant avec Saleh. »

Immédiatement après cette grande vadrouille, le FBI publiait un communiqué en ajoutant deux noms à sa liste de terroristes les plus recherchés : Jabel Elbaneh, un Américano-Yéménite accusé aux États-Unis d'avoir fourni de l'aide à des membres d'Al-Qaïda, et Jamal Al-Badawi, considéré comme le cerveau de l'attentat contre l'USS Cole[81] causant le décès de 17 *marins* américains. Teint mat, barbe pendante, Al-Badawi avait déjà réussi à fuir le pénitencier de Mansoura à Aden en 2003, construisant sa réputation de maître de l'évasion bien qu'il fût capturé de nouveau quelques mois plus tard.

81. Le 12 octobre 2000, ce destroyer américain a été frappé durant un ravitaillement au port. L'attentat-suicide a été mené par deux kamikazes d'Al-Qaïda s'étant chacun servi d'un canoë pneumatique pour approcher le navire.

Loué dans les milieux djihadistes pour sa ruse, son histoire était parfois utilisée pour recruter de jeunes membres fascinés par cet individu insaisissable, peint comme un résistant à l'impérialisme américain sur les terres sacrées de l'islam. Pour cette jeunesse sans réel avenir, le portrait était limpide : Al-Badawi échappait aux États-Unis, aux prisons yéménites, et même à une condamnation à mort ; pourquoi ne pas le suivre dans ses aventures ? « Il y a une rhétorique parvenant à convaincre des gens de s'engager auprès d'Al-Qaïda », juge Al-Ahmadi. « Pour certains, c'est les faire rêver, leur donner de l'espoir à travers des récits épiques, leur faire croire que tout cela va donner un sens à leur existence. » Un cache-misère qui travestissait la réalité. Al-Badawi n'était pas un surhomme, encore moins un héros imprenable : il était le terroriste aux canoës pneumatiques ayant lâchement assassiné 17 *marins*.

Simple mortel, il profitait des compromis et du flou entretenu par le gouvernement quant à la répression des éléments djihadistes. « Je vais illustrer cette relation ambiguë par un exemple personnel », témoigne le général Mohsen Khasrouf. « Un soldat des forces spéciales a été tué par un membre d'Al-Qaïda à un point de contrôle de la province d'Abyan. Le tueur a été identifié, puis arrêté. Après avoir été emprisonné et potentiellement soumis à la peine de mort, plusieurs haut-gradés de la garde républicaine et des forces spéciales sont venus chez moi puisque j'étais une relation du soldat décédé. Des cheikhs de tribus se sont joints à eux. Ils cherchaient à suivre les traditions tribales pour ce genre de cas en convaincant la famille de la victime d'accepter une *diya*, une compensation financière. Finalement, nous avons décidé que la *diya* devait être multipliée par onze vu ce qui s'était passé. Or, quelle ne fut pas la surprise lorsque le chèque de la *diya* soumis par la famille vint du bureau présidentiel ! Pour résumer : le tueur était un élément d'Al-Qaïda, la victime était un soldat des forces spéciales, et la *diya* a été payée par le bureau présidentiel. »

Aussi insondable qu'opaque, cette politique fluctuante ne permettait toutefois pas de remonter directement à Saleh, qui profitait toujours des gages de bonne foi montrés après les attentats du 11 septembre. « J'étais ambassadeur au Canada », raconte Mustapha Noman. « Le Premier ministre, le docteur Abdul Karim Al-Eryani, m'a appelé pour me demander de parler au général Zinni, le responsable du CENTCOM, le commandement central des États-Unis. Il y avait une citation de lui dans le *New York Times* ou le *Washington Post* disant que le Yémen devait être la deuxième cible après l'Afghanistan. Cela avait créé la panique à Sanaa, tout le monde avait peur. Le docteur Al-Eryani m'a demandé de vérifier la véracité de cette citation. J'avais un ami amiral à Bahreïn très bien connecté. Je l'ai appelé en lui racontant l'histoire. Il m'a répondu qu'il ne croyait pas que le général Zinni puisse faire une telle déclaration, puis m'a donné son numéro de fixe. Je l'ai appelé, mais il n'était pas là. J'ai donc parlé à sa femme en attendant qu'il me rappelle. Deux heures plus tard, mon téléphone sonnait. Il m'a expliqué que la citation avait été déformée, qu'il n'avait jamais pensé que le Yémen pouvait être une cible. On a parlé de tout, puis il m'a demandé : "Est-ce que je peux corriger cette situation, de quelque manière que ce soit ?" Je lui ai rétorqué : "Vous accepteriez de passer en direct à la télévision yéménite ?" Il n'a pas hésité : "Oui, et avec plaisir même !" J'ai donc appelé le président Saleh qui était ravi. Finalement, le général Zinni est passé dans l'émission, les gens étaient plus tranquilles. Néanmoins, cette anecdote montre l'impact que le 11 septembre a eu sur la politique étrangère de Saleh dont la proximité avec Saddam Hussein dans le passé était connue. Il voulait renforcer ses liens avec les États-Unis même s'il y avait des instances avec lesquelles cela n'allait pas couler de source. »

Toutefois, un élément vint rapidement dissiper les doutes selon Edmund Hull, l'ambassadeur nommé spécialement par George Bush à Sanaa. « Le tournant a été le meurtre de Qaed Salim Sinan Al-Harethi. Beaucoup d'opinions ont changé à Washington à ce moment. » Et pour cause : cet homme faisait partie d'une liste officielle de personnes à éliminer selon le gouvernement américain. Agissant tel un « permis de tuer », *dixit* un officiel de l'administration Bush, cette liste était précieusement gardée dans un tiroir du bureau ovale avec un décret écrit par le président lui-même, donnant toute latitude à la CIA d'abattre ces individus – jugés terroristes –, qu'importe leur localisation sur le globe[82].

Briefé, Afash promit de livrer Qaed Salim Sinan Al-Harethi, un des leaders d'Al-Qaïda ayant eu un rôle dans l'attentat contre l'USS Cole. Problème, les recherches ne menèrent nulle part jusqu'à l'interception d'un appel par la NSA, l'agence nationale de sécurité américaine, le 3 novembre 2002. Depuis une antenne mobile d'une base américaine au Koweït, l'un des numéros appartenant supposément à l'un des hommes les plus recherchés au monde s'activa. Disposant d'enregistrements de la voix de ce Yéménite aussi appelé Abo Ali Al-Harethi, l'analyste de la NSA ne parvenait pourtant pas à la distinguer dans le

82. Information confirmée par deux hauts responsables américains ayant travaillé pour l'administration Bush dans la guerre contre le terrorisme.

brouhaha de la conversation. Était-ce une nouvelle illusion ? Utilisait-il vraiment ce numéro ? « Soudainement, l'analyste entend comme un échange de six secondes, et c'est lui ! Il est sur la banquette arrière, il donne des directions au chauffeur », détaille une source interne à James Bamford, l'auteur du livre *The Shadow Factory* ayant révélé les détails de cette opération.

Passant la bande à un autre spécialiste qui confirma l'identité de la voix, l'analyste appela une équipe de la CIA stationnée dans la toute nouvelle base américaine de Djibouti, le pays faisant face au Yémen dans le détroit de Bab-el-Mandeb. « Suite à l'incident de l'USS Cole et la réticence des autorités yéménites durant l'enquête, notre marine et notre armée ont préféré investir à Djibouti », pointe l'ambassadeur Hull. « Ils voyaient davantage Djibouti comme le point d'ancrage de Bab-el-Mandeb. Si Aden avait été sécurisé, si les Yéménites avaient bien joué leurs cartes, Djibouti n'aurait pas eu cette importance pour nous. C'est dommage car Aden aurait pu être un lieu où tout le monde aurait investi. »

Sans hésiter, les membres de la CIA présents à Djibouti envoyèrent un drone predator, un engin fortement utilisé en Afghanistan depuis le 11 septembre, pour tirer un missile antichar, un hellfire, sur la voiture d'Al-Harethi dans le désert poussiéreux de Mareb. « Il a été tué sur le coup avec ses cinq comparses l'accompagnant dans sa voiture », rappelle un officiel de l'administration Bush désireux de garder l'anonymat. « En apprenant la nouvelle, l'état-major a célébré ça comme une victoire. Même Condoleeza Rice était heureuse alors qu'elle était très suspicieuse vis-à-vis de Saleh[83]. » Un an plus tard, un autre membre important d'Al-Qaïda, le Saoudien Mohammed Hamdi Al-Ahdal, était arrêté par les forces de sécurité yéménites. De quoi apaiser l'intransigeante Condoleeza, du moins pour le moment ; en 2006, Al-Ahdal ne sera condamné qu'à trois ans et un mois de prison pour son implication dans l'attentat contre le pétrolier français Limburg en 2002, fatal à un marin bulgare.

Sans cesse dans les arrangements, le régime passa même des accords avec des djihadistes pourtant recherchés par son partenaire américain. Une incongruité sur le papier, pas forcément dans la réalité : au Yémen, il y avait toujours une carte chance pour échapper à la prison ou à la peine de mort. « Il n'y a pas de traité d'extradition pour les citoyens yéménites », rappelle Feierstein. « Nous voulions Anwar Al-Awlaki, que

83. Conseillère à la sécurité nationale de 2001 à 2005, puis secrétaire d'État de 2005 à 2009 sous George W. Bush.

nous croyions responsable d'avoir provoqué une attaque meurtrière sur du personnel militaire américain au Texas[84]. Les Yéménites refusaient de l'extrader en raison de leur constitution, donc nous avons fini par nous occuper nous-mêmes de lui[85]. »

Une justice punitive à laquelle Al-Badawi aura droit en 2019, treize ans après sa miraculeuse évasion, ponctuée d'un aller-retour en prison pour satisfaire les Américains afin qu'ils ne coupent pas les aides économiques[86]. « Les pouvoirs dictatoriaux, comme le nôtre, utilisent les extrémistes pour poursuivre certains objectifs », souffle le général Khasrouf. Assassinats d'opposants, déstabilisation, tout était possible, mais le colonel à la moustache avait une autre idée. « Il a utilisé Al-Qaïda tel un instrument pour provoquer l'intérêt américain vis-à-vis du Yémen », se lamente Khaled Al-Yamani, à l'époque employé au ministère des Affaires étrangères. « Le pire, c'est qu'il a réussi. Il a labellisé notre pays comme un havre terroriste pour en tirer profit. »

Rappelant à la communauté internationale la menace terroriste pesant sur elle, Saleh espérait récupérer le plus d'argent, quitte à surévaluer le véritable danger émanant de l'Arabie heureuse. « Il y a eu une exagération quant à la force réelle d'Al-Qaïda », corrobore Al-Ahmadi. « C'était aussi de notre faute, les journalistes. À mes débuts, j'étais enthousiaste, impulsif. Avec mes collègues, on voulait couvrir toutes les histoires, même celles n'ayant pas vraiment d'importance. Je ne dis pas qu'on fabriquait des faits, mais en voulant parler d'Al-Qaïda à tort et à travers, vous leur donnez une importance surévaluée par rapport à la réalité. » Du pain bénit pour Saleh. « Il s'est tout le temps servi d'Al-Qaïda comme d'un levier pour obtenir des fonds, c'est vrai », confirme Gerald Feierstein. D'où une interrogation légitime : comment la Maison-Blanche acceptait de financer un président lui faisant du chantage avec une organisation qu'elle a classée elle-même comme terroriste ? « Il y avait un grand débat à propos de Saleh parmi les

84. Référence à la fusillade de Fort Hood, une base militaire texane, qui provoqua la mort de 13 personnes et une trentaine de blessés. L'auteur, un ancien psychiatre de l'armée américaine, Nidal Malik Hasan, entretenait une correspondance par mail avec Anwar Al-Awlaki. L'imam s'est félicité de cet acte, enjoignant d'autres fidèles à « suivre l'exemple de Nidal Hasan qui a tué des soldats en route pour l'Afghanistan et l'Irak ».

85. Il a été assassiné en compagnie de six autres personnes dans la province d'Al-Jawf par des missiles tirés d'un drone américain le 30 septembre 2011. Son meurtre sans aucune forme de procès a suscité des débats aux États-Unis puisque Anwar Al-Awlaki, né dans l'État du Nouveau-Mexique, était un ressortissant américain.

86. Plus d'un an après s'être échappé, Al-Badawi s'était rendu en octobre 2007 suite à de longues négociations entre le gouvernement et des intermédiaires tribaux. Libéré après avoir plaidé allégeance au gouvernement, il a été réincarcéré un temps pour prouver aux États-Unis qu'il était bien derrière les barreaux, puis a pu sortir de nouveau.

gens responsables de la lutte contre le terrorisme », continue l'ancien ambassadeur. « Ils étaient réticents à supporter l'opposition parce que même si Saleh n'était pas un bon partenaire, ils avaient peur que son départ rende les choses encore plus difficiles. En gros, ils craignaient que le Yémen ne devienne une plus grande base d'opérations terroristes. »

Estimés à plusieurs centaines, les agents relatifs à Al-Qaïda ont doublé, voire triplé, sur le territoire yéménite après 2009. Un chiffre inquiétant devant toutefois être tempéré selon Feierstein : « Si Al-Qaïda offrait de l'argent et des armes à des tribus en échange de porter leur étendard noir, certaines le faisaient et ne pensaient pas qu'il y avait quelque chose de mal à ça. Il y a une forte tradition tribale de ne pas trop poser de question si on vous fournit de l'assistance. Al-Qaïda était un autre élément externe pour obtenir ce dont elles avaient besoin. Ce n'était pas dans une conception djihadiste, pas du tout. Par contre, il y avait aussi des gens particulièrement dangereux véhiculant cette idéologie comme Qasim Al-Raymi, qui deviendra plus tard l'émir d'AQPA. Il fallait distinguer ces variantes pour estimer concrètement les menaces. »

En ajoutant un contingent étranger venu d'un peu partout (Afrique, Asie du Sud-Est, Amérique du Nord, Europe), le Yémen était progressivement devenu une plaque tournante du djihadisme armé. « Lorsque je parle de l'apogée d'Al-Qaïda, je ne me réfère pas aux nombres d'attentats », précise le journaliste Al-Ahmadi. « Je me fie aux territoires occupés, à l'influence sur le terrain. Cela a été rendu possible puisque les éléments d'Al-Qaïda ont pu bouger librement sur le territoire, ce qui pose à nouveau la question de l'utilisation politique. » De quoi semer davantage la zizanie et générer des revenus pour un peu tout le monde selon Fernando Carvajal, membre du panel d'experts des Nations unies pour le Yémen de 2017 à 2019 : « C'est vrai, Saleh a utilisé Al-Qaïda pour obtenir de l'argent, mais il a aussi permis à beaucoup de gens de garder leur boulot. Que deviendrait la moitié des analystes d'Al-Qaïda s'il n'y avait plus d'Al-Qaïda ? Pas mal d'universitaires sont payés et ont un job grâce à lui. La plupart de ces soi-disant experts n'avaient rien à écrire, puis, d'un coup, Ali Abdullah Saleh a laissé sortir plusieurs gars d'Al-Qaïda de prison. Ils avaient de quoi débattre et écrire pendant un an en mode : "*Oh my god!*" »

Cynique, Carvajal pointait toutefois une réalité : la menace djihadiste représente un enjeu financier, avant tout pour les intéressés. « Il existe deux types d'Al-Qaïda », clarifie un membre des services secrets yéménites. « Il y a le vrai, celui portant cette idéologie, mais il y a aussi le faux, celui qu'on paye pour porter un drapeau noir et endosser la responsabilité d'un crime. » Une théorie étayée par le spécialiste Muhammed Al-Ahmadi : « Il y a eu des opérations sous faux drapeau comme on dit. C'est pour ça qu'il est très difficile de recenser les membres d'un groupe extrémiste car il y a plusieurs degrés d'implication. Vous avez ceux prenant les armes, ceux apportant une aide financière ou logistique, ceux ayant des sympathies avec le mouvement pour diverses raisons ou ceux rejoignant le groupe pour des raisons financières. C'est aussi un business. » Un triste constat malheureusement bien réel : des mille et une merveilles que l'Arabie heureuse avait à offrir, Saleh a choisi de vendre au monde Al-Qaïda.

12. LE GÉNIE DU MAL

« Pour le comité de lutte contre le terrorisme, Ibrahim Al-Asiri était l'élément le plus dangereux d'AQPA basé au Yémen. Il était capable de programmer des innovations technologiques afin de cacher des détonateurs n'importe où. Dès mon arrivée en poste, il avait réussi à déguiser des explosifs en cartouches d'imprimante dans un avion de ligne américain ! » (Gerald Feierstein, ambassadeur américain au Yémen de 2010 à 2013 nommé par Barack Obama).

Réduit souvent aux origines paternelles d'Oussama ben Laden, le Yémen a toutefois été l'incubateur d'éléments clés du terrorisme international, surtout après le 11 septembre. Entretenant une relation trouble avec les autorités, ces djihadistes connurent leur apogée à partir de 2009 suite à des évasions bien pratiques et à la fusion des branches saoudiennes et yéménites créant AQPA, Al-Qaïda dans la péninsule arabique. Résultat, des attentats internationaux se planifièrent depuis des bases yéménites avec des explosifs indétectables fabriqués par un ancien étudiant de chimie de l'Université du Roi-Saoud à Riyad : Ibrahim Al-Asiri. ■

« En déplacement officiel, je ne compte plus le nombre de fois où on m'a demandé : "Le Yémen, c'est le pays d'où est originaire ben Laden ?" C'est un classique ! » Riant aux éclats, Muhammad Al-Kheinessi, le responsable presse de la sélection de football yéménite, préfère ironiser. « Qu'est-ce que je peux répondre ? Ce n'est pas méchant. Je sais que c'est de la curiosité, mais c'est triste d'être réduit à une image ne reflétant pas la réalité. »

Né en Arabie saoudite, comme 15 des 19 membres d'Al-Qaïda ayant commis les attentats du 11 septembre[87], Oussama ben Laden avait bien du sang yéménite par son père, Mohammed. Natif de la province de Hadramaout, le paternel émigra à Djeddah dans les années 1920 et bâtit l'immense Saudi Binladin Group, une des plus importantes entreprises de construction dans le monde arabe. Une *success story* se comptant en milliards de dollars qui tranche avec le destin de l'homme le plus connu de la descendance, Oussama, un garçon mordu de football dans sa jeunesse, qui répondit adulte à l'appel du djihad contre le communisme en Afghanistan. Recrutant à foison des *moudjahidin* étrangers avec le soutien – tacite ou non – américain et saoudien, il s'occupa de cornaquer une organisation alors défaillante avant de créer Al-Qaïda. « On parle presque toujours de ses origines yéménites et de ce qu'il aurait pu entreprendre dans le pays de ses ancêtres », confirme Hussam Radman, un chercheur officiant au Sanaa Center autour des groupes armés islamistes, principalement Al-Qaïda et Daech. « En 2001, il se murmurait qu'il se préparait à rentrer au Yémen afin d'utiliser le pays comme une plateforme du djihadisme international. Sauf que l'invasion américaine de l'Afghanistan l'a pris de court. » Une rumeur comme il en existait des milliers autour de ses possibles mouvements.

Si le Yémen occupa une petite partie de ses correspondances privées, ben Laden en resta éloigné physiquement, laissant ses anciens lieutenants yéménites d'Afghanistan développer la branche locale d'Al-Qaïda. Tombé en disgrâce auprès des autorités saoudiennes, qui rejetèrent en bloc sa proposition de recourir aux *moudjahidin* pour prévenir l'avancée des troupes de Saddam Hussein lors de la guerre du Golfe (1990-1991), il s'exila au Soudan avec la ferme intention de réparer l'affront de la famille royale qui a préféré appeler à la rescousse des forces américaines. Jugeant intolérable que des « infidèles » puissent fouler ainsi la terre sacrée, ben Laden se désespérait de leur présence croissante dans la péninsule arabique ; une position

87. 15 Saoudiens, 2 Émiratis, 1 Égyptien et 1 Libanais. Il n'y avait aucun Yéménite à bord des avions.

bien différente de ses années afghanes où l'Oncle Sam était un allié contre les mécréants soviétiques.

Réfléchissant à la meilleure manœuvre possible, il valida après hésitation une proposition de sa filiale yéménite ciblant des *marins* américains stationnés à Aden – ces derniers étant en transit avant de rejoindre la Somalie dans le cadre de l'opération « Restaurer l'espoir » sur mandat de l'ONU. Une entreprise ambitieuse, mais pas irréalisable vu le pedigree des hommes impliqués. Entre quelques tentatives d'assassinat ciblés d'anciens leaders socialistes de la République démocratique populaire du Yémen, les compagnons de ben Laden n'avaient pas chômé, avec la bénédiction de Saleh, tout heureux de laisser les membres d'Al-Qaïda s'installer dans le Sud et non au Nord. « Je veux qu'Aden soit réduit à l'état de village », confiait Afash à son entourage sans réellement plaisanter : si Aden sombrait, alors les sudistes auraient encore plus besoin de lui.

Fermant les yeux sur le contingent de djihadistes égyptiens venus après la guerre en Afghanistan, le colonel à la moustache fit encore plus fort : il offrit des promotions à des individus ayant planifié de bombarder l'aéroport d'Aden pour détruire un avion de transport militaire américain, ainsi que deux hôtels devant accueillir des *marins* ! « Il y a toujours eu des interprétations quant à l'attitude de Saleh avec Al-Qaïda, surtout dans le Sud », dit Radman, qui collabore également avec Dubai TV et plusieurs journaux (*Al-Sharea* au Yémen, *Al-Ahram* en Égypte). « Néanmoins, il n'y a jamais eu de preuves formelles. C'était toujours des liens équivoques. » La théorie s'entend même si les faits sont ténus.

Le 29 décembre 1992, un ancien *moudjahidin* natif de Hadramaout, Jamal Al-Nadhi, lança les assauts avec perte et fracas. Après avoir placé la première bombe dans le luxueux complexe hôtelier de Gold Mohur, la seconde explosa par inadvertance dans le parking de l'hôtel Movenpick, lui tranchant net la main. Tentant de fuir avec des lambeaux de peau pendouillant à son poignet autour d'une mare de sang, Al-Nadhi fut rapidement intercepté par la police avec ses complices. Sauf que le fiasco ne s'arrêta pas là. Ses deux bombes n'avaient tué aucun *marin* – ils séjournaient en réalité dans un autre endroit en ville –, mais un touriste autrichien et un employé yéménite. Même échec à l'aéroport où les deux agents d'Al-Qaïda constatèrent qu'il n'y avait pas de charges explosives cachées comme prévu. Pourtant, malgré la faillite opérationnelle, les hommes de ben Laden avaient réussi leur mission. Les Américains, échaudés par cette tentative, quittèrent Aden qui devait servir originellement de base de transport pour la Somalie.

Jamal Al-Nadhi, lui, s'enfuit de la prison d'Al-Mansour six mois plus tard pour rejoindre ben Laden au Soudan.

Blessé de nouveau dans une fusillade à Khartoum, l'homme au moignon revint sur sa terre natale où il fut nommé membre permanent de la haute commission du Congrès général du peuple, le parti politique d'Ali Abdullah Saleh ! « Il y a d'autres exemples frappants de djihadistes ayant obtenu des missions officielles pour Saleh », corrobore la chercheuse Fatima Abo Alasrar. Un des principaux complices d'Al-Nadhi, le colosse Salih Al-Khanabashi, dirigea un bataillon de djihadistes intégré à l'armée de Saleh lors de la guerre de 1994. Une responsabilité donnée également à l'un des confidents de ben Laden en Afghanistan, Tariq Al-Fadhli, qui était le courant de transmission entre le président yéménite et Al-Qaïda depuis les années 1990[88].

Soutenant ardemment l'initiative d'Afash d'introduire les *moudjahidin* dans l'armée régulière pour mater les socialistes du Sud, ben Laden encouragea d'autres combattants islamistes à rejoindre le Yémen. Enthousiaste, le cheikh – une appellation utilisée par ses troupes en marque de respect – se demanda même si son idéologie ne pouvait pas se développer au sein du régime yéménite. « C'était mal connaître Saleh », coupe Abdo Borgi, son ancien attaché de presse. « Il était avant tout un nationaliste avec une sensibilité baasiste. Il se disait qu'il avait été membre du parti Baas dans ses jeunes années, mais je ne peux pas le confirmer à 100 %. Par contre, je peux assurer qu'il partageait beaucoup de points de vue avec Saddam Hussein qui dirigeait l'Irak laïque. »

Attendant un signe, le leader d'Al-Qaïda déchanta rapidement. Poursuivant ses partenariats avec l'Occident, Saleh ne promut pas la charia, pas plus qu'il n'accorda de rôle plus prononcé aux djihadistes à quelques exceptions près, comme Tariq Al-Fadhli, qui visita ben Laden à la fin de la guerre civile yéménite. « Je l'ai remercié pour son soutien », commenta-t-il en 2010 au *New York Times*. « J'aime personnellement cet homme, sa personnalité légendaire, qui même maintenant fait face au monde dans une guerre universelle. »

Des propos laudatifs envers le terroriste le plus connu au monde n'ayant pas empêché le colonel à la moustache de récompenser Al-Fadhli après la guerre de 1994. Ayant dirigé le plus important contingent djihadiste, il garda son salaire de militaire même s'il n'était plus en poste, à l'image des dizaines de milliers de soldats « fantômes » plombant les caisses de l'armée. Plus tard, il a été nommé personnellement par Saleh à la deuxième chambre du Parlement, tout en récupérant des terres qui appartenaient à sa famille autrefois souveraine du sultanat

88. Voir le livre *The Last Refuge* de Gregory Johnsen.

d'Abyan[89]. Une fortune rare, peut-être influencée par son mariage avec l'une des sœurs d'Ali Mohsen, le major-général cousin de Saleh, qui contrastait nettement avec le destin des autres *moudjahidin* établis au Yémen. De petits boulots de sécurité à des missions pour des tribus en conflit, il n'y avait pas grand-chose à espérer.

Poursuivant le djihad sous les ordres lointains de leur leader, réfugié en Afghanistan après avoir été destitué de sa nationalité saoudienne, la branche yéménite d'Al-Qaïda s'organisa autour de Qaed Salim Sinan Al-Harethi, l'un des rares combattants à avoir servi dans une armée officielle durant sa jeunesse (Émirats arabes unis) et qui dirigea également un bataillon djihadiste lors de la guerre de 1994. S'occupant des camps d'entraînement, des exfiltrations, des faux passeports ou d'acheter des armes dans le célèbre marché d'Al-Talh dans la province de Saada, il était l'un des relais privilégiés de ben Laden. Kidnapping de touristes étrangers, attentat contre l'USS Cole, tentatives d'attaques contre des intérêts occidentaux, il y avait visiblement toujours une occasion de se rappeler aux bons souvenirs de la patrie paternelle. « L'activité restait limitée, irrégulière », tempère Radman. « L'efficacité s'étiolait en comparaison de leurs premières opérations. » Qui plus est avec l'assassinat d'Al-Harethi par un drone américain en 2002. « En réponse, Al-Qaïda a décidé de me tuer », se souvient l'ambassadeur américain de l'époque, Edmund Hull. « Il y a eu plusieurs tentatives, mais aucune n'a réussi. L'astuce, c'était de les garder suffisamment sur la défensive pour qu'ils ne puissent avoir ni le temps, ni l'espace de développer leurs coups. »

Une stratégie efficace, mais qui ne dura pas : le 17 septembre 2008, quelques mois après une attaque infructueuse au mortier, une filiale d'Al-Qaïda, le Jihad islamique du Yémen, assaillit pour de bon l'ambassade américaine à Sanaa. Muni d'une ceinture explosive, un kamikaze se fit sauter contre l'entrée principale à l'aide d'une voiture, libérant ses compères, déguisés en policier. S'en suivirent d'autres explosions et échanges de tirs avec les forces de l'ordre pour un bilan de 18 morts, dont 6 policiers, mais aucun membre de l'ambassade[90]. « Cela montre que le premier parti impacté par Al-Qaïda était le régime yéménite, pas ses opposants », estime le chercheur Radman. « C'était

89. Aussi connu comme le sultanat de Fadhli.

90. Une Américano-Yéménite, Susan Elbaneh, fut tuée avec son mari yéménite alors qu'ils étaient dans une file d'attente pour remplir des formalités administratives. Susan était une cousine éloignée de Jaber Elbaneh, l'un des 23 membres de la grande évasion, placé sur la liste des terroristes les plus recherchés par le FBI. Une coïncidence puisque la famille a confirmé qu'il n'y avait aucun lien avec Susan et Jaber.

aussi la preuve qu'ils avaient réussi à reformer un leadership et une organisation fonctionnelle avec des gens comme Qasim Al-Raymi ou Nasser Al-Wahisi. »

Ancien secrétaire personnel de ben Laden en Afghanistan, Al-Wahisi fit partie avec Al-Raymi[91] de la miraculeuse équipe construisit un tunnel de 140 mètres dans une prison de haute sécurité sans que personne ne puisse s'en apercevoir. Ensemble, ils établirent des opérations bien plus ambitieuses grâce à la fusion opérée avec la branche saoudienne donnant AQPA. « Ils disposaient d'un expert saoudien pour fabriquer des bombes, Ibrahim Al-Asiri », pointe le spécialiste Muhammed Al-Ahmadi. « Les Américains offraient d'énormes récompenses pour n'importe quelle information à son propos. Il était tout en haut de leur liste. » Une information confirmée par l'ambassadeur Gerald Feierstein. « Pour le comité de lutte contre le terrorisme, il était l'élément le plus dangereux d'AQPA basé au Yémen. Il était capable de programmer des innovations technologiques afin de cacher des détonateurs n'importe où. Dès mon arrivée en poste, il avait réussi à déguiser des explosifs en cartouches d'imprimante dans un avion de ligne américain ! Par chance, nous en avions pris connaissance à la dernière minute grâce aux Saoudiens. On entendait plein d'autres choses à son sujet, surtout sur les projets qu'il comptait développer. » Des bruits de couloir, des on-dit, probablement des fantasmes, il n'y avait que ça avec Al-Asiri : on disait même qu'il pouvait coudre un explosif indétectable à l'intérieur d'un slip ! « L'histoire du poseur de bombe en sous-vêtement a été marquante », raconte Al-Ahmadi. « AQPA est passé tout près de réaliser cette attaque. Il s'en est fallu de peu. » En l'occurrence d'un slip sans trace de moisissure !

Digne d'un conte surréaliste, cette opération s'était appuyée sur Umar Farouk, un jeune Nigérian de bonne famille – son père était ministre, puis président du conseil d'administration de la First Bank of Nigeria. Après une scolarité réussie entre le Togo et Londres, où il obtint une licence en ingénierie mécanique, il s'inscrit à un master de commerce international à Dubaï. Néanmoins, Farouk ne termina pas son cursus, préférant étudier l'arabe au Yémen, à l'Université Al-Iman (littéralement « la foi »).

Établissement coranique de Sanaa créé par Abdul Majeed Al-Zindani, l'un des fondateurs du parti politique Al-Islah, l'école accueillait

91. Qasim Al-Raymi a été le commandant militaire depuis la création d'AQPA en 2009, puis l'émir en 2015 suite à la mort de Nasser Al-Wahisi.

plusieurs milliers d'étudiants. Écoutant les doctrines et prêches de son créateur, un ardent partisan des Frères musulmans avec une barbe rousse reconnaissable entre mille, certains disciples furent suspectés de succomber à l'extrémisme à peine voilé d'Al-Zindani. « On avait de bonnes relations avec le parti Al-Islah, mais pas avec lui », note Edmund Hull, ambassadeur américain de 2000 à 2003. « J'ai gardé des contacts avec certains des leaders d'Al-Islah. On différenciait les politiciens islamistes des terroristes. » Classé comme tel par le trésor américain en 2004, accusé par le Conseil de sécurité de l'ONU d'avoir « concouru à financer, organiser, faciliter, préparer ou exécuter des actes ou activités d'Al-Qaïda », Al-Zindani était aussi perçu comme l'un des mentors spirituels d'Oussama ben Laden. Malgré ça, la plus belle barbe rousse du Yémen avait prêté serment le 16 octobre 1993 comme l'un des cinq membres du conseil présidentiel ! « Saleh a rendu furieux tout le monde parce que nous considérions Al-Zindani comme un terroriste », peste l'ancien ambassadeur Gerald Feierstein. « Saleh l'avait pris dans sa délégation officielle pour rencontrer le roi d'Arabie saoudite. Cela avait été interprété comme une insulte par les Saoudiens qui le considéraient aussi comme un terroriste. »

Contestant les accusations, Al-Zindani supervisait son université dans laquelle Umar Farouk étudiait. Désireux de rencontrer des figures djihadistes comme l'imam Anwar Al-Awlaki, considéré comme l'un des instigateurs psychologiques de plusieurs attaques[92], le Nigérian intégra rapidement des camps d'entraînement d'AQPA. Décrit comme jovial et volontaire, il accepta sans sourciller d'être l'agent de la prochaine action d'envergure internationale du groupe. Ce moment, Farouk en rêvait depuis des années : il partirait en martyr, c'était écrit, il avait même rédigé un essai sur les raisons le poussant au djihad[93].

Avant de partir pour sa mission suicide, il reçut les dernières consignes et son arme de destruction, un slip beige cachant sous la couture intérieure 80 grammes d'explosifs plastiques, du PETN[94]. Indécelable, passant sans encombre tous les contrôles des aéroports, cette création du *bombmaker*, le chétif Saoudien Ibrahim Al-Asiri, devait se déclencher grâce à un liquide contenu dans une seringue qui entraînerait une réaction chimique. L'objectif était simple : faire exploser un avion de ligne devant atterrir à Détroit le jour de Noël !

92. Voir chapitre 11.
93. Selon Gregory Johnsen, il avait envoyé une copie à l'imam Anwar Al-Awlaki.
94. Tétranitrate de pentaérythritol, encore plus sensible que de la TNT.

Parti d'Amsterdam avec la compagnie américaine Northwest Airlines – connue aujourd'hui comme Delta Air Lines suite à une fusion –, Umar Farouk s'installa à sa place, près du hublot. Penchant la tête, il voyait les heures et les nuages défiler au même titre que sa vie : Détroit se rapprochait, son voyage arrivait à son terme ; le ciel était juste derrière. « La particularité de ces gens, c'est qu'ils sont convaincus de leurs actes », explique Al-Ahmadi qui a longuement parlé avec des membres d'Al-Qaïda sur les deux dernières décennies. « Ils sont persuadés d'être dans le chemin de Dieu. »

Prétextant des maux d'estomac, le Nigérian au regard glacé s'enferma une vingtaine de minutes aux toilettes. En sortant, la mine souffreteuse, il retourna à son siège, le 19A, mettant une couverture sur ses genoux. Impassible, il restait calme : l'avion amorçait sa descente sur Détroit. Cachant ses mouvements sous la couverture, l'ancien étudiant en ingénierie prit la seringue contenant le liquide qui devait déclencher la réaction chimique. Dans le cockpit, le pilote poursuivait tranquillement son piqué ; encore un gros quart d'heure, puis il pourra se dégourdir les jambes avec les dix autres membres de l'équipage. Une impatience partagée par les 278 passagers pressés de profiter de leurs vacances de Noël. En amoureux, en famille ou avec des proches, ils étaient tous attendus, mais pas forcément à l'endroit espéré : le 279e voyageur avait décidé de libérer le produit contenu dans la seringue. « Dans ces moments, que faites-vous ? », interroge l'ambassadeur Feierstein. Prier, implorer le ciel, se remémorer vos être chers ? Pour cela encore fallait-il savoir quelque chose : personne dans l'appareil n'avait vu ce que tramait le jeune homme au regard de poupon inexpressif.

Déclenchant son dispositif, Umar Farouk Abdulmutallab restait imperturbable : il sera bientôt sanctifié, il en était sûr, il combattait sur le chemin de Dieu ; c'est ce qu'on lui a répété. « Le problème avec ces gens engagés dans des groupes extrémistes, c'est qu'ils croient être les seuls à détenir la vérité », souffle Al-Ahmadi. Sauf que cette vérité ne détonnait pas. À défaut d'explosion, seules des étincelles jaillirent du pantalon d'Umar. Alerté par les bruits sourds et la fumée, Jasper Schuringa, un réalisateur de film néerlandais assis dans la même allée, se jeta sur lui, tentant d'endiguer les flammes. Se brûlant dans l'action, il parvint cependant à maîtriser le jeune homme tremblotant. Problème, le liquide se déversait peu à peu : deux oreillers, un siège, le feu gagnait la rangée 19 jusqu'à ce que d'autres passagers aidèrent Schuringa avec de l'eau. Un acte épique sauvant toutes les personnes à bord de l'Airbus se posant quelques minutes plus tard à l'aéroport de Détroit.

Immédiatement appréhendé par le service des douanes et de protection des frontières des États-Unis, Umar Farouk souffrait de brûlures au premier et au second degré aux jambes, aux parties génitales et aux mains. Avouant son plan en salle d'interrogation, le Nigérian aux traits enfantins n'allait pas connaître la sanctification comme il l'espérait, mais la prison à vie : il avait oublié que Dieu regardait avant tout l'intention et la nature des actes, qu'importe le combat supposément mené en son nom.

Même si la réalisation finale avait échoué – la poudre à l'intérieur du slip avait été endommagée par des saletés après deux semaines à voyager entre le Yémen, l'Éthiopie, le Ghana et les Pays-Bas –, AQPA s'enorgueillissait de cet acte de terreur qui faisait suite à la tentative d'assassinat contre Mohammed ben Nayef, vice-ministre de l'Intérieur en Arabie saoudite. Considéré comme le principal responsable du démantèlement de la branche saoudienne d'Al-Qaïda, il avait miraculeusement survécu à un attentat suicide commis par Abdullah Al-Asiri, un individu fiché parmi les terroristes les plus recherchés du pays, qui était également le frère d'Ibrahim, l'artificier en chef d'AQPA. « C'est encore lui qui avait confectionné l'explosif », raconte Al-Ahmadi qui avait couvert les événements pour le journal *Al-Ghad*. « Là encore, personne n'avait détecté les charges. »

Surnommé par des agents de la CIA « *The Evil Genius* », « le génie du mal », Ibrahim Al-Asiri avait imaginé un dispositif aussi dingue qu'inédit. Pour éviter d'être détecté, il allait cacher l'explosif à l'intérieur du corps de son frère, pour être plus précis dans son rectum et son canal anal ! Utilisant encore sa fameuse PETN, il avait fabriqué un détonateur permettant à Abdullah d'activer la poudre explosive quand il le souhaitait sans que personne ne puisse savoir comment il avait fait ; la CIA et Europol émettront *a posteriori* des hypothèses dans leurs rapports sans aucune certitude.

Quittant le désert rocailleux de Mareb, les frères conduisirent jusqu'à la frontière saoudienne. Se serrant dans les bras une dernière fois, ils se dirent adieu en partant dans deux directions opposées. Poursuivant son périple, Abdullah aborda un garde-frontière pour lui demander de le mettre en contact avec Mohammed ben Nayef, le responsable de la lutte anti-terroriste. Prétextant servir d'intermédiaire avec d'autres membres d'Al-Qaïda réfléchissant à une reddition, il voulait d'abord s'assurer de certaines garanties avec celui qui sera un temps prince héritier du royaume. Après un court appel, Ben Nayef envoya alors un avion récupérer le cadet de la fratrie Al-Asiri.

Invitant l'individu faisant partie de la *most wanted list* saoudienne à Djeddah, le prince demanda à ses hommes de le mettre à l'aise ; son retour pouvait entraîner d'autres défections, pensait-il. Après avoir passé les contrôles d'usage à l'aéroport international Roi-Abdelaziz, Abdullah fut conduit dans un confortable appartement (surveillé) pour se reposer. Accueilli chaleureusement au palais le soir, il confirma sa décision de se rendre aux autorités pour suivre le programme de réhabilitation pour djihadistes au centre ben Nayef. Une première étape, même s'il restait à convaincre ses compatriotes encore au Yémen : « Voilà le prince », dit par téléphone Abdullah à ces derniers en tendant ensuite son portable à l'un des hommes les plus honnis d'AQPA. « Je suis si content d'entendre ta voix et celle de tes frères », lança ben Nayef avant que la communication ne fût coupée par une explosion assourdissante. À ses côtés, Abdullah avait implosé, littéralement ; il ne restait que des morceaux disséminés de lui ici et là.

Ayant profité d'un moment d'inattention, il avait activé le détonateur, à moins que le dispositif fut activé à distance ; seul son grand frère pouvait le savoir. Si l'attentat n'a pas tué Mohammed ben Nayef, qui a tout de même été blessé, il avait prouvé une chose : Ibrahim Al-Asiri était capable de créer des bombes humaines, au sens propre, sans qu'aucun système ne puisse le détecter. « Il était également très prudent quant à sa sécurité », pointe Muhammed Al-Ahmadi. « Les groupes extrémistes utilisent des procédures très fortes pour protéger leurs meilleurs éléments. Il y avait un vrai mystère autour de lui. Personne ne savait avec exactitude qui il était, ni ce qu'il faisait. »

Ancien étudiant de chimie à l'Université du Roi-Saoud à Riyad, Ibrahim avait été emprisonné quelques mois en 2004 avec un groupe de jeunes Saoudiens se préparant à rejoindre l'Irak pour combattre l'occupation américaine. Habitué à une doctrine religieuse traditionnelle, le wahhabisme, qui prône un retour aux pratiques en vigueur à l'époque du prophète Mahomet, l'artificier ne comprenait pas comment son pays pouvait être l'allié des États-Unis, ce pays ayant envahi l'Afghanistan et l'Irak.

Devant la chasse intrépide menée par Mohammed ben Nayef contre des potentielles cellules d'Al-Qaïda, les frères, qui ne faisaient pas encore partie officiellement de cette mouvance, se réfugièrent au Yémen. C'est ici qu'ils intégrèrent le groupe, planifiant leur tentative d'assassinat, de « revanche » comme l'aîné le disait. « Le faiseur de bombes comme on l'appelait était craint par tout le monde car personne ne pouvait lui mettre la main dessus au Yémen », témoigne un membre de la DGSE. « Pourtant, plusieurs services étrangers avaient des agents sur place afin d'obtenir des renseignements sur les groupes djihadistes. Après les tentatives d'attentats à l'échelle internationale en 2009, presque toutes les puissances ont implanté un réseau au Yémen. » Présents en masse au Yémen, surtout après le 11 septembre, la CIA et le FBI voyaient se développer le MI6 britannique, le BND allemand, la DGSE française, des services nordiques[95], russes et surtout saoudiens, les seuls ayant été capables d'infiltrer AQPA. « Plusieurs attaques ont été empêchées grâce à l'Arabie saoudite qui avait prévenu ses alliés à temps », confirme Al-Ahmadi. « Ils avaient réussi à placer des éléments *a priori* loyaux à AQPA qui bossaient en réalité pour eux. Cette période était de toute façon un terrain d'espionnage à ciel ouvert. Le Yémen était devenu un centre de services secrets internationaux sous le prétexte de la lutte contre le terrorisme, car il ne fallait pas se leurrer, il y avait aussi d'autres intérêts. »

Agitant les menaces, des rapports confidentiels de l'IC, la communauté de renseignement des États-Unis qui regroupe 18 services, évoquaient des expériences presque diaboliques menées par l'artificier du mal et plusieurs docteurs. Sans réelle preuve matérielle, l'agence craignait que les médecins recrutés ne puissent glisser des explosifs à l'intérieur des corps durant une opération, perfectionnant le système testé auparavant sur Umar Farouk et Abdullah Al-Asiri. « On ne savait plus ce qui était vrai, ce qui était faux », soupire Feierstein. « La seule chose, c'est qu'on avait besoin d'une aide concrète de la part de Saleh. » Du pain bénit pour le président yéménite, qui sortit de sa boîte pour rassurer l'état-major américain, à commencer par le général David Petraeus, qui deviendra peu après le directeur de la CIA : « Nous continuerons d'affirmer que nos bombes sont les nôtres, pas les vôtres. »

Un câble secret, dévoilé par WikiLeaks, qui illustrait toute la duplicité de Saleh. Dans les années 1990, il avait utilisé Al-Qaïda pour éliminer des opposants internes, puis avait agité ce même Al-Qaïda à l'international après le 11 septembre 2001 pour récupérer des millions de dollars d'aide en prétextant lutter contre eux. Une chasse relativement passive puisque des accords ont été passés avec certains de ses membres les plus importants, ceux-là même ayant orchestré avec succès des attentats. Une question d'équilibre, comme à l'accoutumée avec le *raïs*, soucieux de ne pas être vu comme une marionnette de Washington. Pourtant, dans les faits, si les Américains commettaient

95. Le Danemark notamment par l'intermédiaire d'un homme nommé Morten Storm, qui raconte ses aventures dans un livre : *Agent au coeur d'Al-Qaïda*.

une bavure fatale à des civils yéménites, ils n'avaient pas à s'inquiéter : le gouvernement d'Afash était là pour mentir à son grand peuple en lui cachant l'origine des attaques. De quoi remettre les choses en perspective ; le génie du mal n'était peut-être pas seulement le fabricant de bombes...

13. LA BOÎTE NOIRE DU SULTAN

« Vous me parlez de quelque chose qui s'est passé il y a vingt ans... Nous vivons maintenant sur nos terres et il n'y a pas de lien avec l'Afghanistan [...]. Oussama n'était pas aussi célèbre en ce temps-là. Je ne l'ai rencontré que lors de la dernière bataille de Jalalabad pour une courte période de temps. Ma relation avec lui était normale, il n'y avait rien de spécial » (Tariq Al-Fadhli, ancien *moudjahidin* devenu membre du parti présidentiel pendant quinze ans avant de militer pour l'indépendance du Yémen du Sud).

Tandis qu'Al-Qaïda gagnait en influence, les aspirations sécessionnistes du Sud s'intensifièrent. Apportant leur soutien à ce mouvement, les membres d'AQPA se regroupaient essentiellement dans les provinces d'Al-Bayda et d'Abyan, un gouvernorat sudiste dans lequel Tariq Al-Fadhli, le fils de l'ancien sultan d'Abyan, était revenu après son exil saoudien et ses années en Afghanistan. Disant avoir changé, il abandonna Saleh au printemps 2009 pour rejoindre les séparatistes qui menaçaient sérieusement la tenue de la Coupe du Golfe à quelques semaines de la cérémonie d'ouverture. ■

« Nous nous concentrons sur l'Arabie saoudite parce que le gouvernement d'Ali Abdullah Saleh est sur le point de s'effondrer. » En août 2009, le dixième numéro de la revue d'Al-Qaïda, *Sada al-Malahim*, « l'écho des batailles », était clair : l'État yéménite était si faible qu'il allait couler de lui-même. Profitant de l'animosité de certaines tribus envers le régime, AQPA arrivait à se faufiler entre les mailles escarpées du territoire, notamment dans les provinces d'Abyan au Sud, où il disposait d'un camp d'entraînement, et Al-Bayda au Centre.

Vilipendant les cheikhs fidèles à Saleh, le groupe à la bannière noire annonça sa volonté d'établir un califat islamique. « L'arène djihadiste a besoin de toutes les aptitudes, compétences et forces telles que des docteurs, électriciens ou ingénieurs », lança dans le même magazine Qasim Al-Raymi, le chef militaire d'AQPA. « Elle requiert aussi des bâtisseurs, des entrepreneurs, des plombiers, comme elle a besoin d'étudiants, professeurs, fermiers ou vendeurs en porte-à-porte. Elle cherche également des spécialistes des médias, des écrivains ou des peintres en passant par des photographes et des réalisateurs. Elle a aussi besoin de journalistes et sportifs musulmans avec une conscience, habiles dans les arts martiaux et le combat rapproché. Elle cherche des administrateurs organisés, méthodiques, productifs, tout comme elle a besoin de commerçants honnêtes qui dépensent leur richesse pour le bien de leur religion sans peur ou cupidité. »

Soutenue par les leaders de l'organisation globale d'Al-Qaïda, principalement par l'Égyptien Ayman Al-Zawahiri[96] qui incitait les tribus à se rebeller contre « l'agent des croisés », Ali Abdullah Saleh, la branche de la péninsule arabique était en vogue. Si leurs capacités opérationnelles étaient toutefois surestimées selon l'ensemble des spécialistes locaux, les *moudjahidin* faisaient planer une menace jugée préoccupante par les voisins du Golfe et l'ensemble de la communauté internationale. Inquiètes de cette résurgence, les grandes puissances voyaient avec satisfaction les efforts du gouvernement yéménite dans sa chasse contre les terroristes. Outre les classiques arrestations de masse, parfois sans réel lien avec les véritables coupables, le colonel à la moustache haussa le ton en prélude de « sa » Coupe du Golfe. « Cette compétition revêtait une importance politique des plus hautes », lance Hamzah Al-Kamaly, aujourd'hui ministre délégué chargé des Sports et de la Jeunesse. « C'était la première fois que le Yémen organisait

96. Considéré comme le numéro deux du temps d'Oussama ben Laden, il est devenu le chef d'Al-Qaïda après la mort de ce dernier. Il a été tué à Kaboul le 31 juillet 2022 par des frappes américaines.

un tel événement. Dans un contexte troublé par Al-Qaïda et les mouvements au Sud, c'était une manière pour le président de dissiper les doutes quant à la stabilité de son régime. »

En plus d'AQPA et des guerres de Saada au Nord contre les houthis, l'État devait effectivement gérer les manifestations au Sud. « Originellement, c'était d'anciens soldats sudistes qui protestaient pour leurs droits », explique Ahmed bin Fareed, l'un des vice-présidents du STC, le conseil de transition du Sud. « Après la guerre de 1994, Saleh a traité le Sud comme un pays occupé. Ses troupes ont obtenu presque l'intégralité des postes de l'armée et des équipes de sécurité. Des dizaines de milliers de sudistes ont été renvoyés. » Recevant (avec retard) des pensions misérables, ces militaires ayant donné leur vie se sentaient humiliés, ostracisés. Organisant des *sit-in* et défilant notamment dans les rues d'Aden, ils réclamaient un retour à leur ancien poste ou une retraite revalorisée pour faire face aux coûts de la vie. « Il y a eu un problème similaire pour de nombreux travailleurs », continue bin Fareed. « Sous le régime socialiste, l'économie dépendait presque exclusivement de l'État. Après l'unification, le gouvernement central a vendu certaines de ses compagnies à des investisseurs privés, ce qui a entraîné des licenciements. Les gens ont commencé à blâmer l'unification, ce qui n'avait jamais été pris en considération par les décisionnaires à Sanaa. »

Le 13 janvier 2006, pour les 20 ans de la nuit des longs couteaux adénis, la tragédie au cours de laquelle des milliers de personnes périrent suite à une tuerie au sein du parti socialiste, les différents responsables politiques sudistes décidèrent d'organiser une marche de réconciliation. « J'étais l'un des instigateurs », sourit Ahmed bin Fareed, aujourd'hui représentant du STC pour l'Union européenne. « Le gouvernement a vu cette initiative comme une menace, ils disaient que les gens du Sud n'avaient pas à se rassembler comme ça. Cette réaction nous a encouragés à appeler à une protestation générale le 7 juillet 2007, le même jour que le 7 juillet 1994, date de la fin de la guerre et de ce que nous considérons comme le début de l'occupation du Sud. Des milliers de personnes ont défilé dans les rues d'Aden. L'ampleur a surpris tout le monde, même nous [rires]. Au fil du temps, la mouvance s'est amplifiée malgré la répression. J'ai fait partie des gens arrêtés. On m'a accusé de mettre en danger l'unité du pays à cause de mes articles dans le journal *Al-Ayam*. J'ai passé cinq mois en prison à Sanaa. Je n'ai pas été torturé, mais j'ai été mis avec des houthis. Eux, ils ont morflé, mais c'était un groupe armé contrairement à nous qui prônions la non-violence. »

Se voulant pacifiste, ce mouvement, Al-Hirak, a été immédiatement dénigré par Saleh et les médias étatiques qui appelaient les protestataires *enfisalieen*, des « séparatistes ». De quoi renforcer le sentiment de marginalisation vis-à-vis du pouvoir central. « C'était un crève-cœur de voir la destruction et la dévastation ravager mon pays », s'émeut Jalal Muhammad Abadi, un activiste sudiste vivant en Angleterre, à Liverpool. « J'ai rejoint ma famille dans les années 1990 – mon père avait émigré vingt ans auparavant. J'étais un jeune homme sportif, amoureux de Liverpool. C'est en partie grâce à cet amour pour le club de Liverpool que je me suis installé ici. À côté du football, je me suis investi pour ma patrie. Quand je suis parti... Tout s'est détérioré à une vitesse ! Je faisais ce que je pouvais pour aider depuis l'extérieur. J'ai par exemple participé à l'assemblée démocratique sudiste qui a dénoncé dès 2004 le régime d'occupation en demandant la fin de l'unité. » Collectant des fonds, organisant des marches collectives, ce groupe d'exilés basé à Londres fit partie de la multitude de formations politiques ayant tenté une reviviscence d'un pays n'existant plus. Problème, les querelles d'egos empêchaient une quelconque action commune pour le plus grand bonheur d'Afash, tout heureux de récupérer le soutien d'autres partis sudistes. « Il fallait se rassembler ensemble, on avait tous le même but », plaide bin Fareed. « C'est ce qui a fait notre force en 2007. »

Demandant initialement le respect de leurs droits basiques, les citoyens joignant le Hirak se radicalisèrent promptement à cause des représailles gouvernementales. Outre les arrestations d'activistes et leaders politiques, les forces de l'ordre ont tiré sans sommation sur la foule, tuant deux manifestants à Aden en janvier 2008, sans compter les dizaines de blessés durant les autres protestations. Sans réelle organisation hiérarchique au début – ce qui a justement contribué à une adhésion massive des gens lassés des luttes politiques –, le mouvement sudiste s'est durci, réclamant haut et fort son indépendance.

Arborant parfois l'antique drapeau du Sud, une bannière rouge, blanche et noire semblable à celle du Yémen avec un triangle bleu clair orné d'une étoile rouge en plus, les *enfisalieen* se développèrent autour de deux voix. La première, la plus emblématique, venait d'Ali Salim Al-Beidh, l'ancien président ayant déclaré sécession en 1994. « Je travaillais avec mon père à ce projet », confirme son fils, Amr. « Notre but était de retrouver notre pays tel qu'il était avant l'unification en 1990. » Problème, Al-Beidh était toujours contraint à l'exil, d'abord à Oman, puis en Allemagne. Une absence écornant sa légitimité locale, même si une figure bien connue du grand public lui prêta allégeance : Tariq Al-Fadhli, l'ancien *moudjahidin* ayant dirigé un des bataillons djihadistes pour écraser les mécréants socialistes comme Al-Beidh en

1994 ! « Vous comprenez pourquoi il est très difficile de tracer une ligne au Yémen ? », interroge la chercheuse Fatima Abo Alasrar. « Les affiliations évoluent comme les alliances. Il n'y a rien de figé. »

En avril 2009, Al-Fadhli fit défection à Saleh, l'homme pour lequel il avait travaillé les quinze années précédentes, au sein de son parti politique. Soutenant l'indépendance, il fut accepté par les leaders politiques sudistes qui voyaient d'un bon œil sa capacité à mobiliser des hommes. « Il y a eu une escalade de tensions et de violences », confirme Amr Al-Beidh. Depuis son bastion familial à Abyan, le fils de l'ancien sultan rallia des troupes pour soulever une des plus grosses milices du mouvement. Multipliant les interventions médiatiques, l'homme habituellement vêtu d'un turban et d'une chemise blanche tempéra évidemment ses liens passés avec Oussama ben Laden, une condition *sine qua non* pour obtenir un soutien de la communauté internationale. « Vous me parlez de quelque chose qui s'est passé il y a vingt ans… Nous vivons maintenant sur nos terres et il n'y a pas de lien avec l'Afghanistan », glissa-t-il au quotidien *Al-Sharq Al-Awsat* le 14 mai 2009. Trois fois rien même, si ce n'est que le leader d'Al-Qaïda l'avait chargé après la guerre en Afghanistan de voir comment implanter le djihad au Yémen !

Sans jamais critiquer ouvertement son ancien compagnon, Tariq Al-Fadhli donna des gages pour montrer qu'il avait changé, mûri. Pourtant, le jour même de la sortie de son entretien à *Al-Sharq Al-Awsat*, un enregistrement audio du leader d'AQPA, Nasser Al-Wahisi, circula sur Internet pour apporter son soutien à la cause sudiste. « Nous devons les soutenir et les aider. L'oppression dont vous souffrez ne restera pas impunie. Les meurtres de musulmans marchant simplement dans les rues sont un crime injustifiable. » Bien entendu, Saleh n'a pas attendu une seconde pour pointer les prétendues connivences entre le mouvement sudiste et les groupes terroristes. Ce qui, avec le recul, était un sacré numéro de contorsion : lorsqu'il travaillait pour lui, Al-Fadhli était un ancien *moudjahidin* ayant réussi sa réintégration dans la société yéménite, mais lorsqu'il quitta le palais présidentiel, il était soudainement redevenu cet agent d'Al-Qaïda !

Cette dualité permanente était également employée par l'homme au turban, dont la vie n'était qu'une suite de paradoxes. Né au Yémen, Tariq Al-Fadhli avait grandi en Arabie saoudite, pays d'exil de sa famille souveraine du sultanat d'Abyan suite à… l'indépendance du Yémen du Sud en 1967. À son retour d'Afghanistan, il fut accusé d'avoir fomenté un meurtre contre un leader socialiste, un « infidèle ». Emprisonné, il contesta les charges sans succès jusqu'à être libéré soudainement à l'aube de la guerre civile de 1994 pour rejoindre les troupes de Saleh. « Ils saccagèrent Aden », témoigne Fatima Abo Alasrar. « Les contingents djihadistes cherchaient à anéantir tous les signes contre lesquels ils étaient en désaccord. » Des églises et des temples hindous furent détruits, comme la seule brasserie encore debout à Aden. Un vestige d'une autre époque, celle où des filles bronzaient en maillot de bain à la plage tandis que des bars servaient de l'alcool jusqu'à plus soif à une population cosmopolite.

Même après le départ des Britanniques, la ville attirait des voyageurs de tous bords, persuadés que la révolution socialiste l'emporterait. Refuge de politiciens persécutés dans le monde arabe, la capitale du Sud offrit l'hospitalité et des passeports à des groupes européens classés terroristes, comme la Fraction armée rouge est-allemande[97] ou les Brigades rouges italiennes. « C'était un endroit différent de tous les autres », se rappelle l'activiste Hend Omairan, désormais basée en Suède. « Après 1994, tout a changé. Absolument tout. » Le pillage et le vandalisme laissèrent la cité dans un état patibulaire, à l'image du hall de l'aéroport international touché par un obus. Quant aux activités culturelles, d'ordinaire vibrantes, elles diminuèrent à mesure que les mœurs et les tenues vestimentaires se firent plus conservatrices. Le souvenir éperdu d'une capitale bigarrée et prospère semblait désormais loin, si tant est qu'il ait réellement existé ailleurs que dans l'esprit des nostalgiques. « C'est une tragédie », poursuivit la jeune adénie en s'allumant une nouvelle cigarette. Les cheveux en bataille, Hend prit une bouffée, puis expira la fumée en regardant le ciel. « Saleh avait dit qu'il ferait de nous un village, il l'avait dit ! Depuis, c'est comme si nous étions sans voix. C'est… » Un mutisme en disant long : Aden souffrait, on disait même qu'elle mourrait en silence et qu'il fallait se préparer au pire ; les femmes n'avaient-elles pas dans leur majorité abandonné les étoffes de couleurs vives pour se draper de noir de la tête aux pieds ?

Quittant ce champ de ruines sans remords après la guerre, Tariq Al-Fadhli rendit visite à Oussama ben Laden au Soudan afin « de le remercier de son soutien »[98]. Pourtant, quinze ans plus tard, l'un des acteurs de cette destruction réécrit l'histoire d'une manière presque *afashienne* : « Nous [le Yémen du Sud] avons été envahis il y a quinze ans ! Depuis, nous vivons sous une occupation vicieuse. Nous voulons notre indépendance et mettre fin à cette occupation. » Non sans un

97. Aussi connu comme la bande à Baader.
98. Selon une interview de Tariq Al-Fadhli publiée le 26 février 2010 dans le *New York Times*.

certain aplomb, le fils de l'ancien sultan d'Abyan enchaîna les discours volontaires qui trouvèrent écho auprès d'une large partie de la population. Malgré son passé, Al-Fadhli avait changé, il le répétait ; n'avait-il pas orné sa maison d'un drapeau américain ? Une sacrée mise en scène, comme le fait de sortir éméché en public pour dissiper les doutes quant à son affiliation avec Al-Qaïda : quel membre s'afficherait avec la bannière de l'Oncle Sam et des verres d'alcool dans le gosier ? « Il a appris pendant une quinzaine d'années avec le maître des pirouettes », rigole un ancien conseiller d'Afash. « Il savait exactement quoi dire pour donner le change même s'il avait évolué. Ce n'était plus le jeune combattant rentrant d'Afghanistan qui planifiait des attentats. »

Charismatique, écouté, il ordonna à ses hommes de répondre aux sévices des forces gouvernementales. Sans trembler, les miliciens s'exécutèrent, organisant même des raids meurtriers autour des *checkpoints*. Néanmoins, en juillet 2009, dans son fief de Zinjibar, la capitale de la province d'Abyan, Al-Fadhli pleura la mort de plusieurs de ses gardes du corps, tués dans une confrontation particulièrement sanglante. Plus les mois passaient, plus les combats s'intensifiaient. Arrestations, assassinats ciblés, disparitions, embuscades, grèves généralisées : le Sud s'embrasa et l'ancien *moudjahidin* appela le 20 février 2010 « à une nouvelle phase de désobéissance civile ». Des paroles de trop au goût de Saleh : cinq jours plus tard, des militaires encerclèrent la maison d'Al-Fadhli qui annonça une trêve.

Contrairement à Fares Manaa, le marchand d'armes de Saada jeté en prison au même moment, l'homme au turban resta en liberté malgré une interpellation quelques mois auparavant[99]. Une clémence jugée surprenante par des cadres du régime, habitués depuis plusieurs années à un traitement moins consensuel des rivaux politiques. Néanmoins, ce cas était différent. Saleh l'avait dit et redit à ses conseillers : ne faites pas trop rapidement de Tariq Al-Fadhli un ennemi, cela pourrait être fatal ; il détenait tellement de secrets qu'il pouvait connaître les vôtres.

Surnommé la boîte noire dans les coursives du palais présidentiel, il était un lien entre une ribambelle d'acteurs de la vie politique yéménite. D'Al-Qaïda aux tribus reculées d'Abyan, chaque histoire semblait revenir à ses oreilles. Aimant à informations, il savait tenir sa langue et rester discret quand le besoin s'en faisait sentir, à l'image de la trêve déclarée contre Saleh. Laissant les autres factions du mouvement sudiste prendre le relais des opérations, il vit avec effroi des fanges

99. Le 1er octobre 2009, il fut accusé d'avoir tenté d'assassiner Nasser Mansour Hadi, le chef de la police politique des gouvernorats d'Abyan, Aden et Lahj.

extrémistes faire exploser deux bombes le 11 octobre 2010 dans le stade d'Al-Wehda, une équipe d'Aden, causant quatre morts. Deux semaines plus tard, une autre attaque explosive prévue dans le même stade fut déjouée juste à temps par la police yéménite, qui prévint aussi des attentats prévus dans le port d'Aden. « C'est dans cette situation périlleuse que le Yémen devait accueillir le mois suivant la Coupe du Golfe », rappelle le journaliste d'investigation Ali Al-Sakani. « Saleh a sciemment choisi d'organiser le tournoi à Abyan et Aden, les deux zones les plus chaudes entre Al-Qaïda et les sudistes. Il était contesté en interne et les pays voisins se posaient des questions. Pour lui, c'était une manière de montrer à tous qu'ils se trompaient, qu'il était toujours le maître de son pays, du nord au sud. »

De fait, il était hors de question d'accueillir la compétition en terrain conquis, à Sanaa, Ibb ou Taez. Saleh triompherait dans les fiefs du Hirak et de Tariq Al-Fadhli, à Aden et Zinjibar, sous les regards rassurés des ambassadeurs et officiels étrangers qui craignaient auparavant la situation sécuritaire. Une douce revanche, voilà ce dont rêvait le président. Personne n'avait à douter de lui, surtout pas après avoir détaché 30 000 soldats pour s'assurer de la bonne tenue du plus grand événement sportif jamais organisé au Yémen. Cette Coupe du Golfe était son œuvre, son cadeau à « son » grand peuple, comme il disait. Rien ne pouvait entraver cette création, pas même les tribunes bondées et repeintes à la hâte du stade du 22 mai à Aden.

Baignée par un doux soleil automnal, l'enceinte voyait affluer une foule joyeuse, attendant en famille les spectacles de la cérémonie d'ouverture. Une impatience également palpable régnait dans les vestiaires sentant bon la peinture fraîche, où les chanteurs et danseurs yéménites avaient revêtu leurs costumes traditionnels. Pour ces artistes, cette représentation était l'opportunité d'exister tout en recevant de l'argent, un luxe auquel ils n'étaient pas habitués. Légèrement nerveux, ils déambulaient dans le couloir, parfois avec une cigarette à la bouche, espérant le signe convenu pour pénétrer sur la pelouse sous le crépitement des flashs. Encore un tout petit moment de patience, le petit colonel à la moustache allait sortir de sa loge… 3, 2, 1, souriez, c'est dans la boîte ! Saleh était là, le *show* pouvait commencer ; s'il avait convié toutes les caméras du monde arabe, c'était bien pour apparaître sur chacune d'entre elles.

14. L'AMITIÉ OU LA RUINE ?

« À un moment, quelqu'un comme Saddam Hussein pensait qu'il avait plusieurs nations dans sa poche grâce aux soutiens qu'il cultivait en Algérie, au Soudan ou au Yémen. C'est pour ça que la décision d'Ali Abdullah Saleh se comprenait. Quel choix avait-il ? » (Abdulrahman Al-Eryani, ancien employé au ministère des Affaires étrangères et responsable des questions économiques à l'ambassade yéménite des États-Unis).

Seule république de la péninsule arabique, le Yémen est aussi le parent pauvre de la région. Ne faisant pas partie du Conseil de coopération du Golfe, l'Arabie heureuse a vu ses relations se détériorer avec ses voisins suite à la guerre du Golfe. Coincé entre ses liens avec Saddam Hussein et sa volonté de ne pas se mettre à dos les riches monarchies du Golfe, Saleh a dû prendre une décision aux conséquences encore tangibles vingt ans après. ■

« Il y avait une telle pression sur les joueurs que la fédération a fait appel à des psychologues pour réduire la charge mentale. C'était une première ! » Légende du football yéménite, Amine Al-Sanini n'avait jamais connu une telle attente envers l'équipe nationale, habituée à l'anonymat et aux places de consolation dans les tournois internationaux. « On n'a jamais rien gagné, c'est vrai », pointe l'ancien gardien. « Néanmoins, il faut prendre en compte l'amour que les Yéménites ont pour le football. C'est ce qui a généré cette pression. Nous devions jouer différemment afin d'être plus compétitifs par rapport aux dernières compétitions. Le fait de jouer cette Coupe du Golfe chez nous, devant notre public... »

Pays le plus peuplé de la région derrière l'Arabie saoudite[100], le Yémen était pourtant à la traîne footballistique en comparaison de ses voisins infiniment moins habités (Bahreïn, Émirats arabes unis, Koweït, Oman, Qatar). « C'est le reflet de notre situation économique

100. Environ 29 millions d'habitants aujourd'hui.

et politique », juge Muhammad Al-Kheinessi, l'attaché de presse de la sélection. « Sans accompagnement et structures dignes de ce nom, quel avenir peut-on donner à nos jeunes ? » Un constat rappelant la réalité politique yéménite, seule nation de la péninsule arabique à ne pas faire partie du Conseil de coopération du Golfe.

Fondée en 1981, cette organisation n'avait pas convié la République arabe du Yémen dirigée par Saleh, et encore moins la République démocratique populaire du Sud. Confrontés à de profonds chamboulements à l'échelle régionale (la révolution iranienne de 1979, l'invasion soviétique de l'Afghanistan en 1979, le début de la guerre Iran-Irak en 1980), les pays du Golfe devaient également digérer les profonds bouleversements internes hérités des deux chocs pétroliers des années 1970. Avec un boom économique sans précédent, les politiques d'investissements massifs entraînèrent une croissance démographique inouïe. De l'Égypte au Yémen, en passant par le Liban, la Palestine, la Syrie ou le Soudan, les entreprises étatiques et privées du Golfe puisèrent aussi une large main d'œuvre bon marché dans le sous-continent indien (Bangladesh, Inde, Népal, Pakistan, Sri Lanka) ou en Asie du Sud-Est (Malaisie, Philippines, Thaïlande, etc.). Un afflux massif de travailleurs qui bouleversa l'équilibre sociétal : en 1980, les Émirats arabes unis et le Qatar comptaient ainsi plus de 70 % d'étrangers parmi leurs habitants, tandis que le Koweït avoisinait les 60 %.

Si l'Arabie saoudite, le Bahreïn et Oman gardaient une majorité de locaux, le contingent d'expatriés avait doublé, voire triplé en une décennie. De quoi inquiéter les familles royales au pouvoir, se demandant si le vent du changement ne pouvait pas souffler aussi dans leur direction. « Les monarchies du Golfe ont toujours été préoccupées par la continuité et la pérennité de leur règne », analyse Andreas Krieg, fondateur de MENA Analytica, une société de conseil en stratégie et en gestion des risques, notamment au Moyen-Orient. « Indépendamment des divergences politiques, qui aboutissent parfois à des crises diplomatiques importantes, ces pays éprouvent une solidarité commune quant à la consolidation du pouvoir monarchique. Ils peuvent mettre leurs griefs de côté juste pour ça. » De fait, quelle place accorder au Yémen, une république, de surcroît pauvre, dans un accord de coopération entre riches monarchies ?

Écarté des accords de coopération culturels, économiques, militaires[101] ou sportifs, le Yémen du Nord fit partie en 1989 des membres

101. En 1984, le GCC monta le bouclier de la péninsule, une force militaire censée aider un État membre en cas d'attaque ou de menace.

fondateurs du Conseil de coopération arabe avec l'Égypte, la Jordanie, et surtout l'Irak, la seule nation arabe bordant le Golfe persique qui n'a pas fait partie du GCC[102]. « Durant la guerre Iran-Irak, Saleh avait envoyé des troupes supporter l'armée irakienne », note Abdo Borgi, à l'époque membre du bureau présidentiel d'Afash. « En retour, Saddam Hussein a été l'un des fervents supporters de l'unification des deux Yémen, ce que Saleh a toujours apprécié. » Vouant une admiration à son homologue de Bagdad, le président yéménite avait emprunté certains de ses idéaux pour son parti. « Il a aussi pris des choses à Kadhafi, Moubarak ou d'autres. C'était un mélange politique sans réelle ligne claire », tempère l'ancien ministre des Affaires étrangères Khaled Al-Yamani.

De fait, lorsque l'Irak envahit le Koweït le 2 août 1990, à peine deux mois après l'unification yéménite, Saleh était confronté à l'une des décisions les plus cornéliennes de sa vie. « La guerre du Golfe a été l'une des périodes les plus compliquées pour le président », confirme Borgi. « Il n'avait pas reçu beaucoup d'instruction jeune, mais il apprenait vite avec les expériences de la vie réelle. Dans ce cas, il y avait sa relation personnelle avec Saddam, mais aussi sa reconnaissance envers le Koweït. Il ne voulait pas perdre de tous les côtés, il cherchait à éviter de prendre une décision qui pouvait être injuste pour l'Irak ou qui aurait pu énerver les pays du Golfe. Sauf qu'il était impossible d'être impartial ou au milieu d'une telle situation. Le président pensait que cette guerre aurait pu être évitée, mais il n'avait pas l'autorité ou le pouvoir pour arrêter cela. »

Comme chaque conflit, la guerre du Golfe était plus complexe à analyser que les visions belliqueuses et expansionnistes de Saddam. « L'histoire n'était pas aussi simpliste, elle ne se résumait pas à l'Irak qui envahit le Koweït », abonde Abdulrahman Al-Eryani, qui a occupé des positions dans le gouvernement yéménite. « Je l'ai compris en parlant avec les membres de ma famille qui étaient dans les sphères du pouvoir. Il y avait autre chose derrière tout ça, des enjeux cachés, sournois. » Un billard géopolitique à trois bandes entre Bagdad, les pays du Golfe et les puissances occidentales, les États-Unis en tête, qui eut des répercussions dramatiques pour le Yémen.

Autoritaire, belliciste, répressif, le régime de Saddam avait toutefois permis des avancées sociales, principalement grâce aux revenus liés au pétrole avec la nationalisation de l'Iraq Petroleum Company en 1971. De grands projets avaient été lancés : élaboration d'un réseau

102. Abréviation anglaise utilisée couramment pour parler du Conseil de coopération du Golfe.

autoroutier, industrialisation censée diversifier une économie dépendante de l'or noir, réforme agraire, réappropriation de la culture irakienne à travers la réhabilitation de sites historiques, puis, surtout, un soutien considérable à l'Éducation nationale afin d'éradiquer l'analphabétisme. En 1982, l'UNESCO décerna même un trophée à l'Irak pour sa politique d'alphabétisation, notamment chez les filles. Quasiment tous les enfants du pays, sans distinction de sexe, savaient lire et écrire, tandis que l'accès aux études supérieures était démocratisé, encouragé. Tout semblait aller pour le mieux dans le meilleur des mondes, mais l'apogée de l'Irak moderne était déjà derrière elle : la guerre contre l'Iran avait commencé en 1980, et avec elle les illusions d'un homme s'imaginant être le leader arabe du XXe siècle. « Ce conflit a été appuyé et financé par les puissances occidentales et les pays du Golfe », rappelle le journaliste franco-irakien Feurat Alani. « Saddam s'imaginait comme le défenseur des Arabes contre le déferlement de la révolution iranienne de 1979. »

Désireux de limiter les effets du régime de Téhéran, l'Occident a signé un blanc-seing à Saddam, qui en profita par la même occasion pour régler quelques comptes internes contre les populations kurdes[103]. Fermant les yeux sur ces crimes, les États-Unis, partenaires de l'Irak, vendirent en 1985 des stocks d'armes à... l'Iran, malgré un embargo. En passant par leur allié israélien, l'ennemi pourtant déclaré de la République islamique iranienne, les Américains entretenaient un trafic leur permettant de financer illégalement et secrètement un mouvement armé au Nicaragua, les Contras, afin d'écarter le pouvoir sandiniste (proche de Cuba) ayant renversé en 1979 l'omnipotent Somoza. Révélé dans la presse en novembre 1985, l'*Irangate*[104] eut quasiment la tête du président américain, Ronald Reagan, et illustra les doubles jeux d'une guerre longue de presque huit ans n'ayant fait ni vainqueur, ni vaincu, hormis les marchands d'armes.

Avec près d'un million de morts, l'Iran et l'Irak peinèrent effectivement à se relever. S'étant lourdement endetté, notamment auprès de l'Arabie saoudite et du Koweït, Saddam réclama (entre autres) une annulation des dettes, considérant que ce conflit était aussi celui de « ses frères arabes ». Essuyant un refus, le *raïs* comprit mieux l'entrain avec lequel ses financiers voulaient le voir prendre les armes contre l'ennemi iranien ; la guerre n'est-elle pas toujours plus douce quand d'autres personnes la font à votre place ?

103. Le massacre de Halabja par armes chimiques qui causa la mort d'environ 5 000 personnes en mars 1988.
104. Aussi connu comme l'opération Iran-Contra.

De surcroît, l'Irak accusa le Koweït de ne pas respecter les quotas de production fixés par l'OPEP, générant une surproduction qui impacta négativement le prix du baril de pétrole. Un nouveau coup dur pour un pays qui s'était arrêté aux prémices du véritable État promis par son leader. Emporté par son orgueil, croyant encore à la carte blanche donnée par les États-Unis, Saddam ordonna à ses troupes d'envahir le Koweït après l'échec d'une résolution diplomatique. Pour lui, ce n'était au final que le cours de l'histoire : à Bagdad, le Koweït n'était-il pas considéré comme la dix-neuvième province irakienne ?

« Comme je le disais, les raisons de ce conflit sont plus complexes qu'elles n'y paraissent à première vue », poursuit Al-Eryani. « Ce fut pareil lorsqu'on a caricaturé la décision prise par Ali Abdullah Saleh à l'issue de cette guerre. »

Seule nation arabe à ne pas condamner l'invasion, le Yémen s'opposa à la résolution 678 du Conseil de sécurité des Nations unies permettant le recours à la force contre l'Irak si son armée ne quittait pas le Koweït. Un positionnement se voulant le plus neutre possible qui a été entendu par les pays du Golfe et leurs alliés comme un soutien explicite à l'intervention de Saddam. « C'était un raccourci et une excuse », plaide Al-Eryani. « Le Yémen n'a pas pris position contre les nations du Golfe, il a simplement dit : "Écoutez, essayons de travailler ensemble à un accord pacifique au lieu d'impliquer les puissances internationales." Ce discours n'avait pas plu. »

En réponse, environ 800 000 travailleurs yéménites disséminés dans le Golfe, principalement en Arabie saoudite et au Koweït, ont dû rentrer au pays. Une catastrophe économique : dépourvu d'une de ses majeures rentrées d'argent, confronté au chômage de masse, le nouveau régime était déjà affaibli avec la bénédiction saoudienne qui n'avait jamais soutenu l'unification. « On en revient à la facile déstabilisation du pays puisque des cheikhs et des politiciens recevaient de l'argent de l'extérieur », continue l'économiste. « Cela ne concernait pas qu'un pays. À un moment par exemple, quelqu'un comme Saddam Hussein pensait qu'il avait plusieurs nations dans sa poche grâce aux soutiens qu'il cultivait en Algérie, au Soudan ou au Yémen. C'est pour ça que la décision d'Ali Abdullah Saleh se comprenait. Quel choix avait-il ? »

Pris en étau, menacé par James Baker, le secrétaire d'État américain spécialement venu à Sanaa rappeler à Afash que cette décision pouvait être « la plus coûteuse de l'histoire de son pays », le président yéménite a gardé ses convictions jusqu'au bout. « Au fond de lui, il savait que c'était le bon choix pour essayer de stopper la guerre », confie Borgi. « Il a essayé de convaincre les envoyés internationaux qu'il n'avait pas pris une décision unilatérale en faveur de l'Irak, mais qu'il cherchait plutôt à préserver la région d'un conflit. Il pensait que cette guerre pouvait décimer les nations arabes. » Prophétique, le colonel à la moustache ne croyait pas si bien dire : cette guerre en appelait d'autres, surtout sur ses propres terres.

Dépourvu d'une majeure partie des aides américaines durant les années 1990, le Yémen a également dû patienter avant de raviver ses relations avec son voisinage. Un relatif isolement incompris par Saleh qui n'était pas le va-t-en-guerre de cette histoire, ni le plus hypocrite ; l'Occident et les pays du Golfe n'avaient-ils pas soutenu Saddam pour tenter de mater la révolution iranienne une décennie plus tôt ? « Il a énormément appris de son choix », corrobore un de ses anciens conseillers désireux de garder l'anonymat. « La politique internationale du Yémen a changé à partir de ce moment. Il fallait être plus conciliant, plus consensuel, quitte à masquer davantage ses amitiés. » Ça tombait bien : Afash était maître dans l'art de la dissimulation. Suite à l'invasion américaine de l'Irak en 2003, il permit discrètement à plusieurs membres de la famille de Saddam Hussein de s'installer à Sanaa où ils vécurent à l'abri pendant des années. De quoi entretenir la légende antique : au loin, à l'est de la Mecque, le Yémen est bien le dernier refuge du monde arabe.

15. DANS LE STADE DU 22 MAI

« Al-Qaïda organisait quelques tournois de football dans des zones rurales afin de recruter des jeunes. Ils profitaient du peu d'activités organisées par la société civile et du manque de loisirs. L'exemple me venant en tête est celui d'Abou Hamza Al-Zinjibari, un chef d'AQPA dont le véritable nom était Jalal Belaïdi. Jeune, il était un footballeur très talentueux promis à un avenir professionnel. Malheureusement, il n'a pas trouvé sa place pour jouer au niveau espéré et il a rejoint Al-Qaïda pour combattre avec eux » (Hussam Radman, chercheur au Sanaa Center spécialisé dans les mouvements djihadistes).

Sport le plus populaire du Yémen, le football s'est construit à l'instar des autres domaines de la société. Avec une fédération opaque, oscillant entre des membres de la tribu présidentielle et des hommes d'affaires proches du pouvoir, la discipline n'a jamais pu se développer comme elle le devait. Néanmoins, pour cette Coupe du Golfe, Saleh a débloqué des fonds inédits pour que l'équipe puisse aller au bout. De quoi rajouter une pression à des joueurs vivant déjà dans un milieu hostile... ■

Bien aidé par Abdullah bin Hussein Al-Ahmar, chef de la puissante tribu Hashid et fondateur du parti Al-Islah, Saleh se rabibocha plus ou moins avec l'Arabie saoudite dans les années 1990. De fait, la 22e session du Conseil de coopération du Golfe tenue à Oman les 30 et 31 décembre 2001 incorpora le Yémen dans les domaines de l'éducation, de la santé et du sport. Ratifié en octobre 2002, l'accord permit aux Rouge et Noir de participer notamment à la Coupe du Golfe, un tournoi footballistique bi-annuel très apprécié des familles royales. « C'est une question de prestige », corrobore Hichem Bouajila, ancien collaborateur de Nasser Al-Khelaïfi, le président du Paris Saint-Germain placé par l'émir du Qatar. « Les princes mettent énormément d'argent pour remporter le tournoi. J'ai assisté à des batailles pour savoir qui remporterait l'appel d'offres des droits télévisuels de la compétition, le *sponsoring*, etc. Sportivement, c'est loin d'être la plus grande compétition du monde, mais elle représente quelque chose d'important dans la région. »

En accordant l'édition 2010 au Yémen pour la première fois, les pays du Golfe firent une faveur à l'ancien paria. « Du temps s'était écoulé, il était temps de faire table rase du passé », remarque le ministre des Affaires étrangères yéménites de l'époque, Abu Bakr Al-Qirbi. Sans être un membre officiel du GCC, l'Arabie heureuse était enfin intégrée à la cour des grands. « Tous les Yéménites avaient conscience de la signification de cette compétition », abonde le légendaire gardien Amine Al-Sanini. « C'était du jamais-vu. Pour dire, le président Saleh était venu en personne avant le premier match nous délivrer un *speech* ! » Amateur de ballon rond, le colonel à la moustache avait compris depuis longtemps la symbolique que ce sport pouvait drainer à l'intérieur et à l'extérieur de ses frontières.

Suite à l'unification du 22 mai 1990, l'équipe nationale de football du Yémen fut utilisée comme l'une des effigies du nouveau régime désireux de promouvoir une équité visible entre le Nord et le Sud. « Identité et égalité furent les mots d'ordre », relate Thomas Stevenson, professeur d'anthropologie à l'université d'Ohio et co-auteur, avec son confrère yéménite Abdul Karim Alaug, d'une série de publications autour du rôle joué par le football au Yémen. « Avant l'unification, le sport était déjà un outil de promotion de chacun des régimes. Les deux États ont essentiellement misé sur leurs sélections de football respectives, puis à un degré moindre sur le tennis de table, une discipline surtout populaire dans le Nord. Problème, aucune des deux équipes nationales ne gagnait quelque chose dans les tournois internationaux, donc la promotion de l'idéologie a été principalement réalisée lors des confrontations entre les deux équipes. Sur ces quelques matchs, le Nord était généralement meilleur et ses leaders politiques voulaient démontrer que c'était une victoire de leur régime sur l'autre. En réalité, le Nord disposait d'un réservoir plus important de joueurs et de clubs grâce à une densité de population supérieure, ce qui a sans doute influé sur les résultats [...]. Il n'y avait pas de grande différence dans la manière de diriger le football entre les deux Yémen puisque chaque équipe devait avoir une vision à la fois culturelle et sportive. Cela dit, j'avais l'impression que les clubs du Sud étaient plus enclins à promouvoir l'idéologie socialiste. »

De fait, le sport le plus pratiqué du pays a été érigé par le gouvernement en modèle d'une égalité surjouée. Qu'importent les absurdités ou anomalies, le football devait être à l'image du nouveau Yémen. « La sélection était une priorité pour diffuser le message politique », continue Stevenson. « La priorité était de monter une équipe réellement unie ; gagner des matchs était devenu secondaire. Les symboles prévalaient sur les résultats. » Composée à moitié d'éléments du Nord et du Sud, la sélection disposait d'un fonctionnement unique au monde puisque le capitanat changeait d'un match à l'autre, d'un joueur nordiste à sudiste. Même topo pour le championnat local, totalement chambardé pour respecter une parfaite proportion. Le Nord comptait seize équipes dans sa première division avant l'unification, et le Sud seulement dix ? Pas de problème : le gouvernement ordonna à la fédération d'ajouter six clubs sudistes pour disputer une saison à rallonge avec trente-deux formations !

Divisée initialement en quatre groupes, la ligue se conclut par une finale à Sanaa devant le Premier ministre et des dizaines de milliers de spectateurs assistant au sacre d'une équipe du Sud, Al-Tilal d'Aden. « L'engouement a toujours été extraordinaire », s'enthousiasme l'ancien gardien Muaadh Abdulkhalek. « C'est inimaginable, surtout avec l'équipe nationale. » Présents aux Jeux asiatiques de l'été 1990 à Pékin, les Rouge et Noir s'apprêtaient à disputer leurs premières rencontres officielles. Enfin ! Un événement majeur pour la toute jeune République du Yémen, du moins le croyait-elle : la guerre du Golfe n'avait pas simplement impacté l'économie et les relations internationales, elle avait aussi touché l'un des rares domaines capables de rassembler les gens.

Engoncé dans une crise diplomatique, le pays était submergé par les conséquences de ses votes abstentionnistes, notamment vis-à-vis de la résolution 661 du Conseil de sécurité des Nations unies décrétant un embargo commercial, financier et militaire contre l'Irak. Dans ce cas, pas de place pour le football ; ou si peu. « On a souvent été victime de la politisation de notre sport », regrette Abdulkhalek. Moralité, lorsque les onze joueurs Rouge et Noir pénétrèrent dans le gigantesque stade de Kuala Lumpur le 8 septembre 1990 pour affronter la Malaisie en amical, le Yémen n'en eut aucun écho.

Abandonnée à son triste sort, la sélection remporta dans un anonymat absolu son premier match officiel (1-0) grâce à un but de Sharaf Mahfood, le petit attaquant vedette du club adéni d'Al-Tilal. L'Arabie heureuse avait bien une équipe, compétitive qui plus est, mais c'est comme si elle ne le savait pas : aucune chaîne de télé ou de radio ne diffusa la rencontre, pas plus que les Jeux asiatiques. Restèrent simplement les résultats, balancés froidement dans les journaux :

Thaïlande-Yémen : 0-0
Koweït-Yémen : 0-0
Hong Kong-Yémen : 2-0

De cette aventure à l'autre bout de l'Asie, il ne subsistait rien dans l'imaginaire collectif yéménite, pas même une image. Oubliés, les pionniers du *beautiful game* durent attendre une longue année pour finalement exister. Après tant de péripéties, de kilomètres, d'entraînements et de désillusions, le Yémen disposait finalement d'une équipe pour jouer les qualifications aux Jeux olympiques de Barcelone[105], dans le tout neuf Altawra Sports City Stadium de Sanaa. Ce vendredi 30 août 1991, dans la touffeur de la capitale, plus de 40 000 personnes se massaient dans les gradins finis à la hâte où la classe politique trônait sous le drapeau rouge, blanc et noir. En dehors, du nord au sud, d'est en ouest, des millions de Yéménites s'agglutinèrent derrière leur poste de télévision ou de radio : Yémen-Pakistan commençait dans quelques minutes, et il n'y avait plus rien d'autre qui comptait. « Je jure devant Dieu que je n'ai jamais vu un public aimant autant le football que les Yéménites », s'emporte l'ancien défenseur international Muhammed Saleh Yusuf. « Dans mon enfance, c'est cette sensation qui m'avait donné envie d'aller tout en haut. Je voulais connaître cette émotion. Il n'y avait rien de plus important que de porter un jour ce maillot. » Une tunique à l'époque entièrement verte, dans laquelle les joueurs étaient fêtés comme des héros avant même que le match ne commence. « Ce que j'ai connu en tant que capitaine était incroyable », lâche Amine Al-Sanini. « Je n'échangerais pour rien au monde la chance d'avoir pu jouer devant notre peuple. » Face aux tribunes, la main sur le cœur, le onze titulaire entonna l'hymne national, « République unie », aussitôt repris par un pays chantant au monde qu'il existait autrement que par ses guerres :

Dans l'amour et la foi, je fais partie de l'humanité,
Et je dois marcher en premier parmi les Arabes,
Et le battement de mon cœur devra rester celui d'un Yéménite,
Aucun étranger ne doit jamais dominer le Yémen.[106]

105. La compétition olympique est réservée aux joueurs de moins de 23 ans.
106. Écrite par le célèbre poète de Taez, Abdullah Abdulwahad Noman, interprétée par le « chanteur de la terre », Ayoub Tarish, un autre homme de Taez connu pour ses chansons passionnées, « République unie » était auparavant l'hymne du Yémen du Sud. Elle a été choisie comme hymne national lors de l'unification.

Le Pakistan ne domina effectivement pas le Yémen, vainqueur 1-0 sous les hourras. En rentrant aux vestiaires, les joueurs reçurent un appel de Saleh qui les félicita, suivant les conseils de son homologue américain Ronald Reagan. Tout allait pour le mieux dans le meilleur des mondes, à une exception : l'unité célébrée ne s'appliquait qu'au football. « C'est vrai, mais il y avait aussi des complots à l'intérieur de notre propre fédération », peste Muhammed Saleh Yusuf. Bien que la fourberie soit une composante des coulisses du sport, le footballeur d'Abyan élu quatre fois meilleur défenseur du championnat a visé juste : si le gouvernement avait mis autant d'efforts dans sa politique que dans le football, le Yémen aurait vraiment pu être uni.

À la traîne en comparaison de ses voisins, sans résultats probants, le *beautiful game* a cependant toujours été une chasse gardée de l'État. Comme dans les autres secteurs d'activité, le président a placé ses proches et sa garde rapprochée. « Il y avait des histoires avec des clubs dirigés par des personnes proches d'Ali Saleh qui auraient reçu un traitement de faveur », raconte Omar Almasri, un journaliste palestino-américain qui a abondamment couvert le football yéménite. Une référence à l'un des gendres du *raïs*, Ahmed, qui dirigea un temps Al-Tilal à Aden, mais surtout à Mohammed Abdulelah Al-Qadhi, un relatif d'Afash, issu de la même tribu (Sanhan) et membre de son parti politique élu au Parlement.

Devenu président de la fédération en 2001, Al-Qadhi accompagna la plus belle génération yéménite, deuxième de la Coupe d'Asie des moins de 17 ans en 2002. Une performance jamais égalée avec des victoires contre le Vietnam, le Pakistan, la Syrie, la Chine et une défaite si cruelle en finale aux pénaltys contre la Corée du Sud. Accueillis en triomphe à Sanaa, les jeunes hommes furent reçus avec tous les honneurs par Saleh qui les surnomma « l'équipe de l'espoir ». Hélas, le football n'échappait pas à la réalité de l'Arabie heureuse où chaque espoir devenait une simple illusion. « En 2005, la FIFA a suspendu le Yémen à cause d'interférences politiques », rappelle le journaliste Almasri. « Il y a toujours eu des soucis en interne qui ne permirent pas d'exploiter le talent des jeunes. C'est aussi pour ça qu'ils n'ont jamais rien gagné. »

Derrière les ingérences politiques, réelles, comme en avril 2004 où Al-Qadhi démissionna de son poste de président de la fédération suite à une bisbille tenace avec le ministre des Sports, le football yéménite pataugeait, emporté par des scandales à répétition (détournement des fonds alloués par la FIFA, couverture de contrôle antidopage positif à cause du khat) et des relations troubles. Une ambivalence symbolisée à merveille par les Al-Qadhi, dont l'un des cadets, Adnan, occupait un poste d'officier dans la prestigieuse première division blindée de l'armée yéménite. Une situation confortable qui n'empêcha pas le jeune homme de faire défection pour rejoindre une filiale d'Al-Qaïda, le Jihad islamique au Yémen, avec qui il participa à l'attaque contre l'ambassade américaine en 2008. « Il a été arrêté et on a trouvé beaucoup d'équipements relatifs à des opérations terroristes chez lui », se souvient le général Mohsen Khosrouf. « Son arrestation en avait d'ailleurs entraîné d'autres, notamment chez des petits officiels relatifs à Saleh. Ils ont été détenus environ six mois dans un bâtiment appartenant au ministère de l'Intérieur avant que Saleh n'intervienne. Ils ont été relâchés ensuite. »

Libre, Adnan Al-Qadhi a été inscrit par la Maison-Blanche dans la liste des individus à abattre. Traqué, l'ancien officier ne semblait pas s'inquiéter outre-mesure puisqu'il rentra à Bait al-Ahmar, le village natal de sa famille et de Saleh. Perché dans les montagnes à une vingtaine de kilomètres au sud de Sanaa, Adnan vivait sereinement, persuadé que personne ne viendrait le chercher ici : existait-il meilleur endroit pour se cacher que le fief du président ?

Détendu, il accorda même une interview à Abdulrazaq Al-Jamal, un journaliste proche d'Al-Qaïda qui a tourné cette proximité en business ; il demande aujourd'hui de l'argent en échange de la moindre information concernant AQ. Décrit comme un religieux modéré dévorant les livres politiques, Adnan pestait contre les plans américains, censés diviser le pays en deux, et les tentatives de dialogue qui mèneraient à rien selon lui. « Il en ressortira une guerre », pressentait-il justement puisque la CIA l'avait enfin repéré. Préparant son coup, l'agence américaine envoya un drone armé d'un missile le 7 novembre 2012 dans les hauteurs du bourg natal de Saleh. À deux kilomètres, dans la petite localité d'Al-Serain, la frappe s'abattit dans un vacarme assourdissant. S'approchant de l'impact, les villageois secoururent les trois blessés et reconnurent les deux autres hommes inanimés dans les gravats : un certain Abu Radhwan et Adnan Al-Qadhi, celui qu'ils voyaient, dans sa jeunesse, parler buts et pénaltys avec son cousin devenu président de la fédération de football. Un drôle de lien, pas si bizarre que cela à écouter le chercheur Hussam Radman : « Al-Qaïda organisait quelques tournois de football dans des zones rurales afin de recruter des jeunes. Ils profitaient du peu d'activités organisées par la société civile et du manque de loisirs. Cela restait toutefois marginal dans leur recrutement. »

Fantasmée par certains médias internationaux, la relation entre les groupes djihadistes et le *beautiful game* s'arrêtait en réalité souvent à des passions de jeunesse ou des rencontres de l'équipe nationale écoutées par un transmetteur radio depuis une planque. « On me pose souvent la question : "Est-ce que vos joueurs ont fait partie d'Al-Qaïda ? Est-ce que certains ont quitté le football pour Al-Qaïda ou Daech ?" », confirme Muhammad Al-Kheinessi, le responsable presse de la sélection. « On me demandait aussi si nous avions déjà été séquestrés par des groupes terroristes. Je comprends ces interrogations car les gens externes ne peuvent pas connaître la situation. Sauf que nous n'avons jamais eu besoin d'armes ou de se cacher. Quand nous passions en bus un *checkpoint*, on montrait simplement notre maillot avec le logo. Toutes les milices nous laissaient passer en nous souhaitant bonne chance. C'était aussi simple que ça. »

Encensée partout où elle voyageait, l'équipe nationale du Yémen était le rêve de beaucoup d'enfants, adulant les artistes comme Ali Al-Nono, le meilleur buteur de l'histoire des Rouge et Noir et du championnat local. En grandissant, combien d'adolescents yéménites souhaitaient l'imiter et rejoindre à leur tour un club professionnel à l'étranger ? « L'exemple me venant en tête est celui d'Abou Hamza Al-Zinjibari, un chef d'AQPA[107] dont le véritable nom était Jalal Belaïdi », poursuit le chercheur. « Jeune, il était un footballeur très talentueux promis à un avenir professionnel. Malheureusement, il n'a pas trouvé sa place pour jouer au niveau espéré et il a rejoint Al-Qaïda pour combattre avec eux. »

Tué en voiture le 4 février 2016 par un drone américain avec deux de ses gardes du corps, le mystérieux Al-Zinjibari était l'exemple le plus marquant liant djihadisme armé et football même si d'autres personnes s'étaient laissées entraîner. « Ce que je vais dire est très personnel, mais j'étais un de ces jeunes qui auraient pu être recrutés par Al-Qaïda à travers ces activités », confie Radman. « J'étais proche des événements organisés dans mon quartier par le parti Al-Islah, ainsi que d'une de leur école coranique. Je vivais dans un environnement conservateur pouvant être fertile pour les gens d'Al-Qaïda. Certains de leurs membres venaient pour travailler des garçons qui se cherchaient dans la vie. Outre cette stratégie, il y avait comme je le disais le football, ainsi que des camps d'été pour les jeunes des zones rurales. C'était une couverture pour inciter le recrutement. »

107. Il avait été notamment nommé émir de la province d'Abyan.

Profitant de la faiblesse d'un État désorganisé et d'une exposition médiatique allant *crescendo*, AQPA était sur toutes les lèvres à l'aube de la Coupe du Golfe 2010. « Toutes les équipes participantes avaient peur d'eux », se souvient le défenseur Muhammed Saleh Yusuf. « Cependant, Abu Ahmed[108] leur avait promis que tout serait sécurisé, qu'il n'y avait pas de raison de s'inquiéter. » Plus que les 30 000 soldats déployés pour la compétition, Saleh voulait également impressionner ses hôtes en leur montrant que le pays pouvait être une bonne source d'investissement. Un comité préparatoire dirigé par le ministre de l'Intérieur, Rashad Al-Alimi[109], diligenta plusieurs commissions tenues par d'autres cadres du régime comme le ministre de l'Information, le très cultivé Hassan Al-Lawzi, le ministre de la Jeunesse et des Sports, Hamoud Obad, qui deviendra plus tard le maire de Sanaa, ou le président de la fédération, l'oligarque Ahmed Saleh Al-Essi.

Surnommé le requin, cet homme au visage rond fit fortune grâce à son entreprise spécialisée dans le transport maritime, principalement d'hydrocarbures. Disposant presque d'un monopole sur le port d'Al-Hodeidah, Al-Essi acheminait également des millions de barils de pétrole par camions, les stockant dans des entrepôts lui appartenant avant d'être exportés dans ses bateaux. Un sans-faute, qui passa également par la Corne de l'Afrique où il ouvrit des bureaux en Éthiopie, et une médiatisation savamment calculée avec des photos le faisant apparaître comme un philanthrope, ce qui n'était pas totalement faux ; il aida de nombreux Yéménites exilés en Égypte à trouver un logement et une vie décente.

Calme, mesuré, le président de la fédération de football était au centre des préparatifs de la Coupe du Golfe, utilisant ses connexions internationales pour mener des discussions avec des entreprises étrangères. « Il y avait une volonté politique d'attirer les gens extérieurs à investir au Yémen », abonde Hamzah Al-Kamaly, aujourd'hui ministre délégué chargé des Sports et de la Jeunesse. Pour cela, Aden devait subir un lifting. Routes, pelouses et stades furent refaits, tandis qu'un hôtel cinq étoiles de 239 chambres, Al Qasr, jaillit de terre grâce à une compagnie étatique yéménito-libyenne, Arabyl Holding, datant des accords passés entre Saleh et Kadhafi après l'unification. « Il y avait des liens économiques entre eux, mais on ne peut pas décrire

108. Littéralement le père d'Ahmed. Cette expression utilisée pour parler d'Ali Abdullah Saleh symbolise une certaine proximité entre les deux hommes.
109. Il dirige aujourd'hui le Conseil de direction présidentiel, qui remplit la fonction de président du gouvernement reconnu par la communauté internationale.

leur relation comme une alliance », nuance Borgi. « Le président était au courant des ambitions politiques de Kadhafi et des théories qu'il voulait généraliser dans le monde arabe. Il a donc essayé d'éviter les conflits avec lui, surtout après la guerre des régions centrales au début de son règne dans laquelle Kadhafi soutenait ses opposants. Néanmoins, il savait aussi que le président libyen avait de l'argent, donc il était pragmatique[110]. »

Si les Émirats arabes unis financèrent quelques projets, les autres nations restaient frileuses. Seul l'appel d'offres pour les droits de diffusion de la compétition déchaînait les passions, avec un chèque record de 560 millions de dollars versés par Abu Dhabi Sports, un chiffre égalant le budget total de l'organisation de la Coupe du Golfe ! « Il y a eu des dépassements, beaucoup de dépassements », rigolait toutefois chacun des politiciens interrogés sur le sujet. En réalité, près d'un milliard de dollars fut décaissé des caisses de l'État, du jamais-vu. Soudainement, l'eau courante et l'électricité fonctionnaient sans coupure, une rareté à Aden. Les rues furent balayées de toute impureté, les déchets jetés loin des regards comme les sans-abri, logés à la va-vite dans des chambres inoccupées ou des motels de fortune. Après seize années de déliquescence suite à la guerre, l'ancienne capitale du Sud renaissait, belle et orgueilleuse, mais attention aux mirages : la Coupe du Golfe était une parenthèse, oui, mais qui a pensé qu'elle était enchantée ? « Des gens ont détruit nos ambitions et les rêves de tous les Yéménites qui voulaient nous voir gagner », soupire Muhammed Saleh Yusuf. « Il y a eu des trahisons à l'intérieur de la fédération pour faire échouer certaines personnes, comme le coach. »

Dirigée par le Croate Srecko Juricic, un globe-trotter ayant entraîné près de deux décennies des clubs et sélections du Golfe (Arabie saoudite, Bahreïn, Émirats arabes unis, Oman), la sélection a bénéficié d'un budget de 12 millions de dollars alloué par le gouvernement. « On a eu plusieurs camps d'entraînement pour se préparer », se remémore l'adjoint de l'époque, Amine Al-Sanini. « On a même pu voyager à l'étranger, aux Pays-Bas et en Turquie. Les joueurs s'entraînaient bien, les matchs amicaux étaient concluants. L'optimisme était de mise. » Prenant régulièrement des nouvelles de « son » équipe par le biais du président de la fédération, Saleh s'enthousiasmait des victoires

110. L'un des plus grands centres commerciaux de la capitale, le Sanaa Trade Center, est surnommé le Libyan Center eu égard à son financement, comme l'un des quartiers fourmillant de villas appelé Al-Madina Al-Libiah (la ville libyenne).

engrangées dans cette préparation tout confort. « C'était un leurre car on a joué des adversaires très faibles », tempère Yusuf.

Dépensant sans compter, les dirigeants de la fédération et les officiels des divers comités jalonnant la compétition menaient la grande vie au détriment des joueurs. « On a reçu nos primes seulement le jour du match d'ouverture », continue le défenseur. « Même nos crampons et nos tenues officielles ont été donnés ce jour. C'était un indicateur clair de leur échec et de leur réelle volonté. » Exaspéré par une organisation inique, l'effectif retrouvait le sourire grâce à la visite du président Saleh. « Honnêtement, c'était lui notre motivation », loue Yusuf. « C'était un homme de parole. Il était avec nous. Il avait aussi promis qu'il était capable de protéger le pays et de sécuriser tout le monde. C'est exactement ce qui s'est passé, ce qui prouvait à quel point il aimait son pays. »

Avec l'aide supplémentaire de compagnies américaines de sécurité privée, le colonel à la moustache chantait sans trembler l'hymne national dans la tribune présidentielle du stade du 22 mai, un nom donné en hommage à la date de l'unification. Souriant, Afash regarda ses joueurs se rassembler en cercle une dernière fois. Yémen-Arabie saoudite allait commencer dans quelques minutes. « C'était une journée historique à tous les niveaux », se souvient l'entraîneur-adjoint Al-Sanini. « Les spectacles de la cérémonie d'ouverture étaient grandioses. Des artistes et sportifs avaient également participé à ce gala regardé par des millions de Yéménites à la télévision. C'était inoubliable. » Oubliant les menaces d'attentat, le *raïs* applaudissait en se tenant debout derrière la baie vitrée séparant sa loge des gradins. Avec son costume bleu sombre et sa chemise blanche, il restait immobile en écoutant la foule chanter à tue-tête. Profitant de ces rares instants de communion, il regagna son siège au moment où l'arbitre siffla le coup d'envoi. Ça y est ! Le moment tant attendu était arrivé, et pourtant : entouré des siens, de son grand peuple, ses joueurs, son gouvernement et sa famille, Saleh ne s'était jamais senti aussi seul ; aucun chef d'État du Golfe n'avait daigné venir à sa Coupe, pas même un officiel de premier rang.

Qu'importent les invitations envoyées depuis des mois ou le travail de persuasion des ambassadeurs yéménites, il n'y avait rien à faire : les familles royales restèrent dans leurs palais pour regarder le tournoi à la télévision. Contrarié, « humilié » selon certains de ses proches, Afash ne laissait toutefois rien paraître en public. « C'était tellement important qu'il a tenté de ramener toute la communauté diplomatique à cette Coupe du Golfe », sourit l'ambassadeur américain Gerald Feierstein. Confronté à une cascade de refus, Saleh accueillit des personnalités principalement issues du milieu sportif[111]. Ne souhaitant pas donner l'impression d'avoir été abandonné, il convia également les présidents de Djibouti et de l'Érythrée, deux pays de la Corne de l'Afrique n'ayant rien à voir avec la Coupe du Golfe, sous prétexte de renforcer leurs relations bilatérales. Une consolation, pensait-il, en remettant ses lunettes de vue face aux photographes qui, subitement, braquèrent leurs objectifs sur la tribune réservée aux quelques centaines de fans saoudiens célébrant l'ouverture du score. Le match n'avait pas dépassé quatre minutes de jeu que la défense yéménite avait vacillé sur un coup-franc repris de la tête par l'athlétique défenseur de Djeddah, Osama Al-Muwallad. Grimaçant dans sa loge, Afash n'était pas au bout de ses peines : les Rouge et Noir se liquéfièrent complètement en seconde période, encaissant une contre-attaque supersonique, un pénalty et un dernier but dans le temps additionnel suite à un joli mouvement collectif. Yémen-Arabie saoudite : 0-4.

Boudé par les monarques voisins, lâché par son équipe, vilipendé par le gouvernement djiboutien[112], Saleh se consolait avec les compliments de la presse arabe et internationale, charmée par l'atmosphère festive dans les rues et dans les tribunes. « Qui aurait pu croire qu'il y avait un problème dans le pays ? », interroge Feierstein. Personne hormis les initiés s'intéressant de près à l'équipe de football. « Après le premier match contre l'Arabie saoudite, j'ai quitté l'équipe nationale », avoue Muhammed Saleh Yusuf. « Des gens de notre propre staff voulaient nous voir échouer pour des raisons personnelles. C'est à cause de ça et des dirigeants corrompus que le football yéménite ne se développe pas. Ces gens s'en fichent. Ils ne savent même pas ce qu'est réellement le football. »

Malgré l'ouverture du score lors de la deuxième rencontre face au Qatar, les joueurs s'effondrèrent de nouveau, perdant 1-2 sur un but gag où deux défenseurs yéménites loupèrent une longue balle anodine qui atterrit miraculeusement dans les pieds du double buteur qatari, Jaralla Al-Marri. « On a laissé tomber notre public », lance Amine Al-Sanini qui assista depuis le banc de touche au naufrage contre le

111. Le ministre des Sports d'Oman, Ali bin Masoud Al-Sunaidi, le président du comité olympique asiatique et homme politique koweïtien, le cheikh Ahmed Al-Fahad Al-Ahmed, le président de la confédération asiatique de football, le Qatari Mohammed bin Hammam, et le secrétaire général du GCC, le Qatari Abdul Rahman bin Hamed Al-Attiyah.

112. L'utilisation des photos des chefs d'État, ainsi que les articles de l'agence de presse étatique yéménite Saba furent fustigés par le ministre djiboutien de l'Information, Ali Abdi Fareh. Le lendemain de la cérémonie d'ouverture, il publia un communiqué rappelant que Djibouti n'entretenait pas des relations normales avec l'Érythrée, et qu'il n'y avait jamais eu de sommet tripartite comme le sous-entendait Saba.

Koweït (0-3) pour le troisième et ultime match de la compétition. « On a été incapable d'être à la hauteur des attentes des gens. C'est la seule chose qui me vient à l'esprit. Ce sentiment de déception, d'échec... » Dernière de sa Coupe du Golfe, l'Arabie heureuse n'a pas connu le renouveau espéré par son président, mais encore un peu de patience : la disgrâce n'était désormais plus très loin.

16. LES VISAGES DE LA JEUNESSE

« Il y avait une certaine pureté puisqu'il n'y avait pas d'agenda politique. Tout le monde se mélangeait. On a vu des houthis venir à Sanaa, des gens du Sud. Toutes ces personnes qui ne s'adressaient pas la parole ou qui parfois se battaient se sont regroupées de manière pacifique pour manifester » (Linda Al-Obahi, conseillère de l'ambassade de France au Yémen).

Dans le sillage des soulèvements égyptiens et tunisiens, la jeunesse yéménite s'est fortement mobilisée dès le mois de janvier 2011. Manifestant pour un meilleur futur, ce mouvement originellement apolitique a réuni des citoyens de tous bords désireux de changer de régime. Parmi eux, Mazen et Muhammed, deux jeunes hommes protestant respectivement à Taez et Sanaa, dont les destins se rejoignirent à un mois d'intervalle, le 18 février et le 18 mars. ■

Catastrophique sportivement, le Yémen avait cependant gagné son opération de communication comme le titrait le *New York Times*. Aucun attentat, aucune protestation : Saleh était toujours le bon père de la nation qu'il dirigeait depuis bientôt trente-trois ans. Rassurée, la communauté internationale détourna le regard, persuadée que les soubresauts internes allaient se régler. « La révolution avait débuté en Tunisie lorsque Hillary Clinton s'est rendue à Sanaa, c'est pour dire », remarque l'ambassadeur états-unien Feierstein. « Elle avait même rencontré des représentants de la société civile, de l'opposition... Il n'y avait eu aucun souci. » Pourtant, moins d'une semaine après la visite très médiatisée de la secrétaire d'État américaine, des manifestations éclatèrent dans la capitale et dans plusieurs villes, notamment à Aden et Taez.

Si les protestations dans l'ancienne capitale du Sud restaient fortement marquées par les revendications du Hirak, les marches à Sanaa et Taez étaient différentes. « Ce sont des jeunes qui ont décidé de se réunir », rappelle l'ancien diplomate Mustafa Naji. « Influencés par ce qui se passait en Égypte et en Tunisie, de nombreux universitaires sont sortis dans les rues pour réclamer un meilleur futur. Il y avait une certaine forme d'innocence, presque de naïveté en se disant : "Pourquoi pas nous ?" »

Avec l'émergence des réseaux sociaux comme Facebook, les manifestants disposaient d'un espace virtuel non contrôlé pour se rassembler et organiser les prochains événements, ce qui mit en alerte les services de renseignement. « Saleh disposait de *moukhabarat,* mais ce n'était pas comparable à l'Égypte, l'Irak, la Jordanie ou la Syrie », juge la chercheuse Nadwa Dawsari. « Ils n'étaient pas à espionner les gens tout le temps comme dans d'autres pays arabes. Honnêtement, nous avions beaucoup de libertés en comparaison. On pouvait se moquer de Saleh en public, dans les journaux ou sur les réseaux sociaux sans avoir de souci. J'étais très critique de son régime, et je n'ai jamais été suivie par les *moukhabarat.* Ça n'aurait pas été le cas en Égypte sous Moubarak par exemple. »

Si les arrestations arbitraires et les disparitions d'opposants ont existé, Afash n'a jamais façonné sa nation comme un État policier où il devait être glorifié en permanence. « J'ai travaillé en Irak lors du règne de Saddam Hussein, donc j'ai vu la différence », rigole Barbara Bodine, l'ambassadrice ayant été le plus proche ambassadeur étranger de Saleh. « En Irak, si quelqu'un critiquait Saddam publiquement, il allait avoir des surprises. Au Yémen, non, il n'allait pas disparaître mystérieusement à trois heures du matin. C'est pour ça qu'Ali Abdullah n'était pas comparable à tous les autres leaders arabes de son temps. Il pouvait être très difficile à comprendre, mais nous devions nous détacher de la vision cartoonesque qu'on pouvait avoir de lui. Être instruit et être intelligent sont deux choses différentes. »

Connu de tous, le manque d'instruction de Saleh était une source intarissable de blagues pour les caricaturistes des journaux d'opposition. Dessiné comme un homme incapable de comprendre l'arabe de son homologue égyptien Moubarak, il était aussi représenté tel un voleur se goinfrant des richesses du pays. Un outrage fatal pour certains présidents, mais pas pour Afash qui avait parfois des crises de fous-rires en regardant des croquis ou en écoutant les histoires racontées à son sujet[113] ! « Il était unique dans sa façon d'être », sourit Bodine. « Quand j'étais ambassadrice, il avait neuf personnes dans son cabinet qui avaient obtenu des doctorats des meilleures universités américaines :

113. Anecdote racontée par plusieurs de ses conseillers.

Columbia, Princeton, Yale, etc. Nous n'avions pas autant de personnes avec un tel CV dans mon cabinet ! Il avait choisi des ministres bien plus cultivés, éduqués et sophistiqués que lui, comme le ministre de la Santé qui était un cardiologue sorti de l'université d'Édimbourg. Tous ces hommes avaient plus voyagé que lui, connaissaient davantage le monde que lui. Normalement, les leaders choisissent des gens qu'ils considèrent moins intelligents qu'eux. Là, ce n'était pas le cas. »

Désireux d'apprendre, Saleh avait également engagé des professeurs particuliers pour améliorer son niveau d'anglais, mais malgré tous ses efforts, il ne parvint jamais à s'exprimer correctement dans une autre langue que l'arabe. « Ça l'avait attristé car il n'y arrivait pas », confirme un de ses proches. Colérique, le président avait renvoyé ses enseignants, ce qui rappelait le licenciement de ses conseillers économiques dans l'avion de retour à Sanaa après avoir rencontré le président Bush en novembre 2005. Venu avec une large délégation à Washington pour obtenir de nouveaux soutiens financiers, « sa liste de shopping », comme l'écrit Gregory Johnsen dans son excellent ouvrage *The Last Refuge*, Saleh était presque rentré bredouille ; les aides américaines étaient au plus bas comme celles de la Banque mondiale à cause d'une corruption presque généralisée. Excédé, il s'emporta sur ses conseillers bardés de diplômes, leur rappelant qui était le patron. « Il était capable de prendre des choix radicaux sur un coup de tête », note Khaled Al-Yamani, à l'époque diplomate du ministère des Affaires étrangères. « Puis, brusquement, il pouvait changer sa décision. C'était comme ça. » Pour preuve, la plupart des conseillers économiques virés durant le vol furent réemployés quelques semaines plus tard.

Néanmoins, ce régime basé sur une relative tolérance s'emballa au fur et à mesure que les manifestations prirent de l'ampleur. Épiant les réseaux sociaux, les *moukhabarat* avaient pour ordre de repérer le complot ourdi par les opposants de Saleh. Pour le président, il n'y avait pas de doute, ce mouvement n'était pas spontané, mais fomenté par des tierces personnes pour l'affaiblir. « Il fallait être un peu naïf pour penser que le Yémen allait devenir comme une démocratie occidentale », lance Abdulrahman Al-Eryani, dont la famille était viscéralement attachée aux strates du pouvoir depuis quatre décennies. « Ça avait commencé avec de bonnes intentions. Les gens avaient des demandes nobles, mais je ne suis pas sûr qu'ils disposaient d'une vision claire pour le moment où Ali Saleh partirait. »

Regroupés en face de l'université de Sanaa, autour d'un endroit renommé la place du Changement, les étudiants furent rejoints par d'autres classes sociales. Chômeurs, docteurs, marchands, ouvriers, responsables tribaux : chaque pan de la société yéménite gagnait le mouvement, sans distinction d'âge, de province, de religion ou de sexe. « Il y avait une certaine pureté puisqu'il n'y avait pas d'agenda politique », loue Linda Al-Obahi, employée à Médecins du monde et future conseillère de l'ambassade française au Yémen. « Tout le monde se mélangeait. On a vu des houthis venir à Sanaa, des gens du Sud. Toutes ces personnes qui ne s'adressaient pas la parole ou qui parfois se battaient se sont regroupées de manière pacifique pour manifester. » Sur la place du Changement à Sanaa ou celle de la Liberté à Taez, les contestataires plantèrent des tentes pour y dormir la nuit et occuper le lieu en continu. Tous les jours, les slogans appelant à la fin du régime et au départ de Saleh retentissaient devant un gouvernement dépassé. Au-delà des classiques « *Irhal, Irhal* », « Dégage, dégage », les jeunes Yéménites allaient plus loin, entonnant des chants ou des poèmes signifiant que l'issue était non négociable :

Dégage ! Dégage !
Notre peuple a prononcé son dernier mot.
Les gens du Yémen ont dit que tu n'avais plus de place ici.
Dégage et laisse ces gens construire leur État.

Chaque vendredi, les manifestations redoublaient d'énergie, concentrant plusieurs milliers de personnes. Jour de la grande prière hebdomadaire pour les musulmans, le vendredi a toujours été une occasion de se réunir, alors pourquoi se priver ? « C'est un jour sacré », corrobore Linda. « C'était le grand moment de la semaine. Beaucoup d'autres personnes rejoignaient le mouvement qui a su s'organiser comme il le fallait. » Une organisation pleine de solidarité, comme en témoignaient les stands improvisés de nourriture, qui n'avait pas l'adhésion officielle des partis politiques traditionnels[114], et encore moins du Hirak au Sud, mais celle des citoyens lambda. Un casse-tête pour Saleh qui brandit les complots internes et extérieurs en prévenant : « Si je me retire, le Yémen unifié que nous connaissons aujourd'hui ne sera plus le même. Il sera divisé en plusieurs pays [...]. Je ne veux pas que le Yémen devienne un État failli comme la Somalie. » Sous-entendu : je suis la seule personne capable de garder debout l'Arabie heureuse – ou ce qu'il en restait.

—

114. De nombreux membres d'Al-Islah, des nasséristes ou d'autres partis politiques faisaient partie des manifestations, mais ils venaient sur une initiative individuelle, non collective.

Ce vendredi 18 février 2011, Mazen Al-Badhigi était excité. Cela faisait quatre semaines qu'il défilait avec ses amis dans les rues de Taez, la troisième ville du pays, engoncée entre les montagnes du sud-ouest. Dès le premier jour, Mazen était en tête du cortège remontant Jamal Street et Tahreer Street, deux des artères centrales grouillantes de boutiques et de chalands. Bruyante, la manifestation avait été endiguée par les forces de l'ordre. *« Selmia, selmia »*, cria le jeune homme de 24 ans en s'interposant pour signifier que la marche était pacifique. C'était tout Mazen, l'intrépide fils aîné d'une fratrie de sept enfants d'un petit village au sud de Taez, Al-Zouq.

Depuis sa tendre enfance, il aidait son père, Saeed, dans les champs. Pauvre, la famille ne comptait que sur les maigres ressources fermières pour subvenir à ses besoins. Une situation difficile qui perturbait le garçon à la volumineuse chevelure noire. Plus les années passaient, moins il supportait de voir la mine renfrognée de ses frères et sœurs inquiets de savoir s'il y aurait assez à dîner pour tout le monde ou non. Écoutant son cœur, il stoppa prématurément sa scolarité à l'établissement al-Encash et décida de rejoindre définitivement son père dans les cultures : comme lui, Mazen serait fermier.

Un mois plus tard pile à Sanaa, le 18 mars, un autre jeune Yéménite issu d'un milieu rural se préparait pour la prière du vendredi. Muhammed Al-Arifi, élève du lycée Al Kuwait, était impatient de rejoindre la place du Changement. Comme Mazen, Muhammed était un manifestant de la première heure rêvant d'une meilleure vie. Le chômage exponentiel et des conditions de vie précaires avaient déjà poussé son père, Abdulhwahed, à émigrer en Suisse pour trouver meilleure fortune et aider les siens. Originaire de Wesab, un village de la province de Dhamar au sud de Sanaa, le paternel avait déjà migré vers la capitale yéménite pour élever sa famille dans un lieu plus prospère, mais cela ne suffisait pas. « Beaucoup de ruraux ont déchanté dans les grandes villes », confirme Mustafa Naji. « Aden, Al-Hodeidah, Taez et surtout Sanaa ont vu leur population croître sans avoir du travail suffisant pour tout le monde. »

Cloîtrées dans les périphéries miteuses s'agrandissant à vue d'œil, de nombreuses familles économisaient afin d'envoyer leurs enfants à l'école comme Muhammed. Conscient des sacrifices de ses parents, il alla chercher son grand frère, Ahmed, pour qu'ils partent ensemble. « On se voit à la place du Changement », lui rétorqua son aîné qui devait terminer quelques besognes. Souriant, Muhammed passa la porte d'entrée en lui répondant : « Ok, on se voit au paradis ! »

Se frayant un chemin à travers la cohue, Mazen et Muhammed arrivèrent dans le cœur du soulèvement de leurs villes respectives : la place de la Liberté à Taez, située dans le nord-ouest de la ville sur Safer Street, et la place du Changement à Sanaa faisant face aux deux portes majestueuses de l'université. Des milliers de personnes étaient déjà présentes pour le plus grand bonheur des deux jeunes. Vivants, ces lieux étaient ornés de convivialité, de drapeaux et de sourires. Puis, l'appel à la prière résonna. Il était temps de se recueillir, tous ensemble, pour cette journée qui allait être si spéciale ; Mazen et Muhammed ne savaient juste pas à quel point.

Sur la place du Changement, un petit groupe d'hommes bloqua subrepticement l'entrée au sud. Déguisés en civils, ils étaient en réalité des forces gouvernementales armées, ce qui était formellement interdit ; aucun manifestant ne pouvait venir avec une arme, pas même les responsables tribaux qui habituellement se baladaient avec leurs kalachnikovs. Entouré de ses amis, Muhammed ne remarqua pas cette manœuvre. Le lycéen de 18 ans au teint clair et à la très fine moustache priait, comme tous les gens autour de lui, jusqu'à ce qu'il entende des coups de fusil. Soudainement, des personnes chutèrent à ses pieds, dans une mare de sang. Les cris et la panique fusèrent à travers la place du Changement. Qui nous tirait dessus ? D'où venaient-ils ? Accourant auprès d'un blessé, Muhammed exhorta ses collègues de rester calmes : « Soyez courageux ! Allah est avec nous ! » Il fallait secourir ces malheureux, notamment cet étudiant gisant sur le sol après avoir reçu une balle. Dénouant son châle qu'il portait autour du cou, le jeune homme aux prunelles innocentes l'attacha autour de sa taille. Il s'empara de l'infortuné pour l'aider à se relever, puis essaya de marcher avec lui pour l'évacuer. Problème : où pouvait-il aller ? Pourquoi ces gens bloquaient l'entrée au sud ? Tant de questions, mais il n'eut pas le temps de trouver une réponse : quelques mètres plus tard, un sifflement aigu atteignit Muhammed, qui s'écroula immédiatement ; une balle avait transpercé son dos, puis sa poitrine. Perchés sur les toits, des *snipers* recouvrant leur visage avec un turban alignaient les fuyards. Cœur, tête, torse, la précision des tirs interpellait : si tous les Yéménites étaient armés ou presque[115], l'attaque ne pouvait être menée que par des professionnels, ce qui alimenta les fantasmes ; les troupes d'élite de Saleh, notamment la garde républicaine de son neveu Tareq, n'avaient-elles pas voyagé aux États-Unis pour recevoir

115. Le Yémen est considéré comme le deuxième pays au monde à détenir le plus d'armes au sein de sa population après les États-Unis.

une formation spéciale de l'armée américaine afin de lutter officiellement contre Al-Qaïda ?

Un mois plus tôt, à près de 250 kilomètres au sud de la capitale, les chants demandant la fin du régime ne se tarissaient pas. Une joie pour Mazen qui avait été l'un des pionniers de ce soulèvement ; il a même été l'un de ceux ayant poussé initialement pour établir la place de la Liberté à Safer Street. Débrouillard, il avait quitté depuis quelques années les champs de son village où il labourait la terre avec son père. Persuadé qu'il pouvait trouver un emploi plus rémunérateur, il s'était installé dans une chambre de fortune à Taez. Un sacré changement de vie, mais il devait s'y tenir pour envoyer suffisamment d'argent afin que ses six frères et sœurs puissent poursuivre leurs études. Un altruisme n'étonnant aucun de ses proches ; à Al-Zouq, Mazen avait la réputation du brave garçon aidant toujours les personnes dans le besoin.

Naturellement, ce trait de caractère rejaillissait sur la place de la Liberté, où il était l'un des premiers à fredonner les slogans et à parler calmement aux forces de l'ordre. Tout le monde aimait Mazen, le fermier au sourire en coin qui rasait soigneusement chaque poil récalcitrant de sa barbe et de sa moustache. Capable de réciter des versets entiers du Coran, il s'installait pour prier comme ses camarades. Se recueillant un moment, il écouta le crissement d'un moteur et des hurlements. Levant la tête, il vit déguerpir des femmes et des hommes dans tous les sens. Mazen ne comprenait pas ce mouvement de foule. Les troupes gouvernementales avaient-elle menacé des gens ? À moins que ce ne soit le bruit sourd de cette voiture qui s'était arrêté au détour de Safer Street. « Ce qui s'est passé à Taez a profondément marqué notre société », souffle Linda Al-Obahi. « C'était inhumain. » Quasiment à l'arrêt, l'automobile accéléra brusquement après que l'un de ses passagers ait lancé depuis la fenêtre une grenade sur un groupe de manifestants. Envoyée dans la direction de Mazen, la grenade rebondissait sur le sol au milieu des jeunes fuyant pour sauver leur vie. Sans hésiter, le fermier d'Al-Zouq jaillit et attrapa l'engin noir pour l'emporter au loin, loin des gens chantant il y a encore quelques secondes à Saleh de dégager, « *Irhal, Irhal* ». Vite, vite, il fallait jeter cet engin de malheur. Courant à perdre haleine, Mazen savait qu'il était peut-être trop tard, mais rien n'y changeait : s'il s'était sacrifié pour sa famille, il pouvait le faire pour son pays. La détonation explosa dans ses mains, sauvant toutes les personnes de la place de la Liberté qui comptait « seulement » des blessés, 87. Amené d'urgence à l'hôpital, le corps déchiqueté par endroits, Mazen respirait encore. Un miracle, mais pour combien de temps ? Au Yémen, chaque nuit présageait désormais un nouveau malheur.

Sur la place du Changement à Sanaa, les secours accoururent pour transporter les centaines de blessés et les 45 victimes. Le corps froid, Muhammed était placé dans un brancard jusqu'à l'hôpital où son aîné, Ahmed, se précipita en apprenant la nouvelle. Devant procéder à l'identification de la dépouille, Ahmed ne pouvait retenir ses larmes : c'était bien son frère, celui qui jouait au football avec ses amis pendant des heures avant de rentrer tout guilleret pour dîner. Recevant les condoléances des médecins, Ahmed demanda à rester un moment seul avec Muhammed. « Pourquoi tu es parti ? », lui demanda-t-il en sanglotant. « Pourquoi ? » Pensant à haute voix, il fixait le corps de son cadet sans savoir ce qu'il allait dire à ses parents. S'approchant des bandelettes attachées au front de Muhammed, il remarqua quelques mots, griffonnés à la hâte : « Je suis le prochain martyr. » D'un coup, il se rappela leur petite conversation du matin et les derniers mots prononcés par son frère : « On se voit au paradis. » Pourquoi lui avoir dit ça ? Connaissait-il son destin à l'avance ? C'était possible : Muhammed avait 18 ans, mais toujours des yeux d'enfant ; il voyait des choses que les autres ne pouvaient percevoir.

À Taez, la description de Mazen par ses proches était similaire. Sans un poil au menton, le regard pénétrant, il était un beau jeune homme de 24 ans qui avait gardé sa candeur enfantine. Travailleur, il aimait sortir avec un costume gris pâle qu'il avait acheté à la sueur de son front. Un dur labeur qu'il ne regrettait pas, comme son geste d'hier. Le lendemain matin, étendu sur son lit d'hôpital, Mazen ne se réveilla pas. Il était mort comme il avait vécu, pour les autres, alors pourquoi pleurer ; il ne faisait que suivre les chants fredonnés à la place de la Liberté.

Lève ta tête bien haut
Hurle et dis :
Ma révolution est pacifique
Je me sacrifierai pour la terre du Yémen.

17. L'ULTIME DANSE

« Si jamais je ne suis plus là, qui défendra vos intérêts ? Si les islamistes prennent le contrôle, vous croyez sincèrement qu'ils vous autoriseront à mener des opérations contre Al-Qaïda ? » (Ali Abdullah Saleh lors d'une conférence avec des officiels américains au printemps 2011).

La révolution yéménite a été politisée à son insu, puis récupérée par des pays étrangers voulant décider du futur de l'Arabie heureuse. Si Saleh espérait conserver le soutien de ses partenaires de longue date, en premier lieu les États-Unis et la France, ces derniers étaient prêts à le lâcher après trois décennies communes. S'installa alors un jeu de dupes entre les puissances occidentales, les nations du Golfe et les factions locales rêvant de remplacer le colonel... ■

La manifestation du 18 février, lors de laquelle Mazen a ramassé cette grenade lancée au milieu de la foule, avait exacerbé les tensions. Surnommée le « Vendredi de la colère », elle avait poussé le gouvernement à réagir prestement. En l'espace de trois jours, onze personnes suspectées d'avoir participé à cette attaque furent arrêtées. Si sept d'entre elles furent mises en examen par le procureur, quatre s'échappèrent dans des circonstances non élucidées. « Les vrais coupables n'ont pas été traduits en justice », souffle l'activiste Riyadh Al-Dubai. « Des crimes ont été commis en toute impunité par le régime. On a volontairement entretenu un flou pour ne pas remonter aux vrais commanditaires. »

Si aucune preuve formelle n'a été trouvée contre des membres du parti présidentiel, un membre de la famille du gouverneur de Taez a fait partie des quatre fugitifs ayant disparu des geôles de l'État[116]. Cette ambiguïté s'est accentuée au fil des semaines et des drames occasionnels jusqu'au funeste 18 mars, le « Vendredi de la dignité », *Juma'at Al-Karama*. « C'est le tournant du soulèvement », estime Linda Al-Obahi. « Attendre la prière pour tirer... C'est à ce moment que les gens ont compris que c'était la fin de la gouvernance de Saleh, surtout que les gens ont filmé ce moment sanglant. » Diffusées en boucle sur Al Jazeera, les images choquèrent profondément l'opinion yéménite et internationale. « Pour la première fois, on voyait à la télévision le vrai visage du gouvernement », appuie Al-Dubai. « En 1994, il n'y avait pas la technologie d'aujourd'hui, ni les chaînes d'information en direct. Lors des guerres de Saada, tout était camouflé, mais pas pour la révolution. Tout le monde a pu constater la réalité. » Chaque puissance occidentale y alla de son communiqué fustigeant l'utilisation de la violence, tandis qu'un court-métrage retraçant cette tragique journée fut nommé *a posteriori* aux Oscars en 2014.

Intitulé *Karama has no walls*, ce film montrait sans artifice l'intensité révolutionnaire d'une jeunesse balayée par une pluie de balles. « C'est le sang des martyrs, c'est le sang des martyrs », hurla en sanglots un manifestant dont la chemise à carreaux était ensanglantée. « Comment tu as pu nous faire ça, Ali ? Comment tu as pu nous faire ça ? » Grâce au courage de deux caméramans amateurs, Nasr Al-Namir 17 ans et Khaled Rajeh 23 ans, la réalisatrice Sara Ishaq, une femme née en Écosse d'un père yéménite et d'une mère écossaise, a pu assembler des *rushs* d'une émotion rare. Visés par les *snipers*, les deux jeunes cadreurs se faufilaient entre les cris, la foule et les blessés transportés

116. Il s'agit d'Omar Mohamed Ali Gholais, membre de la famille du gouverneur de Taez à l'époque, Hamud Khalid Al-Sofi.

à bout de bras. « Nous sommes tous des martyrs, ton trône est en train de vaciller Ali », lança à l'aide d'un mégaphone un homme à la voix grave. Intrépide, la jeunesse yéménite ne reculait pas. Au contraire, elle ramassait les cailloux éparpillés sur ce qui restait de la chaussée pour les jeter vers les toits ou par-delà l'explosion ayant déclenché un feu. À ce stade, mourir n'était plus une option mais une question de temps, alors autant partir avec dignité.

Outre les 45 morts survenus le jour même, 7 autres personnes décédèrent de leurs blessures à l'hôpital les semaines suivantes. Un bilan apocalyptique, comprenant aussi deux centaines de blessés, qui entraîna Saleh à décréter l'état d'urgence. « Il n'y avait pas de meilleure opportunité pour s'affranchir du régime et rejoindre la révolution », analyse Baraa Shiban, présent sur le terrain comme il l'avait été lors des guerres de Saada. « Plusieurs leaders militaires ont annoncé publiquement qu'ils se désolidarisaient, comme Hamid Al-Koucheïbi et surtout Ali Mohsen. »

Mohsen, le cousin de Saleh, celui avec qui il jouait enfant, l'homme de toutes les batailles et de toutes les guerres, s'affranchit de son compagnon de toujours pour rejoindre le mouvement révolutionnaire dont il se proclama le protecteur. « Une mutinerie » aux yeux d'Afash qui voyait plusieurs cadres de son parti politique démissionner. « Le fait qu'il ait donné autant de pouvoir à ses neveux et à ses fils énervait beaucoup de gens », continue Shiban en référence à la voie tracée par Saleh pour son fils aîné, Ahmed Ali, le chef de la garde républicaine. « Dans la tragédie du *Juma'at Al-Karama*, c'est l'absence manifeste des services de sécurité qui interroge », pointe la chercheuse Nadwa Dawsari. « Où étaient-ils ? Comment ces gens ont pu tranquillement s'installer sur les toits afin d'assassiner les manifestants ? » Des questions légitimes auxquelles le colonel à la moustache répondit en limogeant le procureur général, Abdullah Al-Olfi, qui avait ordonné l'interrogatoire de plusieurs hauts gradés du régime.

Incontrôlable, Saleh refusait de quitter le pouvoir malgré des affrontements gagnant l'ensemble du territoire. Outre Ali Mohsen, l'un des hommes les plus puissants du pays, le parti politique Al-Islah se mit en branle, comme le Hirak au Sud, ou les houthis au Nord qui chassèrent le gouverneur de Saada après des combats meurtriers pour nommer Fares Manaa, le célèbre marchand d'armes. « Ils ont récupéré le plus grand camp militaire de Saada grâce aux rivalités au sein du régime et de l'armée », note Shiban. Les défections d'officiers fidèles au major-général Mohsen entraînèrent même des combats entre des soldats de l'armée régulière et la garde républicaine dirigée par le fils de Saleh, causant deux morts à Mukalla[117]. Un chaos auquel s'ajoutait Al-Qaïda, du moins selon Saba, l'agence de presse étatique qui reporta des combats contre les forces gouvernementales dans les provinces d'Abyan et Mareb, où une quinzaine de terroristes perdirent la vie. « J'ai actuellement peur que Saleh utilise la carte Al-Qaïda pour rester au pouvoir et utiliser la violence contre son propre peuple », déclara Ali Mohsen à la DPA, la principale agence de presse allemande. « Saleh a largement contribué à la présence du terrorisme au Yémen puisqu'il jouait avec comme une tactique politique. »

Sollicitant non seulement ses contacts entretenus depuis presque quatre décennies à la CIA, une agence venue discrètement dans les bagages de la compagnie pétrolière Hunt Oil[118] dont l'influence n'a fait que croître suite au 11 septembre, Afash missionna également son beau-frère, Abdulwahab Al-Hajri, ambassadeur yéménite aux États-Unis depuis 1997, d'alerter la Maison-Blanche sur les dangers guettant les Américains s'il venait à chuter. « Je ne donne plus d'entretien pour parler de politique », répondit poliment ce dernier. « Ce que je peux dire, c'est que le Yémen a eu de la chance dans le choix des ambassadeurs américains nommés à Sanaa. »

Élégant, raffiné, Al-Hajri était connu de tous les diplomates et journalistes politiques à Washington. « Il faisait partie des meubles », rigole Barbara Bodine. Parfaitement bilingue, diplômé en droit international à la prestigieuse American University de DC, il était issu d'une famille huppée dans laquelle son père exerçait comme diplomate pour le Yémen du Nord et comme ambassadeur au Koweït. Plus tard, de 1972 à 1974, le paternel fut nommé Premier ministre par le président au turban, le juge Al-Eryani, avant d'être assassiné trois ans plus tard de plusieurs balles à la sortie de son hôtel londonien en compagnie de sa femme[119]. Meurtri, Abdulwahab n'hésita pourtant pas à suivre ses pas, rejoignant le ministère des Affaires étrangères de son pays dès 1979. « Il avait une énorme expérience de par son vécu et son intelligence », commente un membre de la diplomatie américaine désireux de garder l'anonymat. « Lorsqu'il est arrivé à Washington comme attaché culturel, il s'est rapidement fait remarquer par sa propension à se créer des amitiés et des connexions. Cela a décuplé avec son poste d'ambassadeur. Il a cultivé des relais suffisamment importants

117. Incident survenu le 24 mars.
118. Voir chapitre 31, « Baisers mortels de Paris ».
119. Voir chapitre 5, « Vanité fatale ».

à la Maison-Blanche pour apaiser les tensions pouvant naître à cause de l'attitude de son beau-frère, Saleh. »

Contrairement au tempérament brut de décoffrage du colonel Johnnie Walker, surnom donné par des officiels états-uniens à Afash eu égard à son penchant pour le bon whisky, Al-Hajri était un interlocuteur subtil au style soigné. Derrière ses petites lunettes rondes, son bouc et sa barbe en collier, il recevait ses invités dans son imposant manoir à Spring Valley, peut-être le quartier le plus onéreux de la capitale américaine. Attablés autour des mets les plus délicieux qui existaient, les convives découvraient l'art culinaire yéménite, ainsi que des produits importés de l'Arabie heureuse qu'il donnait en cadeaux. Amandes, café, pistaches, toutes les saveurs y passaient, ainsi que les danses, yéménites ou non, pour pimenter des soirées se terminant parfois au petit matin. « Il avait tout compris du métier de diplomate », juge Bodine. Charmeur sans être mielleux, cultivé sans être rébarbatif, sociable tout en connaissant les limites à adopter, Al-Hajri était devenu un membre à part entière de la haute société à Washington, au point d'être élu parmi les meilleurs hôtes de la capitale[120] pour sa délicatesse ; lors de son départ de Washington DC, il envoya un mail à ses contacts avec en pièce jointe quelques vers de l'immense poète chilien Pablo Neruda, auteur du poème *Adioses*, « les adieux ».

Habitué à accueillir chez lui des agents de renseignement, des membres du Congrès et du corps diplomatique, des secrétaires d'État et des généraux de l'armée tel David Petraeus, qui devint en septembre 2011 le directeur de la CIA, le beau-frère de Saleh était la personne idéale pour convaincre le bureau ovale de soutenir encore le régime en place. « Tout était lié à la menace que représentait ou non Al-Qaïda sur nos intérêts », juge Gregory Hicks, un ancien vétéran de la diplomatie américaine ayant exercé au Yémen et dans de nombreux pays (Afghanistan, Bahreïn, Gambie, Libye, Syrie). « Les décisions étaient prises en fonction de ce prisme. » Conscient de cette lecture lui faisant dire en privé qu'il savait « comment faire payer les Américains », Saleh encouragea Al-Hajri à délivrer un message inquiétant : Al-Qaïda pourrait profiter de l'anarchie et croître encore et encore. « Si jamais je ne suis plus là, qui défendra vos intérêts ? », lança le président yéménite lors d'une conférence privée avec plusieurs officiels américains[121]. « Si les islamistes prennent le contrôle, vous

120. Par les revues *Washington Life* et *DC Magazine*.
121. Conversation rapportée par un diplomate américain présent, et corroborée par deux collaborateurs du gouvernement yéménite de l'époque.

croyez sincèrement qu'ils vous autoriseront à mener des opérations contre Al-Qaïda ? »

Insistant sur le rôle joué par l'imam Al-Zindani, l'un des fondateurs du parti Al-Islah qui a été classé comme terroriste par les États-Unis et le conseil de sécurité de l'ONU pour avoir « concouru à financer, organiser, faciliter, préparer ou exécuter des actes ou activités d'Al-Qaïda », le président espérait conserver le plein soutien de Washington. « Après réflexion, notamment sur la question terroriste, nous avons décidé de soutenir la jeunesse et ceux qui voulaient faire un pas vers une société plus démocratique », admet Gerald Feierstein, l'ambassadeur en place à Sanaa. « Mon ambassade a fortement poussé pour soutenir l'opposition, c'est vrai. » Jouissant de liens de confiance avec le parti Al-Islah depuis une bonne décennie, les États-Unis étaient rejoints par un autre partenaire de l'État yéménite, la France. « C'était l'un des acteurs majeurs », confirme Fernando Carvajal, qui a fait partie du panel d'experts des Nations unies pour le Yémen. « Ali Abdullah Saleh avait énormément d'investissements en France, beaucoup de ses proches vivaient là-bas, ses neveux aussi. La France a toujours été dans le radar grâce à Total. »

Depuis 1987, Total était lié au régime du Nord de Saleh. Suite à l'unification, la compagnie française gagna en influence pour contribuer aux projets de développement imaginés par l'État. Si les ressources pétrolières étaient limitées, les promesses quant à l'exploitation du gaz auguraient un futur plus lointain. Inspiré par le succès du Qatar avec sa compagnie de gaz liquéfié Qatargas, le Yémen imagina un dispositif semblable avec l'aide d'une major possédant les moyens et le savoir-faire nécessaires.

Après d'âpres négociations et un appel d'offres interminable, Total remporta la mise avec 36 % des parts de Yemen LNG, une entreprise comprenant d'autres actionnaires internationaux (les Texans de Hunt Oil, les Sud-Coréens de Yukong Limited), immatriculée dans le paradis fiscal des Bermudes. « Tout était opaque depuis le début, mais c'est assez commun dans le secteur des hydrocarbures », explique Abdulwahed Al-Obaly, comptable pendant près de quatre ans de la filiale yéménite de Total. « Lorsque la production a enfin démarré, en octobre 2009, tout le monde se frottait les mains. Saleh était heureux car il avait réussi à trouver une grande compagnie acceptant ses conditions. Aucune autre major n'était venue, ce qui interpellait des gens du secteur. Pourquoi British Petroleum, Chevron Toxaco ou Shell n'étaient pas là ? Car elles n'avaient pas accepté les deals. Il y avait un tel environnement de corruption autour de Saleh que c'était impossible. Je peux en témoigner puisque j'ai travaillé près de quatre ans comme comptable pour Total Yemen, et je n'ai jamais eu la moindre idée concrète des revenus. J'étais comptable, mais je n'avais pas accès à toutes les informations. La seule chose, c'est que je parlais français et que je faisais le lien lorsque le centre de Total nous appelait pour savoir les dépenses mensuelles : “40, 50, 60 millions ? Dites-nous et nous vous envoyons l'argent.” Je me suis demandé si je n'étais pas le seul comptable au monde à ne pas savoir ce que mon employeur gagnait. »

Épinglé par des auteurs spécialistes du Yémen[122] et des membres du gouvernement, le marché passé entre Saleh et Total octroya une place de choix à la France qui en profita pour vendre dix Airbus A350 XWB à la compagnie aérienne nationale Yemenia en 2007. « Depuis François Mitterand, les relations entre les deux pays étaient excellentes », commente Abu Bakr Al-Qirbi, le ministre des Affaires étrangères de 2001 à 2014. « Il est vrai que l'arrivée de Total a amélioré cette idylle. Le président Saleh aimait beaucoup venir à Paris. C'était une de ses villes favorites. » Séjournant habituellement dans le luxueux hôtel de Crillon sur la Place de la Concorde, le président avait été reçu en grandes pompes par Jacques Chirac et Nicolas Sarkozy, ainsi que par le PDG de Total, Christophe de Margerie, devenu un intime au fil des années. « Pour y avoir vécu de l'intérieur, les managers de Total avaient plus de pouvoir dans le pays que l'ambassadeur français au Yémen », certifie Al-Obaly. « Total était l'ambassadeur commercial de la France au Yémen, tout passait par eux. »

Pesant sur les choix géopolitiques de la France au Yémen, Total espérait profiter de la révolution pour négocier à la baisse les arrangements établis avec Saleh, principalement pour les factions militaires proches du pouvoir censées garantir la protection et la sécurité du pipeline. « C'était du vol, mais chacun y trouvait son compte », remarque un ancien membre du panel d'experts des Nations unies, qui ne croyait pas si bien dire : en 2014, un rapport confidentiel du Parlement yéménite faisait état d'une subvention annuelle de 238 millions de dollars donnée aux différentes brigades ! « Même dans le milieu pétrolier, c'est colossal. On a rarement vu ça. »

Fraîchement intronisé comme ministre des Affaires étrangères, Alain Juppé fut chargé avec son cabinet de négocier à la baisse les accords prévus pour Total auprès de Saleh. Si l'intéressé n'a pas répondu,

122. Notamment le livre de Helen Lackner *Yemen in Crisis* ou les articles de Peter Salisbury sur le patronage mis en place par Saleh.

comme l'ensemble des officiels du gouvernement français, de l'ancien patron de la DGSE à l'actuel ambassadeur français au Yémen en passant par le Quai d'Orsay, le récit raconté par plusieurs membres du régime yéménite a été corroboré par des sources travaillant aux Nations unies : « La France a initialement cherché à tirer avantage de la révolution pour en faire bénéficier Total. »

Alors, lorsque Afash, l'ami de l'Élysée qui aimait se faire prendre en photo avec Mitterand, Chirac ou Sarkozy, refusa d'accéder aux demandes françaises, Alain Juppé annonça publiquement le 21 mars que son départ était « devenu incontournable ». Jouant sur la tragédie du Vendredi de la dignité, la France disait « aider ceux qui veulaient faire avancer les droits de l'Homme et construire la démocratie », comme si elle s'était subitement réveillée d'un long sommeil de trois décennies. Une heureuse amnésie, mais attention : un beau jour, aux aurores, les secrets les plus maléfiques de ce qui s'apparente à un conte de fée seront révélés ; au Yémen, les prophéties ne durent pas cent ans.

En attendant le baiser divulgateur, la France, les États-Unis et le Royaume-Uni multiplièrent discrètement les rendez-vous avec les cadres du parti Al-Islah, tel Tawakkol Karman qui gagna le prix Nobel de la Paix en 2011 pour son implication dans le soulèvement populaire et son travail autour des droits des femmes depuis plusieurs années ; elle avait notamment fondé en 2005 le collectif Femmes journalistes sans chaînes pour défendre la liberté d'expression. Plébiscitée à l'étranger, interrogée par l'ensemble des grands médias, Karman a été « choisie » par la communauté internationale comme la figure symbolique de la révolution yéménite. Si son opposition au régime de Saleh était réelle, ainsi que son investissement dans les manifestations, les raisons de son ascension médiatique ne répondaient cependant pas à son influence locale ou à une logique domestique. « C'était une femme, ce qui plaisait à l'Occident », pointe un de ses confrères journalistiques affiliés à Al-Islah. « C'était aussi l'occasion de montrer un visage positif de la révolution et de notre parti politique. Avoir une femme sur les plateaux de télévision donnait une image modérée. » Une aubaine pour ce parti islamiste qui comptait en son sein des figures comme l'imam Al-Zindani, considéré comme un des mentors d'Oussama ben Laden, et Al-Jazeera, la chaîne de télé qatarie qui invita encore et encore Karman ainsi que d'autres leaders des Frères musulmans. « La couverture médiatique des révolutions par Al-Jazeera a eu une influence réelle dans le monde arabe », juge Thomas Juneau, analyste stratégique pour le Moyen-Orient au ministère de la Défense du Canada entre 2003 et 2014. « Elle a agi comme une loupe grossissante des soulèvements populaires comme au Yémen. »

Loin de sa pureté originelle, où des dizaines de milliers d'étudiants et autres citoyens lambda défilaient dans les rues du pays, la révolution yéménite s'est politisée suite au Vendredi de la dignité. Al-Islah, Hirak, houthis : toutes les composantes avaient une occasion de s'associer à la plus grande opposition que Saleh ait connue, celle de jeunes gens s'étant justement affranchis des associations politiques, sociales ou tribales. « Des gens puissants voulaient tirer quelque chose de la situation », pointe Linda Al-Obahi. « De son côté, le président utilisait tous les moyens pour rester au pouvoir, soit en négociant des compromis, soit en promettant d'améliorer la situation, mais les gens ne voulaient plus de lui. » En premier lieu l'omnipotente famille Al-Ahmar, dont le père, cheikh de la tribu Hashid, avait aidé Saleh à pacifier ses relations avec l'Arabie saoudite et plusieurs tribus au début de son règne.

Décédé en 2007 d'un cancer, Abdallah bin Hussein Al-Ahmar était l'un des rouages essentiels au régime. Respecté, il incarnait une hiérarchie claire au sein de Hashid et assurait des médiations tribales et politiques grâce à son rôle de chef du Parlement. Jeune, il opérait déjà dans les négociations impossibles en tentant de sauver son père et son frère, prisonniers de l'imam-roi Ahmed. Las, Ahmed *al-Jinn* ordonna l'exécution des deux hommes tout en emprisonnant Hussein. Sauvé par la révolution du 26 septembre 1962, où il fut l'un des premiers bagnards à sortir, le leader de Hashid bâtit un empire qu'il légua à sa progéniture composée notamment de dix fils. Problème, ces derniers n'avaient pas la sagesse de leur paternel. Exhibant leur richesse obscène, ils collectionnaient les voitures de luxe et les marchés de l'économie yéménite. Banque (Saba islamic Bank), commercialisation de marques étrangères (Siemens, Toyota), téléphonie (Sabaafon), les fils profitaient de leur position avantageuse pour rafler les contrats, notamment Hameed, le businessman de la famille.

Égocentrique, impulsif, il était le descendant le plus investi dans le parti Al-Islah où il se promouvait en tant que féroce opposant à Saleh. Interviewé par Al-Jazeera, il dit clairement que le président devait se retirer et laisser l'autorité à d'autres personnes. Une annonce forte à la suite de laquelle le présentateur répondit en lui demandant s'il n'avait pas peur pour sa sécurité lorsqu'il devrait rentrer au Yémen. « Un homme supporté par les tribus de Hashid ne doit avoir peur de personne », assena-t-il avant de se positionner comme un homme providentiel, qui devait sa fortune uniquement à la sueur de son front et non à son père. Sans trembler, Hameed expliqua avoir commencé dans un *sandaqah*, un terme yéménite désignant une boutique minuscule dans laquelle le chaland peut trouver des boissons, des bonbons, des cigarettes, etc. Une anecdote désopilante pour une partie de la population consciente de la réalité, qui le surnomma après coup Hameed *sandaqah*.

Derrière cette réécriture de l'histoire, Hameed était parfois incontrôlable, *a fortiori* lorsqu'on lui tendait un micro. Sans son père à ses côtés pour calmer ses excès de colère, il rejoignit la position de Sadiq, le fils ayant hérité des responsabilités tribales comme nouveau cheikh de Hashid. Après avoir loupé ses études d'aviation aux États-Unis durant sa jeunesse car il n'avait jamais réussi à apprendre correctement l'anglais, Sadiq s'était concentré sur son nouveau rôle et ses idées politiques qui ne répondaient pas forcément à la mouvance d'Islah ; en 2006, il avait soutenu Afash et non le candidat du Front commun, cette association de cinq partis politiques incluant Al-Islah. « Il était mieux d'avoir un *djinn* que nous connaissions plutôt qu'un homme que nous ne connaissions pas », s'était-il justifié.

Depuis, sa position avait sensiblement évolué puisqu'il publia un communiqué cinglant suite au Vendredi de la dignité pour demander à Saleh de répondre aux demandes du peuple et de partir. « C'était devenu une petite guerre civile à l'intérieur de Sanaa entre les hommes les plus puissants du pays », se souvient Al-Obahi. « Le président, la garde républicaine qui lui était fidèle, Ali Mohsen, la famille Al-Ahmar, etc. Tout le monde se battait. Je me souviens que la première division blindée commandée par Mohsen avait tiré dans la capitale. Il n'y avait plus d'électricité... J'ai même dû quitter mon domicile car je n'habitais pas loin des casernes militaires. » Un chaos dans lequel une centaine de personnes périrent entre mai et juin. Soldats, mutins, civils, quelle différence ? L'espoir de la révolution avait disparu, c'était désormais un règlement de comptes.

—

Vendredi 3 juin 2011. La nuit avait enveloppé Sanaa de ses chaudes volutes. Allongé sur son lit à l'hôpital militaire de la capitale, Ali Abdullah Saleh s'était endormi. Gravement touché par l'attentat ayant visé la mosquée de son palais présidentiel dans la journée, il n'était pas certain de s'en sortir, surtout dans cette clinique dépourvue de matériel médical dernier cri. D'autres cadres du régime étaient blessés, dont le Premier ministre Ali Muhammad Mujawar, tandis que sept membres de la garde présidentielle étaient morts sur le coup. Brûlé sur plus d'un tiers du corps, souffrant d'une hémorragie cérébrale causée par un saignement interne, Saleh était au plus mal. Lui qui avait toujours déjoué les tentatives d'assassinat le visant n'avait rien vu venir cette fois. « On s'est tout de suite demandé qui avait fait ça », raconte un membre du Congrès général du peuple présent ce jour. « Comment les dispositifs explosifs n'avaient pas été détectés par nos équipes de sécurité ? »

Immédiatement, les soupçons convergèrent vers la famille Al-Ahmar dont la guerre avec les forces présidentielles était à son paroxysme. Cependant, le porte-parole du cheikh de Hashid démentit les rumeurs, arguant que l'attaque était en réalité planifiée par Saleh lui-même pour faire oublier à la population les horreurs des dernières semaines. Une théorie comme une autre, qui réfléchissait une partie de l'opinion yéménite convaincue que leur président était capable des stratégies les plus machiavéliques. « La manière dont il a fait chanter tout le monde autour de lui était inimaginable », rappelle Khaled Al-Yamani qui travaillait dans le cabinet des Affaires étrangères.

Al-Qaïda, Arabie saoudite, États-Unis, compagnies pétrolières, houthis, sudistes, islamistes, nasséristes : le colonel à la moustache avait utilisé toutes les parties pour les dresser les unes contre les autres afin d'apparaître comme le seul entremetteur possible et d'en tirer profit. « J'ai vraiment compris sa manière d'agir lors des trois ou quatre voyages officiels que j'ai pu faire avec lui », poursuit Al-Yamani. « En 1998, nous avions établi des relations avec la Malaisie et ouvert une ambassade là-bas, ce qui était tardif vu l'influence culturelle et historique des migrations yéménites dans le Sud de l'Asie. Quoi qu'il en soit, peu après, nous partions en visite officielle en Malaisie. J'étais un jeune diplomate qui essayait d'aider en traduisant tout ce qu'il fallait à Ali Abdullah Saleh. Il a été reçu en grandes pompes par Mahathir[123]. Il nous expliquait les liens entre nos deux pays, les livres qu'il avait lus à propos des mélanges entre arabes et indiens à l'époque. Il disait à Saleh : "La Malaisie est aussi votre pays ! Vous auriez dû venir avant !" Il fit ensuite une proposition : "Nous sommes dans une position désavantageuse à Sabah et Sarawak[124] où nous comptons moins de musulmans. Les Malais de ces zones sont davantage spiritistes avec des racines chinoises, indiennes et tamouls. Je vous offre donc

123. Premier ministre malaisien de 1981 à 2003, puis de 2018 à 2020. Il était le leader politique de ce pays basé sur une monarchie élective et constitutionnelle, donnant au roi des pouvoirs surtout symboliques.
124. Deux États de Malaisie orientale comptant une faible proportion de Malais dans leurs populations respectives.

une opportunité historique de ramener 100 000 à 200 000 fermiers yéménites pour vivre et travailler dans l'exploitation de l'huile de palme, une industrie majeure ici. Ils s'installeront, ils embrasseront une partie de cette culture et seront une partie de la nation." Son idée était de ramener plus de musulmans sur cette partie du territoire en utilisant les liens communs entre nos deux pays. Mahathir en parlait passionnément, sauf qu'il avait en face de lui un homme ne pensant qu'à récupérer quatre ou cinq millions de dollars et rentrer chez lui. Saleh se fichait pas mal des liens culturels et historiques. À la place, il lui avait soumis trois propositions, dont l'une pour construire deux centrales électriques avec de l'argent malaisien. C'était une habitude (il avait fait pareil en Corée du Sud) : il demandait de l'argent pour bâtir des choses, mais lorsque vous vous rendiez au Yémen, ce n'était pas sûr que vous trouviez ces projets [rires]. En Malaisie, à la sortie de l'entrevue, Saleh nous a regardés en disant : "C'est qui ce malade ? On cherchait un soutien financier, pas à établir des Yéménites à l'étranger !" Il n'a jamais compris le message d'héritage commun que lui a fait passer Mahathir. »

Considérant le pays comme sa propriété privée, Saleh s'était débrouillé pour faire tourner la contrée autour de lui et son « gang » comme en rigole Henry Thompson, ancien membre du panel d'experts des Nations unies. « Il a dessiné une superstructure s'accaparant des ressources de la nation. » Bien conseillé, maîtrisant les rouages sociétaux et tribaux, le colonel à la moustache avait traversé les décennies et les guerres presque sans égratignure. « Les gens des tribus trouveront toujours une manière de survivre même au milieu du désert », pointe Fernando Carvajal, un autre individu passé par le panel d'experts lié au Yémen. « Saleh n'avait pas reçu d'instruction, mais il connaissait la rue. C'est une réalité qu'on oublie : les Yéménites éduqués perdront toujours face à des Yéménites sans instruction. » Un jugement pas dénué de sens : Afash n'était pas allé à l'école, mais il savait mieux que personne comment gagner de l'argent et perdurer au pouvoir. « Dire que personne ne misait sur lui, absolument personne », sourit Carvajal. « Tout le monde le donnait pour mort ! » Lors de son intronisation en 1978 comme président, la CIA lui prédisait une durée de vie maximale de six mois avant d'être éjecté du trône ou tué. Pourtant, trente-deux ans plus tard, le colonel illettré était toujours là, même si un avion militaire saoudien l'emmenait à Riyad dans la soirée du samedi 4 juin 2011 pour être y hospitalisé.

Dans un état préoccupant bien que stationnaire, le président devait subir plusieurs interventions pour extraire un éclat d'obus de sa poitrine, ainsi qu'une opération de neurochirurgie du cou, sans compter la chirurgie esthétique post-opératoire. Privé d'un hôpital moderne digne de ce nom à Sanaa, il devait se résoudre à accepter l'aide de l'Arabie saoudite qui avait l'habitude d'accueillir les dignitaires du régime yéménite pour leurs traitements médicaux. « C'est l'Arabie saoudite qui était la principale force de l'initiative du Golfe lancée par le Conseil de coopération du Golfe le 3 avril 2011 », rappelle Linda Al-Obahi. « Ils ont essayé de convaincre les différents partis yéménites de venir à Ryad pour signer un accord. Sauf qu'il y avait des conflits, par exemple entre le parti socialiste et Al-Islah. Finalement, ils ont tout de même envoyé un représentant pour signer l'accord comme l'ensemble des composantes yéménites hormis les houthis. Ils étaient les seuls à ne pas ratifier ce traité, ce qui posa le premier problème de cette initiative. » Les pays du Golfe étaient clairs : Saleh devait partir, mais pas de n'importe quelle manière. Voulant négocier une sortie à l'amiable, le GCC se heurtait depuis le début à la réticence du *raïs* qui fit faux-bond plus d'une fois lors des négociations. « La famille royale saoudienne était inquiète de ce qui se passait au Yémen et des potentielles expansions du soulèvement », note le diplomate yéménite Mustapha Noman. « Elle s'est aussi posée en médiatrice pour calmer la situation après l'attentat à la mosquée. C'était une position complexe qu'elle devait tenir. »

Pendant que le vice-président Abd Rabbo Mansour Hadi gérait les affaires courantes, plusieurs contrées s'interrogeaient. Inquiet de la possible émergence des Frères musulmans avec Al-Islah, le principal parti d'opposition, les Émirats arabes unis manigancèrent en coulisse pour amener les monarchies voisines à opter pour une continuité du régime, ce qui n'était pas pour déplaire aux Saoudiens. « La communauté internationale s'était accordée sur le destin de Saleh, comme le GCC », pointe Thomas Juneau, à l'époque employé au ministère de la Défense du Canada. « Néanmoins, il y avait des divergences quant aux directives à adopter, et à la suite des événements, chacun y allait de son idée. » Magnifique élan d'espoir, la révolution yéménite n'avait pas seulement été politisée lorsqu'elle a ébranlé le pouvoir : elle avait été récupérée par des pays étrangers s'érigeant comme les décideurs du futur de l'Arabie heureuse. De quoi alimenter les théories de Saleh qui brandissait depuis le premier jour un complot ourdi dans l'ombre.

Après avoir fustigé Al-Jazeera et le Qatar, le colonel s'en était pris à Israël, ce qui plaisait à une partie de l'opinion sensible à la situation en Palestine. Le Printemps arabe, *al rabie al arabi*, était devenu le Printemps hébreu, *al rabie al ebri*. Un jeu de mot repris par ses fidèles qui se regroupaient auparavant chaque vendredi à Sanaa sur la place Al-Sabeen pour écouter le *speech* de leur président. « Contrairement à ce qu'on pouvait imaginer, une partie de la population supportait toujours Saleh », corrobore le général Khasrouf. « Il avait gardé d'importants soutiens tribaux et militaires. Chez nous, l'armée n'était pas loyale au pays, mais au président. »

Le 7 juillet, plus d'un mois après l'attaque, Afash réapparaissait pour la première fois en public lors d'une courte intervention diffusée à la télévision nationale yéménite. Enregistrées en Arabie saoudite, ces quelques minutes interpellèrent l'opinion. Méconnaissable, la peau du visage assombrie, Saleh semblait un autre homme. Affaibli, vieilli, il ne portait pas son habituel costume trois pièces, mais un habit blanc traditionnel surplombé d'un turban rose. Sans sa verve habituelle, il égrenait lentement ses paroles, proposant un partage du pouvoir avant de donner de ses nouvelles. « J'ai eu plusieurs opérations, plus de huit », avoua-t-il sans plus de précision avant de citer d'autres officiels passés sur le billard. « 87 personnes au total ont dû être opérées suite à l'attaque. » Un chiffre colossal qui occultait cependant la question que se posaient tous les Yéménites : Saleh pourra-il revenir au Yémen ?

Si aucune date n'a été prononcée durant son interview, beaucoup imaginaient un *come-back* triomphal le 17 juillet pour célébrer le trente-troisième anniversaire de sa gouvernance. Un souhait irréaliste : le président était toujours en convalescence à l'hôpital. « On était dans le flou. Il n'y avait aucune certitude quant à son véritable état de santé et sa capacité à gouverner à nouveau », dit Linda Al-Obahi. « Personne ne savait vraiment ce qui allait advenir. » Relativement discret depuis le début du soulèvement, AQPA profita de cette pagaille pour glaner des territoires dans la province d'Abyan. Une nouvelle inquiétude toutefois moins préoccupante que le retour de Saleh, le 23 septembre 2011, plus de trois mois après avoir quitté son pays à bord d'un avion militaire. Fêtée par les siens, sa réapparition provoqua d'énormes manifestations et une nouvelle guerre contre les forces d'Ali Mohsen et la famille Al-Ahmar. « C'était la situation dans laquelle était plongé le Yémen après le soi-disant Printemps arabe », souffle le ministère des Affaires étrangères, Al-Qirbi. « Le président Saleh a alors donné son accord pour résoudre le conflit politique et éviter que le pays ne bascule dans une véritable guerre civile. »

Le 23 novembre, le *raïs* s'envola effectivement à Riyad pour parapher les accords de l'initiative du Golfe en présence du roi d'Arabie saoudite, Abdallah ben Abdelaziz Al Saoud. Afash avait accepté de céder son trône, qu'il quitta officiellement le 27 février 2012 lors de la passation de pouvoir avec son vice-président, Abd Rabbo Mansour Hadi. « Enfin », savoura la jeunesse yéménite qui célébrait la chute du « tyran » et la fin de son long règne de trente-trois ans miné par les conflits, les drames et la duplicité. Pleine d'entrain, elle sentait les prémices d'un changement et d'un nouvel État qu'elle espérait depuis des décennies. Un désir louable aux allures de vœu pieux ; au Yémen, l'espoir ne passait jamais le printemps.

Dans l'ombre, le colonel à la moustache planifiait déjà son retour. Après avoir avalé des couleuvres tout au long de la révolution, le président déchu avait obtenu l'immunité qu'il convoitait tant[125]. Grâce à ce précieux sésame, il ne craignait plus personne, ni juge, ni maître, ni Hadi, ni Mohsen ou la famille Al-Ahmar. Saleh s'était désormais affranchi des lois de ce monde, et peut-être même du suivant. Il avait réchappé à la mort une première fois, puis avait été absout de tous ses péchés, alors qui pouvait l'empêcher d'inviter ses adversaires pour une ultime danse, la seule qui n'ait jamais compté à ses yeux : la vengeance.

125. Elle avait été accordée par le gouvernement provisoire le 8 janvier 2012.

IV.
L'INTERNATIONALISATION DU CONFLIT

18. L'ENVOYÉ SPÉCIAL QUI VOULAIT ÊTRE AUSSI GROS QUE LE PRÉSIDENT

« Hadi n'avait aucun contrôle sur le secteur militaire. Il a nommé le brigadier général Abdulrahman Al-Halili commandant de la troisième brigade de la garde républicaine, sauf qu'il ne pouvait même pas rentrer dans le quartier général de sa propre brigade ! C'est Jamal Benomar qui a dû venir pour le faire entrer. La même chose s'est passée avec le commandant de l'armée de l'air. Benomar a dû aussi intervenir et faire sortir le commandant alors en place, Mohammed Al-Ahmar, le demi-frère de Saleh » (Mohsen Khasrouf, général de l'armée yéménite).

Avec un nouveau président, le Yémen poursuivait sa transition politique à travers plusieurs réformes qui tardaient à se concrétiser. Désireux de s'affranchir de l'influence de la famille Saleh, Abd Rabbo Mansour Hadi promulgua finalement un décret modifiant les structures de l'armée, puis inaugura la conférence du dialogue national regroupant toutes les parties de la population. Un événement parrainé par la communauté internationale et supervisé par Jamel Benomar, l'ambitieux envoyé spécial des Nations unies que certains surnommaient « le nouveau roi du Yémen ». ■

« J'ai participé aux manifestations, comme beaucoup d'autres. On s'est battu pour des droits civiques, la justice, l'honnêteté… Sauf que le travail de la révolution, ce n'est pas de coacher des gens et leur donner le pouvoir. » Murad Subay hoche la tête. Déçu, le Banksy yéménite rumine l'espoir suscité par un soulèvement singulier auquel il prenait part avec toute la fougue de sa jeunesse. « On n'avait jamais imaginé ce qui allait advenir. À l'époque, il y avait un enthousiasme inédit. Les deux années ayant suivi la révolution, je les appelle l'époque dorée de la liberté. Je ne parle évidemment pas de la conception occidentale de la liberté, mais les gens commençaient à évoluer, à changer – même les femmes s'habillaient différemment. Il y avait un espace pour le changement. Quand on voit la situation aujourd'hui… Le simple fait de parler d'un politicien dans la rue peut être fatal. »

Triste mais pas résigné, Subay débuta réellement sa carrière d'artiste de rue après le départ de Saleh. Arpentant les ruelles endommagées de la capitale, il prit ses pinceaux pour repeindre les murs dans une campagne nommée « Color the walls of your street » qui draina des dizaines de peintres amateurs. « J'ai demandé aux gens à travers les réseaux sociaux de me rejoindre pour s'occuper des façades abîmées par les affrontements. On a fait ça pendant trois mois, puis ça s'est étendu à d'autres villes. Les gens avaient beaucoup de choses en tête dans leur vie quotidienne pour survivre, mais une véritable cause s'est développée. »

Fort de ce succès populaire, l'ancien judoka natif de Dhamar lança un second projet, beaucoup plus ambitieux et fort idéologiquement : « The walls remember their faces ». « J'ai peint le visage de gens disparus, 102 au total. Toutes ces disparitions forcées… Le régime disait aux familles qu'en continuant à parler à certains de leurs proches, ils allaient le payer. Voir ces mamans, ces papas, ces enfants disparaître… Il y a tellement d'histoires. J'ai peint par exemple un disparu, un vieil homme ; plus tard, j'ai su que c'était un avocat. Un jour, un individu s'est approché de moi et m'a enlacé très fort. Ses yeux étaient remplis de joie et d'émotion. Il m'a dit : "C'est mon père ! Tu as peint mon père !" »

Médiatisée, cette seconde campagne, « Les murs se souviennent de leurs visages », attira la sympathie de l'ensemble de la population, du nord au sud, de Sanaa à Al Ghaydah. Accompagné d'amis et rejoint par les familles des disparus, Murad Subay vit son travail être repris, principalement à Al-Hodeidah, Ibb ou Taez. Une fierté et une motivation supplémentaires pour aller encore plus loin à travers un troisième projet, « 12 Hours », débuté le 4 juillet 2013. « L'artiste peut et doit faire réfléchir. Je m'interrogeais énormément sur la suite à donner aux deux premières campagnes qui avaient connu un succès *crescendo*. J'ai décidé alors de matérialiser à l'aide de mes peintures les soucis de notre pays. Chaque mois, je dessinais un de nos fléaux.

J'ai symbolisé ça avec une horloge qui change d'heure pour chaque thématique. » Prolifération des armes, sectarisme, drones américains, pauvreté, guerre civile, terrorisme, trahison ou corruption : les maux de l'Arabie heureuse frappaient hélas toujours sans retard.

Sur le coup des neuf heures vint le tour du kidnapping d'enfants, principalement destiné aux milices. « Une vie normale pour eux, ce serait d'aller à l'école, jouer, faire des choses qu'ils aiment et non d'être un soldat, mais c'est ce qui se passe ici. Des centaines et des centaines de jeunes sont recrutés dans cette guerre et ne reviendront plus jamais. » Sur un fond rouge et vert foncé, Murad peignit un adolescent au regard fuyant, une kalachnikov en bandoulière, dont l'esprit ne rêvait que d'un ballon de football. « J'ai un membre de ma famille parti à 14 ans, il en est mort... [Il marque une pause.] C'est pour lui que j'ai fait cette peinture. C'est un désastre. » Une situation apocalyptique bien loin du processus de transition politique yéménite que devait incarner le nouveau président du Yémen, Abd Rabbo Mansour Hadi.

Élu sans opposant le 21 février 2012 pour un mandat de deux ans, Hadi était chargé officiellement d'apaiser les tensions et de poser les bases d'un État moderne dépourvu de l'influence de Saleh. « C'était une vaste blague », peste le journaliste Ali Al-Sakani. « On parlait de changement, mais comment pouvait-on avoir un changement avec un homme symbolisant le pouvoir en place ? » Loin des revendications premières de la jeunesse voulant l'abolition du régime, le choix de Hadi était une manière de perpétuer ce dernier. « Tout le monde savait qu'il n'était pas un leader », assène Mustapha Noman, à l'époque ambassadeur yéménite en Espagne. « Nous avions besoin de quelqu'un de solide et visionnaire. Malheureusement, ce n'était pas Hadi. Il voulait simplement être le président, il n'y avait que ça qui l'intéressait. »

Natif de Dhakin, un village de la province d'Abyan, il embrassa dès sa jeunesse une carrière militaire dans ce qui était à l'époque le protectorat d'Arabie du Sud sous administration britannique. Un an avant l'indépendance du Yémen du Sud, il profita d'une bourse pour étudier à la prestigieuse académie militaire anglaise de Sandhurst, un établissement fréquenté par les descendances des familles royales et des futurs monarques. Une marque de grandeur, comme ses séjours à la Nasser Military Faculty du Caire ou à la fameuse Frunze Military Academy de Moscou grâce aux liens entretenus avec l'URSS. « Il avait tout un *background* militaire, c'était vraiment son milieu », pointe le général Mohsen Khasrouf.

Grimpant les échelons de l'armée sudiste jusqu'à en devenir major-général, Hadi fut l'un des hommes de l'ombre d'Ali Nasser Mohamed, l'omnipotent dirigeant du parti communiste qui cumula un temps les fonctions de président, secrétaire général et Premier ministre ! Après les événements tragiques de janvier 1986, au cours desquels les dirigeants de partis s'entretuèrent et provoquèrent dans leur folie des milliers de morts dans les rues d'Aden[126], il suivit son mentor parti se réfugier au Nord. À Sanaa, le major-général s'adapta rapidement en rejoignant les rangs d'Ali Abdullah Saleh lors de la guerre contre le Sud en 1994. Un ralliement vu comme une trahison par nombre de sudistes pour qui ce conflit restait la cause majeure de leur marginalisation et de leurs aspirations sécessionnistes. « Comment voulez-vous qu'on puisse faire confiance à un homme né au Sud qui a suivi Saleh dans cette guerre ? », interroge Summer Ahmed, la représentante du Conseil de transition du Sud aux États-Unis. « Il y avait une méfiance légitime vu le passé et le fait qu'il fut un rouage essentiel du régime. » Bref ministre de la Défense, Hadi fut nommé deux mois après la fin de la guerre civile vice-président à la place d'Ali Salem Al-Beidh, le leader sudiste ayant proclamé l'indépendance de la République démocratique du Yémen. Une ascension météorite qui devait être tempérée : au royaume d'Afash, seul le président était roi. « Le pouvoir était tenu par Saleh, sa famille et ses hommes de confiance », confirme Nadwa Dawsari. « Hadi était parmi les hauts dignitaires, mais il n'avait pas réellement d'influence. »

Consensuel, taiseux, il fut maintenu près de dix-huit ans à son poste par Saleh. Natif du Sud mais pas indépendantiste, l'homme de Dhakin représentait une caution parfaite pour donner l'impression d'un équilibre. Puis, surtout, il était tellement effacé qu'il ne représentait pas une menace dans l'esprit du colonel à la moustache : qui pouvait imaginer qu'un individu surnommé pour son inutilité puisse devenir président ? « Il n'a jamais été dans les favoris pour la succession », lance Dawsari. En réalité, Abd Rabbo Mansour Hadi était vu par une partie de la population comme *Abd Rabbo Markouz Fadhi,* un jeu de mots pointant sa futilité ; *Markouz* est un terme yéménite désignant une chose qui, concrètement, ne sert à presque rien, tandis que *Fadhi* signifie vide.

À l'instar d'un vase sur une table, le vice-président était surtout présent pour la décoration ou les photos cérémoniales, son autre passion, qu'il utilisa comme un outil politique après son élection, pour

126. Voir chapitre 7.

laquelle son équipe de communication publia par exemple sur sa page Facebook officielle des clichés de son temps à la fameuse école militaire de Sandhurst. « Il recopiait ce que faisait Saleh », estime Khaled Al-Yamani, nommé représentant permanent aux Nations unies par Hadi en 2013. « Ces hommes se sentaient puissants lorsqu'ils étaient pris en photo avec le président américain. Je me souviens des premiers voyages de Hadi comme président. Il faisait la même chose que son prédécesseur. Honnêtement, le moment le plus important de ces visites pour eux, c'était la séance photo. Après, ils étaient différents sur beaucoup de points, notamment la lutte contre le terrorisme où Hadi était une personne transparente. »

Six mois après son élection, le nouveau *raïs* fut invité aux États-Unis. Au programme, des rendez-vous à la Maison-Blanche avec Hillary Clinton, mais aussi à New York avec Barack Obama et John Brennan, le conseiller du président américain dans la lutte contre le terrorisme qui fut nommé l'année suivante patron de la CIA. « La coopération entre nos services a dramatiquement changé avec Hadi », loue l'ambassadeur Gerald Feierstein. « Il nous a autorisés à aller beaucoup plus loin. Je pense qu'on a fait des progrès dans notre capacité à éliminer des éléments d'AQPA qui utilisaient le Yémen comme une base pour leurs attaques. »

Avouant fièrement à la presse états-unienne qu'il avait personnellement validé les opérations de la CIA sur le sol yéménite, Hadi avait même fait davantage : dans la seule année 2012, il avait permis 56 attaques de drones, un chiffre colossal comparé aux 5 attaques des neuf dernières années ! « La question de la souveraineté du territoire se posait, mais surtout l'efficacité de ces missiles vu le nombre de civils touchés », s'énerve Baraa Shiban, qui a documenté ces incidents. « Ça m'a valu des menaces de mort et une détention à l'aéroport de Gatwick en Angleterre. » Une atteinte à la liberté de l'activiste qui ne l'étonna finalement pas tant que ça *a posteriori* : au Yémen, il y avait des morts qu'il ne valait mieux pas déterrer. « J'ai reporté par exemple une attaque sur un bus dans la province centrale d'Al-Bayda. C'était en septembre 2012. Immédiatement après ça, les coupures de presse parlaient de victimes membres d'Al-Qaïda, mais c'était un mensonge. Les familles des défunts ont menacé le gouvernement de ramener les dépouilles des véritables victimes au palais présidentiel jusqu'à ce que le régime concède que 12 civils avaient été tués, dont une femme enceinte et trois enfants. »

Malgré ce drame, aucune action judiciaire n'a été ouverte, pas plus qu'une excuse ne fut adressée par les gouvernements américain et yéménite. « Dans ce cas précis, les gens partaient en bus pour faire du shopping et se sont retrouvés à être la cible d'un missile tiré par un drone », souffle Shiban. « Outre les pertes humaines, il y a le traumatisme. Même dans des villages reculés, vous viviez avec la peur qu'un élément d'Al-Qaïda soit dans les parages. Par ricochet, vous pouviez vous aussi être assassiné par une frappe américaine. » Sans possibilité d'obtenir justice ou simplement de pouvoir confronter les commanditaires de ces attaques avortées, beaucoup de Yéménites furent ciblés par des militants d'Al-Qaïda en vue d'être recrutés pour se venger. « Comment ces personnes pouvaient réagir ? », questionne Muhammed Al-Ahmadi, chercheur spécialisé dans les groupes terroristes. « Elles savaient qu'il n'y avait pas un État assez fort pour protéger ces pauvres gens ou traîner en justice les coupables. Pire encore, le régime n'était même pas capable de condamner ces crimes, ni d'inciter le pays responsable, en l'occurrence les États-Unis, à assumer ces erreurs ayant provoqué la mort d'innocents. Cela a contribué à durcir le ressentiment contre le gouvernement et son partenaire américain, ce qui a été exploité par les groupes prônant le djihadisme armé. »

Redoublant les incursions dans la province d'Abyan, AQPA bénéficia du renfort d'une quinzaine de membres importants détenus à la prison d'Aden. Au cours du mois de décembre 2011, ce groupe s'échappa à nouveau grâce à un tunnel creusé sans attirer l'attention des forces de l'ordre. Une porosité vue également le 21 mai 2012, la veille des célébrations de l'anniversaire de l'unification du pays, au cours de laquelle un jeune soldat actionna une ceinture explosive qu'il cachait sous ses habits[127]. « Un carnage, ça a été un carnage », se lamente Khasrouf. Activée en pleine répétition de la parade militaire prévue le lendemain, la détonation emporta plus de 120 personnes, principalement de l'organisation centrale de la sécurité, une des brigades les plus importantes de l'armée yéménite dirigée par Yahya Saleh, le neveu d'Afash. « Cela pose évidemment la question de savoir comment un tel attentat a pu se produire au cœur de nos services », rajoute le général.

Furieux, Hadi renvoya Yahya quelques heures plus tard, une décision appréciée par une bonne partie de la population n'ayant pas pardonné l'inaction de son groupe lorsque les *snipers* assassinèrent les révolutionnaires sur la place du Changement à Sanaa. « Il y a eu plusieurs décisions fortes de Hadi suite à son élection », loue Shiban. « Il avait également tenu un discours marquant. Honnêtement, j'y croyais. »

127. L'attaque a été revendiquée par une filiale d'AQPA, Ansar Al-Charia.

Vanté dans la presse internationale comme un homme de consensus, Hadi était présenté tel un diplomate chevronné capable d'appuyer la démocratie, le mot revenant dans toutes les bouches occidentales. « Les pays occidentaux nous rabâchaient les valeurs démocratiques et les droits de l'homme, qui sont des notions évidemment importantes, alors qu'ils ne disaient rien aux monarchies voisines où la moindre critique envers le régime est punie », ironise Ahmed Al-Shami, partisan des houthis.

Seule république de la péninsule arabique, l'Arabie heureuse devait se moderniser avec l'aide d'un consensus régional et international, une drôle d'idée vu les divergences à l'intérieur même du Conseil de coopération du Golfe – surtout vis-à-vis des Frères musulmans. « Tout le monde disait vouloir nous aider », continue Al-Shami. « Je ne savais pas qu'on était tant aimé pour que chacun soit aussi intéressé par le destin des Yéménites ! » Pour accompagner les démarches du GCC, un collectif « des amis du Yémen » composé de 39 pays et co-présidé par le Royaume-Uni et l'Arabie saoudite vit le jour dès janvier 2010 pour aider l'État yéménite à lutter contre l'instabilité. « La coopération internationale a débuté durant la révolution », précise Feierstein. « C'est aussi l'une des raisons qui a permis un accord de transition politique contrairement aux autres pays affectés par le Printemps arabe. Mubarak a été forcé de démissionner en Égypte, Ben Ali a fui la Tunisie, la Syrie est immédiatement devenue le terrain d'une guerre civile, Kadhafi a été tué en Libye... Au Yémen, il y avait un accord politique pour une transition. C'est ce qui donne un aspect encore plus tragique aux événements qui ont suivi. »

Si l'empressement international à « aider » l'Arabie heureuse a été incontestable, les raisons de ce soutien furent justement l'inverse : avec un président comme Saleh, le Yémen n'a jamais été l'allié de personne. « Personne ne considérait réellement ce pays comme un allié ou un client », poursuit l'ambassadeur américain. « On a été partenaire en soutenant Saleh dans notre guerre contre le terrorisme, mais personne à Washington ne voyait le Yémen comme un de nos clients ou alliés. Pareil pour les Russes et les autres. C'est pourquoi les cinq nations permanentes du Conseil de sécurité des Nations unies ont pu travailler ensemble[128]. » Rapidement, un groupe de dix ambassadeurs, incluant Gerald Feierstein, s'échina en coulisse à faire céder Saleh et à obtenir les garanties d'une passation de pouvoir capable de stabiliser pour de bon la contrée. « Chaque semaine, les ambassadeurs des cinq nations

128. La Chine, les États-Unis, la France, le Royaume-Uni et la Russie.

permanentes du Conseil de sécurité des Nations unies se rencontraient. On recevait aussi les ambassadeurs émirati, koweïtien, omanais et saoudien. Le Qatar s'était retiré et Bahreïn n'avait pas d'ambassade à Sanaa. Nous avions donc quatre des six nations du GCC, ainsi que le représentant de l'Union européenne. Puis, à l'été 2011, l'ONU a nommé un envoyé spécial pour le Yémen en la personne de Jamal Benomar. »

Tout ce joli monde rencontrait aussi indépendamment les différentes factions yéménites, notamment la France, soucieuse de préserver ses intérêts économiques et gaziers par l'intermédiaire de Total. « On était attentif à ce qui se passait », corrobore Linda Al-Obahi, désormais conseillère de l'ambassade française à Sanaa. « La France, comme les autres pays impliqués, a développé des relations avec chacune des parties, notamment les houthis. Nous ne devions exclure personne car le but de la transition politique était de rassembler et de dépasser les divisions sociales ou tribales. » À l'image de certains dirigeants du Hirak, les houthis avaient toutefois appelé au boycott des élections couronnant Hadi en 2012 pour des raisons plutôt légitimes. « Puisqu'il n'y a qu'un seul candidat, pourquoi gaspiller des fonds publics en tenant des élections dont l'issue est déjà connue », énonça un porte-parole, dont l'intervention fut ponctuée d'une sempiternelle remarque sur le danger américain, qui allait diviser le Yémen et annihiler les effets de la révolution à laquelle les houthis avaient participé graduellement. « Leur nombre avait crû au fil du temps », confirme Shiban. « Ils restaient un peu à l'écart, mais ils expliquaient qu'ils avaient subi beaucoup d'injustices, notamment pendant les guerres de Saada. C'était difficile de ne pas compatir et de ne pas partager leurs griefs contre le régime. »

En quête d'une véritable unité, le gouvernement central fit les efforts nécessaires pour incorporer les houthis au processus de transition politique, bien que ces derniers n'aient pas signé l'initiative du Golfe. Une conciliation étendue aux autres parties qui s'étaient senties marginalisées sous Saleh. Néanmoins, avant qu'ils ne s'assoient tous ensemble autour d'une table pour parler politique, Hadi devait réformer comme convenu l'armée, un point de discorde au sommet de l'État. « Le problème, c'est que Abd Rabbo n'avait aucun contrôle sur ce secteur », balaye le général Khasrouf. « Il a nommé le brigadier général Abdulrahman Al-Halili commandant de la troisième brigade de la garde républicaine, sauf qu'il ne pouvait même pas rentrer dans le quartier général de sa propre brigade[129] ! C'est Jamal Benomar

129. La troisième brigade était alors dirigée par Tareq Saleh, un des neveux d'Afash.

qui a dû venir pour le faire entrer. La même chose s'est passée avec le commandant de l'armée de l'air. Benomar a dû aussi intervenir et faire sortir le commandant alors en place, Mohammed Al-Ahmar, le demi-frère de Saleh. » Malgré sa carrière militaire, Hadi n'avait aucun pouvoir sur les troupes restées loyales à la famille Saleh, principalement au fils aîné, Ahmed, le chef de la garde républicaine composée de vingt brigades.

Avec des dizaines de milliers d'hommes sous son commandement et un équipement moderne issu de l'assistance américaine, Ahmed avait une capacité de nuisance inquiétante pour Hadi qui cherchait à cimenter son emprise sur le pays. « Les deux partis se sont livré une bataille en coulisses », glisse Khasrouf. Si Hadi avait réussi à se débarrasser du neveu, Yahya, suite au terrible attentat-suicide à Sanaa, les autres membres familiaux campaient solidement sur leur position. De fait, plusieurs grèves et mutineries éclatèrent en interne entre l'été et l'automne 2012, obligeant les Américains à intervenir pour calmer la situation. Tentant un énième compromis avec Ahmed, le nouveau président promulgua finalement le 19 décembre 2012, sur conseil des États-Unis, un décret restructurant complètement les factions militaires en dissolvant la garde républicaine. « Malgré ça, Saleh et son fils gardaient l'influence et le contrôle d'une partie de l'armée », assure le général. « Hadi ne pouvait pas lutter contre ça, personne ne le pouvait. On revient aux fondements du régime créé par Saleh : la loyauté envers un individu et non au pays. »

Avec le concours des Émirats arabes unis, un pays où la famille Saleh avait investi des millions dans l'immobilier notamment, une solution fut trouvée pour Ahmed, propulsé ambassadeur du Yémen à Abu Dhabi le 19 mai 2013. Une épine de moins pour Hadi qui devait traiter avec l'omnipotent Jamal Benomar, l'envoyé spécial de l'ONU. « Il se considérait plus important que notre président », soupire Linda Al-Obahi. « Il était plus royaliste que le roi. Lorsqu'il arrivait à Sanaa, il voulait être reçu comme un prince. » En privé, les membres du gouvernement surnommaient Benomar « le nouveau roi du Yémen », une référence à ses ambitions démesurées et au train de vie dispendieux qu'il menait dans la capitale. « Il était avant tout question de sa réussite plus que de celle du pays », appuie Al-Obahi. « Il voulait qu'on dise que la transition politique yéménite était de son fait. »

Le 18 mars 2013, au Mövenpick, un luxueux cinq étoiles aux reflets bleutés et orangés, Benomar et Hadi paradèrent ensemble pour l'ouverture de la conférence du dialogue national, l'étape la plus importante de la transition politique, avec un slogan écrit en arabe et en anglais :

For a new Yemen. « Originellement, nous avions six mois pour élaborer une nouvelle constitution, préparer les élections de février 2014 et régler une bonne fois pour toutes les questions houthistes, sudistes, etc. », enchaîne la conseillère de l'ambassade française. « Sur le papier, c'était très bien. Il y avait 565 personnes convoquées pour représenter toutes les composantes politiques, même les plus petites. La répartition comprenait aussi 30 % de femmes et 20 % de jeunes. Sauf qu'il y a rapidement eu des soucis : les délais n'étaient pas respectés, sans compter les ingérences des uns et des autres. Les houthis en sont un exemple flagrant. Ils avaient des doléances légitimes étant donné ce qu'ils avaient vécu. Ça parlait d'argent à rendre, d'excuses à présenter par l'ancien régime. Or, plus les négociations avançaient, plus ils ajoutaient des choses, à l'image des sudistes. Les Nations unies, c'est mon opinion, n'aidaient pas vraiment à la résolution des problèmes. On a commencé le dialogue national sans régler ces affaires, ce qui était une erreur. La seconde, c'était la décision de Jamal Benomar d'avoir imposé la participation des houthis alors qu'ils n'étaient pas signataires de l'initiative du Golfe qui servait de prélude à la transition politique. Les autres partis politiques n'étaient pas contre les houthis, mais ils leur avaient demandé de devenir un véritable parti politique pour participer à la conférence. Dans l'idée, c'était logique puisque les houthis représentaient beaucoup de gens et avaient une volonté de gouverner. Néanmoins, ils n'étaient pas encore un parti et Jamal a tout de même décidé de les inclure comme composante politique. »

Avec 565 délégués yéménites, le dialogue national était aussi soutenu par les membres permanents du Conseil de sécurité des Nations unies et les pays du Golfe, dont les tâches étaient bien précises. « Chaque nation avait une mission différente », explique Al-Obahi. « Les États-Unis géraient par exemple la réforme du secteur militaire en ramenant notamment quelques spécialistes jordaniens. Cela aboutit à la dissolution de la garde républicaine, ce qui était un choix ne prenant pas en compte la loyauté au sein de notre armée, mais passons [rires]. La France, quant à elle, devait aider à la rédaction de la constitution. J'étais la collaboratrice de l'expert nommé par le ministère des Affaires étrangères français. C'était à nous d'organiser les réunions bimensuelles avec ce que j'appelle le G10, les pays parrains du processus de transition. Jamal Benomar assistait de temps en temps à ces meetings, mais généralement, il envoyait son adjoint. Il y avait comme une sorte de compétition malsaine… Si l'ambassade de France organisait une conférence sur un thème précis, il planifiait un événement quasiment au même moment. Il était dans la rivalité, l'ego. »

Un point de vue partagé par bon nombre d'acteurs, à commencer par l'Arabie saoudite, peu rassurée des faveurs supposément accordées par Benomar aux houthis, qu'elle accusait d'être soutenus par son rival hégémonique, l'Iran. « Bien sûr que l'Iran commençait à être derrière les houthis, mais il ne faut pas oublier que tous les pays étrangers ou presque s'étaient rapprochés d'eux », proclame Khaled Al-Yamani. « La France notamment était une des nations entretenant les meilleurs contacts avec eux. »

Grâce à l'entremise des Al-Bukhaiti, une importante famille de la province de Dhamar[130], la France faisait passer tant bien que mal – « ils n'étaient pas faciles », disait-on à l'ambassade – des messages aux véritables leaders des houthis qui restaient à Saada. « Il y avait aussi un Houthi modéré, un homme consensuel avec une vision éclairée de la situation, Ahmed Sharaf Al-Din, qui était capital pour faire avancer les discussions », se souvient Linda. « La question des houthis était sensible, comme celle des sudistes. Au sein du dialogue national, il y avait deux groupes de travail spécialement dédiés à cela. Or, on retrouvait toujours les mêmes têtes, qui sont d'ailleurs celles qui gouvernent encore le pays. Notre président nommait des commissions pour chaque problématique, mais il ne changeait pas vraiment les hommes à l'intérieur. »

Parmi eux se trouvait le saillant Ahmed bin Mubarak, secrétaire général du dialogue national, qui *trusta* ensuite le poste de chef de cabinet présidentiel, puis diverses fonctions gouvernementales (Premier ministre, ministre des Affaires étrangères), ainsi que Rashad Al-Alimi, ancien ministre de l'Intérieur et directeur du comité préparatoire à la Coupe du Golfe, qui devint le conseiller officiel de Hadi. « Forcément, il était très difficile d'obtenir un consensus vu que les individus étaient à chaque fois les mêmes », appuie Linda. « Lorsqu'il y avait un blocage, lorsque les composantes politiques n'arrivaient pas à trouver une solution, le dernier mot revenait à Hadi. Et on connaît notre président... »

Peu énergique, moins investi dans la transition politique que dans la consolidation de son pouvoir, Hadi décevait ceux ayant cru en ses premiers discours et décisions. Passé l'enthousiasme des premiers mois, la tolérance s'estompait au gré de l'inactivité gouvernementale. Les diplomates et politiciens étrangers, originellement surpris par la

130. Muhammed est actuellement le gouverneur de Dhamar, tandis que son frère, Ali, était un porte-parole des houthis avant de faire défection. Un autre membre de la famille, Hussein, est un journaliste affilié aux houthis servant de *fixer* pour les journalistes étrangers en reportage à Sanaa et au nord du pays.

difficulté à obtenir un rendez-vous matinal, réalisèrent que ce n'était pas la faute d'un emploi du temps surchargé ; en réalité, le président aimait juste faire la grasse matinée. Après le déjeuner, Hadi débutait réellement sa journée de travail et ses premières réunions, idéalement à quinze ou seize heures. Un agenda décalé qui entravait l'avancée des dossiers, toujours reportée à plusieurs mois. « On n'était pas bousculé par le travail », rigole un membre de l'actuel gouvernement, rejoint par Linda Al-Obahi. « Les retards accumulés ont entraîné une perte de confiance dans ce processus. Des six mois prévus, le dialogue national est passé à dix mois. Dans le même temps, il y avait une dégradation de la qualité de vie avec une nouvelle crise financière. Pendant ce temps, on était au Mövenpick, un hôtel tout confort avec beaucoup de richesses où chacun des 565 délégués touchait de l'argent. Le contraste était saisissant. »

Une dualité visible dans la capitale où l'eau et l'électricité refonctionnaient comme par enchantement à chaque séjour de Jamal Benomar. Un privilège de majesté probablement, comme les marchés économiques glanés par la famille de Hadi, notamment ses deux fils, Jalal et Nasser. De quoi rappeler l'ancien régime, qui n'a jamais réellement changé, et la rivalité croissante entre Benomar et Hadi. Après tout, le monde n'était-il pas plein de gens qui ne sont pas plus sages ? L'envoyé spécial voulait bâtir comme les grands seigneurs, mais le petit président avait des ambassadeurs. Envieux l'un de l'autre, ils s'étendirent et enflèrent jusqu'à fendre l'air : au Yémen, les vaniteux n'ont pas de limites, c'est pour ça qu'ils explosent en plein vol.

19. LA ROUTE POUR SANAA

« La France était la farouche opposante au fédéralisme. Entre nous, on en rigolait, on disait : "Évidemment qu'ils sont contre, sinon ils vont devoir payer une dizaine de ministères du Pétrole au lieu d'un !" Le secteur énergétique au Yémen était loin d'être le plus important au monde, mais il était profitable pour la France et pour Total. Ils voulaient garder ce marché » (Gerald Feierstein, ambassadeur américain au Yémen de 2010 à 2013).

Rassemblés pour la conférence du dialogue national, les 565 députés yéménites élaboraient les recommandations nécessaires à l'avenir du pays. Parmi les points essentiels, l'idée d'un État fédéral charmait la majeure partie des acteurs, à l'exception du parti de Saleh et des houthis, peu satisfaits par les modalités proposées. Un avis partagé par la France, l'un des pays les plus engagés dans la transition politique. De quoi accentuer les tensions déjà visibles au sein du gouvernement et de la population, exaspérée de voir son niveau de vie décroître chaque jour davantage. ■

Prometteuse, la conférence du dialogue national laissait augurer un espace pacifique pour régler les différends d'une société divisée pour de multiples raisons. Contrairement aux passations de pouvoir ensanglantées parsemant le monde arabe, elle était une résolution qualifiée de modèle par la communauté internationale. « Il y a des choses qui ne peuvent marcher qu'au Yémen et nulle part ailleurs », coupe en souriant Abdulrahman Al-Eryani, le responsable des questions économiques à l'ambassade du Yémen à Washington. « C'est un héritage yéménite de parler politiquement, de débattre. Pour cet événement, les gens venaient de tous les endroits du territoire pour s'asseoir et se réunir à Sanaa. Les ressources venaient peut-être de l'étranger, mais tout le processus était yéménite. Même sans argent, même sans ces belles salles de conférence à l'hôtel Mövenpick, les réunions entre les gens auraient eu lieu quelque part. Le dialogue est une partie de notre ADN, personne ne pourra nous l'enlever. »

Si les membres permanents du Conseil de sécurité des Nations unies décrivaient fièrement le dialogue national comme une affaire purement yéménite, leur influence traduisait cependant autre chose. « Il y avait trop d'interférences de l'extérieur », confirme Al-Eryani. Sur le papier déjà, la conférence avait été formalisée avec une vision en marge des réalités locales. Oubliant la véritable situation du terrain, la communauté internationale promulguait sa propre notion de l'égalité. Soucieux d'une équité parfaite entre le Nord et le Sud, les organisateurs attribuèrent ainsi plus de la moitié des sièges aux sudistes (56 %) alors qu'ils ne composaient qu'à peine 30 % de la population totale. Une anomalie vue également chez les femmes, qui représentèrent seulement 28 % des députés contrairement aux 30 % annoncés en fanfare par Jamal Benomar. « Ils voulaient encadrer et quadriller la conférence comme si on parlait d'une vieille démocratie occidentale », poursuit le diplomate. « C'est pour ça qu'il y a eu des petits couacs. Certains concepts, comme le système fédéral, étaient étrangers à beaucoup de Yéménites. »

Vaguement imaginée au moment de l'unification, l'idée d'un État fédéral composé de plusieurs entités autonomes séduisait désormais la majeure partie des acteurs du dialogue national. « Nous souhaitions une décentralisation comme nous l'avions demandé en 1994 », abonde le leader sudiste Amr Al-Beidh. Sur le principe, les différentes composantes s'accordaient sur la nécessité du fédéralisme, mais restait une question : comment s'entendre sur le découpage territorial et les prérogatives de chaque province ? « Cette nouvelle république que nous voulions tant devait permettre à tout le monde de vivre ensemble en partageant le pouvoir », relate Khaled Al-Yamani, à l'époque adjoint du représentant permanent du Yémen à l'ONU[131]. « La structure fédérale a été validée même s'il y avait des malentendus sur le nombre d'unités à l'intérieur de celle-ci. Finalement, il a été décidé qu'il y aurait six entités, ce qui ne plaisait pas au parti présidentiel créé par Saleh, ni aux houthis. Ils nous répondaient : "Non, nous ne voulons que deux entités !" Après, tout pouvait être discuté ; c'est le but d'un dialogue. Vous pouvez être d'accord aujourd'hui, en désaccord le lendemain, et c'est votre droit. La seule chose qu'il ne fallait pas faire, c'était de renverser la table en criant au complot. Tout pouvait se négocier. »

Inquiet de perdre sa mainmise sur l'État, le Congrès général du peuple n'a jamais été emballé par la décentralisation, tandis que les houthis ronchonnaient de voir leur bastion historique intégré dans une zone sans accès à la mer Rouge ni aux énergies fossiles des provinces sur lesquelles ils lorgnaient (Al-Jawf, voire Mareb). « Nous avons rejeté ce plan car il divisait le Yémen entre des régions pauvres et riches », communiqua le porte-parole du groupe, Muhammed Al-Bukhaiti, dont la famille était l'un des relais de la France lors de la transition politique. « La position française était contre le système fédéral », répond Linda Al-Obahi. « Nous estimions que ce n'était pas la solution adéquate aux problèmes. »

Contrairement à l'Allemagne, très investie dans cette optique, l'Hexagone s'opposait ouvertement à une décentralisation, ce qui suscita de nombreuses plaisanteries chez les ambassadeurs étrangers à Sanaa. « Je n'avais pas voulu m'impliquer dans ce sujet pour éviter que les gens puissent penser que les Américains favorisaient ce système que nous avions chez nous », explique Gerald Feierstein. « J'étais donc présent simplement pour observer. La France était la farouche opposante du fédéralisme. Entre nous, on en rigolait, on disait : "Évidemment qu'ils sont contre, sinon ils vont devoir payer une dizaine de ministères du Pétrole au lieu d'un !" [Rires.] Le secteur énergétique au Yémen était loin d'être le plus important au monde, mais il était profitable pour la France et pour Total. Ils voulaient garder ce marché. » Si l'anecdote fit encore sourire plusieurs membres du gouvernement yéménite et de l'ONU, elle traduisait les intérêts divergents des pays impliqués dans le processus de transition, à l'image de l'Arabie saoudite qui a dû élever le ton au début contre Hadi. « Beaucoup de gens ne comprennent pas que le problème survenu entre les deux pays a commencé pour du pétrole », détaille Fernando Carvajal, l'un des experts du panel des Nations unies dédié au Yémen (2017-2019). « En 2012, les Saoudiens

131. Il sera nommé titulaire du poste de 2015 à 2016.

ont dit à Hadi qu'ils avaient un deal avec Ali Abdullah Saleh à propos de réserves de pétrole à Al-Jawf, une région frontalière. Hadi a essayé d'être plus malin qu'il ne l'était en pensant qu'il pouvait soutirer davantage d'argent à l'Arabie saoudite. Au final, ils lui ont mis un gentil coup de pied aux fesses. »

Pour ne rien arranger, les rivalités entre les factions de Saleh et Al-Islah continuaient de polluer les discussions et la vie politique en général. Un climat délétère illustré par le Premier ministre, Mohammed Basindawa, un homme quasiment octogénaire accusé par les alliés d'Afash et les houthis d'être à la solde des Frères musulmans. Survivant à une tentative d'assassinat le 31 août 2013, lorsque quatre individus masqués sortirent d'un véhicule en ouvrant le feu sur le convoi ministériel en plein Sanaa, Basindawa n'avait pas la poigne nécessaire pour résister à la pression ambiante, ni les capacités à rassurer les donneurs internationaux soucieux de savoir où les milliards de dollars d'aides étaient passés. « La corruption et le manque de transparence n'avaient pas changé », souffle Majd Ibrahim, un des économistes yéménites les plus réputés pour sa lutte contre les irrégularités. « Toutes les mauvaises choses sous Saleh continuaient d'être faites sous Hadi. Il n'y avait aucun changement. L'argent encaissé servait à alimenter des proches du pouvoir, et non à bâtir un État moderne. »

Outre les deux fils du président, plusieurs de leurs connaissances bénéficièrent de contrats et marchés lucratifs, à commencer par l'un des députés du dialogue national, Mubarak Al-Bahar, un des meilleurs amis de Jalal Hadi, dont la femme, Sahar Ghanem, fut nommée en 2016 ambassadrice aux Pays-Bas. Si les traditionnelles figures de l'ancien régime comme Ali Mohsen tiraient toujours profit de la situation, un homme d'affaires en profita plus que d'autres : Ahmed Saleh Al-Essi, le fameux président de la fédération de football. « Il était partout », rigole Al-Yamani. Ami personnel de la famille présidentielle, surtout du fiston Jalal, il était un conseiller de l'ombre sollicité en permanence. « Il tenait des pans entiers de l'économie », souligne Ibrahim. « Il faisait déjà partie des hommes importants sous Saleh, mais son influence a décuplé avec Hadi. » Grâce à son quasi-monopole sur le port d'Al-Hodeidadh, Al-Essi assurait l'exportation et l'importation de toutes les marchandises imaginables le long de la mer Rouge. Des hydrocarbures, sa spécialité, du matériel de construction, des médicaments ou des vivres, rien n'était invendable ou intransportable pour l'homme d'affaires surnommé « le requin » ; qu'importe la cargaison pourvu qu'il y ait un bénéfice ! « L'élite vivait toujours dans l'opulence alors que les gens n'avaient même plus accès à des choses basiques du quotidien comme l'électricité », se rappelle Baraa Shiban. « Forcément, lorsque les houthis scandaient des slogans contre la corruption et cette classe dominante s'accaparant des richesses du pays, une partie de la population ne pouvait qu'acquiescer et se dire qu'ils pouvaient représenter une solution à leurs problèmes. »

Malin, le groupe dirigé par Abdul Malik Al-Houthi avait conscience de sa nouvelle force sur l'échiquier yéménite. Il en était fini du temps où les houthis se réfugiaient dans les montagnes de la province de Saada pour échapper aux tanks de l'armée nationale. Si ses principaux dirigeants, notamment le leader, Abdul Malik Al-Houthi[132], n'apparaissaient pas en public et cachaient leurs lieux de villégiature de peur d'une attaque, les jeunes militants se déployaient désormais jusqu'à la capitale. « Ils avaient deux stratégies parallèles », détaille Shiban. « Politiquement, leurs représentants au dialogue national[133] faisaient d'eux une composante légitime de la transition. Dans le même temps, une autre partie des houthis se battait dans le Nord du pays afin de gagner des territoires tout en protestant contre le gouvernement. C'est comme ça qu'ils ont recruté de nouveaux membres. »

Sans faire de bruit inutile, les partisans de Dieu poursuivaient leurs objectifs. Désormais au contrôle de la ville de Saada, ils ne comptaient pas en rester là, mais encore fallait-il traverser des villes inhospitalières : Dammaj, puis surtout Amran, une place fortifiée et immémoriale. Dans le temps, cette cité était connue comme la porte d'entrée au nord de Sanaa ; quiconque la franchissait pouvait descendre en flèche sur la capitale. La route était encore longue, mais l'espoir faisait marcher les houthis : au bout du chemin, un homme leur avait promis qu'ils trouveraient les clés du royaume qu'ils convoitaient tant.

132. Il prit la succession du mouvement suite aux décès du fondateur, son frère aîné Hussein, puis de son père.
133. Ils disposaient de 35 députés.

20. LE TRAÎTRE IDÉAL

« Les houthis avaient des documents décrivant le nombre d'hommes et d'équipements relatifs à chaque commissariat de police ou camp militaire. Je me souviens d'un rapport sur une station de police qui disposait d'une réserve de cinq cents balles, trois véhicules blindés et deux voitures, dont l'une était cassée. Ça montrait le niveau de détail » (Gamal Al-Moliky, journaliste d'investigation yéménite à Al-Jazeera).

Ennemis jurés, Ali Abdullah Saleh et Abdul Malik Al-Houthi se rapprochèrent secrètement grâce à plusieurs hommes de confiance. Faisant fi du passé, l'ancien président offrit aux houthis un soutien inédit pour gagner Amran, puis Sanaa. Surréaliste, cette promesse d'une alliance clandestine se basait sur un vieil adage : un adversaire pouvait devenir un allié de circonstance en cas de détestation commune d'un autre rival, en l'occurrence tout ce qui se rattachait à Al-Islah, Ali Mohsen, à la famille Al-Ahmar ou Hadi. ■

Octobre 2012, dans les confins de la province de Saada. L'automne commençait tout doucement à laisser poindre le bout de sa bise fraîche, rendant le labeur des agriculteurs plus supportable en journée. Garde-manger du Yémen, cette région aux immenses champs irrigables profitait d'une situation géographique favorable où les montagnes avoisinantes protégeaient les cultures d'une trop forte chaleur estivale. S'il ne pleuvait pas réellement plus qu'ailleurs, les villages de Saada étaient entourés d'un vert émeraude, comme si le sol favorisait n'importe quel type de culture. Abricots, café, clémentines, gombos, oranges, pêches ou raisins : tout semblait pousser comme par magie. « Au printemps, les fleurs bourgeonnent et une farandole de couleurs s'offre à perte de vue », loue Abdulrahman Al-Eryani. « C'est l'un des coins les plus beaux du pays. Les touristes étrangers n'en croiraient pas leurs yeux. »

À défaut de lointains visiteurs, la province accueillait des voyageurs saoudiens et yéménites traversant la frontière avec leurs lots de marchandises. D'autres rares curieux s'aventuraient dans les contreforts de Maran, cette chaîne de montagnes escarpées aux chemins rocailleux difficiles d'accès. Néanmoins, c'était ici, au milieu des gorges sauvages creusées par l'érosion des siècles, que Hussein Al-Houthi s'était réfugié durant la première guerre de Saada. Tapi dans une cave à flanc de roche avec sa garde rapprochée, le fondateur du groupe éponyme avait été retrouvé par le général Thabet Gawas, le commandant de la 15e brigade d'infanterie, puis tué à la suite d'un combat sanglant.

Blessé par balle à la jambe droite, le général à la moustache en fer à cheval ne souhaitait toutefois pas quitter les lieux sans avoir entièrement terminé sa mission. Après s'être assuré que tous les assaillants étaient bien morts, il ordonna à ses troupes d'inspecter les corps des défunts et l'intérieur de l'abri. Sombre, cet endroit était surnommé « la cave de Salman », l'une des innombrables cachettes naturelles que les monts de Maran offraient aux houthis et aux contrebandiers sévissant dans la région. Soudain, un soldat s'approcha de Gawas en lui tendant une amulette aux drôles de symboles : « J'ai trouvé ça dans les poches de Hussein. » Interloqué, le général fixa cet objet à six branches flanquées de petites inscriptions illisibles. Qu'est-ce que cela signifiait ? Pourquoi cet homme avait-il recours à un porte-bonheur ? Gawas était perplexe. Hussein Al-Houthi disait seulement avoir peur de Dieu, pourtant, le contenu de ses poches sous-entendait l'inverse ; quel croyant avait besoin d'un fétiche pour échapper à la mort ?

Pour ses fidèles, la nouvelle, bien que peu ébruitée par le général et ses hommes, était une énième calomnie des forces gouvernementales afin de le discréditer. Hussein Al-Houthi ne pouvait pas avoir recours à un grigri, pas plus qu'il n'était effrayé par le trépas, c'était impossible ; n'était-il pas un descendant du Prophète ? « Les origines de la famille Al-Houthi sont à la base de leur idéologie et de leur support initial », commente la chercheuse Hannah Porter. « Le prestige accordé aux *sada* reste immense pour une partie de la population. Ils représentent des valeurs auxquelles les gens peuvent s'identifier : humilité, piété, sagesse. » Pour les partisans de Dieu, leur leader était un modèle, un révolutionnaire et désormais un martyr. Aucune incantation ou talisman n'y changeait quoi que ce soit : son combat allait lui survivre, et avec lui la vengeance d'un groupe ayant fait de Thabet Gawas et de son chef suprême, Ali Abdullah Saleh, des ennemis honnis.

Huit ans plus tard, à l'amorce de l'automne, une délégation secrètement envoyée par Saleh traversait les monts Maran. Dirigé par un de ses oncles maternels, le cheikh Ali Muqassa, le groupe avait rendez-vous avec des leaders houthis. Depuis un moment, les deux partis s'échangeaient des messages interposés, mais personne n'osait faire le premier pas. « Les houthis envoyaient des signaux d'apaisement », confirme Mustapha Noman, un des diplomates les plus chevronnés de l'administration d'Afash. « Ils disaient que le passé était derrière eux et qu'ils ne voulaient qu'en découdre avec Ali Mohsen et Al-Islah. » Une annonce enchantant l'ancien président qui vouait une haine tenace à ses anciens alliés. « Les houthis étaient très malins, plus que Saleh. Ils ont construit leur rhétorique sur sa détestation d'Ali Mohsen, d'Al-Islah et de Hadi », poursuit l'ancien ambassadeur. « De son côté, Saleh voulait utiliser les houthis pour se débarrasser de ses ennemis, afin que lui ou son fils puissent se réinstaller au pouvoir. » Si le raisonnement se tenait, il restait une inconnue : comment des gens s'étant livré six guerres en six ans pouvaient désormais unir leurs forces ? « Ils partageaient des rivaux communs, ce qui a favorisé une entente », plaide Gamal Al-Moliky, journaliste d'investigation yéménite pour Al-Jazeera. « Il ne faut pas oublier aussi que Saleh a délibérément choisi de ne pas en finir pour de bon avec les houthis. À chaque fois qu'il en avait la possibilité lors des guerres de Saada, il n'a pas voulu le faire. »

Dépassant les grenadiers et les pommiers aux fruits d'un rouge incandescent prêts à être cueillis, le convoi dirigé par Ali Muqassa s'installa avec ses hôtes. Le teint clair, les yeux plissés, le bouc blanchi par les années, l'oncle de Saleh saluait chaleureusement un à un les membres de la délégation opposée. S'il existait un homme idéal pour une médiation avec les houthis, c'était bien lui. Zaydite, il avait milité dans sa jeunesse pour un retour à l'imamat, suite à la révolution de

1962 ayant instauré la République arabe du Yémen au Nord. Leader de Sanhan, la tribu à laquelle Afash appartenait, il était connu pour ses idées traditionalistes et ses souvenirs qu'il énumérait l'après-midi dans le *diwan* familial en mâchouillant des feuilles de khat. Plus le cheikh racontait ses histoires, plus son assistance était émerveillée, *a fortiori* s'il tenait un micro. « J'avais prédit qu'il allait avoir un grand avenir car il était différent des autres », dit-il lors d'une interview à propos de son neveu. « Il avait la mentalité d'un homme dans le corps d'un enfant. » Et si Muqassa se mélangeait parfois entre les dates de naissance et les faits historiques, il n'y avait aucun mal : le petit Ali Abdullah n'avait peut-être pas 12 ans quand il conduisit son premier tank blindé, mais il avait appris à s'en servir bien avant sa majorité.

Accompagné d'autres membres importants de Sanhan, le cheikh présenta des excuses officielles de la part de Saleh pour les six guerres. Son neveu était prêt « à s'excuser personnellement devant Abul Malik Al-Houthi » et à « accepter n'importe quelle décision prise à son encontre ». En guise de bonne foi, il s'engageait à délivrer plusieurs cargaisons d'armes et de munitions stockées dans les camps de l'armée nationale. « Une nouvelle alliance entre nos deux partis pouvait être bénéfique pour nous tous », glissa Muqassa, qui avait toujours agi comme une figure paternelle pour Afash ; jeune, il avait promis à sa sœur, la mère d'Ali Abdullah, qu'il veillerait sur son enfant quoi qu'il arrive depuis la mort de son père.

Sage, l'oncle au sourire juvénile était conscient que ce rapprochement n'était pas sans risque, mais existait-il une autre solution pour regagner le trône ? « Je n'ai pas été surpris plus que ça », abonde Noman. « Ça répondait à une logique parfaitement assimilée par les houthis. Ils savaient en prime que Saleh avait conservé une influence prépondérante dans les territoires au nord de Sanaa. Ils avaient un coup d'avance sur tout le monde quand ils ont vu cette possibilité de s'associer à lui. » Reclus dans leurs montagnes, les partisans de Dieu n'étaient plus ce groupuscule né dans les années 1990 sous l'appellation des « jeunes croyants ». Grâce aux guerres de Saada, ils avaient acquis une expérience militaire et politique inestimable, ainsi que de l'armement lourd. Outre les blindés abandonnés par les militaires à qui Saleh avait demandé de se retirer, les houthis comptaient sur les stocks étrangers obtenus par l'entremise de l'inénarrable Fares Manaa et le soutien croissant de la République islamique d'Iran. « C'était une opportunité à moindres frais pour servir leur agenda », pointe Martin Smith, un documentaliste et réalisateur américain primé à de multiples reprises pour ses reportages sur la grande finance ou le

Moyen-Orient. « L'Iran aide plusieurs groupes d'obédience chiite : le Hezbollah au Liban, plusieurs milices en Irak comme les Kataeb Hezbollah, etc. Ils ont créé comme un arc d'influence chiite jusqu'à la Méditerranée. Ils ont une influence tout au long de cet axe Téhéran-Bagdad-Damas-Beyrouth, même s'ils sont loin de tout contrôler. C'est quelque chose d'impossible à concevoir pour plusieurs pays de la région, notamment pour l'Arabie saoudite et Israël, mais aussi pour les États-Unis. Alors, lorsque l'émergence des houthis au Yémen toquait à la porte des Saoudiens, l'Iran avait une occasion d'accentuer sa présence dans la zone d'influence de son rival. »

Remontant à plusieurs décennies, les connexions entre les houthis et l'Iran restaient limitées. Si des échanges culturels et religieux ont existé, ils étaient marginaux, à l'image des études de Hussein Al-Houthi à Qom, une des villes iraniennes saintes du chiisme. « Il ne faut pas oublier les différences entre le zaydisme yéménite et le chiisme duodécimain pratiqué majoritairement en Iran », rappelle Akram Al-Masnai, un Anglo-Yéménite partisan d'Ansar Allah. De fait, malgré les diatribes de Saleh qui pointait la menace iranienne durant les guerres de Saada dans le but d'inciter les Saoudiens à sortir le chéquier, personne n'était dupe. « C'était du bluff », confirme Baraa Shiban. « Même après la révolution, les liens étaient mineurs. Les Iraniens ont envoyé quelques armes, mais ça n'expliquait pas comment et pourquoi les houthis gagnaient des territoires. »

Maîtres de Saada, les partisans de Dieu faisaient des incursions de plus en plus régulières et profondes dans la province frontalière de Hajjah, la région natale des parents de Shiban. « Les gens commençaient à me parler de ce qu'ils faisaient, donc j'en ai profité pour monter sur place avec une délégation. Un journaliste local m'a demandé d'attendre le lendemain : "Je vais te montrer quelque chose, mais je ne peux pas le faire si vous êtes aussi nombreux." J'ai patienté avec un de mes collègues de dialogue jusqu'à ce que les autres partent. On nous a emmenés ensuite dans un village de Hajjah. Sur place, j'ai vu une scène d'horreur. Le niveau de destruction était tel qu'on ne pouvait pas réellement rentrer dans le village à cause du champ de mines qui avait été planté par les houthis. C'est là où j'ai commencé à réfléchir différemment. Les houthis disaient toujours qu'ils ne faisaient que se défendre, mais ce n'était clairement pas une action défensive. En quoi ces villageois étaient-ils responsables des six guerres ? C'était comme s'ils voulaient conquérir de nouveaux territoires. Désormais, ils ne se contentaient plus de rester à Saada. »

Parallèlement aux expéditions punitives et à la chasse aux salafistes décrétées par les leaders dans le village de Dammaj, les houthis développaient un vrai sens de la communication sous l'expertise de conseillers libanais et iraniens. « En 2012, ils ont ouvert une chaîne de télévision, Al-Masirah », note Hannah Porter, dont les travaux portent notamment sur les aspects culturels, médiatiques et sociétaux de ce groupe. « Les studios étaient basés au Liban, à Beyrouth. Je ne sais pas trop d'où venaient les ressources financières, mais on pouvait voir clairement une stratégie réfléchie à propos du contrôle des médias et de l'information. Ils produisaient des émissions soignées, de qualité. Rien n'était laissé au hasard. »

S'inspirant de Hassan Nasrallah, le chef du Hezbollah, un mouvement politique libanais disposant de sa branche armée, Abdul Malik Al-Houthi élaborait une stratégie similaire au Yémen. Comme son modèle, il enregistrait des vidéos aux discours offensifs depuis un lieu inconnu qui étaient ensuite diffusées sur Al-Masirah, dont les bureaux jouxtaient ceux d'Al-Manar, la chaîne du Hezbollah. Dans la trentaine, le visage rondelet, la *jambiya* accrochée à la taille, il rêvait d'imposer son idéologie dans la capitale même s'il restait prudent : pouvait-il croire l'homme qui avait envoyé ses troupes décimer ses fidèles et sa famille ? « Lorsque j'ai écrit le documentaire *Pulling the Strings*, j'ai fait une référence à la fameuse phrase de Saleh à propos du fait qu'il dansait sur la tête de serpents », commente Al-Moliky. « J'avais écrit : "Le danseur au-dessus des têtes de serpents avait une nouvelle tête en face de lui, qui était peut-être la plus inspirante pour danser à nouveau." J'imaginais dans mon esprit les photos de Saleh et Abdul Malik Al-Houhi. »

Si cette phrase n'a pas fait partie du reportage final – « mes collègues m'en ont dissuadé car elle représentait uniquement mon opinion » –, elle symbolisait une pensée partagée par l'ensemble des Yéménites : quelle sérénade pouvait entonner Saleh pour inciter Abdul Malik Al-Houthi à lui faire confiance ? « Il avait plus d'un tour dans son sac », rigole le journaliste qui ne croyait pas si bien dire. Afash aimait les douces ironies que lui offrait la vie, mais celle-ci avait une saveur particulière : une partie du matériel américain qu'il avait obtenu depuis dix ans pour lutter contre le terrorisme allait désormais être utilisé par des gens chantant à tue-tête *Mort à l'Amérique ! Mort à Israël ! Maudits soient les juifs, victoire à l'islam !*

Toutefois, le rendez-vous entre son oncle et les dirigeants houthis fut ébruité dans la presse yéménite, ce qui inquiéta les deux camps, toujours suspicieux d'une trahison. « Il ne faut pas que les gens soient au courant », pestait Saleh. Un petit mois après la première entrevue, un accord de principe fut cependant ficelé à la suite d'une réunion confidentielle menée par Ahmed Al-Kohlani, l'un des beaux-pères de Saleh. Issu d'une famille de descendants du Prophète, membre important du Congrès général du peuple, il représentait le juste milieu entre ces deux extrêmes. Grâce à lui, les houthis acceptèrent de retarder l'arbitrage tribal prévu pour les méfaits du passé. En échange, ils obtinrent de l'ancien président une aide financière, logistique et militaire pour bouter la puissante famille Al-Ahmar hors de certains de ses bastions au nord de Sanaa. Un marché accepté par les deux leaders, Ali Abdullah Saleh et Abdul Malik Al-Houthi. Les deux ennemis jurés s'étaient donc alliés, mais à une condition : personne ne devait être au courant de leurs plans.

Alimentant un réseau clandestin d'informateurs et de messagers, les deux partis évitèrent le plus possible les contacts téléphoniques ou les allusions directes. Discret, Al-Kohlani était la personne idoine pour prévenir la moindre fuite ; la plupart des gens ne savaient pas à quoi il ressemblait, ni qu'une de ses filles était mariée à Saleh. Il faut dire que l'ancien président avait toujours préservé son intimité et surtout celle de ses propres filles et des femmes auxquelles il s'était uni. Une pudeur qui permit à Al-Kohlani d'opérer furtivement : pendant qu'il aidait à transiter des consignes entre les deux camps, il conservait sa proximité avec le gouvernement actuel. Une duplicité entretenue par d'autres membres du parti présidentiel, dont la loyauté était acquise envers Afash, qui les recevait individuellement pour les mettre au courant : oui, il comptait bien revenir au pouvoir, et gare à ceux qui l'avaient bouté hors de son palais !

Au gré de l'année 2013, marquée par la conférence du dialogue national, la collaboration entre les anciens ennemis s'intensifia sans attirer trop l'attention, notamment en matière de renseignement. Grâce aux *sada* disséminés dans le Nord, les houthis s'appuyaient sur un réseau indétectable leur permettant de cibler les faiblesses et forces des personnes ou structures nécessaires à leur avancée militaire. « Je suis tombé de ma chaise lorsque j'ai obtenu des documents montrant à quel point ils avaient infiltré les structures étatiques », se souvient Gamal Al-Moliky qui fut le premier à publier des preuves concrètes de cette alliance avec Saleh. « Les *sada*, qu'on appelle aussi hachémites, avaient gouverné le Yémen dans le passé. Ce mouvement était resté cohérent après l'instauration de la république. Sous le président Al-Hamdi, ils avaient par exemple obtenu des postes importants. Tout au long des décennies, ils fonctionnaient comme un État interconnecté dans l'État. J'en ai eu la preuve en consultant ces documents et j'ai réalisé à quel point c'était terrifiant. Pour chaque zone, ils avaient une liste de gens potentiellement retournables. Dans cette liste, il y avait des détails de la vie privée de chaque personne et la meilleure manière de les attirer. Par exemple, chez moi, nous avions le cheikh d'Al-Gaashen. À côté de son nom, ils avaient écrit son affiliation comme membre du Congrès général du peuple, mais aussi que la famille du Prophète était quelque chose de très important pour lui ; il composait même des poèmes soufis. C'était le point d'accroche pour gagner sa confiance. Pareil pour l'ancien gouverneur, Abdulwahad Salah. Ils avaient noté que c'était un voleur qui détestait Al-Islah et les Frères musulmans. Ils ont utilisé ça pour se rapprocher de lui. »

Pour Al-Moliky, ces connexions représentaient le *deep state*, l'État profond du Yémen, auquel il fallait ajouter les fondations établies par l'ancien président au pouvoir durant ces trois décennies. « Le Congrès général du peuple était un parti essentiellement autoritaire qui gouvernait toujours le pays malgré le départ de Saleh », souligne l'écrivain Aiman Nabil. « De fait, l'ancien président avait la capacité de l'harnacher quand il voulait. Il était le lien capable d'endommager toutes les capacités de l'État à mener à bien sa mission. Il détenait plusieurs bases de données et d'informations à propos des leaders de chaque zone et district du pays. Si on ajoutait les intérêts personnels, le relationnel et le patronage qu'il avait construit tout au long de son règne avec des responsables tribaux, des hommes d'affaires, des intellectuels et des journalistes, il était en mesure de court-circuiter ou de faciliter la vie à n'importe qui d'un simple coup de téléphone. »

Fin octobre 2013, plus d'un an après la visite du cheikh Ali Muqassa, les houthis entamèrent leur première opération militaire d'importance à Dammaj, un village à une quinzaine de kilomètres au sud-est de Saada, réputé pour abriter le célèbre institut d'études islamique salafiste, Dar al-Hadith. Pour parvenir à leurs fins, ils imposèrent un siège de deux mois au cours duquel plus de 1 000 personnes périrent et de nombreux bâtiments furent dynamités, dont Dar al-Hadith. « Pour la première fois, on a vu un conflit aux relents particulièrement sectaires », se désole la chercheuse Fatima Abo Alasrar. « Il y a eu un accroissement du sectarisme à partir de ce moment. » Plusieurs membres importants d'Al-Qaïda, passés par l'école salafiste de Dammaj, publièrent des messages incitant les fidèles à combattre ces « chiites » et « *rawafedh* », ceux qui rejetaient les trois premiers successeurs du Prophète au détriment du quatrième, Ali, cousin germain et gendre de Mahomet.

Néanmoins, malgré cet appel au djihad, rien ne stoppa l'avancée des houthis qui n'avaient jamais toléré l'intrusion d'un courant salafiste dans leur bastion historique au début des années 1980. Finalement, suite à une médiation gouvernementale menée par un proche de Saleh[134], les deux parties signèrent un cessez-le-feu début janvier par lequel le régime s'engageait à évacuer et reloger les milliers de salafistes dans les provinces voisines (Al-Hodeidah et Sanaa). « C'était une victoire pour les houthis, une énorme victoire », clame le journaliste Ali Al-Sakani. « Le gouvernement a basiquement montré qu'il ne pouvait pas protéger les gens de Dammaj en les relocalisant. » Désormais pleinement installés dans toute la région de Saada, ainsi que dans une partie de celle de Hajjah, les partisans de Dieu pouvaient continuer leur avancée sur Amran, le verrou les séparant de la capitale. « C'est simple : si Amran tombait, plus rien ne pouvait les empêcher de prendre Sanaa », lance Al-Moliky. « C'était d'une importance cruciale pour toutes les parties. »

Quelques semaines après la victoire à Dammaj, les houthis débutèrent réellement leur offensive sur Amran, bien décidés à venger la mort d'Ahmed Sharaf Al-Din, l'un de leurs députés du dialogue national, assassiné le 21 janvier en plein centre de Sanaa d'une quinzaine de balles dans la tête et dans le cou. Professeur de droit à l'université de la capitale, il était « une figure modérée » ,comme le rappelle Linda Al-Obahi, la conseillère de l'ambassade de France. « Tout le monde était sous le choc. Les autres députés houthis se sont retirés en guise de protestation, puis les choses se sont envenimées. »

Galvanisées, les troupes d'Abdul Malek Al-Houthi redoublèrent d'efforts aux alentours de Houth, un village verdoyant étiré à flanc de colline. Havre de paix, cette terre de transhumance pour les bergers avait brusquement vu déferler des hordes de miliciens équipés de kalachnikovs et de mortiers l'automne précédent, lors de la première incursion houthie dans la région d'Amran. Courageux, les fermiers et tribus avaient opposé une résistance farouche avec leurs armes domestiques, repoussant les partisans de Dieu durant trois longs mois. Toutefois, sans aide gouvernementale, ils cédèrent sous le poids du nombre en février. Une victoire pour les houthis qui s'emparèrent presque immédiatement après de deux autres bourgs : Khamer et Raidah. « À partir de ce moment, des responsables tribaux ont alerté le gouvernement sur l'imminence du danger qui les attendait », remarque

134. Abdulqader Hilal, à l'époque maire de Sanaa, qui avait occupé plusieurs postes sous Saleh (gouverneur d'Ibb et Hadramaout, ministre de l'Administration publique...).

Al-Moliky qui a rendu compte de ces échanges dans son documentaire *Pulling the Strings*. « Ils ont dit au ministre de la Défense, Mohammed Nasser Ahmed, que Sanaa tomberait bientôt si rien n'était fait. »

Promettant aux tribus des armes et des munitions, le ministre donna même son numéro de téléphone personnel aux cheikhs qui combattaient aux côtés des forces gouvernementales : « Contactez-moi si vous en avez besoin. » Une promesse vaine : le major-général, nommé à la défense en 2006 par Saleh, ne livra aucun armement, pas plus qu'il ne répondit aux appels désespérés des leaders tribaux. « Dans le même temps, des houthis avaient réussi à s'immiscer à l'intérieur d'Amran grâce à des membres du Congrès général du peuple », souffle Shiban. « Dès qu'ils ont été à l'intérieur, ils ont pu recruter des gens en profitant des rivalités au sein du régime. » Des enrôlements nécessaires pour atteindre la cible numéro un de la ville : le quartier-général de la 310e brigade armée dirigée par le général Hameed Al-Qushaibi, une vieille connaissance des houthis et de Saleh, qui parlait de ce « chien galeux » au téléphone avec l'ancien gouverneur de la province, le cheikh Kahlan Abu Shawareb[135] :

– *Oui, cheikh Kahlan !*
– *Bonjour monsieur. Comment allez-vous ?*
– *Vous m'avez appelé ? Que se passe-t-il ?*
– *Je voulais juste vous parler d'eux [les houthis].*
– *[Rires.] Pas au téléphone.*
– *Ils veulent maintenant Amran.*
– *Ils peuvent y aller. Vos amis arrangeront tout ça.*
– *Al-Qushaibi, ils veulent tuer Al-Qushaibi !*
– *Ce chien galeux. Ce sale estropié...*

Hautement respecté dans l'armée yéménite, Hameed Al-Qushaibi était l'un des généraux ayant participé aux six guerres de Saada, dont il était ressorti grièvement blessé par balle. Avant de passer sur la table d'opération, le chirurgien informa la hiérarchie militaire que le pronostic vital du chef de la 310e brigade armée était engagé. C'était mal connaître Al-Qushaibi, dont la résilience lui valait l'adhésion de tous ses soldats. Donné pour mort, quasiment paralysé suite aux opérations, il put finalement remarcher à l'aide d'une canne et grâce à une interminable rééducation. De retour dans sa caserne, il fut l'un des premiers hauts gradés à faire défection auprès d'Ali Mohsen lors

135. La conversation téléphonique a fait partie des fuites obtenues par Gamal Al-Moliky lors de ses enquêtes. Il a accepté de transmettre l'enregistrement audio retranscrit ici.

de la révolution. Une « trahison » pour Saleh, qui se moquait depuis de sa démarche hésitante et de sa manie à s'habiller toujours en treillis. « Il aimait faire des imitations des gens qu'il méprisait », glisse un ancien conseiller.

Inquiet de la tournure des événements à Amran, Al-Qushaibi demanda au ministère de la Défense des renforts et des armes plus lourdes, bien conscient que le retournement de plusieurs chefs tribaux impactait les défenses de la famille Al-Ahmar et des partisans d'Al-Islah. À Raidah, un village entouré d'amandiers et de vignes, les houthis s'allièrent ainsi avec le cheikh Mujahid Qashirah. À Qaflat Adher, un bourg montagneux aux frimas hivernaux, ils formèrent une alliance similaire avec Sultan Al-Warwari dont les hommes aidèrent les partisans de Dieu à pénétrer les abords d'Amran. De plus en plus intensifs, les combats obligèrent environ 100 000 personnes à quitter la région en quelques mois sans savoir si elles pourraient revenir un jour[136]. Dépeuplés, les hameaux étaient devenus des postes de contrôle surveillés par des *snipers*. Aux jonquilles, roses et feuilles de menthe parfumant la vallée succédait désormais une odeur de poudre et de charnier ; à Amran, la terre ne servait plus à planter des oignons et des tomates, mais des mines.

Début juillet, les houthis parvinrent à enfoncer les premières lignes de la ville. Toujours aussi bien renseignés, ils savaient à l'avance l'étendue des forces locales. « Ils avaient des documents décrivant le nombre d'hommes et d'équipements relatifs à chaque commissariat de police ou camp militaire », souligne Al-Moliky dont les sympathies avec Al-Islah sont connues. « Je me souviens d'un rapport sur une station de police qui disposait d'une réserve de 500 balles, trois véhicules blindés et deux voitures, dont l'une était cassée. Ça montrait le niveau de détail. »

Acculé dans le quartier général de sa division, le brigadier-général Hameed Al-Qushaibi appelait à nouveau le ministère de la Défense sans réel espoir. Comme les cheikhs locaux, il avait compris que l'aide promise par le ministre était un mirage, comme les vaines paroles du régime. Depuis plusieurs mois déjà, le président Abd Rabbo Mansour Hadi disait mener des pourparlers avec les houthis par l'intermédiaire de responsables tribaux, mais à quel dessein ? Plus les jours passaient, plus les partisans de Dieu gagnaient du terrain : ils étaient désormais à quelques encablures du cœur d'Amran, donc de la bâtisse principale de la 310e brigade. « Les forces spéciales de sécurité à l'intérieur de la ville ont littéralement plié bagage », se rappelle Shiban. « C'était

136. En comptant les premières batailles remontant à fin octobre 2013 vers le village de Houth.

comme s'ils donnaient un camp militaire sur un plateau à une milice alors qu'un autre commandant de l'armée nationale les combattait en même temps... »

Abandonné de tous, Al-Qushaibi ne pouvait compter que sur ses hommes. Disséminés à chaque coin de la cité, ils luttèrent une semaine entière pour préserver Amran, du moins ce qu'il en restait. Si le gouvernement assurait qu'un accord de paix avait été trouvé avec les houthis[137], le brigadier-général n'en croyait pas un mot. À 74 ans, personne n'allait lui apprendre sa destinée : jamais les fidèles de Hussein Al-Houthi n'allaient accepté de lui laisser la vie sauve.

S'appuyant sur sa canne, Al-Qushaibi rechargea ses armes, puis convoqua son état-major. Il était encore tôt ce mardi 8 juillet 2014, mais il ne fallait pas perdre de temps. Sous les chauds rayons matinaux, Amran baignait déjà dans une moiteur estivale. Habituellement bondée, la place du marché était vide. Pareil au palais de justice voisin, qui avait coutume d'être un théâtre de va-et-vient incessants. Depuis sa fenêtre, l'homme au treillis et à la moustache grisonnante comprit ce qui se tramait. Calmement, il demanda à ses soldats de le laisser seul : « Il est encore temps pour vous de partir. » Refusant d'obtempérer, ils juraient de « donner leur vie » pour leur commandant. Al-Qushaibi les observa. Touché par cet altruisme, il ne put cependant accepter cette proposition : le devoir d'un chef était de protéger ses troupes. Solennellement, il leur répéta alors ce qu'il avait précédemment dit, en haussant légèrement le ton : un ordre était un ordre, alors exécution ; « vous avez encore toute une vie devant vous ».

Reclus, Al-Qushaibi attendit son destin. Quelques semaines plus tôt, il avait pourtant cru pouvoir sortir vainqueur de cet affrontement grâce aux soutiens promis par plusieurs tribus, celle de Bani Maimoun en tête. Hélas, les promesses n'engageaient que ceux qui les croyaient, et le brigadier général avait gardé son utopie de jeunesse. S'il faisait partie du système clientéliste et permissif de Saleh, il restait un patriote attaché à sa nation. Dans les cérémonies officielles, il aimait ainsi arborer une bannière aux couleurs du Yémen qui partait de sa clavicule jusqu'à sa hanche opposée. Pour son pays, il avait combattu chaque guerre, même les plus inavouables. Il n'était donc pas question de reculer lorsque les houthis explosèrent une porte pour entrer dans le quartier-général de la 310e brigade. Seul dans son bureau, l'arme à

137. En échange du retrait de la 310e brigade armée, les houthis s'engageaient à laisser partir les troupes restantes qui devaient quitter la région.

la main, Hameed Al-Qushaibi était prêt : s'il devait mourir, ce serait sous ce magnifique drapeau yéménite qui ornait la pièce où il avait passé l'essentiel de sa vie.

Dehors, des coups de feu résonnèrent. Si certains soldats s'étaient échappés comme le demandait leur commandant, d'autres avaient été capturés durant leur tentative, tandis qu'une poignée était restée pour se battre. Un sacrifice, comme celui du brigadier général qui peinait à marcher correctement sans sa canne noire. Assailli, il tenta de se débattre, en vain. Mis hors d'état de nuire, il fut ligoté, puis placé sur une chaise. Devant lui, huit hommes le mirent en joue avec leurs automatiques. Al-Qushaibi les regarda un instant, puis s'effondra. Chacun des miliciens, Abu Taha Sabbad, Jaffar, Ahmed Bahnan, Kamal Hassan et Qabas, l'exécuta à l'unisson d'une pluie de balles. « Ce qui vient de se passer est une victoire de Dieu », proclama le huitième assaillant[138]. Amran était tombé, et sa malédiction avec elle : sans son protecteur, qui pouvait défendre Sanaa ?

Deux mois plus tard, le 21 septembre 2014, les houthis prirent le contrôle de la capitale en seulement cinq jours de combats. Une formalité comme l'avait promis Saleh, qui avait envoyé ses condoléances à la famille de ce « chien galeux » d'Al-Qushaibi. En ville, les partisans de Dieu célébrèrent leur succès en brandissant le portrait de leur défunt leader. « C'était une vengeance pour Hussein Badreddine Al-Houthi », rappelait l'un des auteurs de l'exécution du brigadier général d'Amran. Une justice divine donc, mais attention : au Yémen, les véritables martyrs ne sont pas toujours ceux clamant qu'ils ont uniquement peur de Dieu.

138. Les faits ont été racontés lors d'une conversation téléphonique obtenue par Gamal Al-Moliky au cours de laquelle l'un des assaillants – qui n'a pas donné son nom – parlait à des leaders houthis en donnant les détails sur l'exécution et les identités des personnes y ayant participé. Euphorique, il parla de « huit justiciers », mais ne cita que cinq noms.

21. MIROSLAV, L'ENTRAÎNEUR DE LA PAIX

« Il y avait un marché noir du pétrole au sein du régime. Le consommateur yéménite payait un prix prohibitif pour un bien qui existait dans son sous-sol. Il ne comprenait pas comment le litre pouvait quasiment doubler alors que les familles avaient déjà du mal à finir les mois. Cela a tué le peu de confiance qui existait encore en ce gouvernement » (Majd Ibrahim, économiste yéménite).

Suite à la prise de Sanaa, les houthis établirent leur présence dans chacune des institutions étatiques. Avec des conseillers ministériels et des contrôles de sécurité barricadant la capitale, ils développèrent un gouvernement de l'ombre faisant pression sur le président Hadi, dont la mauvaise gestion avait plongé le pays dans l'abîme. Une situation comparable à la sélection de football, tombée au plus bas malgré la fortune de plus en plus colossale amassée par le président de la fédération. Un contraste saisissant qui devait être réparé pour la Coupe du Golfe 2014, vue comme une échappatoire à une situation politique inextricable. ■

« Lorsque j'ai mis les pieds à Sanaa, je n'ai pas compris ce qui se passait. Je voyais des gens marcher dans les rues avec des kalachnikovs, mais les gens qui m'accompagnaient me disaient de ne pas m'inquiéter, que c'était normal ! » Miroslav Soukup s'esclaffe. L'entraîneur tchèque n'était jamais allé au Yémen avant l'appel désespéré de la fédération de football qui cherchait un coach étranger pour reprendre l'équipe nationale. « Ils étaient au fond du trou avant la Coupe du Golfe 2014 qui se tenait en Arabie saoudite. Ils voulaient préparer la compétition et les qualifications à la Coupe du Monde 2018. J'ai été séduit par cette possibilité, donc je suis venu sur place. Au début, j'ai été surpris, mais je me suis vite adapté. C'est un pays magnifique. »

Avant la chute d'Amran, Soukup parapha un contrat sous l'œil du président de la fédération, le businessman et conseiller préféré de Hadi : le « requin » Ahmed Saleh Al-Essi. « Il était très impliqué, il me demandait ce dont j'avais besoin, ce que je voulais faire. Il avait une influence prépondérante, donc il me facilitait la tâche. » Descendue dans les abîmes du classement FIFA, à la 186e place sur les 206 nations membres, entre les Bahamas, Montserrat ou le Timor oriental, l'Arabie heureuse n'avait jamais pointé aussi bas. « C'était une humiliation, on était la risée de la péninsule arabique », souffle l'entraîneur de gardiens Muaadh Abdulkhalek. Sur les 18 matchs officiels joués en 2012 et 2013, le Yémen en avait perdu...17 ! Seule une maigre victoire contre Bahreïn (0-2) avait donné le sourire à des joueurs désabusés, qui concédèrent 40 buts sur la période pour seulement 10 inscrits. « On ne pouvait pas jouer chez nous à cause du contexte politique, donc ça rajoutait des complications », continue l'ancien international.

En Arabie saoudite, aux Émirats arabes unis ou au Qatar, la sélection errait sans réel objectif ni successeur à cette génération ayant vu certains des plus beaux artistes de la région, comme le lutin Ali Al-Nono ou le serial buteur Adel Al-Salimi. Inquiet, le président Al-Essi demanda à son administration de dénicher un coach européen plus réputé que ceux ayant vainement tenté leur chance là-bas. Usant de son influence auprès de Hadi, il fit débloquer au gouvernement un cachet supplémentaire pour financer les émoluments plus conséquents d'un technicien au CV ronflant. « Il n'y avait pas d'argent pour plein de choses, mais pour d'autres, il y en avait », peste Abdulqader Alkharraz, ancien responsable de la Protection environnementale. « Le gouvernement faisait ce qui l'arrangeait avec les budgets. »

C'était ainsi que Vladimir Petrovic, un entraîneur serbe à la belle carrière de joueur (Arsenal, Brest, Nancy, Standard de Liège) et aux fonctions habituellement plus rémunératrices (Chine, Serbie...), avait paraphé un contrat avec le parent pauvre du football moyen-oriental. Hélas, l'expérience ne dura que cinq mois : le temps d'une victoire en amical contre le Népal à Doha, de régler des arriérés de salaire et d'abandonner devant des conflits interminables au sein de la fédération. « Je savais que pas grand monde ne voulait du poste », sourit Soukup qui lui succéda en mai 2014. « J'avais simplement entraîné des équipes de jeunes, jamais une équipe senior. C'était pour ça qu'ils étaient intéressés par mon profil. Ils voulaient démarrer un nouveau cycle. » À l'instar du soulèvement populaire, le *beautiful game* fit le choix de la jeunesse dans une équipe nationale minée par des problèmes financiers et tribaux. « Des gens puissants exigeaient que certains joueurs soient sélectionnés sur des critères n'ayant rien à voir avec le sport », pointe l'ancien défenseur Muhammed Saleh Yusuf. « Il y a une telle corruption à l'intérieur de notre football, c'est inimaginable. »

Conscient de ces turpitudes, notamment des joueurs pris en équipe nationale à la condition de reverser une partie de leurs primes à un dirigeant, Soukup imposa une discipline inédite avec le soutien total de son président, dont les ramifications commerciales et politiques aidaient à améliorer son quotidien. « Lors de mes visites dans chaque club, je voyais à quel point les infrastructures étaient mauvaises. J'ai observé les matchs de championnat, les équipes d'Aden, Ibb, Sanaa, Taez... J'ai parlé au cheikh Al-Essi[139] de mon plan d'inviter entre seize et vingt joueurs pour un camp d'entraînement hebdomadaire dans la capitale où les conditions étaient un peu meilleures. La ligue se disputait en théorie le vendredi ou le samedi, donc on faisait venir les joueurs le dimanche pour s'entraîner deux fois le lundi, deux fois le mardi et une fois le mercredi. Ensuite, ils retournaient dans leurs équipes respectives. Sauf qu'il fallait l'accord de tout le monde et une logistique adaptée. Lorsque j'ai évoqué cette idée, le cheikh m'a répondu : « Ok, je vais arranger ça ! » En quelques appels, il avait réglé ça. J'ai donc pu tester plus de 45 joueurs en deux mois, tout en gardant un contrôle régulier sur chacun d'eux avant la Coupe du Golfe. C'était un énorme plus. »

Le 13 octobre, un mois avant le début du tournoi, Hadi nommait un nouveau Premier ministre, Khaled Bahah, alors ministre du Pétrole et des Minéraux, qui avait officié pendant six ans comme ambassadeur au Canada. Un choix influé par les houthis, qui avaient protesté contre la précédente investiture d'Ahmed bin Mubarak, le chef du cabinet présidentiel, qui démissionna trente-trois heures après son intronisation comme Premier ministre ! Occupant chaque structure étatique, ils s'invitèrent également dans les rues de la capitale, où le slogan *Mort à l'Amérique ! Mort à Israël ! Maudits soient les juifs, victoire à l'islam !* tapissait désormais certains murs de la vieille ville classée au patrimoine mondial de l'UNESCO.

139. Soukup utilisa toujours cette expression pour parler du président de la fédération.

Sous le prétexte de la chasse à la corruption, les partisans de Dieu exerçaient une pression constante sur la classe politique tout en s'attirant l'adhésion d'une partie de la population, dont les conditions de vie n'avaient cessé de se dégrader sous Hadi, *a fortiori* après l'annonce de la hausse du carburant pendant l'été. « Il y avait un marché noir du pétrole au sein du régime », constate avec amertume l'économiste Majd Ibrahim. « Le consommateur yéménite payait un prix prohibitif pour un bien qui existait dans son sous-sol. Il ne comprenait pas comment le litre pouvait quasiment doubler d'un coup alors que les familles avaient déjà du mal à finir les mois. Cela a tué le peu de confiance qui existait encore en ce gouvernement. »

Déjà habituel sous Saleh, le marché noir des hydrocarbures était relié à de multiples affaires scabreuses impliquant les plus hautes personnalités du régime et diverses compagnies. En 2010, le département de justice américain ouvrit ainsi une enquête concernant des paiements émanant de Schlumberger, l'importante société française spécialisée dans les équipements et services pétroliers. Plusieurs employés de la compagnie avaient rapporté des faits suspects depuis des années, comme les 6 000 dollars mensuels payés à une officine gouvernementale pour louer trois voitures Toyota, soit un prix six fois plus élevé que le marché. Une surfacturation qui s'apparentait à une broutille en comparaison des à-côtés du contrat passé en 2002 avec PEPA, une filiale du ministère du Pétrole yéménite.

Afin de finaliser un projet en commun avec le gouvernement de base de données sismiques pour l'exploitation pétrolière, Schlumberger fut gentiment avisé d'engager une société intermédiaire, Zonic Invest Ltd, détenue par l'un des neveux de Saleh, Tawfik, qui reçut une prime à la signature de 500 000 dollars. Cette compagnie de conseil et de lobbying factura entre 2003 et 2007 la coquette somme de 1.3 million de dollars pour un peu tout et n'importe quoi, comme cette facture de 216 000 dollars de matériel informatique. Une autre entreprise, Dhakwan Management Petroleum Co, fut employée à hauteur de 280 000 dollars entre 2004 et 2007 pour importer officiellement de l'équipement. En réalité, elle se chargeait simplement de la paperasse nécessaire pour éviter que les cargaisons ne disparaissent mystérieusement en route ; dès que Schlumberger refusait de continuer à payer, plus aucun matériel n'arrivait à destination.

Liée au fameux major-général Ali Mohsen, cette société illustrait les jeux de piste opaques entre l'État, ses hommes influents et les compagnies étrangères suffisamment aventurières pour s'engouffrer dans cette jungle. « Les conditions imposées par le gouvernement avaient refroidi beaucoup de gros investisseurs », note Ibrahim. « Parfois, c'était tellement gros qu'ils refusaient purement et simplement des projets qui pouvaient pourtant leur rapporter de l'argent. »

Sous Hadi, les mauvaises habitudes ne changeaient pas, bien au contraire. Le 16 juillet 2013, Yemen Petroleum Company, une unité du ministère du Pétrole, signa un accord de vingt-cinq avec le président de la fédération de football, Ahmed Saleh Al-Essi, afin de commercer et de stocker les produits énergétiques dérivés du pétrole au port de Ras Isa, à côté d'Al-Hodeïda. En outre, le gouvernement devait s'acquitter de 13 millions de dollars pour chaque tonne exploitée ou gardée par la nouvelle compagnie spécialement créée. Une aubaine pour Al-Essi, qui disposait désormais du monopole complet sur la région en matière de distribution et de transport d'hydrocarbures. « Il n'en avait jamais assez », dit un ancien membre du régime. « Il s'était arrangé pour avoir une partie des deals avec chaque partie possible. » Une référence à la société Red Sea Refiniry Limited, basée dans le paradis fiscal des îles Vierges britanniques, où « le requin » s'était associé à deux hommes : un businessman américano-pakistanais vivant à Dubaï, Zafar Ikram Sheikh, et un Yéménite du nom de Hussein Al-Huthaili.

Très proche d'Ali Mohsen, au point que certains le comparaient à « son prête-nom », ce dernier entretenait aussi des relations professionnelles avec les houthis. Parfait entremetteur, il fut cependant accusé par une lettre officielle de Yemen Petroleum Company d'avoir « vidé le pétrole stocké à Ras Isa pour le revendre au marché noir. En une semaine, les revenus tirés de cette vente s'élevaient à 48 millions de dollars[140] ».

Critiqué pour son avidité, le président de la fédération de football n'écoutait pas ses détracteurs. Depuis son enfance, pendant laquelle il surveillait la station essence tenue par son père dans la province d'Al-Hodeïda, il avait patiemment bâti un empire : partout où les barils de pétrole entraient ou sortaient de la mer Rouge, Al-Essi avait laissé son empreinte. « Il était ambitieux », abonde Soukup. « Il croyait en l'avenir, il m'en parlait souvent. » Qu'importe la situation politique délétère ou le fait que le Conseil de sécurité des Nations unies plaça sous sanction Ali Abdullah Saleh et deux leaders houthis[141] pour obstruction au processus politique, « le requin » comptait sur sa nouvelle

140. La lettre datée du 28 octobre 2015 a été publiée par l'ICIJ, le Consortium international des journalistes d'investigation. Une copie entière a été transmise à l'auteur pour cet ouvrage.
141. Abdullah Yahya Al-Hakim et Abd Al-Khaliq Al-Houthi.

équipe nationale pour briller à la Coupe du Golfe. « Il était vital de faire quelque chose », confirma l'entraîneur. « Politiquement, le gouvernement espérait que la compétition puisse impacter positivement la population. Il y avait des bombes, des assassinats... Chez moi, j'entendais parfois des tirs. On avait seulement cinq ou six heures d'électricité par jour, le générateur électrique devait être éteint à dix heures du soir. Il y avait des problèmes d'Internet, de téléphonie, sans compter la hausse du carburant et les pénuries qui obligeaient parfois mon chauffeur à attendre six ou sept heures pour faire le plein tellement les stations étaient bondées. »

Pas découragé, Soukup travailla d'arrache-pied avec un nouveau staff incluant Amine Al-Sanini, l'ancien gardien international qui avait officié comme adjoint à la Coupe du Golfe 2010. « On est toujours en contact », savoure ce dernier. « Le coach est un homme pour qui j'ai une énorme gratitude. J'ai beaucoup appris auprès de lui. » Contrairement à ses prédécesseurs, le technicien tchèque réussit à dompter le contexte si spécial de la fédération yéménite où « les ennemis étaient à l'intérieur », pour reprendre la formule du défenseur Yusuf. « Les premiers matchs amicaux furent compliqués car nous n'avions pas le soutien de plusieurs membres de la fédération », poursuit Soukup. « Le cheikh Al-Essi ne savait pas tout ce qui se passait, mais certains avaient un accord avec un autre coach pour récupérer une partie du salaire. C'était plein de petites choses comme ça. J'ai dû faire le ménage. » Dirigeants, équipe technique ou joueurs, tout changea dans un pays où aucun lendemain n'était garanti ; le 9 octobre, un attentat-suicide à la ceinture explosive près d'un *checkpoint* houthi en plein Sanaa tua 47 personnes, dont des enfants.

Amplifiant leur contrôle sur la capitale, les houthis condamnèrent cette attaque et les autres, nombreuses, exécutées par des filiales d'Al-Qaïda. Maîtres de Sanaa, ils imposèrent des conseillers à chaque ministre et service de sécurité. Tel un second gouvernement officieux, ils stoppaient parfois des réunions ministérielles ou en interdisaient l'accès à des dirigeants politiques sans donner plus d'explications. « En conduisant dans les rues de la capitale, vous vous rendiez compte qu'il n'y avait plus d'officiers du ministère de l'Intérieur, mais des jeunes gens affiliés aux houthis », se remémore Khaled Al-Yamani, nommé représentant permanent à l'ONU par Hadi. « Quand j'ai prêté serment, je ne voyais aucun policier. Il n'y avait que des personnes appartenant au mouvement houthi. » Le nouveau ministre des Sports, Rafat Al-Akhali, recevait aussi des « conseils » de la part de plusieurs partisans de Dieu espérant un succès de l'équipe nationale qui s'apprêtait à décoller pour l'Arabie saoudite, pays hôte de cette 22e Coupe du Golfe.

Plus jeune ministre yéménite depuis l'unification, Al-Akhali, 31 ans, était réputé pour être l'un des hommes les plus brillants de sa génération. Bardé de diplômes, notamment de masters obtenus à HEC Montréal et l'Université d'Oxford, il était le seul membre officiel du régime à accompagner la sélection pour ce tournoi hautement médiatisé. « Les journalistes étaient inquiets car ils trouvaient que l'équipe était trop jeune », lance Soukup, qui avait écarté la plupart des anciens. « Ces joueurs avaient tout perdu sur les deux, trois dernières années. C'était presque devenu une normalité. Je ne dis pas que cela les satisfaisait, mais au bout d'un moment, ils n'étaient pas assez énervés par le fait de perdre. Je voulais apporter du sang neuf avec des jeunes qui avaient faim. » Malgré des résultats abyssaux et le pire classement de l'histoire de la sélection, les Yéménites se passionnaient éperdument pour la Coupe du Golfe, à l'instar du Premier ministre, Khaled Bahah, qui postait une photo de lui avec le maillot de l'équipe nationale et un ballon de football. D'autres politiciens se joignirent à cette communion patriotique, espérant un miracle qui trancheraient avec la réalité quotidienne. « Je sentais que c'était la fin », soupire Al-Yamani. « Je le réalisais à chaque fois que je me promenais à Sanaa. J'avais la sensation que quelque chose était parti pour toujours. La nation était en train de s'effondrer pour de bon. »

Forcément, le 13 novembre 2014, lorsque Miroslav Soukup écouta sa jeune garde chanter à l'unisson l'hymne national, « République unie », il savait qu'il ne dirigeait pas une simple rencontre sportive. Il était bientôt 21h30 dans la chaude nuit de Riyad, et la diaspora yéménite s'époumonait dans les tribunes du majestueux stade baptisé en hommage au roi Fadh, l'ancien monarque saoudien. Dans le pays, d'Aden à Sanaa, chaque famille était scotchée devant son poste de télévision retransmettant ce premier match face au Bahreïn. Dans les rues, aucun combat ou disparition n'était à signaler, une nouveauté après des semaines de heurts constants. Debout devant son banc de touche, Soukup donnait les ultimes consignes à ses joueurs, bien conscient des responsabilités qui leur incombaient : au Yémen, le football était devenu une parenthèse de paix. Plus l'équipe irait loin dans la compétition, plus elle retarderait l'inévitable ; l'Arabie heureuse était au bord d'une guerre civile, oui, mais elle n'était pas encore prête à entrer en enfer.

22. LES GARDIENS DE LA MER ROUGE

« J'ai été invité par le Premier ministre qui m'a félicité : "Tu as rendu les gens heureux pendant un mois. Ton équipe a réuni le Yémen. Pendant ce temps, personne ne pensait aux guerres, au Sud, au Nord. Ils supportaient l'équipe. Tes joueurs et toi, vous avez fait davantage en un mois que nous autres en politique durant toutes ces années" » (Miroslav Soukup, sélectionneur de l'équipe de football du Yémen de 2014 à 2016). De plus en plus pressants, les houthis resserrèrent leur emprise sur le gouvernement dirigé par Hadi. Inquiétée par le soutien iranien croissant, l'Arabie saoudite mit en garde une communauté internationale ne voyant toujours le Yémen que par le prisme d'Al-Qaïda. Une lecture biaisée à laquelle la sélection de football octroyait encore un moment de répit en étant reçue triomphalement à Sanaa. ■

Énergique, Miroslav Soukup haranguait ses troupes. Dominant la première demi-heure, les Rouge et Noir accusèrent le coup avant la mi-temps, laissant le Bahreïn menacer à plusieurs reprises la cage de Mohammed Ayash, le portier yéménite au crâne dégarni. « La mentalité des clubs était mauvaise quand je suis arrivé », commente le sélectionneur. « Je prenais en exemple la philosophie d'une discipline comme l'aïkido. Tu ne mets pas un mur en face d'une rivière car celle-ci va le détruire. Par contre, si tu ne mets pas le mur directement en face, tu vas détourner la rivière qui pourra aller à droite ou à gauche du mur. Je voulais faire pareil avec mes joueurs en leur apprenant d'autres stratégies, pour qu'ils sachent ce qu'ils devaient faire après avoir gagné la balle, après l'avoir perdue. On faisait des séances spécifiques chaque semaine. » Un travail de répétition payant : sur le terrain, le petit dernier de la péninsule arabique contint sans grande difficulté son adversaire.

Oscillant toujours aux alentours de la 180e place au classement FIFA[142], le Yémen jouait vaillamment face à des nations pourtant bien meilleures intrinsèquement. « Je demandais à mes joueurs leur ressenti et comment ils allaient s'y prendre pour gagner contre l'Irak, le Qatar ou le Bahreïn. Je leur demandais : "Vous êtes meilleurs qu'eux individuellement ? Vous êtes meilleurs physiquement ?" C'était pour leur faire comprendre ce qu'on voulait, c'est-à-dire plus de discipline et de variété dans le jeu. » Débridés, les Yéménites surprenaient les Bahreïnis, pourtant 104e au classement FIFA et habitués aux places d'honneur du tournoi[143]. Plusieurs fois, l'excès d'individualisme et la maladresse dans le dernier geste empêchèrent même l'Arabie heureuse de repartir avec la victoire. Yémen-Bahreïn : 0-0. « Les joueurs adhéraient à ce qu'on voulait », savoure Soukup, qui avait pu ramener trois collaborateurs slovaques, un adjoint, un entraîneur des gardiens et un préparateur physique. « On bénéficiait aussi de l'aide de coachs locaux comme Amine Al-Sanini. Contrairement aux autres pays du Golfe où les joueurs ont des notions d'anglais, ici, ce n'était pas le cas à trois ou quatre exceptions près. On avait appris des mots d'arabe, mais c'était insuffisant pour faire passer précisément les consignes et les messages dans les analyses. On a eu la chance d'avoir des gens intelligents comme Amine qui s'assurait de traduire nos directives comme il le fallait. »

Trois jours plus tard, toujours dans le somptueux King Fahd Stadium, les Rouge et Noir défiaient le Qatar, 88e au classement FIFA et futur hôte de la Coupe du Monde 2022. Dotés d'un riche championnat professionnel et du complexe Aspire, d'une académie multi-sports parmi les plus belles au monde, les Qataris étaient les immenses favoris, surtout après la double confrontation un an plus tôt lors des qualifications pour la Coupe d'Asie : 6-0 et 4-1 ! Pourtant, ce soir-là, le Yémen se débattait. Ayash, le petit gardien (1m78) à la détente féline, repoussait chaque tir. Devant lui, ses coéquipiers défendaient comme si leur vie en dépendait, ce qui n'était pas totalement faux ; à Sanaa, le gouvernement promettait des primes historiques en cas de bons résultats. « L'enjeu était tellement important pour le pays que nous étions le centre de l'attention », sourit Soukup qui regardait en permanence sa montre lors du temps additionnel. Une attente interminable, bien soulagée par les gains de temps du portier Ayash,

142. Au 178e rang à l'aube de la Coupe du Golfe 2014.
143. Le Bahreïn termina second à quatre reprises et remporta même l'édition de 2019.

qui écopa d'un carton jaune pour ses simagrées. Un inconvénient sans conséquence. Yémen-Qatar : 0-0.

Sautant dans tous les sens, le banc de touche yéménite s'enlaçait en hurlant. Sur la pelouse, plusieurs joueurs s'étaient effondrés, épuisés. Ils l'avaient fait ! Agenouillés, regardant le ciel, ces jeunes hommes se demandaient s'ils ne rêvaient pas : l'équipe allait jouer pour la première fois de son histoire une qualification en demi-finale face à son rival de toujours, l'Arabie saoudite. « C'était incroyable », se souvient le sélectionneur. « Les Yéménites vivant sur place sont venus en nombre nous féliciter devant notre hôtel. Il y avait une ambiance folle. Sauf qu'un événement imprévu s'est passé les jours suivants. Dans les journaux, on disait que mes joueurs allaient recevoir de l'argent d'un riche Saoudien en cas de victoire. C'était une tactique pour nous déstabiliser. Les rumeurs faisaient miroiter à ces jeunes gens n'ayant pas grand-chose une petite fortune, une voiture neuve et une vie qu'ils n'auront jamais. Forcément, ça trottait dans leur tête même si rien de tout ça n'était vrai. »

À Sanaa, chaque force politique essayait de récupérer le succès de l'équipe nationale. Hadi appela son ministre des Sports, Rafat Al-Akhali, pour transmettre ses félicitations au groupe, tandis que les houthis multipliaient les communiqués de fierté nationale en prélude à la rencontre face à l'Arabie saoudite, un pays qui avait participé à la sixième guerre de Saada contre eux. Quant à Saleh, il poursuivait sans relâche ses analyses et messages patriotiques sur sa page Facebook. « Chacun jouait sa carte selon ses intérêts », glisse un joueur. Parallèlement, les houthis développèrent leurs comités révolutionnaires, une entité parallèle au gouvernement qui surveillait les moindres faits et gestes des officiels. « Notre pays était dirigé par des gens indignes », balaye Ahmed Al-Shami, conseiller économique des partisans de Dieu. « Lorsque j'ai présenté mes idées au gouvernement, ils ont estimé qu'elles étaient contre eux. Je cherchais simplement à renforcer l'indépendance de notre économie, mais ça n'entrait pas dans leur plan. »

Pressée par la communauté internationale et le Fonds monétaire international (FMI), l'administration Hadi prenait des mesures néolibérales peu adaptées à la réalité locale. Une incongruité, comme l'influence du FMI qui faisait miroiter des aides et des prêts à la condition de suivre les consignes dictées à Washington ; d'où la hausse subite du carburant qui affaissa pour de bon la crédibilité du régime à l'été 2014. « Les plans de relance de l'économie n'étaient pas adaptés », confirme Majd Ibrahim. « Il fallait des aides conséquentes redistribuées afin de dynamiser l'économie locale. Or, on nous poussait à importer des biens de consommation au lieu de financer des industries yéménites qui auraient pu les produire, tout en drainant de l'emploi. »

Inférieur au montant espéré, le soutien financier obtenu durant la transition politique était galvaudé par l'opacité d'un gouvernement fantoche. Excédée de jeter des dizaines de millions de dollars par la fenêtre, l'Arabie saoudite haussa le ton par l'intermédiaire de son ambassadeur, Mohammed Al-Jaber, qui demanda à ses interlocuteurs étrangers et yéménites où passait l'argent. « Dans le cadre de ma thèse, j'ai fait des demandes pour obtenir les documents relatifs à ces aides, mais je n'ai jamais rien reçu », peste Ibrahim. « Tous les pays au monde ou presque avaient des données précises. Au Yémen, nous n'avions rien. C'était la porte ouverte à toutes les dérives. »

Si le gaspillage des fonds avait poussé des institutions étrangères à retirer une partie de l'allocation financière prévue, ils étaient de toutes façons insuffisants pour faire face à la situation. « L'autre souci, c'était le temps donné par le GCC et la communauté internationale pour solder la transition politique », estime Abdulrahman Al-Eryani. « On n'a pas donné assez de temps au dialogue national pour mûrir comme il le fallait. Tout était précipité. » Conclue en janvier 2014, la conférence du dialogue national avait accouché de 1800 recommandations, mais qui n'avait débouché sur aucun consensus. La mesure phare, le fédéralisme délimité en six provinces, était rejetée par les houthis et par la majeure partie des sudistes qui ne comprenaient pas pourquoi leur espace géographique devait être divisé en deux entités. Une incompréhension qui ne gênait pas les pays parrains de ce processus, à commencer par les États-Unis, qui tiraient des dizaines de missiles chaque année sur le sol yéménite dans leur guerre contre le terrorisme. « Hadi nous laissait faire ce qu'on voulait », confirme un officiel américain. « Il ne voulait pas perdre notre soutien, donc on était libre d'agir comme si nous étions chez nous. »

Contrairement à Saleh, Hadi ne menait aucun double jeu avec Al-Qaïda, dont les gains territoriaux dans le Sud inquiétaient la communauté internationale. Disposant de camps d'entraînement à cheval sur les provinces d'Abyan et Shabwat, AQPA attirait de plus en plus de jeunes étrangers répondant à l'appel du djihad armé. « On était inquiets de leurs possibles opérations sur nos intérêts », confirme l'ancien ambassadeur Feierstein. « Il fallait aussi ajouter la piraterie au large du golfe d'Aden qui était une menace régulière. »

Faisant partie des routes maritimes les plus fréquentées du globe, le golfe d'Aden voyait transiter plus de 20000 navires chaque année, principalement des pétroliers à destination de l'Europe qui y puisait environ 30 % de son approvisionnement énergétique. Problème, la zone était devenue un épicentre de la piraterie mondiale au milieu des années 2000 avec 140 attaques de bateaux recensées en 2008 par le BMI, le Bureau maritime international. En réponse, l'Union européenne déploya la mission Atalanta et l'OTAN lança l'opération Ocean Shield, le bouclier de l'Océan. Grâce à cette coopération internationale, à laquelle le Yémen participait en accueillant trois bases navales de la mission Atalanta (Aden, Al-Hodeïda et Mukalla), les pirates provenant des côtes somaliennes eurent davantage de mal à arraisonner les cargos. « Les attaques baissèrent sensiblement », confirme Al-Qirbi, le ministre yéménite des Affaires étrangères. « Néanmoins, il fallait rester vigilant. »

Avec un armement des plus modernes, héritage d'une région du monde en guerre depuis des décennies, les pirates rôdaient souvent au large de Hadramaout, dont la porosité permit également à des groupes djihadistes d'exporter et d'importer des armes. Avec la complicité d'agents locaux au port de Mukalla, mais aussi à travers des débouchés côtiers sauvages sans surveillance, Al-Qaïda utilisait à son avantage la proximité entre le Yémen et la Somalie où sévissaient les Shebab, une organisation leur étant affiliée. « Tous ces éléments constituaient la seule grille de lecture du Yémen », regrette Al-Obahi, la conseillère de l'ambassade française. « La communauté internationale, influencée par les États-Unis, percevait le Yémen uniquement à travers la menace d'Al-Qaïda. C'est comme si la situation politique locale n'avait pas d'importance. Il y avait un aveuglement sur ce qui était en train de se passer sous nos yeux. »

Exagérée sous Saleh afin d'amasser plus d'aides financières, la « menace » AQPA était toutefois désormais bien réelle, bien que surtout concentrée sur des objectifs yéménites. « On m'en parlait, mais nous n'avons jamais eu de problème avec eux », clame le sélectionneur Soukup. « Par contre, un de mes joueurs, dont je préfère taire le nom, avait un frère aîné qui était un membre important d'Al-Qaïda. Tout le monde le savait, mais personne ne disait rien. Il n'y était pour rien, lui. » Dépassant les barrières confessionnelles, provinciales ou tribales, l'équipe nationale était une petite famille qui préparait un des matchs les plus importants de son existence face à l'Arabie saoudite, l'hôte de la 22e Coupe du Golfe. « C'est un derby, et pas n'importe lequel », rigole Muhammad Al-Kheinessi, l'attaché de presse de la sélection. « Nos pays sont voisins et rattachés par l'histoire, les mouvements de population. Lorsqu'on joue en Arabie saoudite, c'est un peu comme si on était à la maison. »

Avec environ 1.7 million de Yéménites vivant légalement sur le territoire saoudien, sans compter les centaines de milliers d'autres non déclarés, Riyad se drapait de rouge et de noir dans la soirée du 19 novembre 2014. Bannières, écharpes, turbans, les ressortissants de l'Arabie heureuse venaient au King Fahd Stadium avec les couleurs d'un pays qu'ils avaient malheureusement dû quitter pour trouver meilleur sort. Dans une ambiance fraternelle, ils passaient les portiques de sécurité après une fouille minutieuse de toutes les banderoles confectionnées à la hâte. Soupçonnant que cette rencontre puisse être utilisée comme une tribune politique, les autorités saoudiennes avaient préféré être prudentes ; la guerre n'était pas là, mais c'était tout comme. « Nous alertions nos homologues yéménites et internationaux de l'ingérence iranienne », explique un ancien membre du ministère de la Défense saoudienne travaillant toujours pour le régime. « La déstabilisation orchestrée par l'Iran à travers les houthis était une menace pour le Yémen, mais aussi pour notre pays et pour toute la région. »

À l'été 2012, peu après le départ d'Ali Abdullah Saleh, le gouvernement yéménite avait fièrement annoncé la dislocation d'un réseau d'espionnage iranien œuvrant pour les houthis. « Cinq réseaux d'espions qui travaillent pour l'Iran ont été découverts et traduits en justice alors qu'un sixième a été récemment démantelé », dit Hadi lors d'une conférence donnée le 28 septembre 2012 à Washington au *think tank* Woodrow Wilson Center. Des propos rappelant ses mises en garde quelques semaines plus tôt, quand il avait averti la République islamique d'Iran « de s'occuper de ses affaires » au risque « d'en payer le prix » et d'être « embarrassée devant le monde entier ». Un discours offensif qui provoqua l'hilarité à Téhéran et aiguisa les plumes les plus acérées de Riyad, à commencer par Jamal Khashoggi, un journaliste à l'époque proche du pouvoir. « Les Iraniens sont assez sectaires. Ils viennent et supportent un segment de la société yéménite qu'ils enflamment, qu'ils renforcent, et qui ira contre la majeure partie de la population [...]. L'ingérence iranienne est en train de détruire l'unicité de la société yéménite. »

Officiellement, les forces spéciales yéménites avaient arrêté les agents doubles qui se présentaient comme des investisseurs désireux de créer une manufacture. Un gros coup duquel Hadi comptait tirer profit, même si les renseignements étaient pilotés par les services secrets américains et saoudiens. « Il cherchait la moindre chose pour légitimer son autorité et sa position », corrobore l'activiste Riyadh Al-Dubai. D'abord annoncée sur le site relié au ministère de la Défense, 26sep.net, l'information restait sibylline malgré les prises de parole du président.

Aucun chiffre, aucun nom, pas même celui de l'ancien dirigeant des Corps des Gardiens de la révolution islamique[144] qui chapeautait le réseau d'espionnage, tout était flou. « Des éléments iraniens, syriens et yéménites ont été appréhendés », expliquait 26sep.net sans donner plus de précision, si ce n'est l'inspection d'un conteneur au port d'Aden qui avait révélé des « équipements à des fins militaires » qui pouvaient être assemblés pour « créer des roquettes et différentes armes ».

Réelles, les cellules dormantes iraniennes implantées au Yémen étaient cependant amplifiées pour servir le discours saoudien auquel Hadi répondait parfaitement. Si des arrestations eurent lieu, elles étaient bien inférieures aux « six réseaux » évoqués par le *raïs*. « C'était une opération destinée à agiter un danger iranien imminent », note un agent de la DGSE. « Il y avait un fondement sur lequel la CIA et leurs homologues saoudiens ont joué avec la complicité, tacite ou non, de Hadi. » Dans une interview donnée au quotidien *Al-Hayat*, un journal détenu par le vice-ministre de la Défense d'Arabie saoudite, le prince Khaled ben Sultan, le président yéménite alla jusqu'à blâmer l'Iran de soutenir une faction armée séparatiste au Sud du Yémen ! Une accusation exagérée, voire fantaisiste : oui, Téhéran envoyait clandestinement des armes en Arabie heureuse, mais elles étaient à destination des houthis, non des séparatistes du Sud[145].

Depuis la fin des guerres de Saada, les Iraniens avaient perfectionné un système de contrebande qui allait *crescendo* au fil des années, sans pour autant inquiéter outre-mesure les Américains ou dépasser l'aide fournie par Saleh. Pour contourner la vigilance des autorités, les Gardiens de la révolution utilisaient plusieurs ports de la Corne de l'Afrique. Djibouti, Berbera ou Hobyo en Somalie, Assab en Érythrée, les routes étaient variées pour dissimuler les pistes. De là, les cargaisons d'armes étaient dissimulées en petites quantités sur des bateaux de pêche, principalement des thoniers, afin d'accoster tranquillement de l'autre côté de la mer Rouge, dans les ports yéménites d'Al-Hodeïda, Al-Khouba, Mocha ou Saleef. « Ils ont diversifié les chemins et les manières d'approvisionnement par la suite », note Al-Dubai en référence aux chemins alambiqués des navires iraniens croisant en Asie

144. Aussi connue comme les Gardiens de la révolution ou les Pasadran, cette organisation paramilitaire dépend directement du Guide de la révolution, le plus haut responsable politique et religieux iranien. Ce groupe est censé protéger le système en place, tout en assurant des missions de renseignement et des opérations clandestines à l'étranger. Très influents économiquement, les Gardiens de la révolution ont aidé à la formation de plusieurs milices étrangères affiliées à l'Iran.

145. Selon plusieurs témoignages de leaders sudistes, différents dirigeants avaient cependant été invités au Liban pour rencontrer des gens du Hezbollah.

du Sud-Est, la Thaïlande en tête, pour revenir ensuite au large du Yémen sans éveiller les soupçons.

Néanmoins, le 23 janvier 2013, une opération commune des garde-côtes yéménites et de la marine américaine intercepta un navire chargé de 40 tonnes d'armes au port de Mocha. Loin des espions inconnus, loin du golfe d'Aden où se trouvait supposément une cargaison de roquettes en pièces détachées, cette nouvelle provoqua une vague d'enthousiasme chez l'état-major de Hadi qui organisa une conférence de presse grandiloquente pour l'événement. « Le soutien iranien a concrètement pris forme pendant la transition politique », continue Al-Dubai. « Avant, les échanges étaient limités. Ils ont accentué leur présence au fil du processus qui a amené les houthis à s'emparer de Sanaa. Néanmoins, ceux prétendant que l'Iran est responsable de la prise de la capitale font erreur. Ce sont les divisions de notre régime et l'alliance avec Saleh qui ont permis cela. » Une position que ne partageait pas l'Arabie saoudite, dont l'ambassadeur Mohammed Al-Jaber mettait en garde ses homologues internationaux. « Il était inconcevable pour les Saoudiens que leur rival hégémonique, l'Iran, puisse toquer à leur porte de cette manière », relève Thomas Juneau, à l'époque analyste stratégique au ministère de la Défense canadien. « Il y avait une peur que l'Iran se déploie dans un pays que l'Arabie saoudite a toujours considéré comme son arrière-cour, sa zone d'influence. »

Forcément, toutes les bandelettes et banderoles amenées au stade par les fans des Rouge et Noir étaient scrutées comme jamais, mais il n'y avait aucun risque : les Yéménites voulaient simplement profiter de leur équipe de football, pas parler de politique. « C'est le moment où on oublie nos problèmes », appuie l'attaché de presse Al-Kheinessi. « Les gens ne peuvent pas imaginer à quel point c'est important pour nous. » Face à son richissime voisin, dont la sélection *trustait* les titres régionaux et continentaux depuis le milieu des années 1980[146], l'Arabie heureuse opposait sa résistance la plus farouche. Solidement cramponnés devant leur surface de réparation, les joueurs de Miroslav Soukup étaient parfaitement organisés. Quant au gardien, Mohammed Ayash, il semblait s'envoler dans la nuit de Riyad à chaque tentative adverse. Une fois, deux fois, trois fois : les Saoudiens n'en croyaient pas leurs yeux. Où était passée la pauvre sélection que les Faucons avaient l'habitude

146. Triple vainqueur de la Coupe d'Asie (1984, 1988, 1996) et de la Coupe du Golfe (1994, 2002, 2003), double vainqueur de la Coupe Arabe (1998, 2002), l'Arabie saoudite avait également obtenu sa qualification à la Coupe du Monde à plusieurs reprises (1994, 1998, 2002, 2006), sans oublier les dernières éditions (2018 et 2022).

de battre sans forcer ? 2-0 lors de l'édition 2004, 6-0 en 2009, 4-0 en 2010, 2-0 en 2013 : le Yémen avait toujours été la proie favorite de son grand voisin. « De par notre histoire, cette rencontre est particulière », sourit Al-Kheinessi. « On n'a rien contre eux, ce sont des frères, mais il y a une grande rivalité sportive. En jeunes, les Saoudiens craignent énormément les rencontres contre nous. Ils connaissent notre talent. »

Emberlificotés dans la défense visiteuse, les Faucons parvinrent cependant à ouvrir la marque à la 29e minute d'une frappe supersonique de Nawaf Al-Abed, l'un des joyaux d'Al Hilal, le mythique club bleu de Riyad. Pas découragé, Soukup replaça ses hommes en leur demandant de jouer plus haut, sous les chants de la diaspora yéménite qui recouvraient ceux des locaux. « Je n'entendais que nos supporters », savoure des années plus tard le sélectionneur. « C'était une ambiance extraordinaire. » Sous les caméras et les projecteurs, les aficionados de l'Arabie heureuse offraient le plus beau des spectacles. Chansons, danses, sourires, tout y passait, même une pancarte blanche flanquée d'un cœur rouge avec une inscription noire : « Que nous perdions ou gagnions, l'Arabie saoudite et le Yémen sont nos deux équipes. » Un message de fraternité simple, mais tellement clair ; pourquoi les leaders politiques ne pouvaient-ils pas faire preuve du même cœur ?

Volontaire, la jeune troupe de Soukup s'inclina finalement 1-0. Une déception pour le sélectionneur tchèque, persuadé que ses joueurs avaient eu du mal à gérer la pression. Éliminés de la Coupe du Golfe, les Yéménites quittèrent cependant la compétition sous une ovation du public et les honneurs réservés habituellement aux vainqueurs. « Un prince de Riyad nous a laissé son jet privé pour aller à La Mecque », se souvient l'entraîneur. « On était reçus comme des rois, tout le monde voulait une photo avec nous ! Depuis La Mecque, le président yéménite avait affrété son jet spécialement pour l'équipe. En arrivant à Sanaa, des milliers de gens nous attendaient dans les rues. On avait un bus à notre effigie, les célébrations étaient dingues, presque disproportionnées. » La sélection n'avait effectivement pas gagné un match, ni même marqué un but, mais elle était fêtée comme une reine. « Le ministre des Sports me disait : "Prépare-moi d'autres stratégies sportives, je vais les suivre !" On était logés dans des hôtels somptueux, les joueurs ont reçu des parcelles de terre, des téléphones, de l'argent, c'était fou. Des compagnies téléphoniques et d'autres entreprises voulaient nous soutenir pour acheter des équipements et financer des camps d'entraînement. J'ai été invité par le Premier ministre qui m'a félicité : "Tu as rendu les gens heureux pendant un mois. Ton équipe a réuni le Yémen. Pendant ce temps, personne ne pensait aux guerres, au

Sud, au Nord. Ils supportaient l'équipe. Tes joueurs et toi, vous avez fait davantage en un mois que nous autres en politique durant toutes ces années." » Un constat brutal, mais réaliste : au Yémen, une simple équipe de football avait réussi ce qu'aucun gouvernement n'avait été capable de faire ; rassembler les gens dans la joie. « L'Irak a connu une situation similaire », remarque le journaliste franco-irakien Feurat Alani. « Dans les pires années de la guerre ayant suivi l'invasion américaine, la sélection a remporté la Coupe d'Asie en 2007 pour la première fois de son histoire. Bagdad était sens dessus dessous, les habitants s'en foutaient du couvre-feu, ils sortaient avec les drapeaux, ça klaxonnait, ça s'embrassait... Il y avait une ambiance digne de France 98 avec une symbolique très forte puisqu'il y avait des morts sur le trottoir. »

Hélas, ces instants de communion populaire étaient éphémères. En Irak ou au Yémen, les matchs de football avaient toujours un coup de sifflet final, et la vie, tragique, reprenait immédiatement ses droits. « Ces peuples ont connu tellement de tragédies depuis des décennies qu'ils ont besoin de se raccrocher à quelque chose, de croire en quelque chose. Pour beaucoup, c'est le football », continue le lauréat du prix Albert-Londres. « En Irak, on se foutait d'un coup d'être sunnite, chiite, de tel parti politique ou religieux. Quand le régime était en total échec sur plein de choses, notamment la réconciliation nationale, la sélection avait fait ce boulot avec une équipe représentative de la nation puisqu'elle comprenait toutes ses confessions. Le problème, c'est que le football ne durait politiquement qu'un temps. » Sans politique concrète, l'Irak et le Yémen étaient condamnés : au pays entre les deux fleuves ou en Arabie heureuse, seule la guerre était autorisée à jouer les prolongations.

23. LA GRANDE ÉVASION

« J'entendais que Hadi avait présenté sa démission, donc j'essayais de le joindre. Or, les houthis contrôlaient sa maison et le système de communication. Chaque fois que j'appelais, c'était eux qui me répondaient. À partir de ce moment, le président était injoignable, seul » (Khaled Al-Yamani, représentant permanent du Yémen à l'ONU entre 2015 et 2016).

Maîtres de Sanaa, les houthis accentuèrent leur contrôle sur le pays. Archives, armement, communication, leur pouvoir était désormais trop grand pour le gouvernement de Hadi. À la suite d'affrontements et de kidnappings, les partisans de Dieu poussèrent le président à la démission. Assigné à résidence, il parvint à s'échapper un mois plus tard dans des circonstances floues. Réfugié à Aden, il appela à l'aide les monarchies du Golfe pour retrouver sa position. ■

Débordé par les événements et la pression constante des houthis, Hadi profita de la relative accalmie générée par les footballeurs, invités officiellement au palais présidentiel avec l'engagement de recevoir une prime exceptionnelle de deux millions de rials yéménites[147]. « Il n'a jamais tenu parole », grognent plusieurs membres de la fédération. Une promesse vaine contrairement à celle de Saleh, premier supporter de l'équipe nationale qui offrit de sa fortune personnelle un million de rials yéménites à chaque joueur. « Il se comportait toujours comme s'il dirigeait le pays », explique l'ancienne ambassadrice états-unienne, Barbara Bodine. « Il était comme ça. Il était viscéralement attaché à son pays et au pouvoir. »

Convoquant des leaders politiques, sportifs ou religieux dans une de ses demeures, Afash écoutait les doléances de chacun, puis donnait des conseils, voire des ordres. Qu'importe sa position officielle, il se voyait toujours comme le père de la nation, l'homme ayant unifié les deux Yémen. « Est-ce faux ? », interroge un de ses proches, Yahya Dwaid. « Avec lui, nous avons connu un développement et une stabilité sans commune mesure avec les autres présidents. » Pour ses partisans, Saleh

147. Environ 9 000 dollars.

était le sauveur, le seul homme capable de colmater les brèches béantes de la réconciliation nationale. Une impression décuplée dans son entourage, qui se rappelait les fameuses histoires du passé, notamment une rencontre à la Maison-Blanche où le colonel à la moustache avait proposé à George W. Bush d'interférer auprès de Saddam Hussein pour éviter la guerre.

Plein d'aplomb, l'ancien président dirigeait, à l'instar de Hadi et des houthis, une sorte de troisième gouvernement parallèle censé permettre à son fils aîné ou à lui-même de retrouver officiellement le trône. Une intention qui ne plaisait guère aux partisans de Dieu. « Les premières tensions avec Ansar Allah ont débuté ici », confirme l'écrivain Aiman Nabil. « Le problème, c'est que Saleh ne leur avait pas donné simplement les clés de Sanaa, mais du Yémen en général. Il avait développé durant son règne un système ultra-centralisé : celui qui possédait Sanaa contrôlait en réalité l'épine dorsale de l'appareil étatique. On parle de la banque centrale, des archives des services de renseignement et de sécurité, des départements sensibles comme le ministère de la Défense, des sièges des plus grandes entreprises, des journaux, des télévisions, des centres des organisations internationales, de l'aéroport… Même des archives relatives à Aden se trouvaient à Sanaa ! »

En possession du royaume, les houthis avaient également pillé l'arsenal de la première division blindée d'Ali Mohsen avec la bénédiction de Saleh. Une douce revanche qui amplifiait leur potentiel militaire. Outre les armes iraniennes, le groupe avait acheté ces dernières années des stocks importants sur le marché noir grâce à l'entremise de Fares Manaa et d'autres trafiquants. Entassé dans des cachettes et dépôts hautement surveillés à travers le Nord du pays, le matériel bulgare, chinois, nord-coréen ou russe était désormais étoffé par des équipements allemands et américains dernier cri ; un comble vu le slogan des partisans de Dieu. « Avec tout ça, le pouvoir des houthis était trop important pour que l'État puisse résister à leurs *desiderata* », ajoute Nabil.

Le 17 janvier 2015, Ahmed bin Mubarak, le chef du cabinet présidentiel, se rendit en automobile à une réunion de la plus haute importance. Depuis des semaines, il planchait avec son équipe pour finaliser la nouvelle constitution. Enfin finie, il voulait la remettre en main propre à Hadi afin d'entériner définitivement un État fédéral divisé en six régions autonomes. Escorté de deux gardes du corps, son véhicule s'arrêta au cœur de Hadda, un quartier au sud-ouest de la capitale, à cause d'un barrage de sécurité. Tenu par des miliciens houthis, le *checkpoint* était en réalité une embuscade : Ahmed bin Mubarak, l'homme qui avait démissionné en moins de trente-trois heures de son poste de Premier ministre à l'automne sous la pression des houthis, fut kidnappé et gardé dans un lieu secret avec ses deux vigiles.

Maîtres de l'information, les partisans de Dieu étaient au courant des moindres faits et gestes du gouvernement. Contrôlant les communications de certains officiels, ils savaient que cette journée pouvait être fatale pour leurs plans. Depuis des mois, Abdul Malik Al-Houthi avait été clair : le découpage en six provinces était impensable, *a fortiori* en coupant l'accès à la mer Rouge au bastion historique des houthis. Si fédéralisme il y avait, il pouvait simplement être composé de deux entités. Devant le refus du régime, le leader durcit le ton. En plus des séquestrations, il envoya une liste de demandes express à Hadi pour imposer la nomination d'environ 160 personnes aux postes les plus importants du pays ! « Lorsque j'ai appris la nouvelle, j'étais sans ressource », commente Khaled Al-Yamani. « En tant que représentant permanent à l'ONU, je me devais de faire quelque chose. Plus personne ne me donnait d'instructions, c'était le chaos. Les houthis étaient vraiment en train de prendre ce qui restait de Sanaa par la force. »

Loin de cette agitation, Miroslav Soukup était au même moment en train d'encourager ses protégés sous le doux soleil hivernal de Dubaï. Sans se douter que sa vie et celle de ses joueurs venaient d'être bouleversées, il vit les Rouge et Noir s'incliner 2-0 contre le Nigeria en amical. « J'avais pris beaucoup de jeunes qui formaient la moelle épinière de l'équipe des moins de 23 ans que je coachais aussi. Je profitais de ces rencontres pour leur faire emmagasiner de l'expérience collective. » Malgré le revers, Soukup gardait le sourire en attendant de jouer contre la Finlande cinq jours plus tard. « J'étais focalisé sur nos objectifs. Je savais qu'il y avait des problèmes au pays, mais de là à imaginer ça… » À la télévision, l'entraîneur tchèque assistait désabusé aux affrontements entre les houthis et la garde présidentielle. Plus les heures passaient, plus la situation s'aggravait ; pourrait-il seulement revenir un jour à Sanaa ?

Plus forts, plus nombreux, les partisans de Dieu encerclèrent le palais de Hadi tout en s'emparant de l'agence de presse étatique Saba et de Yemen TV. Sur le petit écran, Abdul Malik Al-Houthi prononça un long discours ordonnant au président d'accélérer les réformes politiques qu'il demandait. « J'entendais que Hadi avait présenté sa démission, donc j'essayais de le joindre », se souvient Al-Yamani. « Or, les houthis contrôlaient sa maison et le système de communication. Chaque fois que j'appelais, c'était eux qui me répondaient. À partir de ce moment, le président était injoignable, seul. J'ai tout essayé pour le joindre. J'ai débuté une campagne internationale pour libérer Hadi ; je refusais de croire qu'il avait démissionné. » Pris au piège, l'ancien major-général se savait coincé : soit il acceptait d'être le pantin obéissant aux ordres d'Abdul Malik Al-Houhi, soit il quittait cette fonction qu'il aimait tant. Dans tous les cas, aucun scénario n'impliquait une fin heureuse, alors mieux valait éviter le pire. « J'ai demandé à Jamal Benomar de se réunir avec Hadi pour comprendre ce qui se passait. Je lui répétais que si jamais le président avait démissionné, c'était sous la menace », continue Al-Yamani. « Benomar est revenu de sa réunion et a annoncé que Hadi ne revenait pas, qu'il avait bien démissionné. J'étais fou. J'ai dit à Jamal Benomar : "Tu es en train d'aider les houthis à contrôler le Yémen !" »

Annoncées le 22 janvier 2015, les résignations communes du président et du Premier ministre laissaient l'Arabie heureuse sans gouvernement. Dans l'incapacité de trouver un accord avec les autres factions politiques, les houthis promurent un décret constitutionnel en nommant le comité suprême de la révolution qui devait assurer une nouvelle transition de deux ans. Dissolvant le Parlement, ils instaurèrent également un conseil de transition nationale composé de 551 membres ainsi que d'autres entités censées remplacer l'ancien régime pour de bon. « On assistait au bouleversement qu'on pouvait pressentir depuis un moment », poursuit le représentant permanent yéménite à l'ONU. « Ils avaient assigné Hadi à résidence. Ils le surveillaient, il ne pouvait pas sortir. »

Si Ahmed bin Mubarak fut libéré le 27 janvier, le major-général était captif à l'intérieur de sa propre demeure. Une situation qui courrouça la communauté internationale, en particulier l'Arabie saoudite qui avait stoppé depuis des mois son financement pour la transition politique. « Ils n'en pouvaient plus de Jamal Benomar », confie Linda Al-Obahi. « Ils estimaient que ses actions étaient en faveur des houthis. Ce n'était pas les seuls à avoir cette impression, sachant que le Conseil de sécurité des Nations avait déjà énormément de mal avec lui. » Impuissant face à des événements le dépassant, Soukup était en compagnie de son équipe des moins de 23 ans en Turquie, à Antalya. Malgré l'inquiétude, les joueurs poursuivaient leur préparation pour les qualifications à la Coupe d'Asie des moins de 23 ans qui débutaient en mars. « On ne savait pas trop ce qui allait advenir », se remémore le coach. « J'ai reçu une lettre du consulat tchèque me disant que c'était trop dangereux de retourner au Yémen. Je devais rester en Turquie ou revenir en République tchèque. J'ai donné cette lettre à ma fédération. Avec mon staff, nous devions choisir notre avenir. »

Depuis son installation hésitante à Sanaa, Soukup avait pris goût à sa nouvelle vie. Si son travail le passionnait, il aimait aussi la convivialité yéménite, son architecture, sa gastronomie, ses paysages et ses petites leçons quotidiennes. « Je vivais au premier étage d'une résidence qui en comptait cinq. J'avais remarqué qu'au cinquième, il y avait un très bel appartement à louer. Il était plus spacieux et moins cher que le mien. J'en ai donc parlé à mes dirigeants et à nos services de sécurité qui m'ont demandé si je n'étais pas fou. Je leur répondais : "Pourquoi ? La vue est magnifique !" Ils me regardaient avec un air perplexe. Je ne comprenais pas, donc je leur en ai reparlé jusqu'à ce qu'ils me disent : "Oui, la vue est belle, mais s'il y a des combats, tu crois que les *snipers* vont tirer d'où ? Du premier ou du cinquième ?" J'ai immédiatement compris pourquoi le loyer était si bon marché [rires]. »

Contraint d'abandonner son modeste appartement du premier étage, Soukup prit un vol pour Prague. En famille dans son pays natal, il suivait l'actualité yéménite qui arrivait au compte-goutte. « Même pour les gens du gouvernement, c'était difficile de connaître la véritable situation », soupire Al-Yamani. Sous résidence surveillée, Hadi finit par s'échapper au bout d'un mois pour se réfugier à Aden. Immédiatement, il fit publier un communiqué annonçant qu'il était toujours « le président légitime » et qu'il avait dû démissionner « sous la pression des houthis » dont les actes étaient « inconstitutionnels. » Un nouveau rebondissement qui posait une question : comment Hadi avait-il pu s'échapper ?

Au bout de quelques jours, plusieurs histoires bruissèrent dans la capitale, sans que l'une ne puisse confirmer l'autre. Pour les houthis, Hadi s'était déguisé en femme avec un niqab recouvrant totalement son visage, à l'instar d'Ali Mohsen[148]. Pour certains, il avait au contraire réussi à se faufiler à travers la sortie ouest de sa maison avec deux hommes qui le conduisirent sur des chemins terreux et obscurs jusqu'à Aden. Enfin, des personnes proches du major-général arguaient que le plan avait été conçu deux semaines à l'avance entre les unités de protection du président, les services secrets des pays du Golfe et des cheikhs yéménites, notamment une personne très proche du pouvoir saoudien.

148. Une histoire similaire est attribuée par les houthis à Ali Mohsen lorsqu'il a gagné l'Arabie saoudite.

Selon ce récit, l'évasion devait avoir lieu pendant une attaque visant un camp militaire. Utilisée comme distraction avec l'aide de plusieurs médias, cette offensive permit à Saleh Al-Ja'amlani, le commandant de la protection personnelle du président, de camoufler la fuite de Hadi avec deux hommes à bord d'une voiture. Conduisant jusqu'à Bilal Al-Rous, un district au sud de Sanaa, les trois hommes étaient attendus par un responsable tribal qui s'occupa personnellement de les escorter hors de la capitale avec un autre véhicule. « Il a surtout bénéficié de complicité », grommelle un ancien dirigeant houthi. Si personne n'était en mesure d'affirmer avec exactitude quelle version était la bonne, une chose était sûre : au Yémen, la vérité était souvent à la croisée de tous les chemins. « Il y a eu beaucoup de non-dits et d'hypocrisie », note Mustapha Noman, l'un des vétérans du gouvernement Saleh qui avait quitté son poste d'ambassadeur en octobre 2014. « J'écrivais une chronique dominicale pour *Asharq Al-Awsat*, un journal financé par l'Arabie saoudite. Lorsque les houthis avaient pris possession de Sanaa, j'avais prédit que le pays tomberait entre leurs mains. C'était la faute de Hadi qui n'était pas un leader, ni un bosseur ou un homme très sociable. Il ne connaissait pas les composantes sociales du Nord. Le Yémen n'a pas une structure très sophistiquée, mais si le président reste à l'écart des cheikhs et des officiers, ces derniers peuvent commencer à être des fauteurs de troubles. C'est là où Hadi a échoué. Il n'aimait pas beaucoup rencontrer les gens. Les citoyens du Nord ont commencé à se demander s'il pouvait être à terme leur président. Et vu qu'il n'était pas un commandant capable de diriger le pays, les choses ont doucement basculé… [Il marque une pause.] Pas vers la guerre, non. Je crois que personne ne s'attendait à une guerre. Personne n'imaginait que les Saoudiens allaient entrer en guerre, pas même les Américains qui ont appris la nouvelle trois ou quatre heures avant le déclenchement des hostilités. »

Dans la nuit du 25 au 26 mars 2015, une coalition de neuf pays arabes[149] menée par l'Arabie saoudite déclencha effectivement les premiers raids aériens sur le Yémen. Nommée « Tempête décisive », l'opération devait chasser les houthis et permettre à Hadi de retrouver le pouvoir. « C'était complètement inattendu », abonde Abu Bakr Al-Qirbi, le ministre des Affaires étrangères yéménites depuis 2001. « Je pensais que les pays du Golfe participaient à trouver une solution politique au conflit au lieu d'user de la force militaire. » Pourtant, c'était bien

149. Elle était composée de l'Arabie saoudite, des Émirats arabes unis, du Koweït, du Bahreïn, du Qatar, de l'Égypte, de la Jordanie, du Soudan et du Maroc.

le propre président du Yémen, le major-général Abd Raddo Mansour Hadi, qui avait sollicité l'aide des monarchies voisines.

Depuis son exil à Aden, il avait multiplié les rendez-vous avec l'état-major saoudien qui avait planché en très peu de temps sur la meilleure stratégie d'attaque possible. « Il a été décidé de bombarder seulement par voies aériennes », confie un ancien membre du ministère de la Défense d'Arabie saoudite. « Dans notre esprit, ça devait aller vite. » Une histoire de quelques semaines tout au plus ; Riyad n'avait-il pas dépensé des milliards de dollars pour équiper son armée ? « J'avais coaché deux matchs de qualification à la Coupe du Monde[150], puis je m'étais rendu aux Émirats arabes unis avec l'équipe U23 pour nos éliminatoires à la Coupe d'Asie », raconte le sélectionneur Soukup. « Au milieu de nos rencontres, mes joueurs voyaient ce qui se passait au pays. C'était... [Il marque une pause.] C'est un moment que je n'oublierai jamais. Les bombes, les destructions... Je pensais à mes joueurs, au fait qu'ils allaient devoir retourner là-bas. » Dans ces conditions, il n'y avait plus de football, de fraternité ou de rêves d'une carrière étoilée. Il fallait survivre, et *a minima* se réveiller le lendemain de ce feu d'artifice meurtrier. Cette nuit-là, aux abords d'Aden et de Sanaa, l'Arabie heureuse s'était endormie pour de bon dans une odeur de poudre.

150. Opposé au Pakistan au premier tour qualificatif de la zone Asie pour la Coupe du Monde 2018, le Yémen s'était imposé 3-1 au cumul des deux rencontres.

24. LE NOUVEAU ROI DES OCÉANS

« Un jour, un prince saoudien nous a rendu visite dans notre quartier général. Il rigolait quand il entendait que cette guerre allait durer trois semaines. Il savait que c'était une immense connerie, mais personne n'avait les couilles de le dire à MBS » (Andreas Krieg, ancien consultant pour les forces armées qataries).

Menée par l'Arabie saoudite, la coalition intervenant au Yémen devait officiellement chasser les houthis de Sanaa pour réinstaurer le gouvernement dit « légitime » de Hadi. Présentée comme une guerre express, l'opération « Tempête décisive » n'était en réalité pas du tout adaptée au terrain. Un échec pour le nouvel homme fort de Riyad, Mohammed ben Salmane, qui s'appuyait sur son partenaire émirati, dont les objectifs n'étaient peut-être pas similaires... ■

« On a été invité aux Émirats arabes unis pour parler de la manière dont on pouvait combattre les houthis. C'était deux semaines avant les premières attaques de la coalition, si je ne m'abuse. » Fadi Baoom tente de se souvenir avec exactitude de la chronologie de cette guerre interminable. « Tout s'est passé tellement vite... Ces dernières années ont été si riches que je confonds parfois le déroulé des actions. »

Bavard et enjoué, Baoom est le chef du bureau politique du mouvement sudiste qui milite pour l'indépendance. « J'ai suivi la trajectoire de mon père », dit-il fièrement. Hassan, son papa, était effectivement une figure reconnue de la République démocratique populaire du Yémen pour laquelle il a occupé plusieurs fonctions. Gouverneur de la province de Shabwat dans les années 1980, il fut assigné à défendre cette région riche en hydrocarbures pendant de la guerre civile de 1994. « J'ai rejoint le mouvement en 1995 », poursuit le fiston. « Nous protestions contre ce que nous appelions un coup d'État ; les forces de l'ancien président Ali Abdullah Saleh contrôlaient tout ce qui était possible et nous étions marginalisés en tant que sudistes. Pourtant, à la base, nous croyions sincèrement à l'unification, mais après cette guerre... »

Dès sa première année de militantisme, Fadi Baoom fut emprisonné. Il n'avait que 21 ans, un visage de poupon aux cheveux bruns, mais ses convictions étaient déjà celles d'un adulte. « J'ai fait cinq séjours en prison, le dernier en 2009 où on m'a mis en isolement carcéral durant plus d'un an. J'ai tenu, c'est de famille. » En 1998, Hassan était également arrêté par le gouvernement. Condamné pour « déstabilisation de l'unité du régime », il fit plusieurs passages dans les geôles de Saleh avant d'être définitivement libéré à son départ. « De par son histoire, mon père était un homme qui avait une légitimité. C'est pour ça qu'il dirigeait la délégation sudiste invitée aux Émirats arabes unis. »

Accompagnés d'autres figures indépendantistes, les Baoom étaient reçus par plusieurs leaders politiques émiratis faisant partie de la coalition dirigée par l'Arabie saoudite. « On évoquait notre rôle dans l'intervention que les Émirats voulaient mener. On leur a donc demandé s'ils étaient prêts à soutenir notre cause et nos volontés d'indépendance. Leur réponse était hésitante. Ils disaient qu'ils ne pouvaient pas nous promettre pareille chose puisqu'ils supportaient un Yémen unifié. On sentait que cette guerre, en réalité, n'était pas la nôtre. »

Échaudés par ce refus, les Émirats se tournèrent vers d'autres personnalités sudistes afin de former des bataillons locaux. « Nous avons publié un communiqué indiquant que nous refusions de participer à quelconque guerre », continue Fadi. « Or, les Émiratis ont convoqué discrètement plusieurs personnes de notre mouvement. Ils leur ont donné de l'argent afin de les impliquer dans ce conflit. La coalition cherchait des mercenaires pour se battre en leur nom. » Curieusement, des ministres sans formation militaire assistaient à ces réunions confidentielles, tel Abdullah Al Nuaimi[151], ministre du Développement et des Infrastructures. « C'est l'un des hommes dont je me souviens le plus », confirme Baoom.

S'il a occupé un temps un rôle d'ingénieur dans l'aviation civile, les prérogatives d'Al Nuaimi concernaient des projets structurels. Autoroutes, constructions de bâtiments fédéraux, rénovation de projets maritimes, son expertise paraissait de prime abord éloignée du

151. Ministre du Développement et des Infrastructures de 2013 à 2020, Abdullah Al Nuaimi a occupé diverses fonctions de premier plan aux Émirats. Depuis 2020, il est ministre de l'Environnement et du Changement climatique.

champ de bataille. « Officiellement, les Émirats arabes unis assistaient les Saoudiens qui menaient la coalition pour chasser les houthis de Sanaa et réinstaller le gouvernement dit "légitime" de Hadi », pointe Matthew Hedges, un chercheur anglais employé par diverses sociétés de conseil pour le Moyen-Orient. « Sauf qu'en réalité, ils se focalisaient sur le Sud. »

Laissant soigneusement l'Arabie saoudite prendre le *leadership* des opérations, les Émirats bâtissaient dans l'ombre une stratégie maritime, militaire et politique accompagnant leur déploiement dans le monde arabe, la Corne de l'Afrique et l'océan Indien. « Avant d'appréhender les stratégies émiraties, il y a un point fondamental à aborder, c'est le fait que ce pays soit divisé en sept Émirats », poursuit Hedges. « La capitale Abu Dhabi, Dubaï, Sharjah, Ajman, Fujaïrah, Ras al-Khaimah et Umm al-Qaiwain. Chacun a des besoins et des objectifs différents. Parfois, ils sont sur la même longueur d'onde, parfois non. Sauf que lorsqu'ils sont en désaccord, ils ne vont pas s'opposer frontalement pour autant. » Une particularité notamment visible sur la question iranienne, centrale au Moyen-Orient dans les relations internationales en général. « Abu Dhabi a une position beaucoup plus ferme que d'autres Émirats comme Dubaï qui ont des relations commerciales développées avec l'Iran », note Andreas Krieg, le fondateur de MENA analytica, une société de conseil en stratégie et en gestion des risques. « Plusieurs compagnies basées à Sharjah avaient l'habitude de faire du business avec l'Iran jusqu'à très récemment en outrepassant les sanctions américaines. Abu Dhabi laissait faire et utilisait cette carte à Washington pour rapporter certaines entreprises au Trésor américain en disant : "Regardez, on est intraitable avec l'Iran !" C'était un peu à la carte pour des raisons domestiques, économiques notamment, et pour des raisons de politique internationale. »

Fin stratège, le prince héritier d'Abu Dhabi, Mohammed bin Zayed, dit MBZ, gouvernait la nation depuis l'AVC de son frère, qui régna officiellement comme président jusqu'à sa mort[152]. Bardé de conseillers, formé à l'étranger (le Collège royal à Rabat, l'académie militaire anglaise de Sandhurst), ouvert sur le monde, MBZ imposa ses ambitions et ses plans résolument tournés vers l'extérieur. Ancien pilote de l'armée de l'air – il eut le commandement d'un escadron d'hélicoptères –, intronisé vice-commandant suprême des forces armées à la mort de son père, il alliait à la fois une doctrine culturelle, économique, militaire et

152. Khalifa ben Zayed est mort le 13 mai 2022. Dans l'incapacité de régner suite à son AVC, son jeune frère, MBZ, a été le dirigeant *de facto*.

politique. « C'est pourquoi je n'appelle pas les Émirats une puissance dure, mais une puissance intelligente », juge Krieg. « Ils ont projeté leur pouvoir en dehors de leur zone d'influence géographique. Bien sûr, l'élément militaire a joué un rôle important, mais il y a tout le reste : l'intelligence artificielle, la cybersécurité, le renseignement, etc. Ils ont massivement investi dans ce domaine, afin d'obtenir de l'information et de l'utiliser. Ils avaient signé avec NSO Group[153] et disposaient d'autres compagnies de *hacking* à Abu Dhabi. »

En s'inspirant de Singapour pour sa réussite économique et sa sécurité intérieure, MBZ ajouta une ambition mondiale en perpétuant le travail entamé par son frère aîné et la batterie de lobbyistes travaillant à Londres, Paris ou Washington. « Sur le plan des relations publiques, ils sont très, très forts », juge l'ancienne ambassadrice américaine Barbara Bodine, dont les propos font écho à ceux de son homologue Gerald Feierstein. « Ils ont un temps d'avance sur tous les pays de la région. Ils savent comment opérer pour passer entre les gouttes, pour ne pas attirer l'attention sur des choses qui peuvent leur porter préjudice. Ils ont tout compris. »

Depuis les années 2000, les Émirats avaient accéléré leur campagne de lobbying. Se positionnant comme une plateforme reliant l'Asie à l'Europe, le pays s'était appuyé sur l'aéroport et la modernité de Dubaï pour se donner une apparence avant-gardiste et tolérante. « C'est là où ils ont été forts car la moindre critique envers le régime est interdite », constate Matthew Hedges, lui-même emprisonné en 2018. « Je travaillais ici depuis cinq ans tout en poursuivant mon doctorat et mes recherches. Ils m'ont arrêté en m'accusant de travailler pour le MI6. Heureusement, j'ai été libéré au bout de six mois. » Obtenant le pardon du président ben Zayed, Hedges rentra en Angleterre sans réellement comprendre ce qui lui était arrivé – même le patron du MI6, sir Alex Younger, appela les services émiratis pour leur demander s'il s'agissait d'une blague. « Tout est surveillé et poussé à l'extrême. Ils ont trouvé un prétexte en inventant que j'étais un espion. Tout ce qui touche à la famille royale et au régime en général est un sujet sensible. » Une sensibilité constatée en 2006 lorsque DP World, l'un des plus grands exploitants portuaires au monde, appartenant à la

153. Entreprise israélienne de sécurité informatique, NSO Group a notamment développé Pegasus, un logiciel espion destiné à *hacker* des smartphones. Les Émirats arabes unis firent partie de la quarantaine de pays ayant eu recours à Pegasus durant des années. Le contrat a été résilié en octobre 2021 après des révélations médiatiques, notamment sur le vice-président des Émirats, Mohammed bin Rashid Al-Maktoun, qui a utilisé le logiciel pour espionner sa femme et ses avocats.

gigantesque société d'investissements Dubaï World, dut renoncer à la concession de six ports américains[154]. « Cela avait suscité une controverse exceptionnelle », rappelle le chercheur anglais. « Le contexte du 11 septembre était encore frais. Il y a eu une levée de boucliers sur le principe de la sécurité nationale. Le Congrès s'y est opposé, au contraire de l'administration Bush, et DP World a finalement renoncé à ces ports. Ça a été un choc pour les Émirats qui se sont dits : "Plus jamais ça !" »

En réponse, un des hommes les plus proches de MBZ, le jeune et dynamique Yousef Al Otaiba, fut nommé nouvel ambassadeur en 2008. Chargé des affaires internationales pour le prince héritier d'Abu Dhabi, il faisait partie des nouveaux visages mis en avant par le pouvoir émirati. Avenant, élégant, érudit, sportif, il était l'homme idéal pour soigner l'apparence moderne voulue par le pouvoir émirati. Amateur des longues nuits animées, le diplomate menait la grande vie à Washington. « C'est un jet-setteur », rigole un politicien yéménite l'ayant fréquenté à DC. Un petit-déjeuner au Four Seasons, une séance de fitness dans le gymnase du Ritz-Carlton, une séance photo pour un magazine avec sa délicieuse femme égyptienne, un dîner mondain au Cafe Milano, le restaurant « où vont les gens les plus puissants » *dixit* le *New York Times*, quelques pas de danse en soirée, Al Otaiba était vu dans les tous les endroits où il fallait être.

À l'instar de son homologue yéménite, Abdulwahab Al-Hajri, l'ambassadeur émirati entretenait des liens privilégiés avec le gratin de la capitale à une nuance près : les capacités financières n'étaient pas vraiment comparables. « La légende dit qu'ils ont financé tous les *think tank* de la capitale », rigole Hedges. Analystes, célébrités, chercheurs, journalistes, sénateurs, personne ne refusait un moment en compagnie de « l'homme le plus puissant de Washington », comme le titrait *The Huffington Post*. « Lors de mes échanges avec des officiels américains, je me suis rendu compte de l'influence gagnée par les Émirats au fil des années », témoigne Nadwa Dawsari, elle-même basée à DC. « Ils ont infiltré les strates du pouvoir en adoptant le discours qui plaisait aux décideurs de la Maison-Blanche. » Droits des femmes, lutte contre le terrorisme, financement d'organisations caritatives ou d'hôpitaux[155], ouverture vis-à-vis d'Israël, sans oublier les promesses de juteux contrats d'armement, Al Otaiba et MBZ disaient exactement

154. DP World avait racheté en février 2006 le groupe britannique P&O qui détenait une grosse vingtaine de ports dont ceux de Baltimore, Miami, New Orleans, New York, New Jersey et Philadelphie.

155. Un don de 150 millions de dollars a été fait en 2009 pour le Washington Children's Hospital.

à George W. Bush, Barack Obama, Donald Trump ou Joe Biden ce qu'ils voulaient entendre.

Dépensant sans compter, l'ambassadeur sponsorisa en outre divers événements réunissant le gotha des États-Unis. Une collecte de fonds pour les enfants hospitalisés à Washington avec les apparitions des chanteurs Pharrell Williams et Jennifer Hudson, un gala pour la recherche contre le cancer à New York avec Alicia Keys ou Beyonce, personne ne manquait à l'appel, et encore moins les politiques invités chaque année au Grand-Prix de F1 à Abu Dhabi. « Toutes ces petites choses ont permis aux Émirats d'avancer leur agenda politique », poursuit Dawsari. « Cela a commencé par leur détestation viscérale des Frères musulmans, qu'ils considèrent comme une organisation terroriste. » Après avoir débauché des cadres de l'administration Bush comme Amy Little Thomas, intronisée chef du protocole à l'ambassade, Al Otaiba employa plusieurs agences de relations publiques (Akin Gump Strauss Hauer & Feld, The Harbour Group, Kemp Goldberg Partners, DLA Piper) et Hagir Elawad comme assistante.

Américano-Soudanaise au teint mat et aux cheveux bouclés, elle était le lien privilégié avec le Congrès, avant de quitter l'ambassade en 2016 pour rejoindre l'une des firmes contractées par l'ambassadeur[156]. Officiellement détachée de l'ambassade, Elawad coordonnait en réalité toujours des rendez-vous avec des membres du Congrès pour appuyer les positions émiraties, principalement pour la guerre au Yémen. « Ils ont immédiatement mis dans la tête des Américains qu'ils luttaient sur le terrain contre la propagation des groupes extrémistes », explique Dawsari. « Vu que Washington se fichait un peu du Yémen, ils ont dit *banco* sans trop poser de question. »

Avec 14.2 millions de dollars utilisés spécialement pour le lobbying aux États-Unis en 2013, les Émirats dépassaient l'Arabie saoudite, normalement habituée à *truster* la première place de ce classement. Alliés historiques de l'Oncle Sam, les Saoudiens n'étaient pas avares en donation, même si la politique extérieure de Barack Obama les laissait parfois perplexes. « On avait quelques incompréhensions, notamment sur le dossier yéménite », confirme une source interne à Riyad. « On avait alerté sur les houthis depuis des années. Est-ce qu'il était souhaitable pour le Yémen et même pour toute la région d'avoir un régime pareil à Sanaa ? Pourquoi les Américains n'étaient-

156. En l'occurrence Akin Gump Strauss Hauer & Feld qui a facturé pour plus de 20 millions de dollars de prestations depuis 2011.

ils pas plus actifs, alors que les houthis avaient pour slogan une devise souhaitant leur mort ? »

Préoccupés, les Saoudiens vivaient une période de profonds changements internes suite à la mort du roi Abdallah, remplacé par son frère, Salmane. Immédiatement, le nouveau monarque fit accéder l'un de ses fils, Mohammed ben Salmane, aux responsabilités les plus importantes du royaume en l'installant ministre de la Défense à seulement 29 ans. Une nomination pas toujours bien comprise par les cercles du pouvoir, à en croire le diplomate yéménite Mustafa Noman. « Je connais l'Arabie saoudite de l'intérieur. Certains membres de la famille royale sont des amis, comme des intellectuels de premier plan. Lorsque MBS accéda au pouvoir, il ramena sa propre équipe qui était novice. Ils ne savaient pas vraiment ce qu'était le Yémen. Nous avions connu beaucoup de changements dans notre société depuis les années 2000, mais lui ou le régime saoudien ne semblaient pas informés de cela. Ils se disaient simplement : "Maintenons de bonnes relations pour sécuriser les frontières. Le reste, ce que font les Yéménites à l'intérieur de leur territoire, ça les regarde." Ils ne suivaient pas assez les dynamiques de notre pays. » Une analyse partagée par Matthew Hedges. « Le tournant, c'est la mort du prince Sultan. Tout le réseau saoudien au Yémen a disparu avec lui et ils n'ont toujours pas été capables de le reconstruire. »

Totémique ministre de la Défense de 1963 à sa mort en 2011, Sultan bin Abdulaziz était l'un des rouages essentiels de la vieille garde saoudienne. « Il était de ceux qui comprenaient les mécanismes et les mouvances yéménites », loue Noman. Problème, son décès et le départ d'autres cadres expérimentés, pour faire place à la jeune troupe de MBS, ont bouleversé l'équilibre sur lequel l'Arabie saoudite asseyait sa politique étrangère. « Il n'y avait pas un assentiment total de la famille royale quant à cette guerre », assure l'ancien ambassadeur yéménite. « Pour dire, le prince héritier de l'époque, MBN, n'était même pas impliqué ! »

Mohammed ben Nayef, l'homme qui avait survécu à la bombe anale d'AQPA en 2009, voyait effectivement le nouveau ministre de la Défense prendre toutes les responsabilités d'une intervention militaire qu'il souhaitait incarner aux yeux de tous. « Il voulait se construire une légende pour lui-même », estime Noman. « Il était persuadé que cette guerre au Yémen serait le plus grand accomplissement qu'il puisse endosser dans sa quête du trône. Il la vendait comme un signe de la puissance saoudienne et ça marchait ; il y avait une vraie excitation au début. Je me souviens qu'on me disait : "On va enfin pouvoir utiliser

tout cela. Les Émirats, eux, ont énormément investi en Éthiopie et en Somalie. Ils consolident leur présence depuis le canal de Suez jusqu'à l'Est de l'Afrique. Pour cela, il faut passer par le Yémen. »

Grâce à la compagnie DP World, bras armé de la thalassocratie imaginée par MBZ, les Émirats projetaient désormais leur empreinte dans plus de 80 ports ou terminaux conteneurs à travers le monde. Amérique du Nord, golfe du Mexique, Amérique du Sud, Europe, Asie du Sud-Est, Océanie, toutes les régions étaient concernées, *a fortiori* autour de leur propre zone d'influence historique. « Ils avaient besoin de sécuriser le détroit d'Ormuz et d'autres voies d'exportation pour leurs hydrocarbures », commente Krieg. « Ils ont presque créé un corridor de plusieurs milliers de kilomètres en récupérant plusieurs concessions. »

Depuis le sous-continent indien, dans le gigantesque terminal conteneur de Nhava Sheva ou à Mundra, le plus grand port privé d'Inde, DP World s'était déployée jusqu'en Somalie où elle avait remporté en 2016 l'appel d'offre pour l'exploitation du port de Berbera pour les trente prochaines années. Quadrillant la zone, la compagnie offrit à MBZ une plateforme opérationnelle dans tout l'océan Indien avec des visées sur les gisements de gaz et de pétrole *offshore* avoisinants. « C'est une des raisons pour lesquelles la coalition rencontre des problèmes au Yémen », plaide Feierstein. « Les Saoudiens souhaitent que le Yémen reste unifié. Ils ne veulent absolument pas d'une division avec un Nord contrôlé par les houthis à leur frontière. Les Émiratis s'en moquent, ils n'ont même pas de frontière avec le Yémen. En fait, dans leur intérêt, c'est peut-être mieux que le pays se casse en deux pour contrôler le Sud. » Si une guerre se jouait à Sanaa, une autre se déroulait en parallèle au large du golfe d'Aden : au Yémen, l'histoire se répète, et avec elle les aspirations de la nouvelle véritable puissance du monde arabe.

25. MATRIOCHKAS

« Notre président et notre gouvernement avaient quitté le Yémen contrairement aux rebelles. Même lorsque De Gaulle se trouvait à Londres durant l'occupation allemande, d'autres personnes étaient en France, non ? Nous, notre régime était parti au complet en Arabie saoudite. Quelle légitimité pouvait-il avoir ? » (Mustafa Noman, ancien ambassadeur et diplomate yéménite).

Pendant que Hadi se réfugiait en Arabie saoudite, Aden était victime d'affrontements entre les houthis et les forces gouvernementales, renforcées par la coalition et des milices sudistes appuyées par les Émirats arabes unis. Simultanément, d'autres groupes armés se développèrent en créant d'autres conflits internes. Une aubaine pour les houthis qui profitaient des divisions pour matraquer sans relâche leur narratif d'une guerre aux multiples facettes. ■

« Lors de la Seconde Guerre mondiale, qui a été une boucherie, la coalition alliée avait tout de même une structure. Au Yémen… Il n'y a rien de cela. » Désespéré, ce haut-membre du gouvernement yéménite a accepté de raconter sans filtre les réunions entre la coalition arabe et l'administration Hadi à condition de garder l'anonymat. « Si je suis honnête, c'est une guerre de bédouins. Je ne dis pas ça de manière discriminatoire, loin de là, mais pour la manière dont les actions ont été menées. En tant que représentant de l'État yéménite, j'ai honte de ce qu'on a fait. Nous avons donné notre accord pour que l'Arabie saoudite mène la coalition sans aucun cadre légal. Il n'y avait aucune condition pour les parties impliquées dans le conflit. Rien sur la manière dont elles devaient agir, rien sur ce qu'elles pouvaient faire sur le terrain... Normalement, il y a au moins trois commissions majeures lorsqu'une coalition internationale intervient. La première organise les rôles de chacun, qui fait quoi, etc. La seconde est chargée des affaires légales. Elle regarde les opérations sous l'auspice du droit international, des droits de l'homme. Elle s'occupe aussi des conséquences légales en cas de dommages collatéraux, d'erreurs frappant des civils. La troisième, enfin, est une commission économique, humanitaire et politique répertoriant les dommages et les réparations sans attendre que la guerre soit finie. Sauf qu'au Yémen, rien de tout cela n'a vu le jour. Les Saoudiens ont bien créé des quartiers généraux pour la coalition, mais en réalité, c'est un bâtiment saoudien. Pareil pour le Centre d'aide humanitaire du roi Salmane, c'est une entité saoudienne. Les Émiratis ont fondé quelque chose de similaire de leur côté aussi. Ils se sont ensuite mis d'accord pour se partager le terrain : aux Émirats le Sud, à l'Arabie saoudite le Nord. »

Le 25 mars 2015, à la veille du déploiement de l'opération « Tempête décisive », les houthis et Saleh avaient percé un nouveau front à une petite quarantaine de kilomètres au nord d'Aden. Contrôlant l'aéroport international après plusieurs jours de bataille, ils étaient aussi en possession d'Al Anad, la plus grande base aérienne du pays occupée depuis 2012 par des troupes américaines et européennes diligentant des attaques contre Al-Qaïda.

Quelques jours avant l'arrivée des houthis, le renseignement états-unien ordonna d'évacuer la centaine de forces spéciales présentes sur place, laissant Al Anad sans aucune défense. D'ici, l'état-major militaire d'Ansar Allah installa une partie de ses équipements et munitions accompagnant les opérations qui devaient sceller la prise des ports de Mocha et d'Aden. « On sentait la menace poindre sur nous au fil des jours », témoigne Ahmed bin Fareed, l'un des leaders sudistes. « Saleh et les houthis fonçaient en flèche vers le sud. Nous devions les empêcher d'y parvenir. Il y avait un réel empressement auprès de la population pour se battre. On espérait libérer notre pays tout entier derrière ça. » Des milices sudistes se joignirent ainsi aux forces gouvernementales pour entraver la progression des partisans de Dieu. Accueillies avec joie, elles permirent à l'armée yéménite de se concentrer sur la protection d'Aden, au détriment de territoires plus au nord et à l'ouest, volontairement abandonnés à Ansar Allah. « C'était la bascule », juge bin Fareed. « Si les houthis s'emparaient d'Aden, c'en était fini pour le gouvernement. »

Assiégé, Hadi fut transféré par sa garde personnelle dans un lieu secret pour éviter un possible attentat – une sage décision puisque son palais fut attaqué peu après par des missiles. Devant cacher sa localisation, le président voyagea à Riyad en transitant par Oman pour brouiller les pistes. Impuissant, passif, il dirigeait désormais officiellement le Yémen depuis un pays étranger, une situation inédite. « Je n'ai jamais croisé une histoire pareille. En théorie, le gouvernement est à l'intérieur de la capitale et les rebelles à l'extérieur. Nous, c'est l'inverse », s'exclame Mustapha Noman. « Notre président et notre gouvernement avaient quitté le Yémen contrairement aux rebelles. Même lorsque De Gaulle se trouvait à Londres durant l'occupation allemande, d'autres personnes étaient en France, non ? Nous, notre régime au complet était parti en Arabie saoudite. Quelle légitimité pouvait-il avoir ? »

Si Hadi était toujours considéré par la communauté internationale comme le président légitime, son autorité et son rôle étaient insignifiants. « C'est comme si nous n'avions personne à la tête du pays », peste Nadwa Dawsari. Filmé en train de s'assoupir dans des réunions, Hadi était devenu un sujet de railleries et de mèmes sur les réseaux sociaux yéménites. « Il ne faisait rien », appuie un de ses ministres. « On prenait nos salaires en Arabie saoudite sans vraiment faire grand-chose. On était déconnecté de la réalité du terrain. Tout le monde était un peu perdu. La coalition, le gouvernement, l'ONU, personne ne savait quoi faire pour endiguer la progression des houthis et de Saleh. » Heureusement pour le président dormeur, le Sud était bien réveillé afin de protéger Aden avec l'aide des Émiratis. « Nous avons travaillé ensemble pour chasser les houthis », lance Amr Al-Beidh, un cadre du STC. « Les forces émiraties sont venues sur le terrain pour atteindre leurs objectifs. Ils nous disaient qu'une de leur mission était de lutter contre le terrorisme. On a donc construit ensemble des factions militaires. Vu que nous étions une faction séparatiste, on a directement accusé les Émiratis de soutenir l'indépendance du Sud, alors que ce n'était pas le cas. Je me souviens qu'au tout début, ils nous disaient : "On est venu pour le Yémen, pour le gouvernement yéménite. On ne veut pas de votre drapeau[157], ce n'est pas notre affaire." Sauf qu'ils étaient pragmatiques car ils avaient besoin de nous. Ils ont donc accepté notre cause contrairement aux Saoudiens. »

Après trois mois d'intenses combats, les houthis et Saleh furent définitivement repoussés d'Aden. Une victoire pour le régime, mais surtout pour les indépendantistes : sans eux, la capitale temporaire du Yémen aurait connu le même sort que Sanaa. « On a remporté cette bataille parce que nous avions une raison de combattre », clame bin Fareed. « Or, le gouvernement légitime souhaitait prendre le crédit de ce succès, comme si le Sud leur appartenait, comme si ces gens se battaient pour Hadi. Forcément, il y a eu un conflit entre notre groupe et le gouvernement, et c'est pourquoi Hadi a licencié beaucoup de gouverneurs et ministres natifs du Sud. À partir de là, nous avons

157. Référence au drapeau de l'antique Yémen du Sud.

établi le STC, le Conseil de transition du Sud, pour représenter notre peuple et nos intérêts. »

Issu d'une scission à l'intérieur du mouvement sudiste, le STC a été appuyé, financé et promu par les Émirats arabes unis. « Nous militions pour la dignité et la souveraineté du Sud, ce n'était pas pour se jeter dans les bras d'un pays étranger », déplorait l'an dernier Fadi Baoom, le chef du bureau politique du mouvement sudiste[158]. « Le premier point de discorde a été la défection de certains membres de notre conseil révolutionnaire. Contre notre volonté, ils avaient décidé de suivre les Émirats. Nous demandions une indépendance, notre propre pays, ce n'était pas pour servir de mercenaires à une nation étrangère. C'est pourquoi nous étions en désaccord avec le STC. » Une défiance réciproque : plusieurs leaders du mouvement sudiste furent arrêtés et emprisonnés par le STC dans des centres de détention secrets pendant que d'autres durent s'exiler. « Je n'ai pas eu le choix », souffle Baoom. « J'étais dans la liste des personnes interdites de séjourner dans mon propre pays ! Je ne pouvais pas poser le pied dans la majeure partie des aéroports arabes car j'étais recherché par la coalition. Heureusement, j'ai pu aller à Oman. »

Seul pays du Golfe à ne pas faire partie de la coalition, Oman conservait sa neutralité, insufflée par le sultan Qaboos depuis 1970. Intermédiaire idoine du Moyen-Orient, Mascate accueillait de nombreuses réunions de médiation entre les différentes parties d'une guerre s'étant transformée peu à peu en plusieurs conflits. « Au début, la coalition était persuadée que tout irait bien », rappelle l'ancien ministre des Affaires étrangères Al-Qirbi, qui s'est installé comme d'autres dignitaires yéménites dans la capitale omanaise. « Au final, cette opération a été un échec absolu. Qu'est-ce que cela a apporté ? Rien ! Le Yémen a connu une crise économique, humanitaire et politique sans précédent. Au milieu de tout ça, plusieurs groupes sont apparus avec d'autres objectifs. C'était difficilement lisible. »

Profitant des divergences et divisions au sein de la coalition et du gouvernement légitime, les houthis consolidèrent leur assise sur Sanaa, le Nord et la mer Rouge. Avec l'aide de leur partenaire iranien, ils développèrent des relations commerciales, diplomatiques et militaires. Un contrat d'agrandissement du port d'Al-Hodeïda a été immédiatement signé, comme la promesse de la construction d'une centrale électrique ou la formation de cadres yéménites dans les domaines électriques,

158. Lorsque l'interview a été réalisée en 2021, Fadi Baoom était en conflit ouvert avec le STC. Depuis, les choses ont évolué et il a même pu revenir à Aden pour faire front commun.

hydrauliques et industriels. Symboliquement, deux vols décollaient désormais chaque jour de Sanaa pour Téhéran, et vice-versa. Un pont aérien qui permit d'acheminer des aides humanitaires, réelles, mais aussi des armes et des conseillers stratégiques. « Si les missiles procurés par les Iraniens étaient importants, les houthis étaient aussi à cheval sur la propagande et la médiatisation », balaye la chercheuse Hannah Porter. « L'Iran, le Hezbollah, voire le Hamas, ont aidé les houthis à proposer un contenu médiatique qualitatif. En quelques années, le nombre de programmes a explosé. Débats, documentaires historiques, séries, tout était visible y compris des récitations de poèmes. Les ressources financières utilisées étaient tellement colossales qu'on comprenait l'importance pour les houthis de contrôler le narratif des événements. Au début, ils aimaient montrer des vidéos depuis le champ de bataille où ils bottaient les fesses des Saoudiens. Avec le temps, ils ont produit des programmes différents qui ne les présentaient plus comme une milice armée, mais comme les véritables gouverneurs du pays. Je me souviens d'émissions dédiées à l'agriculture où ils invitaient des fermiers pour parler de leurs problèmes, etc. Ils ont diversifié leur audience tout en infiltrant les réseaux sociaux avec des comptes qui traduisaient en plusieurs langues leur version des événements. »

Si les traductions anglaises étaient parfois truffées de fautes, l'essentiel était ailleurs : les partisans de Dieu avaient compris que la guerre ne se gagnait pas uniquement au front, mais sur le terrain médiatique. « Ils ont exploité la détestation que certaines ONG avaient pour le régime saoudien », explique Dawsari. « Il y avait une certaine empathie pour les houthis. Ils montraient les images terribles des bombardements de la coalition, des enfants morts, des hôpitaux dévastés... C'est pourquoi toutes les agences onusiennes plaidaient pour eux, surtout les premières années. Le Programme alimentaire mondial (WFP), le programme des Nations unies pour le développement (UNDP), ils étaient tous en faveur des houthis. Je me souviens des 21 véhicules que ces derniers avaient donné à la grande entité de téléphonie de Sanaa. Au final, ces 21 camionnettes ont été utilisées par les houthis lors d'opérations pour planter des mines dans des zones reculées. C'est ça, le travail de l'ONU ? Et si vous osez les dénoncer, ils vous regarderont en fronçant les sourcils car ils savent que personne ne les tiendra pour responsables de quoi que ce soit. »

Qualifiée de « pire crise humanitaire au monde » par l'ensemble des structures onusiennes, celle qui pesait sur le Yémen était un sujet revenant inlassablement lors des campagnes de dons. Choléra, famine, mortalité enfantine, il fallait bien donner un petit quelque chose. « On a utilisé des images chocs de bébés anorexiques pour sensibiliser les gens », raconte un employé du Programme alimentaire mondial. « On faisait revenir sans cesse l'idée que les Yéménites allaient mourir de faim si personne ne faisait rien. On a fait du marketing en vendant la famine pour récolter des dons. » Un business, macabre s'il en est : au Yémen, les milliards de dollars d'aides n'arrivaient jamais à bon port. « La corruption des agences onusiennes et de leurs partenaires locaux est sidérante », s'énerve le journaliste Bassem Al-Janani. « On a jeté des dizaines de tonnes de nourriture car elles étaient périmées. On a… [Il marque une pause.] On avait des gamins qui mourraient de faim, et des gens gaspillaient ce qui pouvait les sauver. L'ONU a une responsabilité. Il ne suffit pas de financer des projets et de prendre des photos. Il faut s'assurer que le personnel et les moyens mis en œuvre aident réellement les gens. Sinon, à quoi cela sert-il ? » Pas à grand-chose, si ce n'est à enrichir quelques bourses déjà pleines. Au Yémen, partout où l'ONU passe, l'argent coule mais la mort en découle ; c'est aussi ça, la guerre des bonnes affaires.

V.
LES SECRETS INAVOUABLES DE LA GUERRE

26. LES CHEVAUX DU DÉSERT

« J'étais en moto pour rentrer chez moi lorsque ça s'est produit. C'était un cauchemar, je n'en croyais pas mes yeux. Il y avait du sang partout. Partout. Je portais le corps encore chaud de certains enfants avec qui je marchais dans la journée. Ça m'a tellement traumatisé que je ne savais plus où aller » (Ismael Ahmed Al-Majma, citoyen d'un quartier résidentiel de Mocha attaqué par la coalition).

Si la guerre au Yémen occupait une place importante parmi les campagnes de donation des ONG et des agences onusiennes, elle était dans l'ombre des conflits plus médiatisés (Libye, Syrie). Il fallut attendre l'assassinat d'un journaliste saoudien à Istanbul, Jamal Khashoggi, pour qu'un déferlement médiatique s'abatte sur les actes de la coalition menée par l'Arabie saoudite. Une chance pour les houthis, qui utilisaient les « dommages collatéraux » et les « erreurs » saoudiennes pour appuyer leur version du conflit. ■

« Durant les six premières années de guerre, 28 milliards de dollars d'aides humanitaires ont été collectés, dont 15 seulement par les agences onusiennes. Avec une somme pareille, comment explique-t-on que la crise au Yémen s'aggrave de jour en jour ? » Sortant ses documents et ses statistiques, Abdulwahed Al-Obaly donne plusieurs exemples des projets réalisables avec une telle somme. « 100 000 écoles, 15 aéroports modernes comme celui d'Istanbul, 15 hôpitaux neufs, éviter que notre monnaie ne soit autant dévaluée... Mais le plus important, c'est qu'avec autant d'argent, comment ne peut-on pas simplement nourrir les gens ? Comment est-ce possible ? L'ONU nous dit que le Yémen meurt de faim, mais elle devrait aussi nous expliquer pourquoi ! »

Avec d'autres activistes, comptables, économistes et journalistes disséminés au Yémen et dans la diaspora, Al-Obaly a mené plusieurs campagnes pour dénoncer la mauvaise utilisation des aides humanitaires. « On a publié en anglais et en arabe avec le hashtag *#YemenNGOBlackHole*[159]. On demandait simplement aux agences onusiennes où était l'argent. Si vous allez au Costa Rica ou aux Philippines, vous trouvez des rapports comprenant des audits, des évaluations, etc. Il y a une certaine transparence. Au Yémen, ce n'est pas le cas. On a demandé à ce que les rapports soient publiés, mais il n'y a rien eu de tout ça. Pareil pour d'autres ONG comme IOM (Organisation Internationale pour les Migrants), Oxfam ou le Croissant-Rouge, qui d'ailleurs fait du bon travail ; honnêtement, nous n'avons jamais reçu une plainte les concernant, mais ils n'ont pas de rapports détaillés non plus. »

Collectant des données précises grâce à des documents internes et de nombreux témoignages, Al-Obaly et ses comparses voyagèrent jusqu'à Bruxelles pour remettre un dossier à l'OLAF, l'Office européen de lutte antifraude. « Beaucoup de projets étaient financés par les Nations unies. Un Italien et une Néerlandaise se chargeaient d'une commission qui décidait des sommes allouées à certaines ONG. Le problème, c'est que l'argent partait n'importe où et surtout à des associations ayant eu de gros soucis de corruption. On a obtenu un rendez-vous avec les responsables d'OLAF pour leur remettre notre base de données. Un ou deux mois plus tard, on apprenait qu'ils avaient agi pour faire virer les deux personnes en question. Ça montrait que ce système fonctionnait, contrairement à celui l'ONU. On leur avait envoyé les mêmes plaintes, ils avaient promis d'enquêter, mais rien ne s'était passé. Aucune procédure disciplinaire, rien. »

Intouchables, les Nations unies avaient changé plusieurs fois d'envoyé spécial au Yémen. Après le conflictuel Jamal Benomar, le choix s'était porté sur un diplomate plus souple : Ismaïl Ould Cheikh Ahmed, qui officia ensuite comme ministre des Affaires étrangères de son pays, la Mauritanie. « Il travaillait pour le bien du Yémen, pas pour sa gloire personnelle », loue Linda Al-Obahi. « Il assistait à toutes les réunions comme représentant de l'organisation humanitaire. Il faisait des efforts, mais il a laissé tomber car il n'y avait pas beaucoup de négociations possibles. Les houthis le considéraient comme pro-saoudien, l'Arabie saoudite nous disait en privé qu'il ne travaillait pas bien… C'était impossible. » Discret, le Mauritanien tranchait avec les apparitions médiatiques et les mises en scène de son prédécesseur marocain et de son successeur, le vénérable britannique Martin Griffiths. « Je suis

159. Qui pourrait être traduit par « le trou noir des ONG au Yémen ».

sa page sur les réseaux sociaux. À part être pris en photo dans les réunions, je ne sais toujours pas ce qu'il a fait de concret », souffle Al-Obahi. « Les deux envoyés précédents faisaient des allers et retours à Sanaa, ils se bougeaient. Qu'on aime ou pas les méthodes de Jamal Benomar, il était investi. Griffiths… »

Septuagénaire, le diplomate britannique se contentait de publier des communiqués avec des phrases toutes faites. « Donnons une chance à la paix », répétait-il en signalant ses visites à Mascate, Riyad ou Sanaa avec les différentes parties. Un effet d'annonce superficiel qui cachait l'âpre réalité : Griffiths n'avançait pas et ne trouvait aucune solution. « On aurait dit que ça le faisait suer d'être là », peste un membre du gouvernement yéménite. Pourtant, la situation exigeait une médiation forte compte tenu de l'aggravation du conflit à Al-Hodeïda à l'été 2018. « C'était un des enjeux majeurs de la guerre », note Ahmed Al-Shami, ancien conseiller économique d'Ansar Allah. « C'est par là que transitait la majeure partie de l'aide humanitaire, car 80 % des ONG étaient basées à Sanaa. Elles devaient donc se coordonner avec l'autorité en place, les houthis, qui contrôlaient Al-Hodeïda. Vu que l'aéroport de Sanaa avait été bombardé directement par la coalition, le port était encore plus essentiel. Problème, l'Arabie saoudite avait imposé un blocus aérien et maritime qui entravait le passage de ces aides. La population souffrait terriblement de cette situation. »

Exploitant parfaitement les méfaits de l'Arabie saoudite, quitte à les exagérer, les houthis étaient perçus comme les pauvres victimes de leur riche voisin qui déversait un tapis de bombes sur des civils. « Cette coalition, avec le soutien américain et occidental, est responsable de nos souffrances », explique un porte-parole des partisans de Dieu. « Ils affament et tuent des Yéménites. Comment peut-on laisser nos enfants mourir en les privant de médicaments et de vivres ? » Un argumentaire repris par de nombreuses ONG dont les publications restaient toutefois confidentielles. Moins médiatique que les guerres en Libye ou en Syrie, le conflit yéménite n'intéressait que les spécialistes et les rares journaux couvrant l'actualité emberlificotée des nombreux champs de bataille à travers le pays. « Ce qui a tout changé, c'est l'affaire Khashoggi », affirme Dawsari. « On parlait de temps en temps de ce qui se passait chez nous, mais c'était rare. D'un coup, le Yémen était un sujet d'actualité commenté un peu partout par le prisme de l'intervention saoudienne. »

Journaliste proche de la famille royale, Jamal Khashoggi s'était fendu originellement de multiples articles et interviews en faveur de la guerre au Yémen. « Les Iraniens soutiennent un parti confessionnel qui a détourné le processus politique au Yémen. Tout cela a entraîné un effondrement du Proche-Orient […]. Nous devons réparer le Proche-Orient. Ce serait beaucoup mieux si les Iraniens retiraient leurs milices, entamaient des discussions avec nous, les Saoudiens, et parlaient de paix. S'ils ne peuvent pas faire cela, il leur suffit de quitter le Proche-Orient. Qu'ils retournent en Iran ! Qu'ils nous laissent réparer nous-mêmes le Proche-Orient ! » Ces propos, tirés d'un entretien à la BBC en 2016 et repris par le chercheur yéménite Ahmed Hezam pour OrientXXI, évoluèrent au fil de sa disgrâce auprès des autorités saoudiennes, en particulier du nouveau prince héritier, Mohammed ben Salmane.

Subitement, le ton se durcissait et pointait « l'implication négative de l'Arabie saoudite au Yémen ». Chroniqueur pour le *Washington Post*, Khashoggi mettait en garde contre l'autoritarisme forcené de MBS, dont les purges « contre la corruption » avaient visé des sommités du régime. « Il y avait une double grille de lecture », juge un collaborateur de MBS durant plusieurs années. « Khashoggi dénonçait des actes qui étaient effectivement condamnables, comme l'emprisonnement d'activistes militant pour les droits de l'homme et des femmes. Néanmoins, il interprétait tous les changements de MBS comme une mauvaise chose alors que le pays souffrait d'un clientélisme et d'un immobilisme dangereux. Il le savait mieux que personne, vu qu'il faisait partie de notre système ! »

Exilé, considéré comme un dissident, Khashoggi a finalement été victime – comme d'autres – d'un traquenard. Venu le 2 octobre 2018 au consulat saoudien d'Istanbul récupérer un document nécessaire à son nouveau mariage, prévu le lendemain, le journaliste a été asphyxié, tué, puis découpé en morceaux au sein même du consulat ! Un meurtre abominable, tout d'abord maquillé par l'Arabie saoudite qui avait lancé plusieurs fausses pistes, dont celle d'un sosie habillé comme le défunt. « Il n'y a pas de mot pour décrire ce qu'ils ont fait », soupire Dawsari. « Comment pensaient-ils s'en sortir ? Tuer quelqu'un dans son propre consulat est l'une des choses les plus stupides que j'ai entendues dans ma vie. »

Plus les jours avançaient, plus la duplicité devenait caricaturale. Sur des caméras de surveillance proches du consulat, le fameux sosie apparaissait avec des chaussures différentes de celles du journaliste. Une erreur grotesque, même si la pointure des deux hommes différait, comme l'imprudence des officiels saoudiens qui n'avaient visiblement pas songé à la compagne de Khashoggi, l'écrivaine istanbuliote Hatice Cengiz, qui attendait désespérément que son futur mari sorte du consulat avec le précieux document...

Grâce à un habile jeu de la Turquie, qui avait sonorisé en secret l'édifice saoudien, les détails sordides de l'assassinat furent révélés au compte-goutte, notamment *via* des enregistrements audios surréalistes. « Même un boucher ne découpe pas de la viande sur le sol », dit l'un des membres du commando assigné à cette basse besogne. Pays relativement épargné par la presse internationale grâce à une intense campagne de lobbying et de relations publiques, l'Arabie saoudite était soudainement accusée d'être une dictature rétrograde et sauvage. Présenté quelques mois auparavant comme le « réformateur » modernisant la « nouvelle » Arabie, le prince héritier n'était plus cet homme ouvert sur le monde qui avait accordé aux femmes le droit de conduire. Dépeint tel un dictateur, il était un paria qui approuvait l'assassinat d'opposants réels ou mesurés comme Khashoggi[160], mais aussi l'emprisonnement arbitraire de princes de la famille royale, ainsi que les bombardements massifs au Yémen. « Jamal était une figure du monde médiatique américain. Il travaillait pour un journal détenu par l'un des hommes les plus puissants au monde, Jeff Bezos. La réponse allait évidemment être cinglante », s'exclame Dawsari.

Mobilisant des équipes et son carnet d'adresses, Bezos influença une campagne médiatique contre MBS, avec qui les relations étaient déjà teintées de suspicion. Selon une enquête de *The Guardian*, les Saoudiens avaient utilisé une compagnie pour hacker le téléphone du patron d'Amazon cinq mois avant l'opération contre Khashoggi. « J'ai été sollicitée par de multiples médias à travers le monde, des *think tank*, des sénateurs », continue l'analyste yéménite basée à Washington. « C'est comme si la mort d'un citoyen saoudien avait plus de répercussions que les dizaines de milliers de Yéménites qui avaient perdu la vie depuis le début de la guerre. D'un côté, cela donnait enfin à ce conflit l'exposition qu'il méritait. De l'autre, c'était aussi affreusement cynique et hypocrite. »

À Sanaa, les houthis récupérèrent à leur avantage la tragédie du journaliste saoudien, quand bien même celui-ci leur vouait une haine tenace et réciproque. Internationalisant leur diffusion, ils permirent à plusieurs envoyés spéciaux internationaux de se rendre dans la capitale et les zones du Nord, durement touchées par les bombardements de la coalition. Aéroport, centrale électrique, écoles, hôpitaux, mosquées, ponts ou stades de football : les infrastructures yéménites détruites

160. « Nous estimons qu'il a approuvé une opération à Istanbul, en Turquie, pour capturer ou tuer le journaliste saoudien Jamal Khashoggi », note un rapport de la direction nationale du renseignement américain divulgué le 26 février 2021 par l'administration de Joe Biden.

montraient bien que la guerre ne concernât pas que le champ de bataille et de malencontreuses erreurs. « Une fois, deux fois, trois fois à la rigueur, cela peut arriver. Mais là, on parle de centaines et de centaines d'erreurs », enrage l'activiste Riyadh Al-Dubai. « Il ne peut pas y avoir de hasard. Au bout d'un moment, ces fameux ratés n'en étaient pas. »

Si les positions militaires houthis étaient ciblées, la coalition mena d'importants raids aériens sur des composantes de la société civile yéménite n'ayant rien à voir avec la guerre. Le 24 juillet 2015, vers dix heures du soir, un bombardement toucha un quartier résidentiel de Mocha habité en majorité par les familles des ingénieurs et techniciens de la centrale à vapeur adjacente. Durant plusieurs minutes, un escadron aérien lâcha six à neuf bombes à chacun de ses passages meurtriers. « J'étais en moto pour rentrer chez moi lorsque ça s'est produit », témoigne Ismael Ahmed Al-Majma. « C'était un cauchemar, je n'en croyais pas mes yeux. Il y avait du sang partout. Partout. » Une centaine de personnes périrent, dont dix enfants, sans compter un nombre plus important de blessés, qui se trouvaient désormais amputés, handicapés et sans domicile. « Je portais le corps encore chaud de certains enfants avec qui je marchais dans la journée. Ça m'a tellement traumatisé que je ne savais plus où aller », continue Al-Majma. « Il y avait des dépouilles de femmes en plusieurs morceaux. C'était une vision d'horreur. Nous n'avions rien à voir avec cette guerre, rien. »

Des drames comme celui-ci, l'Arabie heureuse en a malheureusement trop connus. Le 8 octobre 2016, pour les obsèques du père de Jalal Al-Rowishan, le ministre de l'Intérieur houthi, deux raids aériens frappèrent le cortège funéraire au sud de Sanaa. Une centaine de personnes, incluant des citoyens lambda, des combattants houthis et des proches de Saleh tel Abdulqader Hilal, le maire de la capitale, décédèrent sur le coup. « On a l'habitude, c'est comme ça », lance Suaad Al-Salahi, correspondante yéménite pour la BBC. « J'ai des histoires tragiques qui m'arrivent quotidiennement. Elles touchent ma famille, mon entourage, des voisins, des collègues de travail, des amis d'un ami... Personne n'est à l'abri. »

Le 20 mars 2020, sur les coups de treize heures, l'académie militaire au nord de la capitale tremblait d'une première salve de quatre roquettes. Sans avoir le temps de respirer, les pensionnaires écoutèrent quatre autres roquettes exploser à proximité des écuries, finalement détruites par deux derniers missiles. « Ils ont délibérément visé les chevaux », déplore Al-Salahi. « C'était d'une cruauté sans nom. » 70 destriers succombèrent tandis qu'une trentaine furent blessés. Emmenés d'urgence dans une clinique vétérinaire de fortune, les survivants étaient traités par un personnel médical spécialisé qui a dû pratiquer des opérations d'urgence. « Il y avait des éclats d'obus à l'intérieur de leur corps », détaille la journaliste. Une scène d'horreur, comme le hangar où les vivres pour les chevaux étaient entreposés.

Préparant le repas pour ses bêtes, Mahdi Al-Raymi a été emporté par une roquette. Depuis des années, il s'occupait fidèlement de ses chevaux mythiques hérités de l'Antiquité. Un vestige de l'Arabie heureuse, dont l'élevage a survécu aux guerres, aux maladies et à la pauvreté. Si la richissime famille Al-Ahmar se vantait de détenir les plus beaux Arabes[161] de la péninsule, l'animal s'était raréfié. Selon les chercheurs, quelques milliers d'étalons parsèment aujourd'hui le Yémen, parfois dans un triste état. « Les animaux ont été grandement impactés par ce qu'on vit », corrobore la correspondante de la BBC. « Pourtant, ils restent importants dans notre culture, surtout dans les villages où ils aident les familles à se déplacer, labourer ou transporter de lourdes charges. » Une importance millénaire à laquelle Al-Raymi veillait avec ses deux assistants, les frères Shalil, Assad et Khalil, morts aussi sous les tirs de missiles. « Ces attaques lâches faisaient que les houthis durcissaient logiquement leurs positions vis-à-vis de l'agression saoudienne », explique Akram Al-Masnai qui publie plusieurs travaux depuis le Royaume-Uni pour soutenir les partisans de Dieu. « Le problème, c'est qu'il a fallu attendre la mort de Jamal Khashoggi pour que le monde ouvre les yeux sur les crimes commis au Yémen. » Comme si le destin, malheureux, d'un homme valait plus que celui, dramatique, de millions d'autres ; en Arabie heureuse, la vie des Yéménites importe toujours moins que celle de leurs semblables.

161. Nom de la race que certains appellent aussi pur-sang.

27. LA NOURRITURE AVARIÉE DE L'ONU

« Il y a des centaines de tonnes de vivres qui sont laissées en jachère jusqu'à ce que la date d'expiration soit dépassée. Il y a tellement d'affaires de corruption que je ne sais plus où donner de la tête. WFP a même envoyé un courrier officiel aux autorités portuaires d'Al-Hodeïda pour obtenir la permission de brûler des cargaisons de légumes qui avaient pourri. Il y a une telle indifférence... » (Bassem Al-Janani, journaliste d'investigation yéménite).

Labellisé « pire crise humanitaire au monde », le Yémen cristallisait l'attention des ONG et des agences onusiennes. Avec des images chocs et une intense campagne médiatique, l'ONU parvint à convaincre les donateurs internationaux d'apporter des fonds considérables à son programme alimentaire. Problème, le pactole partit rapidement en fumée, comme les millions de tonnes de nourriture censés sauver l'Arabie heureuse de la famine... ■

Après une première année de conflits marqués par d'importantes batailles (Aden, Dhale, Lahij, Mareb, Shabwah, Mareb), les positions s'étaient globalement figées entre les houthis et le gouvernement légitimement reconnu. Ansar Allah contrôlait le Nord, la capitale et l'essentiel de la mer Rouge tandis que les forces de Hadi avaient récupéré le Centre, l'Est et le contrôle de Bab-el-Mandeb. Au Sud, le STC s'était établi à Aden et dans ses environs, tandis que d'immenses portions de territoire échappaient encore à tout contrôle. « On s'est rendu compte que des éléments d'Al-Qaïda et de Daech se baladaient très facilement d'une province à l'autre », confirme Amr Al-Beidh, le représentant spécial du président du STC pour les Affaires étrangères. « On avait aussi des conflits avec Al-Islah dans la région de Shabwah. Cela demandait d'être présent sur plusieurs fronts. »

Si le STC signait les accords de Riyad en novembre 2019 pour être reconnu comme une faction du gouvernement central – tout en gardant ses aspirations indépendantistes –, la réalité du terrain rattrapait les promesses des traités. « Il n'y avait pas d'unité dans ce que le STC appelait le Sud », explique la chercheuse Fatima Abo Alasrar. « Le STC était reconnu à Aden ; certains le surnommaient en rigolant le conseil de transition d'Aden. Il n'avait pas cette légitimité à Hadramout ou Mahra. Islah disposait de quelques bastions sur certaines zones, des groupes djihadistes aussi, puis il y avait le mouvement sudiste. »

Depuis Oman, Fadi Baoom et son père, Hassan, organisaient des activités culturelles et des ateliers politiques dénonçant la véritable nature du STC. « C'est un jouet des Émirats arabes unis », clamait l'an passé Fadi, qui enterra un peu plus tard les différends avec ses anciens collègues. « Les alliances éphémères étaient monnaie courante », rappelle Fatima. « Il y avait des annonces, mais les conflits internes revenaient. C'est pourquoi les houthis n'étaient pas inquiets. Contrairement au gouvernement et aux autres partis, ils sont restés cohérents et n'ont pas changé de ligne. » Si des associations tribales variaient selon les batailles, les partisans de Dieu consolidaient leur assise en éliminant les récalcitrants et en promouvant les « durs » de Saada : ceux qui avaient connu les guerres aux côtés de la famille Al-Houthi. « La mort de Hussein, le fondateur, joue un rôle central dans l'identité et la symbolique du mouvement », estime Hannah Porter dont les travaux ont nécessité des années de travail et d'entretiens avec des membres d'Ansar Allah. « Pour eux, Hussein est parti en martyr. Cet aspect est fondamental, car ils utilisent ce procédé à chaque fois qu'une autre personne importante décède. »

Fonctionnant en parallèle du gouvernement exilé à Riyad et reconnu par la communauté internationale, les houthis avaient nommé une administration complète avec des ministres, des superviseurs – un poste clé – et des gouverneurs. Derrière « le chef de la révolution », Abdul Malik Al-Houthi, dont le lieu de villégiature restait inconnu, à l'image de son homologue et modèle du Hezbollah, Hassan Nasrallah, ils privilégiaient les proches et les rescapés des guerres de Saada, « mes *moudjahidin* » comme se plaisait à les surnommer le leader du groupe. « Ils se sont également appuyés sur les Hachémites, les descendants du Prophète comme eux », poursuit Porter. « Quelques personnes de l'ancien régime occupaient des postes, mais elles n'avaient pas la décision finale. La priorité était donnée aux gens de Saada. »

Si les partisans de Dieu avaient accueilli de nouveaux cadres, ces derniers restaient aussi en marge des décisions politiques. Ils étaient les « houthifiés » comme le rappelait la journaliste Maysaa Shuja Al-Deen[162] et leurs compétences ne pouvaient jamais excéder la loyauté du cercle familial des Al-Houthi. « Ils répétaient les mêmes combines que Saleh », juge Porter. « C'était assez triste car ils avaient justement fait campagne contre ce genre de méthodes. Sauf qu'une fois arrivés au pouvoir, ils se sont comportés comme n'importe quel politicien. »

Tout-puissant, le chef de la révolution désignait les grandes lignes de la politique intérieure et extérieure, les objectifs militaires et les membres du gouvernement. S'appuyant énormément sur son oncle, Abdelkarim, ministre de l'Intérieur, il responsabilisa son frère aîné Yahya, nouveau ministre de l'Éducation bien qu'il n'eût jamais mis un pied dans une école publique. Avec une seule formation religieuse, il distillait les nouveaux décrets et programmes qui obligeaient les écoliers à chanter chaque matin le slogan *Gloire à Dieu ! Mort à l'Amérique ! Mort à Israël ! Maudits soient les juifs, victoire à l'islam !* Un discours offensif et sectaire, qui laissait pantois eu égard à l'histoire ; les zaydites et les juifs n'avaient-ils pas cohabité pendant des siècles autour de Saada sans jamais avoir eu recours à la guerre ?

Militairement, le leader promut son jeune frère, Abdelkhalek, ainsi que le mari de sa fille, Youssef Al-Madani. D'autres membres de la famille, des cousins ou des oncles éloignés, garnirent les rangs des superviseurs, dont les prérogatives dépassaient souvent celles des ministres qu'ils devaient avoir à l'œil. « Il n'y a pas de problème pour dialoguer, contactez-moi la semaine prochaine », répondit par exemple sur WhatsApp Hisham Sharaf, le ministre des Affaires étrangères. Relancé à de multiples reprises, ainsi que son cabinet, il ne put finalement donner suite à la demande d'entretien qui devait être validée par Hussein Al-Ezzi, officiellement son adjoint, mais officieusement le relais d'Abdul Malik Al-Houthi pour la politique étrangère. « C'est compliqué de parler à des officiels d'Ansar Allah », confirme Ahmed Al-Shami, un ancien conseiller économique du groupe. « Ils sont très sceptiques lorsqu'une personne souhaite échanger officiellement avec eux. J'ai souvent dû user de ruses pour les convaincre de faire des interviews car ils sentent que tout le monde est contre eux. »

Accompagnant les délégations lors des réunions de médiation avec l'ONU, Al-Shami faisait partie de cette nouvelle génération *houthifiée*.

162. Ces personnes étaient appelées *mutahawwithin* qui peut être traduit par « les houthifiés », les nouveaux houthis, ceux ayant rejoint le mouvement *a posteriori*.

« Je suis né aux États-Unis, puis j'ai passé une partie de ma jeunesse au Yémen – j'étais dans la même école que mon ami Baraa Shiban. Je suis revenu finir mes études secondaires aux États-Unis avant de retourner au Yémen. D'ici, j'ai travaillé dans divers secteurs, notamment le pétrole. » Cultivé, modéré, polyvalent, Al-Shami apportait des compétences bienvenues à un mouvement confronté à des problèmes de liquidité. « La guerre économique était plus agressive que celle sur le champ de bataille », assure-t-il. « Ça a commencé avec le déménagement de la Banque Centrale à Aden en 2016. Certains revenus étaient aussi bloqués, comme ceux des ports et du pétrole. De toutes façons, le gaz et le pétrole exportés revenaient au gouvernement de Hadi, pas aux houthis. Néanmoins, il fallait trouver des financements et des solutions car il était impossible d'importer les produits dont les gens avaient besoin à cause du blocus. »

Plusieurs taxes furent ainsi levées, tel le *khums* en avril 2020 qui collectait 20 % des recettes générées par des activités impliquant des ressources naturelles (halieutique, hydrocarbures, etc.). « Ils avaient repris une taxe datant de l'Imamat qui bénéficiait seulement aux Hachémites », rappelle Porter. « À l'époque, les dirigeants ne gardaient pas toujours tout cet argent, ils en redistribuaient une partie. Sauf que les houthis ne font pas ça, ils gardent tout pour eux ! La manière la plus simple de les comprendre, c'est de les considérer comme une entité politique qui veut obtenir le plus d'influence et de pouvoir. Ils ont une idéologie religieuse, bien sûr, mais cette taxe était un prétexte pour faire de l'argent. Au final, ce sont les Hachémites qui récupèrent cette manne au détriment de la majorité de la population qui n'avait pas les mêmes origines. » Estimant avoir « un droit divin » pour gouverner, les partisans de Dieu s'octroyaient des privilèges que les autres citoyens n'avaient pas. Un comble pour un mouvement qui avait lutté contre le clientélisme et la corruption, mais Ansar Allah n'était plus à une contradiction près ; en dépit de leur détestation d'Israël, les houthis ne se voyaient-ils pas eux aussi comme le peuple élu ?

Au ministère de l'Information, certains journalistes étrangers étaient escortés par des guides jusqu'aux montagnes de Maran et à la cave de Salman, là où Hussein Al-Houthi avait été assassiné. Sur place, des éboulements avaient bouché une partie de l'entrée où des portraits avaient été déposés sur une gerbe de fleurs. « Ils comparent la mort de leur leader à celle de Hussein, le petit-fils du Prophète, qui a été tué à Kerbala, en Irak », dit Potter. Figure du chiisme, la mort de l'imam Hussein en martyr est célébrée chaque année pour Achoura. « Faire cette comparaison renforce le rôle divin de Hussein Al-Houthi et à un degré moindre de l'ancien président, Saleh Al-Sammad[163], abattu par la coalition. » Pour les houthis, il n'y avait pas de doute : monter à Saada était devenu comme un pélerinage, un deuxième Kerbala ; Hussein n'avait pas été prénommé au hasard.

Portant haut et fort un discours libérateur de la Palestine, les partisans de Dieu ralliaient de nombreux jeunes désabusés par la politique du monde arabe. « La libération de la Palestine revenait souvent », continue la chercheuse. « Cela générait de la popularité tout en collant avec leur slogan. Quand ils chantent "maudits soient les juifs", ils se réfèrent surtout à Israël. J'en ai parlé à beaucoup de houthis, ils me disaient toujours : "Non, non, non, on ne parle pas de tous les juifs !" *Come on* ! Ils savent parfaitement la différence entre un sioniste et une personne de confession juive vu qu'ils ont cohabité pendant des siècles. Ils essaient de justifier cette phrase, mais ils n'y arrivent pas vraiment. La chose, aussi, c'est que Hussein Al-Houthi était violemment antisémite. Beaucoup plus que les rhétoriques utilisées aujourd'hui par les houthis. »

Sollicités à ce propos, trois membres d'Ansar Allah confirmèrent en *off* que la devise du groupe n'était pas compatible avec une reconnaissance internationale. « C'est surtout contre Israël », plaide l'un d'entre eux. « Il y a beaucoup de légendes à propos de l'origine du slogan. Il y a l'histoire de la seconde intifada palestinienne[164], mais aussi celle du 11 septembre. Même entre nous, il y a plusieurs versions. » Accompagné de fidèles regardant fièrement le World Trade Center s'écrouler – « c'était un signe de résistance contre les États-Unis » –, Hussein Al-Houthi faisait la moue selon un témoin. « Il leur a dit que c'était un stratagème américano-sioniste pour mettre à mal le monde musulman. Il avait tout de suite compris ce qui allait advenir dans notre région. »

Reprenant les thèses de son frère, Abdul Malik Al-Houthi façonna ensuite une politique en tissant des liens avec l'axe de la résistance, une expression désignant l'Iran et ses alliés. En lien avec le Hamas palestinien, les houthis coopérèrent aussi avec la Syrie en envoyant un ambassadeur à Damas. « Lorsque l'Iran a reconnu Ansar Allah comme un gouvernement officiel, les choses ont évolué », explique Al-Shami. « L'Iran traitait avec Ansar Allah d'un pays à l'autre. Donc, lorsque les États-Unis se sont retirés de l'accord sur le traité nucléaire iranien, Téhéran a utilisé différents moyens de pression avec la menace de l'escalade. C'est pour ça qu'il y a désormais des drones ou des missiles

163. Président du conseil politique suprême de 2016 à 2018.
164. Voir chapitre 8, le fruit du paradis.

de croisière au Yémen. Ansar Allah est heureux de recevoir autant d'aide que possible, de n'importe qui, parce qu'ils sont en guerre et veulent se protéger. Si, demain, la Chine, le Qatar ou un quelconque pays dans le monde leur dit "on va vous aider", ils accepteront dans la foulée. »

Encourageant la débrouille et le marché noir pour surmonter le blocus et importer des produits manquants, les houthis craignaient toutefois de perdre leur contrôle d'Al-Hodeïda, dont le port sur la mer Rouge était un enjeu majeur. « Les forces gouvernementales avec la coalition commençaient à gagner du terrain, mais l'envoyé spécial de l'ONU est intervenu », souffle Nadwa Dawsari. « Je lui ai dit : "Vous allez faire la plus grande erreur possible en stoppant cette avancée." Ça n'a pas loupé. » Découpés en trois phases, les affrontements s'étalèrent de juin à novembre 2018, sous la pression de multiples ONG catastrophées par la situation sur le terrain. « C'est un enfer vivant pour les enfants », déclara le coordinateur régional de l'UNICEF, Geert Cappelaere. « Nous n'avons pas seulement peur pour la vie des milliers d'enfants d'Al-Hodeïda, mais aussi pour l'impact que cela aura sur les populations, particulièrement celles vivant au Nord. »

Au milieu des champs de mines et des bombardements aériens, la plus grande agglomération de l'ouest du pays était une morgue à ciel ouvert. Civils, combattants, humanitaires, quelle différence ? À Al-Hodeïda, on tirait sur tout ce qui bouge ; le port n'était plus qu'à quelques heures de changer de main. « Les forces gouvernementales étaient à environ 5 kilomètres du port, elles étaient sur le point de le prendre », continue Dawsari. « Les leaders houthis voyaient comment se retirer de la ville, mais l'envoyé spécial de l'ONU avait d'autres plans puisqu'il a réussi à faire stopper l'offensive. »

Pendant que les Nations unies coordonnaient un vol spécial à destination d'Oman pour une cinquantaine de miliciens houthis blessés, les deux parties signaient les accords de Stockholm prévoyant un cessez-le-feu, l'ouverture d'un corridor humanitaire et un échange de prisonniers concernant près de 15 000 personnes. Bien aidé par une bisbille à l'intérieur de la coalition – « les Saoudiens voulaient écarter les houthis sans laisser s'approcher les Émiratis, car ils estimaient que c'était leur chasse gardée », *dixit* Al-Shami qui avait participé aux réunions de Stockholm –, Martin Griffiths se félicitait de ce « pas » vers la paix.

Vilipendé pour son manque d'entrain et sa mollesse, l'envoyé spécial de l'ONU paradait fièrement, persuadé d'avoir réussi ce que personne n'était parvenu à faire avant lui : amorcer la fin de la guerre. « Il répétait à tout le monde que c'était grâce à lui », lance un ministre yéménite. « Il n'avait pas compris que cela ne changeait pas grand-chose. » Armes, bombes, choléra, malnutrition, recrutement d'enfants soldats : la guerre n'avait pas interrompu son flux d'horreurs par des accords signés en Suède.

Protégés, les houthis s'étaient renforcés dans une situation critique. Étendant leur arsenal, ils attaquèrent désormais régulièrement l'Arabie saoudite, qui répliquait par de nouveaux raids aériens. Une situation inextricable, sans autre réelle avancée que le nombre de morts ; selon l'UNICEF, 10 200 enfants avaient déjà été tués ou sérieusement blessés depuis le début du conflit. Un nombre impressionnant, comme les autres chiffres comptabilisés :
- 23.4 millions de personnes étaient en besoin d'assistance en 2022 sur une population d'environ 30 millions.
- 80 % d'enfants étaient en besoin urgent d'aide humanitaire.
- 2.2 millions d'enfants de moins de 5 ans souffraient de malnutrition, dont 500 000 luttaient pour survivre.
- 2 millions d'enfants n'avaient plus d'école.

Avec plus de 6 millions de personnes déplacées, dont 4.3 à l'intérieur des frontières, le Yémen vivait des bouleversements qu'il ne pouvait assumer. « Début 2021, le gouvernement a fait imprimer beaucoup de monnaie d'une compagnie russe car il voulait l'insérer dans l'économie », pointe Amr Al-Beidh du STC. « Ils ont amené ça à Aden, mais on a stoppé ces conteneurs remplis d'argent tout juste imprimé. On a stocké ça en leur disant : "Ne mettez pas ça dans notre marché, ce sera catastrophique pour l'économie !" C'était un acte de piraterie. Ils agissaient comme des pirates. » Un agissement désespéré, à l'image des entrevues houleuses entre plusieurs dirigeants du STC et Laurent Bukera, le responsable de WFP, le programme alimentaire des Nations unies. « J'ai eu énormément de conversations avec lui », soupire Al-Beidh. « On a reçu des signalements à Aden sur les quantités astronomiques de nourriture qui étaient jetées. Selon un rapport, la nourriture importée par WFP était contaminée et n'avait pas été mise dans les bonnes conditions à temps, ce qui a conduit à sa destruction. Ça s'est passé en 2019 et début 2020. On parle de 3 000 tonnes de nourritures balancées, c'est colossal ! M. Bukera essayait de me sortir des excuses, qu'il y avait toujours une possibilité de contamination, de surcroît en temps de guerre avec les dommages collatéraux. Nos infrastructures, notre capacité d'isolation et de maintenance sont pauvres, je le reconnais. Néanmoins, on a demandé des explications. Officiellement, ils ont fait des enquêtes, mais jusqu'à aujourd'hui, nous ne savons pas ce qu'il s'est passé. Est-ce que la nourriture a été contaminée à Aden ou l'était-elle auparavant ? Sachant que ce problème n'était pas isolé au Yémen, nous nous posons des questions... »

Sans distinction de province ou de zone contrôlée par le gouvernement légitimement reconnu ou les houthis, les cas de nourriture avariée ou périmée alertaient les citoyens. « La farine est parfois comestible, parfois non », se lamente Wafaa Faraj, une mère au foyer de la région de Hadramaout. « Chaque famille reçoit seulement un kilo de sucre, voire moins, ce qui ne couvre pas les besoins alimentaires. Comment une famille peut consommer un kilo de sucre pour un mois entier ? L'huile pour cuisiner est mise dans de drôles de bidons en fer sans qu'on puisse savoir si la date de péremption a expiré. Il y a beaucoup de familles dans le besoin qui ne reçoivent rien car une partie des aides est détournée pour le marché noir. Lorsque je vais au souk, je vois des caisses appartenant aux différentes ONG qui sont vendues alors qu'il s'agit normalement d'aides. C'est une honte, mais personne ne s'y intéresse. Dans notre quartier, plusieurs personnes ont été empoisonnées à cause de ce qu'on nous a donné à manger. Par chance, Allah les a sauvés. » En colère, Wafaa fut l'une des femmes qui a terminé sa nuit dans un hôpital sous-équipé pour une grave intoxication alimentaire causée par de l'huile avariée. Un exemple parmi tant d'autres, dénoncé par l'association pour la protection des consommateurs yéménites qui avait écrit en mai 2017 une lettre faisant état de 32 000 tonnes de blé américain impropres à la consommation appartenant à WFP. « J'étais sur place lorsque des milliers de tonnes d'aliments ont été détruits », se souvient Bassem Al-Janani. « Ça m'a brisé le cœur vu le nombre de personnes n'ayant pas à manger. »

Sur ses réseaux sociaux, le journaliste a publié quantité de documents et preuves illustrant la complicité entre les organisations internationales et locales quant à la mauvaise gestion des vivres. « Il y a des centaines de tonnes de vivres qui sont laissées en jachère jusqu'à ce que la date d'expiration soit dépassée. Normalement, le stockage dans les entrepôts dépend des organisations internationales, tandis que les locales gèrent l'acheminement et la distribution sur le terrain. Problème, il y a parfois des sociétés qui utilisent des faux noms pour détourner les colis. » Selon plusieurs sources[165], des paniers alimentaires censés revenir aux civils

165. Internes à WFP, l'ONU et les houthis.

étaient détournés au front pour substanter des miliciens, notamment chez les houthis. « Une compagnie, Build Generation, s'était spécialisée là-dedans en utilisant des pseudonymes », confirme Al-Janani. « Il y a tellement d'affaires de corruption que je ne sais plus où donner de la tête. WFP a même envoyé un courrier officiel aux autorités portuaires d'Al-Hodeïda pour obtenir la permission de brûler des cargaisons de légumes qui avaient pourri. Il y a une telle indifférence... »

Depuis plusieurs années, l'Organisation de contrôle de métrologie et qualité du Yémen s'était fendue en privé de plusieurs rapports alarmants autour des chargements de WFP. Sur l'un d'entre eux, daté du 28 décembre 2020, elle faisait état d'une cargaison de nourriture pour enfants prête à être distribuée qui avait été bloquée in-extremis après des tests. « Elle est impropre à la consommation », précise l'Organisation, qui n'avait pas pu endiguer la livraison en 2018 de barres de céréales à des écoles de Taez. « Quand j'en ouvre une, elle est parfois pourrie », témoigne un étudiant d'une dizaine d'années. « Je dois attendre avant d'en avoir une bonne, elles sont rares. » Des bouts d'ongles et de vis ont notamment été retrouvés dans ces barres qui contenaient officiellement des dattes selon l'emballage. « J'ai l'impression que nous sommes des rats de laboratoire à qui on fait ingurgiter des produits », s'énerve Abdulwahed Al-Obaly. « Jusqu'à quand allons-nous endurer ça ? »

En janvier 2020, dans la province nordiste de Hajjah, des résidents affamés du district d'Aslam pénétrèrent subrepticement dans un entrepôt appartenant aux Nations unies. Persuadés de trouver enfin quelque chose à manger, ils déchantèrent à l'odeur de pourriture émanant des cartons entreposés au sol qui furent tous brûlés peu après sous leurs yeux. « Il y a eu d'autres manifestations à travers le pays, au Nord comme au Sud, mais rien n'a changé », continue Al-Obaly. « Parfois, c'était même pire. » Comme à Taez, dans le district de Salah, où des dizaines de personnes ont organisé un *sit-in* devant les points de distribution de WFP. En réponse, ou plutôt en représailles, les distributions de blé et farine cessèrent pour des sacs de riz périmé. « C'est honteux », tonne Abdulqader Alkharraz, ancien responsable de la protection environnementale. « Il y a des dépenses gonflées, des fausses factures, des stocks complets revendus clandestinement... Rien ne va. »

Selon un document récapitulant les coûts d'exploitation de WFP au Yémen, une note de 1 275 433 dollars a été enregistrée pour des frais d'internet ! Un chiffre ahurissant, comme les exigences de certains employés qui demandaient plusieurs employés de maison, dont des individus spécialement dédiés à l'entretien du... chien. « C'est le contraste entre le discours officiel et la réalité », confesse une source interne à WFP. « On a rabâché aux gens que le Yémen était la plus grande crise humanitaire actuelle. Ce n'est pas totalement faux, mais on a incité les dons pour justement faire quelque chose de concret. Or, qu'est-ce qu'on a fait ? Est-ce que la malnutrition a baissé ? Est-ce que les gens ont suffisamment à manger ? De l'argent, on en a reçu, le marketing avait fonctionné. Mais derrière... » De janvier 2019 à décembre 2020, l'Arabie heureuse a permis à WFP de récolter 3.3 milliards de dollars, plus que n'importe quel autre pays. Loin des 470 millions pour l'Irak ou le 1.4 milliard destiné à la Syrie, le Yémen pouvait espérer s'en sortir. « Il faut enlever les coûts logistiques, mais cette somme était suffisante pour éradiquer la famine », constate Al-Obaly. « Si je suis cynique, je dirais que ça n'arrangeait personne. Si les enfants ne meurent pas de faim, il y a moins de donations. »

Malgré ça, malgré ce bilan alimentaire épouvantable, Martin Griffiths, l'envoyé spécial de l'ONU au Yémen, accéda le 12 mai 2021 au poste de secrétaire général adjoint aux affaires humanitaires et coordonnateur des secours d'urgence. Qualifié par la presse de « chef de l'humanitaire des Nations unies », le diplomate britannique a appelé en mars 2022 les donateurs à débloquer près de 4.3 milliards de dollars pour le Yémen. Avec 161 000 personnes bientôt confrontées à « une insécurité alimentaire catastrophique, un signe avant-coureur de ce qui pourraient arriver à 7.1 millions de personnes qui ne se trouvent qu'à une marche de ce stade ultime d'une crise humanitaire », il fallait agir vite. « Aujourd'hui, nous espérons réunir les fonds nécessaires pour réalimenter la chaîne d'acheminement des denrées alimentaires, approvisionner les centres de santé pour fournir un abri aux personnes déplacées et faire savoir aux Yéménites que nous ne les oublions pas. » Griffiths pouvait être tranquille : personne n'oublie l'ONU au Yémen, surtout pas ceux dormant le ventre vide.

28. LA MALÉDICTION D'AL-QUSHAIBI

« Saleh utilisait des prostituées pour faire chanter des officiels quand bon lui semblait. Il a recruté ces femmes qui étaient déjà des prostituées et qui avaient accepté de bon cœur cette tâche. C'était diabolique, d'accord, mais il n'avait forcé aucune femme lambda à se prostituer comme les houthis » (Nadwa Dawsari, analyste et chercheuse yéménite).

Victimes des raids aériens réguliers d'une coalition surarmée, les houthis voyaient aussi plusieurs services étrangers monter des opérations de contre-espionnage au sein de ses territoires. De quoi donner une raison supplémentaire pour accentuer la surveillance accrue déjà en vogue depuis leur ascension au pouvoir. Enfants, femmes ou personnes âgées : chacun pouvait être un agent épiant son camarade de classe ou son voisin au nom d'Ansar Allah. ■

« Nous aussi, on a dû jeter des stocks de nourriture. Je ne suis pas fier, mais nous rencontrions des problèmes de conservation. » Sincère, Basheer Al-Selwi, membre de la Croix-Rouge, détaille les complications administratives et techniques pour l'acheminement de l'aide humanitaire dans un pays morcelé par la guerre. « Il y a parfois des semaines d'attente pour simplement sortir les cargaisons du port et obtenir les autorisations nécessaires. C'est au bon vouloir de certains… Ensuite, il y a les lieux de stockage, l'isolation, le transport. Dans la logistique, un camion peut être retenu à un contrôle de sécurité sans raison apparente, si ce n'est que la personne en face attend un billet. Il y a aussi des entrepôts à louer qui coûtent des fortunes car des gens profitent de la situation pour se faire de l'argent. »

Ces personnes, les seigneurs de guerre, proliférèrent dans chaque zone du territoire, bien aidées par les projets hasardeux menés par des organisations internationales qui confiaient le travail à des compagnies locales peu sérieuses. « On a passé sous silence des cas révoltants comme les chèvres mortes dans la région de Taez », s'irrite Abdulwahed Al-Obaly. « Officiellement, on a voulu aider les fermiers en leur donnant de nouvelles têtes de bétail. Au final, ça a été une hécatombe qui a plongé les gens dans une pauvreté accrue. »

Projet mené par FAO, l'Organisation des Nations unies pour l'alimentation et l'agriculture, l'implantation d'animaux en zone rurale était une des actions prévues dans le cadre d'un programme d'aide financé par le gouvernement japonais à hauteur de 7 999 999 millions de dollars. Avec une ONG basée à Sanaa, Ghadaq, des vivres ont été distribuées massivement (50 tonnes d'aliments concentrés notamment) dans le district de Hayfan, l'un des plus importants de la province de Taez avec près de 192 000 habitants. 1 500 chèvres furent ensuite achetées et acheminées vers 500 familles possédant déjà du bétail grâce à un autre partenaire local.

Envisagée début février 2020, la livraison était précédée de l'approvisionnement en fourrage un mois auparavant, nécessaire à la bonne alimentation des animaux. Tout était donc réuni pour accueillir ces bêtes, qui devaient pourvoir des milliers de personnes de bons produits (fromages, lait et viande). « Sur le papier, c'était parfait, mais les chèvres achetées étaient malades », se lamente Al-Obaly. « Les fonds ont été gaspillés en passant par des filières peu recommandables. Lorsque les animaux sont arrivés, les fermiers ont rapidement compris le problème. » Âgées, maigres, putrides, les chèvres semaient la désolation parmi les habitants.

Sans mot dire, les partenaires de la FAO quittèrent les lieux en omettant de préciser que certaines bêtes étaient mortes pendant le trajet. Deux jours plus tard, d'autres chèvres tombaient raides d'une maladie inconnue. « Même les chiens refusaient de manger leurs corps », témoigne un paysan. Problème, le virus s'était propagé au sein du bétail appartenant préalablement aux familles. « Les habitants étaient livides car ils venaient de perdre l'une de leurs sources de subsistance », continue Al-Obaly qui a documenté cette enquête avec plusieurs de ses comparses activistes et journalistes. « On a ensuite essayé de couvrir ce désastre avec des rapports gouvernementaux qui ont finalement été contredits. C'est une honte. »

Le 13 mars, FAO publia effectivement un communiqué assurant que seulement 10 % des animaux étaient décédés, un chiffre sous-évalué ; en réalité, 1 305 chèvres avaient perdu la vie en comptant celles possédées au préalable par les habitants. Le ministère de l'Agriculture, qui recevait des aides abondantes des agences onusiennes, étouffa l'affaire en garantissant que les procédures étaient conformes aux normes en vigueur. Un rapport frauduleux comme le prouvait le dossier monté par un auditeur externe, qui s'indignait des vaccins payés grâce aux donations du gouvernement japonais et qui n'avaient pas été administrés aux bêtes. Un vétérinaire dépêché sur place confirma les errances, notamment le non-respect de la quarantaine antérieure à la livraison. « Ils ont même retrouvé les doses de vaccin inutilisées », s'indigne Al-Obaly. « L'affaire a été enterrée. Personne n'a donné de réparation à ces familles qui perdirent le peu qu'elles avaient. »

Derrière ces gaspillages éhontés, d'autres ONG tentaient cependant par tous les moyens d'assurer la bonne conduite des projets. « Le Social Fund for Development, SFD, fait un travail incroyable », loue Nadwa Dawsari. « Ils collaborent avec les gouverneurs locaux, les institutions à l'intérieur des communautés. Ils ont créé un programme social, mais l'UNDP[166] disait aux donateurs que le SFD n'avait pas la capacité de gérer cela. C'était un mensonge, mais cela permettait à l'UNDP de garder l'argent. Le SFD est une solution qui marche car il se base sur des mécanismes locaux. Le souci, c'est que l'aide nécessaire pour développer tous les projets a été volontairement freinée [...]. J'ai travaillé huit mois pour les Nations unies, je sais comment ça marche. Honnêtement, je pense que c'est un énorme trou noir de corruption. La majeure partie des donations ne vont pas aux gens dans le besoin, mais dans les salaires ou les primes à la dangerosité pour les employés. »

166. Programme des Nations unies pour le développement.

Possédant un vaste réseau de contacts, la chercheuse yéménite se souvenait d'une conversation avec une ancienne haute responsable des Nations unies. « Elle m'a sorti tranquillement que tout cet argent était en fait une caisse noire. Elle était sûre d'elle, elle m'a dit ça avec une assurance déconcertante. Il est vrai que les envoyés spéciaux de l'ONU ont toujours mené une grande vie à Sanaa, mais quand même... »

Considéré comme un allié des houthis pour son intervention à Al-Hodeïda, Martin Griffiths avait été remplacé le 6 août 2021 par le Suédois Hans Grundberg. Dynamique, plus ferme, son action était saluée par l'ensemble des parties. « On peut ne pas être d'accord avec lui, mais il travaille pour une solution », concède Linda Al-Obahi. Néanmoins, ses prédécesseurs et les différentes organisations internationales présentes au Yémen depuis le début des hostilités avaient usé de méthodes plus contestables, voire abusives. « J'ai collaboré avec UNDP car leur fonds réservé aux droits humains se situait juste à côté des bureaux gouvernementaux où je travaillais », raconte Rasha Obaid, ancienne employée au ministère yéménite des Droits de l'homme. « Vu que notre connexion internet était mauvaise, j'allais souvent dans leurs locaux. Il y avait un expatrié, un homme très important, qui me disait : "Bon, ce soir, viens chez moi !" Il me faisait la cour en permanence. Il profitait de chacune de mes venues pour m'inviter. Une fois, il voulait que je passe à minuit dans le vieux Sanaa pour être avec lui car des gens devaient jouer de l'oud [rires]. C'est un petit exemple, mais certains expatriés cherchaient à profiter de leur statut pour sauter sur tout ce qui bouge. »

Selon trois témoignages concordants, dont l'un fut énoncé dans une association uniquement réservée à des femmes de la capitale, des filles étaient livrées à des « étrangers en costume » la nuit. « J'ai été violée », confiait l'une d'entre elles à une journaliste locale. « Je me sens tellement honteuse. Parfois, j'ai envie de quitter ce monde. » Détruite, la jeune femme faisait partie malgré elle d'un circuit de prostitution managé par des figures houthis, notamment Sultan Zabin, le responsable du département des enquêtes criminelles au ministère de l'Intérieur.

Originaire de la province de Saada, dans le district verdoyant de Razeh, Zabin était un membre de la ligne dure autour de la famille Al-Houthi. Formé par les Gardiens de la révolution, il chapeautait la Zeinabiyat, un réseau de femmes espionnes utilisées pour surveiller et obtenir des informations compromettantes auprès de personnalités choisies par l'état-major d'Ansar Allah. « Ils ont implanté un système de *moukhabarat* et de surveillance inédit », corrobore l'activiste Riyadh Al-Dubai. « Saleh avait un contrôle sur les gens, mais personne ne vivait dans une paranoïa totale. Avec les houthis, vous avez la peur d'être dénoncé pour des actes que vous n'avez pas commis ou simplement pour être en désaccord avec eux. » Intensifiés également dans le Sud, avec des méthodes coercitives utilisées aux Émirats arabes unies, les services de renseignement avaient transformé la société yéménite. « Les houthis utilisent des enfants comme espion », soupire Dawsari. « J'ai écrit un rapport à ce sujet pour l'envoyé spécial de l'ONU lorsque je me trouvais dans la province d'Al-Jawf. Ils avaient commencé à faire ça avant d'occuper les lieux. Ils entraînaient des enfants qui pouvaient les prévenir de chaque fait et geste, de chaque personne rentrant ou sortant d'une zone précise. Qui pouvait se méfier d'un enfant qui jouait au ballon ? »

Secret, ce lacis d'agents juvéniles à la solde d'Ansar Allah était principalement recruté par une femme, Samira Maresh. Sensibilisant les mères de famille, elle parvenait à les convaincre de l'utilité du combat contre l'oppresseur en échange d'une faible bourse ou de services rendus. « Lorsqu'elle a été arrêtée à Mareb, Abdul Malik Al-Houthi est intervenu en personne auprès de l'envoyé spécial de l'ONU pour obtenir sa libération », note Dawsari. « Cela montre l'importance qu'elle avait pour lui. »

Si les méfaits des partisans de Dieu étaient parfois amplifiés, voire fabriqués par des sociétés d'intelligence économique utilisant des témoins farfelus ou peu fiables[167], l'embrigadement de la jeunesse était bien réel. Outre les changements dans le programme scolaire[168], des proviseurs d'établissements primaires et secondaires de Taez s'interrogeaient sur les détentions subites de certains professeurs. Lorsqu'ils apprirent le motif, des propos tenus en salle de classe devant les élèves, le doute n'était plus permis : au Yémen, l'espion venait désormais des bancs de l'école.

Si les houthis réfutaient de telles accusations, ils justifiaient l'amplification des services de renseignements et de sécurité par les incursions (réelles) d'agents étrangers. « Ils avaient récupéré un individu français

167. Un procédé similaire a été utilisé pour accentuer les crimes de la coalition, notamment des Émirats arabes unis.
168. Pêle-mêle : les activités religieuses étaient rendues obligatoires, comme les événements nationaux promouvant le rôle des houthis dans la défense de la mère patrie. Les cours sur les figures centrales de la révolution de 1962 étaient remplacés par des leçons sur les imams zaydites, tandis que les notions de société civile ou de participation des femmes à la vie active avaient disparu du programme de l'équivalent de la troisième.

qui naviguait au large d'Al-Hodeïda », se souvient Ahmed Al-Shami. « Ils l'avaient accusé d'être un espion, mais l'homme niait. Il disait qu'il avait dérivé depuis Dubaï et qu'il s'était perdu [rires]. Dubaï n'est pas sur la mer Rouge, ça avait suscité l'hilarité. L'ambassadeur français avait dû venir à Sanaa pour négocier sa libération, qui avait été acceptée. »

Opération ratée de la DGSE maquillée par des articles de presse faisant croire à un malencontreux accident, cette tentative de repérage illustrait la déliquescence des services français, qui avaient aussi du mal à contrôler l'afflux de ressortissants venus au Yémen. « C'est l'un des premiers contingents de citoyens européens rejoignant des groupes djihadistes », confirme le chercheur Hussam Radman. Cependant, la France orchestrait des plans pour vigiler son contingent djihadiste en retournant quelques locaux, à la manière du Royaume-Uni, particulièrement actif dans le contre-espionnage. « Six éléments ont été arrêtés et chargés pour trahison », commente un porte-parole d'Ansar Allah en donnant pour référence une vidéo des confessions des intéressés[169].

Selon les témoignages, l'opération du MI6 était coordonnée par des officiels de la CIA stationnés à l'aéroport d'Al-Ghaydah dans le Sud, à proximité de la frontière omanaise et d'un centre de détention utilisé par les Américains à l'époque de Saleh. « Ces attaques et tentatives de sabotage sur la souveraineté du territoire yéménite sont inacceptables », poursuit le porte-parole. « Ils tentent de corrompre nos frères en profitant de l'état de pauvreté dans lequel la coalition et la communauté internationale ont mis le pays. »

Si les faits et la rhétorique étaient surjoués, les opérations clandestines avaient effectivement explosé dans les territoires contrôlés par les houthis, avec plusieurs ONG utilisées comme plateformes pour récolter des informations sensibles. « Lorsque je travaillais à Sanaa, on a eu plusieurs infiltrations par le biais d'ONG », confirme Al-Shami. « Certaines étaient transparentes et se contentaient de faire de l'humanitaire, mais d'autres… Je ne parle pas des agences onusiennes qui mêlaient corruption et politique. Je me souviens avoir discuté avec Valerie Amos, qui était la chef de l'humanitaire pour l'ONU. Elle m'a dit droit dans les yeux : "Chaque livraison de nourriture à une personne dans le besoin est un accomplissement parce que la corruption est attendue pour atteindre cette personne. Il faut passer par là." Je me demandais si elle était sérieuse ou si elle se moquait de moi. C'est

169. Arafat Qassim Abdullah Al-Hashedi, Ali Muhammed Abdullah Al-Ja'mani, Bassem Ali Ali Al-Kharouja, Salim Abdullah Yahya Hobeish, Ayman Mujahid Qaed Harish et Muhammad Sharaf Qaed Harish.

pourquoi je veux bien entendre les critiques sur Ansar Allah... Je les entends, mais que dire de la communauté internationale ? » Complexe, la relation entre les houthis et l'ONU était périlleuse pour chacune des parties, *a fortiori* pour les Nations unies qui souhaitaient ménager leurs hôtes afin de poursuivre l'aide humanitaire. Toutefois, le Conseil de sécurité ne pouvait ignorer les actes de la division criminelle gérée par Sultan Zabin.

Homme de faible corpulence aux tempes dégarnies et à la moustache fine, il était l'un des relais privilégiés de la famille Al-Houthi pour diligenter des réseaux de surveillance poussés à l'extrême. « Ils ont fait des choses que Saleh ne pouvait même pas imaginer », soutient Dawsari. « Un exemple tout simple. Saleh utilisait des prostituées pour faire chanter des officiels quand bon lui semblait. Il a recruté ces femmes qui étaient déjà des prostituées et qui avaient accepté de bon cœur cette tâche. C'était diabolique, d'accord, mais il n'avait forcé aucune femme lambda à se prostituer. » Profitant de l'arrestation arbitraire de plusieurs femmes, de la mannequin Entisar Al-Hammadi à des militantes des droits de l'homme, Sultan Zabin décida, lui, d'obliger les récalcitrantes à accepter ses doléances. « On a été abusées », confesse en sanglots l'une d'entre elles. « J'ai été emmené quelque part pour avoir un rapport avec un homme étranger. Je ne savais pas qui c'était, rien. » En échange, Zabin recevait de ces riches individus des fortes sommes d'argent avec lesquelles il s'acheta une splendide maison d'une valeur de 150 millions de rials dans le quartier d'Aser.

Louant aussi une villa sur Taez Street, il transforma le lieu en un centre de détention spécialement dédié pour les femmes. Selon la famille d'une détenue, les hommes de Zabin proposaient aux prisonnières d'intégrer un réseau de prostitution pour attirer et piéger des opposants à l'aide d'ébats filmés. Une idée rejetée par certaines, qui furent gardées en captivité pour divers motifs comme l'atteinte à la pudeur. Quant aux autres, infortunées, elles donnaient à Zabin des éléments suffisants pour faire tomber quiconque s'approchant un peu trop du pouvoir. Un stratagème démoniaque mais ô combien efficace ; les houthis n'avaient-ils pas appris à bonne école, celle du maître-chanteur ? « Zabin a joué un rôle de premier plan dans une campagne d'intimidation où il a recouru de façon systématique à l'arrestation, à la détention, à la torture, à la violence sexuelle et au viol contre les femmes ayant un rôle politique », écrit le Conseil de sécurité des Nations unies à son sujet le 25 février 2021. « Dans les lieux concernés, des femmes, dont au moins une mineure, ont été victimes de disparitions forcées, d'interrogatoires répétés, de viols, de tortures, de travail forcé, et se sont vu refuser des soins médicaux en temps voulu. Zabin lui-même a directement infligé des tortures dans certains cas. »

Placé sur la liste des sanctions américaines et onusiennes, le brigadier général au regard fuyant décéda un mois et demi plus tard, officiellement du Covid. Une version peu convaincante dans les sphères du pouvoir. « Il était devenu gênant », explique-t-on à Sanaa. « Il avait trop de dossiers sur les gens. C'était lui qui supervisait le réseau de prostitution et qui avait les noms des personnes ayant reçu les filles. » Comme Mohammed Khamis, le célèbre chef des renseignements à l'époque du président Al-Hamdi, Zabin savait probablement trop de choses ; à Sanaa, chaque secret pouvait être mortel.

Ancien cadre du Congrès général du peuple, Abdu Bishr était parfaitement conscient de ce danger. Comme Hisham Sharaf, ministre des Affaires étrangères, il faisait partie des politiciens ayant réussi la transition Saleh-Ansar Allah. Un temps ministre de l'Économie, Bishr a été élu président du parlement avant de démissionner sous la pression des dirigeants houthis. L'une des causes ? Un enregistrement audio qui avait fuité où il disait détenir plusieurs lettres et confessions de femmes faisant partie du réseau de prostitution. « Les houthis ne tolèrent aucune divergence », glisse l'activiste Al-Dubai. « La moindre information peut être fatale pour celui qui ose la révéler. C'est pour ça que les gens préfèrent se taire dans l'ensemble. »

Bien sûr, quelques badauds se hasardaient à converser plus que de raison, tel Sultan Al-Warwari, un des cheikhs ayant aidé les houthis à contrôler Amran en 2015. Soutien fidèle dans la région, Al-Warwari avait décidé de son propre chef de négocier la libération d'un homme de son village détenu par Ansar Allah. Une attitude présomptueuse : après avoir reçu plusieurs houthis chez lui, il les a raccompagnés jusqu'à la sortie de son fief montagneux de Qaflat Adher où il a été exécuté. Récupérant ses armes, sa *jambiya* et son pickup, les meurtriers laissèrent la dépouille du cheikh en haut de la colline pour faire un exemple : aucun *zinbeel*[170] ne pouvait objecter une décision de ceux exerçant un droit divin à gouverner. La remarque valait également pour Mujahid Qashirah, un autre cheikh essentiel dans l'avancée des houthis à Amran, dont le corps ensanglanté fut traîné par ses bourreaux dans les rues de son quartier à Raidah. Une scène abominable, filmée et mise sur les réseaux sociaux pour envoyer un message clair : personne n'était intouchable.

170. Expression désignant les non-Hachémites partisans des houthis.

Choquée par cette sauvagerie, une partie de la population n'était pourtant pas surprise. « C'est la malédiction d'Al-Qushaibi », glissait-on en référence à l'ancien protecteur d'Amran. Le général de la 310ᵉ brigade armée était peut-être mort, mais sa légende hantait toujours les personnes l'ayant lâchement abandonné. Al-Warwari, Qashirah, qui était le prochain sur la liste ? Ali Abdullah Saleh le savait mieux que quiconque : au Yémen, on ne meurt jamais par hasard, mais par vengeance.

29. LES LARMES DE LA MARIÉE

« Pourquoi j'ai rejoint Al-Qaïda ? Parce qu'ils payaient bien, c'est tout » (Abdullah bin Sulaiman, garde du corps de profession).

Profitant de l'affaiblissement du régime, AQPA dépassait sa sphère d'influence traditionnelle pour gagner notamment des territoires côtiers de Hadramaout. Parallèlement, certains de ses combattants étaient rattachés aux forces gouvernementales et à la coalition, celle-là même qui était aidée par les États-Unis pour chasser les houthis. Un méli-mélo digne des plus belles années de Saleh, auquel se greffaient les frappes par drones de la CIA... ■

« Je me demande parfois quel est le véritable intérêt de la coalition. Il y a des choses qui ne cadrent pas avec la réalité du terrain. » Le général Muhsen Khasrouf est songeur. Depuis son enrôlement le 23 juillet 1963, le septuagénaire pensait avoir tout connu. « J'ai rejoint l'armée tel un fier soldat qui défendait son pays », dit-il. « J'ai vu des combats, des guerres, des trahisons... J'étais de ceux ayant connu le président Ibrahim Al-Hamdi qui ne voulait pas simplement bâtir une forte armée nationale, mais un véritable État. J'ai ensuite assisté à l'ascension de Saleh, puis à sa chute. Néanmoins, je n'ai jamais entrevu quelque chose d'aussi tordu que les actes de la coalition. Les Émiratis et les Saoudiens veulent que ce conflit soit une guerre de quatrième génération, de sorte que les Yéménites se détruisent entre eux. Ils n'ont pas cette volonté de défaire pour de bon les houthis ou que notre armée puisse remporter la guerre. Ils souhaitent que le pays reste divisé en plusieurs doctrines, groupes et milices se combattant. Parfois, l'armée gagne une bataille. Parfois, ce sont les houthis. D'autres fois, la coalition censée combattre les houthis attaque l'armée. Pourquoi ? Si c'était une erreur, d'accord, mais ça s'est reproduit tant de fois... »

Le 7 juillet 2015, trois mois et demi après le début des opérations, la coalition visa la 23e brigade basée à Hadramaout, dans le désert d'Al-Abr. Trois salves de missiles détruisirent le quartier-général, le camp d'entraînement et le dépôt de munitions, avec à l'intérieur ses hommes. « Le brigadier général Ahmed Al-Abara a été tué », souffle Khasrouf. « C'était un vrai patriote qui chérissait son pays. Il était l'un de nos meilleurs stratèges, écouté par ses troupes. Son seul but était de regagner la capitale et de construire une armée régulière fiable. Visiblement, ça ne plaisait pas à la coalition. » 70 officiers et soldats périrent, tandis qu'une centaine d'autres furent gravement blessés. « Ils nous ont attaqués par plusieurs raids aériens à quelques secondes d'intervalle », témoigne Abdul Raqib, le fils du commandant Ahmed Al-Abara. « Ces attaques ont dispersé les corps en plusieurs parties [...]. Je pouvais à peine reconnaître mon père. Je n'arrivais pas à regarder complètement son visage brûlé et écartelé. Il y avait des bouts de corps de mes proches à côté. Je ne pouvais ni pleurer, ni crier. Je n'ai pas parlé pendant des jours. Aujourd'hui, je souffre toujours de ce choc, je suis terrifié au moindre bruit sourd... Le souvenir de mon père me hante. Néanmoins, tous les jours, je crois que les âmes de nos martyrs ne sont pas parties en vain. La justice viendra. Même si elle a du retard, elle viendra. »

Bouleversé, Abdul Raqib assistait impuissant aux autres bavures de la coalition qui attaqua à 67 reprises l'armée yéménite qu'elle était supposée accompagner contre les houthis ! « Ce ne sont pas des erreurs, c'est réalisé sciemment », appuie Tawfik Al-Hamadi, le fondateur de SAM Organization for Right and Liberties qui a documenté chacun de ces bombardements. « Je vis physiquement en Autriche, mais mon cœur, mes émotions et mon esprit sont restés au Yémen. Chaque jour, je parle à des victimes, à leurs proches. Parfois, je reçois des messages audios ou écrits de personnes dont je n'avais même pas connaissance, comme des prisonniers politiques. Je ne sais pas comment ils ont obtenu mon numéro ou un téléphone... [Longue pause] J'ai des audios dans lesquels les gens pleurent pour implorer de l'aide. J'ai du mal à les entendre, mais c'est la seule manière de montrer au monde la véritable image du Yémen et des Yéménites. » Digne, Tawfik Al-Hamadi s'arrête à nouveau en s'excusant. Reprenant sa respiration, il tente de cacher les sanglots dans sa voix. « Il y a de grands médias détenus par de riches états qui livrent une fausse image de notre pays. C'est pourquoi il est nécessaire de corriger cela et d'exposer les crimes de toutes les parties. »

Parmi les autres malencontreuses erreurs de la coalition, qui tua 120 soldats s'entraînant dans un camp des forces spéciales à Mareb le 18 janvier 2020, les forces émiraties prirent souvent l'initiative de frapper l'armée yéménite sans sommation. « Ils justifient tous leurs actes par leur lutte contre le terrorisme », soupire Tawfik. Les 28 et 29 août 2019, plus de 300 personnes furent abattues ou blessées dans les provinces d'Abyan et Aden par des bombardements émiratis. Officiellement en réponse « aux milices terroristes qui menaçaient la sécurité de la coalition », cette offensive était une manœuvre de soutien au STC dont les aspirations indépendantistes gênaient le gouvernement central.

Si Hadi condamnait l'attaque, le régime n'entreprit aucune action juridique, qu'elle soit locale ou internationale. Pis encore, le président retira ses troupes d'Aden pour laisser un contrôle total au STC, tout en demandant timidement aux Saoudiens de calmer leurs homologues d'Abu Dhabi. « Les Émirats ont donné une légitimité au STC en faisant de leur leader, Aidarus Al-Zoubaidi, une sorte de quasi-président du Yémen. », estime Andreas Krieg. « Ils lui ont ouvert leur réseau diplomatique. Il a ainsi pu rencontrer des dirigeants américains, anglais, russes ou de l'Union européenne, un peu comme ils ont fait avec Haftar en Libye [...] Si le STC tue des gens et obstrue la bonne marche du gouvernement Hadi, cela va en théorie contre les intérêts émiratis, mais ils laissent faire. Pourquoi ? Parce que ce n'est pas la bataille qu'ils veulent mener. »

Proches de la famille Saleh, dont une partie des relatifs s'était réfugiée à Abu Dhabi, les Émirats armèrent plusieurs factions distinctes, dont celle de Tareq Saleh, l'un des neveux d'Afash. Depuis le sud-ouest du pays, il formait les forces de résistance nationale composées d'anciens de la garde républicaine. Hostile aux Frères musulmans, son mouvement était en phase avec les idéaux émiratis qui n'avaient aucune confiance en Hadi et son gouvernement. « Si je devais résumer la nature de leurs relations, ce serait la méfiance », appuie Khaled Al-Yamani. « Après la libération d'Aden, les Émiratis ont acheté la logistique nécessaire pour permettre à l'armée de retrouver sa force. Ils ont donné environ 500 véhicules blindés faits en Allemagne, plus des armes et d'autres équipements. Pour diriger les opérations, ils avaient choisi un Australien, un ancien des forces spéciales[171]. Ils avaient tout prévu. Ils avaient même placé un tracker relié par satellite dans chacune des pièces fournies à l'armée. Deux mois après, ils se rendirent

171. Mike Hindmrsh.

compte que le matériel avait transité dans les mains houthis et dans celles d'Al-Qaïda à Al-Bayda. Ils étaient fous. »

Convoquant Hadi, les Émirats demandèrent des comptes et des actions rapides. « Votre gouvernement ne sert à rien. Sans nous, les houthis auraient déjà eu tout le pays », asséna en pleine réunion un officiel d'Abu Dhabi[172]. Acculé, le président promit une enquête. Sans attendre les résultats qui ne sont, de toute façon, jamais arrivés, les Émiratis arrêtèrent plusieurs officiels en charge des opérations au Sud, dont le commandant Ahmed Saif. Prétextant un malentendu, ce dernier et les autres responsables se défendaient en arguant que les équipements avaient été donnés aux soldats. « Et qu'est-ce qu'ils en ont fait ? », questionna un officier émirati. Sans réponse convaincante en face, les hommes chargés par MBZ du dossier yéménite écrivirent un rapport gratiné et sans détour. « Ils ont directement intensifié leur support au groupe mené par Al-Zubaidi », appuie un membre du régime de Hadi. « La fabrication du STC a vraiment commencé ici. »

Publiquement impliqués dans la lutte contre le terrorisme, les Émirats usèrent de ce subterfuge pour détenir et éliminer plusieurs membres d'Al-Islah et d'autres potentiels ennemis politiques. Avec le STC et les brigades de Tareq Saleh, ils disposaient d'un contingent de plusieurs dizaines de milliers d'hommes remplaçant peu à peu les milices étrangères payées depuis le début de la guerre. « Ils avaient fait appel à Erik Prince », révèle Krieg. « C'est pourquoi on a retrouvé de multiples nationalités sur le champ de bataille dans le Sud. »

Fondateur de Blackwater, une compagnie militaire privée américaine tristement célèbre pour ses exactions en Irak[173], Prince était un ancien membre des forces spéciales de l'US Navy. Contracté à coup de centaines de millions de dollars par le gouvernement états-unien sous George W. Bush, Blackwater opérait principalement en Afghanistan et en Irak. Composée de mercenaires étrangers, la société offrait tous les services possibles y compris les moins avouables. Assassinats ciblés, entraînements spécifiques, renversement d'un régime, transferts d'armes à des milices : Prince promettait à ses employeurs que le travail serait fait quoi qu'il arrive. Corporation, gouvernement ou simple individu : quiconque avait les moyens de s'attacher les services de Blackwater pouvait être tranquille. Des gens étaient prêts à faire

172. Anecdote racontée par deux officiels yéménites.
173. Quatre agents de Blackwater avaient assassiné depuis leur véhicule blindé 14 civils irakiens en 2007 à coup de mitraillettes et de grenades. En 2020, ils obtinrent le pardon présidentiel de Donald Trump.

le sale boulot à leur place, alors pourquoi s'inquiéter ; moins ils en savaient, mieux c'était. « Prince est tombé en disgrâce médiatique après les affaires irakiennes », rappelle Matthew Hedges. « Publiquement, c'était compliqué de faire appel à lui ; Blackwater a d'ailleurs changé de nom plusieurs fois[174]. C'est pourtant à ce moment que les Émirats ont travaillé avec lui. »

Coopté par MBZ, Prince diligenta des cellules sécuritaires au tournant des années 2010, en plus d'une opération anti-piraterie au large du golfe d'Aden avec deux mille combattants somaliens. Au Yémen, il recruta des mercenaires sud-américains, principalement colombiens mais aussi chiliens, honduriens, panaméens ou salvadoriens, afin de garnir les rangs des forces spéciales. Pour 2 000 à 3 000 dollars par mois, 450 *mercenarios* arrivèrent dès 2015. Un contingent gonflé plus tard à près de 2 000 hommes, qui recevaient des bonus et des compensations pour leurs familles restées au pays ou émigrées aux Émirats.

Devenu un hub militaire au Moyen-Orient, hôte tous les deux ans de l'IDEX, un énorme salon de l'armement, Abu Dhabi affirmait sa puissance et sa capacité d'intervention en dehors de ses frontières. Arabie heureuse, Libye, Somalie, Syrie, MBZ était le maître du jeu, orchestrant et défaisant les alliances lorsque le moment était jugé opportun ; il fut le premier dirigeant du Golfe à rétablir des liens avec le régime de Bachar Al-Assad après avoir pourtant financé des milices pour le bouter hors de Damas. « Le Yémen était une occasion de tester la force de l'armée émiratie », soutient Krieg. « Chaque pays de la coalition ressentait l'excitation de se dire : “Enfin, on va pouvoir utiliser ce matériel qu'on a acheté !” »

De 2016 à 2020, les Émirats furent le neuvième importateur d'armes au monde, classement dominé par l'Arabie saoudite qui enchaîna les contrats avec son partenaire américain, à qui il avait promis un chèque de 380 milliards de dollars en 2017. « Il faut faire attention avec ces promesses », tempère Pierre Conesa, ancien haut-fonctionnaire au ministère de la Défense française. « Beaucoup de politiciens américains ou occidentaux paradent dans les pays du Golfe pour revenir avec une promesse d'achat. On médiatise l'affaire pour redorer son image, pour montrer son efficacité, et dire qu'on a conservé les emplois de nos usines. Sauf que dans les faits, les contrats sont rarement respectés dans leur totalité. Pour le politicien, ce n'est pas grave, il a eu son effet d'annonce. »

174. Elle est connue aujourd'hui comme Constellis.

Entre 2015 et 2019, l'Arabie saoudite et les Émirats arabes unis paraphèrent des contrats de 68 milliards de dollars d'armement rien qu'aux États-Unis. En plus des avions, missiles ou véhicules blindés, une assistance américaine a été prodiguée. Entraînement, ravitaillement, spécialisation : l'Oncle Sam s'occupait de tout, au même titre que les experts anglais, espagnols ou français venus accompagner les accords signés avec ces pays. « On nous critique pour ce qui se passe au Yémen, pour la campagne de bombardements ou les dommages collatéraux, mais c'est un peu hypocrite », estime un ancien membre de la défense saoudienne. « On préparait nos actions avec des Américains, Anglais, Français, etc. Pour le ciblage des frappes, le renseignement, la surveillance, la coordination des actions, ils étaient là. Nous ne sommes pas irréprochables, mais nous ne sommes pas tous seuls dans cette guerre. » Jamais totalement désavouée par l'Occident malgré ses crimes, la coalition s'était parfois sentie esseulée, surtout l'Arabie saoudite, toujours mise en avant pour le désastre humain au Yémen.

Si le sujet était balayé publiquement, les chefs d'État assuraient cependant en privé leur soutien à la monarchie saoudienne ainsi qu'aux Émirats. « On préfère garder ces pays comme clients que les perdre », clame Conesa, qui a écrit plusieurs ouvrages sur ces questions. « On sait pertinemment que les pays du Golfe, dont les budgets d'armement ont explosé depuis une dizaine d'années, vont s'équiper quoi qu'il arrive. Auparavant, on était tranquille car ils ne se servaient pas de ces armes, c'était simplement dans une logique de défense. Tout allait bien dans le meilleur des mondes jusqu'à la guerre au Yémen. Maintenant, nos équipements sont utilisés pour attaquer un pays, ce qui pose question puisque la France est un État membre du traité sur le commerce des armes[175]. Malgré ça, on ne veut surtout pas se mettre à dos l'Arabie saoudite et les Émirats. »

La France, troisième exportatrice d'armes dans le monde entre 2016 et 2020, comptait dans son portefeuille d'autres clients fortunés ; l'Inde, l'Égypte et le Qatar avaient par exemple davantage dépensé sur la période. Néanmoins, avec une promesse saoudienne de 10.3 milliards d'euros en 2015 et une émiratie de 16 milliards en 2021 pour l'achat de 80 rafales, les comptes étaient vite faits. « On a fait des livraisons au Yémen aussi », glisse un ancien membre du ministère de la Défense français. « C'était en petite quantité, mais il y a eu des cargaisons qui partaient de notre base à Djibouti, de l'autre côté de Bab-el-Mandeb. » Dans des réunions informelles, des officiels français

175. Les signataires doivent s'abstenir de vendre des armes pouvant être utilisées en violation du droit international humanitaire.

parlaient des « gros bonnets » qui utilisaient quelques lunettes de tir particulièrement sophistiquées fabriquées en France. Problème, les « gros bonnets » en question étaient un synonyme d'Al-Qaïda, ou du moins ce qui s'apparentait à ce mouvement désormais difforme. Entre les djihadistes réels, les mercenaires, et les attaques prétendument faites au nom du groupe à la bannière noire, il n'était pas facile de s'y retrouver. « Pourquoi j'ai rejoint AQPA ? Parce qu'ils payaient bien, c'est tout », ne cache pas Abdullah bin Sulaiman, garde du corps de profession. « Des éléments de ce qu'on appelle Al-Qaïda étaient payés pour faire des opérations ici et là », abonde Tawfik Al-Hamadi. « Certains de leurs cheikhs et intermédiaires étaient connus pour être utilisés par toutes les parties du conflit, ce qui a malheureusement contribué à prolonger la guerre. Néanmoins, on ne peut pas nier que d'autres membres ont gardé l'idéologie originelle d'Al-Qaïda. »

Depuis la fusion des branches saoudiennes et yéménites en 2009, AQPA avait gagné en ampleur, bien aidé par l'effondrement du régime et l'accord tacite du gouvernement. « C'est une belle hypocrisie », confirment plusieurs officiels. Combattant officiellement les groupes qualifiés terroristes, la coalition et l'État yéménite employaient d'actuels et anciens membres d'Al-Qaïda dans ses factions militaires. « En 2013, le général Fahmi Marous, connu pour son adhésion aux idées extrémistes et terroristes, a été nommé chef de la sécurité de la province de Hadramaout », glisse Muhammed Al-Sharafi, journaliste local ayant travaillé pour des médias tels que Al-Sharie et Al-Awla. « Ce général était soutenu par le cheikh Abdullah Al-Ahdal, qui était le mufti d'Al-Qaïda dans la région. »

Placé en juillet 2016 sur la liste des personnes sous sanction par Washington pour ses liens avec AQPA, le cheikh Al-Ahdal était protégé par les autorités locales. Se déplaçant sans souci dans les mosquées de Hadramaout, il récitait ses prêches pour convaincre des jeunes de rejoindre le djihad contre les chiites, les Américains ou quiconque entravant les projets d'Al-Qaïda. D'autres hommes aux penchants djihadistes ou au passé trouble servirent d'intermédiaires entre la coalition, le gouvernement et AQPA, tel le sultan Tariq Al-Fadhli. « Il n'y a pas de filtrage dans cette guerre. On est tous ensemble », avoue un des témoins de la gigantesque enquête de l'Associated Press en 2018 qui mit en évidence cette relation ambiguë. « Les Émirats disaient agir dans le Sud pour lutter contre le terrorisme alors qu'ils coopérèrent avec des membres d'Al-Qaïda », renchérit Adel Al-Hassani, qui s'était engagé comme soldat dans la libération d'Aden. « Je peux parler de Nasser Al-Shaybah Al-Kazami et surtout d'Abu Al-Abbas. Lui, il est recherché aux États-Unis, mais financé par Abu Dhabi où il a une résidence ! »

Considéré comme un « éminent instructeur militaire » qui a « levé des fonds pour Al-Qaïda » et « servi une fois l'État islamique en finançant ses forces », Abu Al-Abbas était dans le listing des individus sous sanction américaine depuis 2017. Maître de Taez, où ses brigades aux relents salafistes combattaient les houthis, il était l'un des intermédiaires indispensables du conflit, amassant une petite fortune et des équipements... états-uniens donnés par les Émirats. Conduisant un MRAP, un véhicule blindé américain censé résister aux mines et autres pièges explosifs, Al-Abbas était un homme tranquille. Comme tous les autres *warlords*, il bénéficiait pleinement d'un conflit où chaque service valait deux ou trois fois son prix. « Quiconque pouvait recruter des gens était le bienvenu », abonde le général Khasrouf. C'est ainsi qu'Adnan Rouzek, un ancien d'AQPA, fut nommé par le président Hadi au poste de coordinateur des opérations militaires à Taez et commandant du cinquième bataillon de protection présidentielle, une nouvelle unité. Débrouillard, sans scrupule, il reçut 12 millions de dollars (!) selon l'Associated Press pour monter une offensive contre les houthis. « Le conflit payait très bien pour certains », grommelle Khasrouf, désabusé. Plus les soldats de l'armée régulière mouraient, plus les seigneurs de guerre s'enrichissaient ; il fallait bien rémunérer ceux qui trouvaient des nouvelles recrues prêtes à aller au front.

Si combattre les houthis appâtait des volontaires, les forces gouvernementales devaient être attentives à la résurgence d'AQPA. Qu'importent les collusions, complicités ou mercenaires, le groupe à la bannière noire avait également intensifié ses campagnes de recrutement en se basant sur la « lutte contre les chiites » et les frappes de la CIA qui déchiraient le ciel d'Abyan ou Al-Bayda. « Je ne veux pas rentrer dans la controverse des standards exigés par les États-Unis lorsqu'ils conduisent un assassinat ciblé, mais plusieurs de ces attaques ne répondaient pas à ces standards », estime le chercheur Muhammad Al-Ahmadi. « La personne devait être un leader et non un élément ordinaire. Elle devait aussi être une menace pour la sécurité nationale américaine. Souvent, ce n'était pas le cas, les individus en question ne posaient aucun danger pour les États-Unis. Ils pouvaient avoir des idées extrémistes, oui, mais ils ne menaçaient pas pour autant la sécurité américaine. L'autre point était les victimes accidentelles des attaques ; les dommages collatéraux comme ils disaient. »

Dans le seul district de Rada, rattaché à la province centrale d'Al-Bayda, 56 citoyens ont été assassinés par des drones américains depuis le 2 septembre 2012, dont 8 enfants. Ce jour-là, la petite Nasser Salah Al-Sabouli, 12 ans, fut emportée avec ses parents et plusieurs membres de sa famille qui revenaient en voiture dans leur village. Une erreur, comme le 29 janvier 2018, où un missile antichar visant le *checkpoint* d'Al-Qamleen faucha Yahya Abdullah Al-Hosni, un adolescent de 14 ans qui faisait paître à proximité les moutons dont il s'occupait avec son père. Silencieuse, la justice yéménite n'avait d'égal que le gouvernement, incapable d'entreprendre la moindre action comme lorsque ses propres soldats furent lâchement assassinés par une coalition censée les aider. Pour Nasser, Yahya et tous les autres enfants inconnus de Rada, le débat n'existait même pas. Hadi, Obama, Trump : qui allait parler au nom de ces gamins ? Pour la CIA et Washington, la mort d'un membre d'Al-Qaïda valait bien le sacrifice de quelques Yéménites ; ce n'était pas des personnes, mais des dommages collatéraux. « C'est pour ça que j'ai monté une association, Karama Organization[176], avec Muhammed Al-Qawili, dont le frère – un professeur – avait été tué par un drone. »

Pensif, Muhammed Al-Ahmadi sortit d'autres archives qu'il gardait précieusement malgré son exil. « On a monitoré les attaques de drones de 2002 à 2014. On se rendait sur place pour récolter les informations clés : date, lieu, victimes, blessés, circonstances, etc. On essayait de venir en aide aux familles victimes de ces missiles. Je me souviens une fois à Shabwat, dans la zone d'Ataq ou Azzan, j'ai un doute, qu'un groupe de jeunes gens jouaient vers une mosquée. Un membre d'Al-Qaïda attendait dans sa voiture à côté. Un vieux monsieur sortit de la mosquée au moment où un missile s'est écrasé sur la voiture. Le djihadiste et le vieux monsieur ont été tués sur le coup tandis que cinq ou six enfants furent blessés. Tout le village était dans un état de panique. L'impact des dommages collatéraux est difficile à évaluer parfois car il a des effets sur le long terme. »

Dans sa chasse effrénée, la CIA attaqua le village d'Al-Majalah dans la province d'Abyan à l'aide de drones et de missiles de croisière. La cible, un élément important d'Al-Qaïda, Al-Kazemi, avait passé plusieurs contrôles de sécurité en moto depuis Aden. « Ils ont frappé avec une telle violence qu'une dizaine de citoyens périrent, dont des femmes et des enfants. À proximité du massacre, les seuls survivants furent deux petites filles. Je les ai rencontrées en visitant les lieux… [Il

176. Littéralement l'organisation de la dignité.

marque une pause.] Je pourrais parler de ces histoires jusqu'à demain. Il y avait évidemment l'attaque en pleine cérémonie de mariage dans le district de Rada. Elle a beaucoup marqué notre pays. »

Le 12 décembre 2013, la tribu Al-Taisi accueillait la tribu Al-Amri pour célébrer un mariage. Après un festin d'agneau rôti préparé par les parents de la mariée, Wardah Al-Taisi, le convoi s'apprêtait à démarrer pour rejoindre le village montagneux du futur mari, à une trentaine de kilomètres plus au nord. Près de 70 personnes s'entassèrent dans les 11 automobiles qui roulaient à travers la seule route caillouteuse menant au fief des Al-Amri. « Ils se dirigeaient vers le bourg minuscule d'Oqbat Za'aj », dit le journaliste local Naser Ali Al-Sanea. Faisant une pause le temps qu'une voiture puisse réparer un pneu à plat, les deux tribus poursuivirent leur chemin sous un doux soleil hivernal. Soudain, sur les coups de 16h30, un bruit assourdissant transperça l'horizon et les tympans des mariés. En quatrième position de la file de voitures, la Toyota Hilux explosa sous l'impact d'un missile hellfire tiré depuis un drone. Sortis quelques secondes avant le choc à cause du vacarme, certains occupants avaient réussi à s'en sortir. « Quatre hommes étaient morts et cinq autres furent blessés », raconte Al-Sanea. « Le conducteur a survécu miraculeusement, sans une égratignure. Par contre, l'impact avait endommagé trois autres voitures. Les gens ont immédiatement tenté de fuir. »

Peinant à trouver leur respiration, les infortunés s'écartèrent de la route frappée quelques secondes plus tard par trois autres missiles antichar[177]. « Le drone vola à basse altitude pendant presque deux heures. Il était impossible pour les blessés d'aller à un hôpital ou à n'importe quelle unité médicale sous peine d'être attaqués à nouveau », continue le journaliste. « Certains sont morts à cause des saignements abondants. » Des fermiers, des cultivateurs de khat, des travailleurs saisonniers en Arabie saoudite et un soldat périrent. Sur les 12 défunts, la majorité nourrisait toute la maisonnée. « Deux jours après le massacre, je me suis rendu à l'hôpital de Rada avec une journaliste britannique [Iona Craig] pour visiter les blessés », se souvient avec émotion Al-Ahmadi. « J'ai gardé des photos de ce moment. C'était... » Ne trouvant pas ses mots, le chercheur se tut en repensant à ces femmes et hommes s'étant trouvés au mauvais endroit au mauvais moment ; les Américains pensaient cibler l'un des terroristes qu'ils recherchaient le plus, Shawqi Al-Badani.

177. L'opération fut menée par la Joint Special Operations Command (JSOC) qui coordonne les unités des forces spéciales des diverses branches de l'armée américaine.

Ce 12 décembre 2013, sur la route de Yakla, il n'y avait pourtant aucune trace du djihadiste, mais de deux tribus unissant chacun un de leurs protégés. Apprêtée, coquette, Wardah Al-Taisi avait quitté pour de bon la demeure de ses parents pour vivre avec celui qui allait partager sa vie pour toujours. Sur le trajet, elle s'imaginait plein de choses. Une maison, des enfants, pourquoi pas un voyage en Europe ? Cette journée allait être inoubliable, c'était sûr, mais la future mariée ne savait pas à quel point ; sous l'un de ses yeux, une cicatrice lui rappellerait désormais quotidiennement que cinq membres de sa famille étaient partis pour de bon. Wardah pouvait pleurer, rien n'y changerait : au Yémen, les larmes des épouses se noyent dans une guerre menée de l'autre côté de l'Atlantique.

30. LA BALLADE D'AL-QAÏDA

« Le directeur de la prison recevait des appels et messages de membres d'Al-Qaïda pour obtenir la libération de leur chef, Khalid Batarfi. Ils ont proposé 10 millions de rials yéménites pour permettre à Batarfi de recevoir une arme afin de faciliter son évasion. Le directeur a refusé, puis s'est enfui [...]. En très peu de temps, Al-Qaïda a pris possession des lieux. Ils ont libéré Batarfi, ce qui était le but de l'opération, puis plein d'autres prisonniers » (Muhammed Al-Sharafi, ancien responsable des droits humains à la prison centrale de Mukalla).

Parmi toutes les batailles, la prise de Mukalla par Al-Qaïda a fait le tour du monde. Une semaine après le déclenchement de l'opération « Tempête décisive », les djihadistes contrôlaient sans trop de difficulté la cinquième ville et le troisième port du pays. Une aubaine pour amasser un butin inédit et garantir la pérennité du groupe à la bannière noire. ■

Enjouée, pimpante, Shroq Al-Ramadi rehausse ses lunettes aux verres noirs. « On a tous besoin de rire, surtout après ce qu'on a connu. » Depuis son domicile à Mukalla, la deuxième grande ville côtière du Sud après Aden, l'étudiante diplômée en architecture à l'université de Hadramaout raconte les souvenirs qu'elle a amassés depuis son enfance. « On avait Disney Channel à la maison, c'est comme ça que j'ai appris l'anglais. Je regardais la série *Hannah Montana* et ce genre de programmes. Je copiais tout ce que disait Hannah Montana avec la même attitude [rires]. Mon père me disait : "C'est exceptionnel, tu parles comme une Américaine même si je n'ai aucune idée de ce que tu racontes !" Il m'a payé un professeur privé pendant deux mois pour que je me perfectionne, mais j'ai globalement tout appris à partir des films ou des musiques. Parfois, je ne connais pas certains mots ou je ne sais pas si ce que je dis est juste, mais j'essaye ! »

Moderne, Shroq a fondé Takween, un club culturel organisant des ateliers traditionnels hérités du folklore hadrami, des concerts, des pièces de théâtre ou des sessions de lecture. « J'avais 18 ans et je travaillais avec des enfants », dit-elle avec son sourire contagieux. « Je leur faisais écouter des musiques, je leur lisais des poèmes... Des choses simples en gros, mais j'ai pensé : "Pourquoi je ne monterais pas quelque chose pour ces jeunes vu l'énergie dont ils disposent ?" On était dans une zone de guerre, ils ne pouvaient pas faire grand-chose. J'ai réuni six de mes copines et on a créé Takween. Au début, on ne savait pas comment marchait la société civile, on ne savait pas à quelle personne demander des conseils sur la marche à suivre. On a donc écrit nos idées, nos buts et ce sur quoi on voulait se focaliser. On a lancé le projet sur les réseaux sociaux pour voir qui voulait nous rejoindre. On a été tellement surprises de voir le nombre de personnes qui postulaient ! Je pensais que pas grand monde s'intéressait sérieusement à notre culture. »

Rapidement, une trentaine de membres se réunirent le soir pour regarder des films ou commenter les derniers livres lus à la maison. « Je suis une jeune femme qui a envie de se réunir avec des personnes comme elle. J'aime rencontrer des gens et discuter avec de nouvelles personnes. Takween se voulait être un endroit apaisé et sécurisé pour tous les jeunes de Mukalla et des villes alentour où nous avions des adhérents. » Ambitieuse, Shroq organisa un premier événement avec des chants et des danses inspirés de l'histoire de sa région. Terre antédiluvienne, Hadramaout était perçue comme une entité à part de l'Arabie heureuse, façonnée par ses royaumes et sultanats s'étant succédés au fil des siècles. « C'est une région conservatrice », concède la jeune femme. « Beaucoup de gens ici veulent qu'on les laisse tranquilles. Ils ne souhaitent pas s'engager avec ce qui se passe dans les autres provinces. Je dis souvent que notre vallée est comme une propriété privée. »

Contrairement à l'immense majorité des femmes de Hadramaout arborant le niqab, Shroq montrait son visage. Vêtue habituellement d'une *abaya* sombre recouvrant son corps, elle aimait orner ses cheveux d'un élégant hijab noir à la fine texture. « C'est un choix qui me vaut parfois des remarques », concède-t-elle. « Le niqab est lié à nos coutumes plus qu'à une interprétation religieuse. Les gens pensent que si nous ne couvrons pas notre visage, nous allons séduire les hommes. C'est stupide, mais c'est la mentalité. » Soigneusement maquillée, les pommettes saillantes, l'ancienne étudiante en littérature anglaise devait cependant reporter ses projets culturels et d'émancipation à cause de l'émergence d'Al-Qaïda sur la côte hadramie au printemps 2015. « On avait averti avant la guerre le ministre de l'Intérieur, Abdul Qader Qahtan, par un courrier officiel », confie le journaliste local Muhammed Al-Sharafi. « On a été convoqué à Sanaa pour expliquer la situation. On les mettait en garde sur le fait qu'AQPA contrôlait déjà une partie de la zone, à cause de ses accointances avec le directeur de la sécurité, le général Fahmi Mahrous. On nous a répondu qu'il allait être viré, mais c'était trop tard. Al-Qaïda avait déjà pénétré le territoire en établissant des cellules à l'intérieur de la ville. »

Délestée d'une partie des forces de sécurité réquisitionnées par l'opération « Tempête décisive » à Aden pour lutter contre les houthis, Mukalla était vulnérable. Si le front de mer avait toujours des allures de carte postale, avec ses roches dessinant un chemin ondulé jusqu'aux immeubles blancs et ocre en contrebas des falaises, la réalité était toute autre. « J'étais en charge des droits humains à la prison centrale », se souvient Al-Sharafi. « La situation était tendue car des combats avaient déjà éclaté. Le directeur de la prison, avec qui j'avais une bonne relation, recevait des appels et des messages de membres d'Al-Qaïda pour obtenir la libération de leur chef, Khalid Batarfi[178]. Ils ont proposé 10 millions de rials yéménites pour permettre à Batarfi de recevoir une arme afin de faciliter son évasion. Le directeur a refusé, puis s'est enfui. » Assis dans le *diwan* de sa maison jouxtant la prison centrale, Al-Sharafi entendit peu avant midi les coups de feu qui s'abattirent sur le pénitencier. « En très peu de temps, ils ont pris possession des lieux. Ils ont libéré Batarfi, ce qui était le but de l'opération, puis plein d'autres prisonniers. »

178. Le Saoudien, dont la famille était originaire de Hadramaout, est aujourd'hui l'émir d'AQPA.

Plus de 200 hommes, dont la moitié au passé djihadiste, déambulèrent dans les rues désertes. À la tête de ce cortège marchait Khalid Batarfi, un *moudjahidin* saoudien formé en Afghanistan au tournant des années 2000, qui se dirigeait vers le palais présidentiel de la cité. Sans avoir besoin de forcer le passage, il s'empara tranquillement des lieux et demanda à ses fidèles de le prendre en photo. Avec sa barbe hirsute, sa chemise blanche, ses sandales grises et sa kalachnikov en bandoulière, il s'affala sur un divan molletonné en faisant semblant de téléphoner avec le combiné blanc posé à côté. Quelques secondes plus tard, debout sur un drapeau yéménite étendu au sol, il souriait devant l'objectif en montrant le ciel de son index droit. Un geste qui ne trompait pas : si Al-Qaïda était devenu maître de Mukalla, les cieux y étaient sûrement pour quelque chose ; pourquoi n'avaient-ils rencontré aucune résistance le cas échéant ?

Ancien professeur adjoint de français à l'université d'Aden, Salem était tout aussi surpris que les djihadistes. La veille, le 1er avril 2015, il parcourut les quelques 540 kilomètres de route côtière séparant la capitale temporaire du Yémen à Mukalla. « J'étais avec ma famille, dont mes quatre enfants », glisse-t-il dans un entretien téléphonique en anglais. « J'ai loué des chambres dans un motel pour y passer la nuit. On était fourbu du voyage. La nuit, après minuit, on a été réveillé par des coups de feu. Ça tirait de partout. On ne savait pas ce qui se passait. 15 ou 20 minutes plus tard, le silence est revenu. Il n'y avait plus un bruit. On s'est recouché sans se poser trop de questions. Le lendemain, à l'aube, je suis descendu à la réception et j'ai vu que les portes étaient fermées. J'ai essayé d'ouvrir, mais rien à faire. Je voulais acheter quelque chose à manger pour le petit-déjeuner de mes enfants, donc je suis allé chercher le réceptionniste. Lorsque je l'ai trouvé, je lui ai dit que je voulais sortir. Il m'a regardé bizarrement : "Tu n'es pas fou ?" Je lui ai demandé ce qui se passait. "Al-Qaïda a pris le contrôle de la ville cette nuit. Tout est fermé." »

Si des infrastructures échappaient encore au contrôle des *moudjahidin* (aéroport, camps militaires, port), le pillage de la banque centrale inquiéta fortement le gouvernement et ses alliés dans la lutte contre le terrorisme. « C'est l'une des premières choses qu'ils ont faites », lance Saeed Bakran, un des journalistes locaux les plus connus. « Ils avaient bloqué la route pour interdire aux gens d'approcher. Ils étaient venus avec des voitures blindées, ils ont tout pris. » Cagoulés, les membres d'Al-Qaïda braquèrent les caissiers et dévalisèrent les coffres contenant près de 100 millions de dollars. Empaquetant le magot, ils sortirent sans encombre de la banque pour voguer en souriant vers d'autres parties de la ville ; sans shérif, la balade était bien plus agréable. « Ça a été très vite », confirme Bakran. « Il y a eu comme une capitulation des forces de l'ordre. Ils ont réussi à contrôler l'entièreté de Mukalla en un rien de temps. »

Agglomération dépassant les 500 000 habitants, la cité ensoleillée affichait désormais le funeste drapeau noir d'AQPA. Un désastre qui ne se vit pourtant pas vraiment les premières semaines. « Ils se faisaient appeler "les fils de Hadramaout" », se rappelle Salem. « La situation était tellement précaire que des gens voulaient leur donner une chance. Ça montrait le désespoir. » Sans être forcément d'accord idéologiquement, une partie de la population accepta ce nouveau patronage en se disant que cela ne pouvait pas être pire que l'ancienne administration. « Économiquement, c'était compliqué », abonde Shroq Al-Ramadi. « Les routes et les infrastructures en général craignaient. Quant à l'électricité, nous souffrions sans arrêt de coupure. » Hadi ou Al-Qaïda, ils nous mitonnaient en grand secret un de leurs tours pendables, alors qu'est-ce que cela changeait ?

Avec un contingent originel d'environ 300 djihadistes, AQPA avait réussi un tour de force pour gouverner une ville aussi grande. « C'est aussi à se demander comment ils n'ont pas été arrêtés dans leur manœuvre », peste Al-Sharafi. Conscient de cette opportunité unique, le groupe adopta un discours modéré, se présentant en défenseur des terres hadramies contre une potentielle offensive houthie. N'effectuant aucune purge dans la société civile ou sécuritaire, ils proposèrent plusieurs choix aux troupes militaires stationnées dans la région comme la 190e brigade aérienne qui se rendit sans résistance. Une aubaine pour AQPA qui avait offert la possibilité aux soldats de quitter les lieux en toute sécurité avec leurs émoluments et armes personnelles. « Ils ont joué une stratégie à la Robin des Bois », pointe la chercheuse Elisabeth Kendall.

Abolissant les taxes, finançant la refonte de la compagnie électrique, organisant les réparations des routes ou du système d'eaux usées, Al-Qaïda séduisait de plus en plus de sceptiques. « Il a fallu attendre quasiment deux mois pour voir un changement », narre Salem. « Ils s'étaient rendu compte que leur mouvement avait été infiltré suite à une attaque précise d'un drone. Un matin, ils pendirent deux ressortissants saoudiens qui faisaient partie d'AQPA. Ils annoncèrent que ces hommes étaient des espions et des traîtres. »

Considérés à la solde des Américains, les jeunes Al-Mutairi et Al-Khaledi furent exécutés *manu militari*. Une réponse à la frappe de la CIA qui avait emporté une semaine plus tôt Nasser Al-Wahisi, le chef de l'organisation djihadiste. « Mukalla s'est transformée en malédiction pour Al-Qaïda », juge le chercheur Hussam Radman. « La doctrine originelle conseillait aux combattants de ne pas prendre le contrôle de larges zones urbanisées, mais plutôt de territoires ruraux reculés pour éviter des problèmes de gouvernance et avoir plus de liberté. Lorsqu'ils ont occupé Mukalla, forcément, ils étaient exposés. Les États-Unis ont liquidé la plupart de leurs leaders après cette date. »

Hautement médiatisé, le contrôle d'AQPA sur Mukalla s'accompagna de percées dans la province d'Abyan. Début décembre, Jaar et Zinjibar tombèrent dans les mains djihadistes qui élargirent leur zone d'influence sur une bande côtière de presque 500 kilomètres ! Grâce au butin dérobé à la banque centrale, les salaires des soldats enrôlés étaient quasiment doublés pour s'assurer de leur loyauté. Travaillant avec les leaders locaux, Al-Qaïda envoya même un médiateur pour demander à l'État la permission d'exporter le pétrole non raffiné ! « Ils avaient besoin des documents gouvernementaux pour vendre ce pétrole », explique un cheikh dans une enquête de Reuters. « Leur offre était simple : 25 % pour AQPA, 75 % pour le gouvernement. » Une proposition refusée qui entraîna une contrebande de masse, facilitée par l'afflux régulier de navires profitant de la baisse des droits de port. « Ils n'avaient jamais atteint une telle fortune », soutient le journaliste Al-Sharafi. « Le commerce portuaire, les exportations, le pétrole... Chaque jour, ils gagnaient des millions. »

Documentée par Reuters et le Sanaa Center, la manne financière d'Al-Qaïda s'envola à près de 900 millions de dollars en une année[179]. Une somme inédite qui ne servit pas à développer Mukalla, mais des camps d'entraînement et des fortunes personnelles. Derrière les promesses initiales pleines d'altruisme, les djihadistes avaient effectivement cédé à l'avidité. Confisquant une partie des revenus portuaires, ils extorquèrent les potentiels opposants ou chaque personne susceptible d'enrichir le trésor de guerre tout en imposant leur idéologie. « Ils avaient fermé les collèges et les universités pour six mois environ », se rappelle Shroq. « Lorsque les citoyens en ont demandé la raison, ils ont répondu que c'était parce que les hommes et les femmes partageaient les mêmes classes. C'est les valeurs qu'Al-Qaïda voulait implanter. Pour eux, les magazines, la musique ou le théâtre étaient tabous. »

Alpagué depuis le ciel par les drones américains, vilipendé par sa population pour sa corruption galopante, AQPA durcit son contrôle sur les habitants au fil des mois. « Les gens à l'extérieur de Mukalla

179. Un membre du ministère des Transports yéménite avait avancé à Reuters le chiffre de 2 millions de dollars de revenus quotidiens rien qu'avec le port.

pensaient que nous ne pouvions pas sortir et que le danger était partout, mais c'était exagéré, surtout au début », nuance la jeune femme. « On vivait presque normalement à l'exception des activistes, des artistes ou des écrivains qui étaient ciblés. Par la suite, ça s'est élargi à d'autres couches de la population, jusqu'à ce qu'on nous interdise plein de choses. » Engoncées dans leur domicile, les familles espéraient un signe du gouvernement pour retrouver une vie normale. « C'était affreux à un moment », abonde le journaliste Bakran. « On ne pouvait plus organiser de fête pour un mariage, on a torturé des gens sur la place publique... Il y avait des espions un peu partout. Dans les magasins, les rues, et même à la mosquée où ils surveillaient que chaque personne soit présente. »

Brûlant des archives et le matériel de la station de radio locale détenue par le gouvernement, Al-Qaïda avait également dérobé plusieurs objets du musée de Mukalla, dont des épées et des morceaux d'un trône en or. « Le trafic d'antiquités était une autre manière de financer des opérations », commente l'auteur franco-irakien Feurat Alani. Dispersés dans des filières éparses, dont certaines avaient des ramifications aux États-Unis, au Royaume-Uni et en Suisse, les artefacts de l'Arabie heureuse trouvaient acquéreur dans les catalogues de ventes aux enchères. « Il y a eu énormément de contrebande en provenance de sites irakiens ou syriens depuis le début des guerres », poursuit le lauréat du prix Albert-Londres. « La demande pour les antiquités de ces pays était forte, mais celles du Yémen trouvaient aussi leur place sur le marché. »

Néanmoins, plus d'un an après leur putsch, les djihadistes repartirent comme ils étaient venus : à toute vitesse. Une grosse journée, entre les 24 et 25 avril 2016, suffit aux forces émiraties pour bouter AQPA hors de Mukalla avec l'aide des renseignements américains. « Les Émirats avaient travaillé en amont, en invitant des volontaires à rejoindre des camps d'entraînement dans le désert de Hadramaout », éclaire Saeed Bakran. « Des raids aériens ont bombardé les points stratégiques tenus par Al-Qaïda le jour où l'opération terrestre s'était mise en marche. Ils avaient coordonné leurs efforts pour annihiler rapidement l'ennemi. » Une démonstration d'efficacité et de force qui impressionna la Maison-Blanche, dont les commentaires vantaient la coopération avec les Émirats arabes unis. Si tente-six heures avaient suffi à libérer d'Al-Qaïda l'une des plus grosses villes yéménites, combien de temps serait-il nécessaire pour vaincre définitivement les houthis ? « Ils omettaient de préciser les accords avec des membres d'AQPA », lançait Al-Sharafi, menacé de mort et contraint de s'exiler en Jordanie. « Je ne pouvais plus écrire ce que je voulais au pays, donc j'ai dû bouger… Toute cette année d'Al-Qaïda à Mukalla a été une énorme hypocrisie. On leur a presque donné la ville, puis, du jour au lendemain, on la leur a reprise. J'en ai parlé avec des *moukhabarat* et des leaders tribaux qui m'ont détaillé les arrangements. J'ai mieux compris... »

Autorisés à quitter les lieux avec leurs armes et leur cash, 300 djihadistes partirent trois jours avant l'attaque émiratie dans un convoi les emmenant dans la province de Shabwat, à Azzan. Une issue similaire fut observée dans d'autres territoires sous contrôle d'Al-Qaïda, selon la journaliste égyptienne Maggie Michael, dont le travail remarquable fut couronné du prix Pulitzer en 2019.

Dans la ville d'Al-Said, la capitulation fut ainsi négociée avec des chefs tribaux dans les locaux de Balhaf, le site de la gigantesque usine de liquéfaction de gaz détenue par Yemen LNG, la compagnie possédée à 39.6 % par Total. « Les Émirats utilisent la structure depuis le début de la guerre », confirme le ministre des Affaires étrangères, Khaled Al-Yamani. « Ce qui se passe là-bas est assez compliqué et remonte au premier jour. Tous nos amis, les ambassadeurs américain, anglais et français donnèrent leur plein soutien au gouvernement, y compris aux éléments corrompus. Depuis… C'est à l'image de notre pays. » Une histoire d'alliances inavouables, d'empoisonnements, d'hydrocarbures et de terroristes qui n'étaient plus en cage. Dormez en paix, braves et honnêtes gens, en cet Éden au charme ensorceleur, mais attention, franchie cette limite, l'Arabie heureuse est devenue une tragédie et son sauveur un mythe chanté sous les nuits étoilées de Hadramaout.

L'attrait du gaz dévore l'homme avide,
C'est la ruée, la foire aux illusions.
Les puits pétroliers des collines arides
Produisent surtout rocaille et morts.
Du monde entier, on accourt, on se presse,
L'appât du gain est si fort qu'il harponne,
Les citoyens de toutes les espèces,
C'est la ballade, la ballade d'Al-Qaïda…

31. BAISERS MORTELS DE PARIS

« Un manager français de Total a mis la pression à mon frère pour qu'il arrête d'écrire. Il lui a même offert des choses pour qu'il arrête son enquête ! Parallèlement, il investiguait les business de Shaher Abdulhak, qui était un important vendeur d'armes en lien avec Total [...].Quand il a refusé toutes ces offres, nous avons été harcelés au point d'être pourchassés par des hommes armés qui ont prévenu Mohammed d'arrêter immédiatement ces enquêtes » (Qabool Al-Absi, soeur du journaliste d'investigation Mohammed Al-Absi).

Plus gros actionnaire de Yemen LNG, Total est le premier acteur économique au Yémen. Jouissant de relations privilégiées avec Saleh, la firme française était une sorte de prolongement du ministère des Affaires étrangères. Finançant diverses activités culturelles et ONG, Total a vu ses structures être récupérées par les Émirats arabes unis depuis le début de la guerre. Une situation délicate, comme les tensions entre Ali Abdullah Saleh et les houthis. ■

« C'était la première fois que notre cousin Jihad venait à Sanaa. Mon frère Mohammed avait décidé de l'emmener dîner dehors, ce qui n'était pas dans ses habitudes. Dernièrement, il mangeait toujours à la maison. » De sa douce voix aux relents de Taez, Qabool Al-Absi se remémore la journée du 20 décembre 2016. « Mohammed travaillait sur sa prochaine enquête à propos de l'achat et la vente de pétrole au terminal de Ras Isa par des sociétés détenues par des hauts leaders houthis. Il avait découvert que certaines de ces compagnies étaient basées dans un pays qui était pourtant supposé faire partie de la coalition arabe contre les houthis. Il était assisté par un homme, Ammar Tawfik Abdulrahim. Ce n'était pas un journaliste comme mon frère, mais un trader de pétrole. Le problème, c'est qu'il était assigné à son domicile. Mohammed l'a appelé pour lui expliquer les prochaines étapes sans savoir que les houthis étaient à côté pour écouter. »

La trentaine passée, Mohammed Al-Absi gardait le visage fougueux de sa jeunesse, que les années commençaient à marquer. Svelte, aimant porter des vêtements bien taillés, il était considéré comme l'un des meilleurs journalistes d'investigation du pays. « C'était le plus courageux », loue son collègue Essam Balghaith. Auteur, enquêteur, poète, Mohammed était passionné par sa tâche et ne comptait jamais ses heures. « Depuis qu'il était petit, il voulait être journaliste », confie sa sœur. « Il écrivait des articles à l'école, puis des enquêtes au lycée en s'intéressant à des cas de corruption. Lorsqu'il a obtenu son diplôme universitaire, il a rejoint le journal *Al-Thawra*. Il s'intéressait à des sujets auxquels les gens ne faisaient pas attention en général. Il a été l'un des premiers à parler en détail de la corruption au sein de l'armée, ce qui lui a valu un harcèlement constant et des menaces des forces d'Ali Abdullah Saleh et Ali Mohsen. »

Adulte, il couvrit avec passion le soulèvement populaire qui vit l'État vendre plus cher son gaz à ses propres citoyens qu'à ses partenaires étrangers. « Il avait établi la coalition nationale contre le deal LNG. Il estimait que les hydrocarbures pouvaient aider considérablement les Yéménites, qui, malheureusement, étaient privés de ses bénéfices. Il avait obtenu des documents confidentiels faisant état d'une corruption endémique. C'était pourquoi il avait besoin d'Ammar Tawfuk Abdulrahim, le trader de pétrole. Il devait lui fournir d'autres papiers officiels. »

Après avoir repassé ses documents tout l'après-midi, Mohammed arrêta sa journée de travail à la nuit tombante. Contrairement à d'habitude, il s'accorda un moment répit comme le lui conseillait son épouse ; les contrats frauduleux pouvaient bien attendre un peu, son cousin ne restait pas longtemps à Sanaa. Embrassant sa femme, le journaliste prit sa veste pour emmener Jihad dans le centre de la capitale, au restaurant Al-Dubai sur Al-Tahreer street. « Il était inquiet ces derniers temps », glisse sa sœur. « Deux fois, il nous avait dit qu'il avait peur d'être arrêté ou enlevé. Nous étions préoccupés. »

Ce n'était pas la première fois qu'Al-Absi était soumis aux dangers inhérents à son noble métier, lui qui avait reçu la visite d'un manager de Total quelques années auparavant. « C'était un Français », confirme Qabool. « Il a mis la pression à mon frère pour qu'il arrête d'écrire sur Total. Il lui a même offert des choses pour qu'il arrête son enquête ! Parallèlement, il investiguait les business de Shaher Abdulhak, qui était un important vendeur d'armes en lien avec Total. Il était harcelé… harcelé pour ne rien publier. » Shaher Abdulhak ? L'oligarque yéménite, le roi du sucre, l'un des businessmen préférés de Saleh qui avait obtenu la commercialisation et l'exportation d'entreprises étrangères (Coca-Cola, Mercedes-Benz, Philips, Xerox, Whirlpool, etc.) dont la rumeur disait que ses comptes étaient plus garnis que ceux de l'État. « Il était l'un des hommes les plus importants du pays, c'est vrai », n'élude pas Al-Yamani. « Il faisait partie de l'élite. »

Originaire d'un village de la province de Taez, Abdulhak a bâti un empire commercial dépassant les frontières de l'Arabie heureuse. Avec son frère, Abduljahil, ils établirent une myriade de sociétés écrans disséminées dans des paradis fiscaux – îles Vierges britanniques –, comme le révélait des documents issus des *Panama Papers*. « Il avait manipulé les marchés internes pour multiplier ses bénéfices », explique Qabool. « Armes, pétrole, il était de partout. » Bénéficiant de liens privilégiés en Allemagne – où il disposait d'avoirs importants à la CommerzBank – et en France – où son fils Farouk était né –, le *King of Sugar* était l'entremetteur favori du ministère de la Défense yéménite pour négocier des véhicules blindés et autres contrats d'armement avec le gouvernement allemand. Fuyant les caméras, il tissait discrètement ses relations avec les dirigeants politiques, principalement dans l'Est de l'Afrique. Outre les hydrocarbures et la prospection minière en Éthiopie ou en Somalie, Abdulhak était un actionnaire de la richissime compagnie nationale du tabac éthiopien qui détenait le monopole d'un pays peuplé de 115 millions d'habitants. Au Soudan, sa compagnie BashairTelecom SA avait remporté en 2003 une licence d'opérateur mobile malgré un scandale entourant l'appel d'offres. « Il était surtout très impliqué en Libye », rappelle Fernando Carvajal, ancien membre du panel d'experts des Nations unies.

Grâce à son jeune frère président de la filiale locale commercialisant et important Coca-Cola, Shaher fut envoyé plusieurs fois par Ali Abdullah Saleh afin de négocier des accords avec Mouammar Kadhafi. Pareil en Irak, où il prospéra le temps de l'embargo, grâce au programme « Pétrole contre nourriture » qui devait assurer les besoins humanitaires de la population irakienne. Toujours dans les bons coups, le roi du sucre avait également été accusé d'un double jeu à l'époque des premières licences d'exploitations pétrolières accordées par le Yémen du Nord. Deux sociétés, Arabian Shield et Dorchester Gas Company, croyaient bénéficier d'un intermédiaire fiable en la personne d'Abdulhak qui traitait parallèlement avec leur concurrent, Hunt Oil, qui remporta la mise. Un procès eut lieu, sans conséquence pour l'oligarque du sucre et la firme texane, déjà tiraillée par un scandale en Libye où certains de ses employés étaient en réalité des agents de la CIA.

Très proche de la famille Bush, Ray Hunt, l'héritier de la compagnie, s'était rendu plusieurs fois en personne à Langley, le quartier-général de la CIA. Au Yémen, sa découverte de l'or noir avait entraîné un dispositif exceptionnel, avec la venue de Bush senior et d'une équipe d'agents gouvernementaux. Toutefois, si Washington usait de subterfuges pour espionner Kadhafi, il n'y avait pas ce besoin avec Saleh ; il était un livre ouvert, toujours prompt à recevoir des officiels américains, surtout de la CIA. Si la relation avec le FBI fut compliquée – notamment dans l'enquête de l'attentat de l'USS Cole –, Afash savait manier les services américains avec *maestria* pour protéger les hommes dont il avait besoin. « On avait essayé de le raisonner pour nous livrer le fils de Shaher Abdulhak », commente l'ancien ambassadeur Feierstein. « Il a toujours refusé. » Suspecté d'avoir violé et tué une jeune norvégienne à Londres le 16 mars 2008[180], Farouk Abdulhak s'était réfugié à Sanaa sous la protection de Saleh.

Organisant des fêtes dans une de ses villas sur les hauteurs de la capitale, il déambulait dans un pays où le FBI avait ouvert une antenne locale. Recherché par les Britanniques et les Norvégiens, le play-boy au train de vie luxuriant avait dû retourner un temps au village natal de son père, Al-Abous, à quelques encablures de Taez. Soutenu mordicus par son père, Farouk n'a toujours pas été jugé, ni même trouvé. « Ça a créé un petit scandale diplomatique », ajoute Feierstein. Pour le roi du sucre, la liberté de son fils n'avait pas de prix, alors au diable les quelques *deals* annulés par les firmes internationales, du moins publiquement ; son frère cadet, Abduljahil, le remplaçait à la signature des contrats.

Pour Total, Abdulhak était un intermédiaire de prospection en Afrique de l'Est. Jouissant de contacts privilégiés, il fut utilisé par la firme française pour faire du lobbying auprès des personnes d'influence. « Shaher essayait de convaincre mon frère de ne pas révéler certaines choses », continue Qabool. « Il vient du même village que nous. Il a envoyé certaines de nos relations à ma sœur et moi-même pour nous convaincre de raisonner Mohammed. Notre oncle a même appelé mon frère en lui demandant si tout ce remue-ménage était une histoire d'argent. Il lui a dit qu'il obtiendrait un chèque en blanc : "Tu n'as qu'à mettre la somme que tu veux." Quand il a refusé toutes ces offres, nous avons été harcelés au point d'être pourchassés par des hommes armés qui ont prévenu Mohammed d'arrêter immédiatement ces enquêtes

180. Martine Vik Magnussen.

à propos de Shaher et Total. C'est allé tellement loin qu'on a refusé sans raison son visa alors qu'il devait se rendre en France. »

Toute puissante, la compagnie d'hydrocarbures paradait au palais présidentiel de Saleh et à l'ambassade française à qui elle avait fourni des pickup grâce à l'entremise de Haitham Alaini, un businessman ayant étudié à l'université George Washington et dirigeant un consortium finançant des projets éducatifs. Contacté, Alaini est resté silencieux sur ses allers et venues à l'ambassade et à Balhaf, le centre névralgique de Total pour l'exploitation du gaz liquéfié. « C'est une magnifique zone géographique », décrit Ahmed Al-Shami, ancien conseiller économique d'Ansar Allah qui a œuvré dans les hydrocarbures. « Le rivage est sublime avec un petit port voisin du nom de Bir Ali. Balhaf est ouvert sur l'océan Indien et disposait de la place suffisante pour créer un énorme hub militaro-gazier. » Camp d'entraînement, chambres confortables pour les expatriés, hélisurface, salle de contrôle dernier cri, système de surveillance dernière génération : Balhaf était une forteresse gardée par plusieurs *checkpoints* et des brigades de l'armée régulière. « Il y avait aussi un système de protection tout au long des 320 kilomètres de pipeline », glisse l'ancien comptable Abdulwahed Al-Obaly. La société de services de sécurité Risk&Co fut engagée, ainsi que des opérateurs français ayant sévi en Irak et dans la Légion, sans oublier des médiateurs français et yéménites pour s'assurer de la paix sociale avec les tribus coupées par le trajet du pipeline. « C'était sport parfois », rigole Sébastien Deledicque, un ancien employé ayant publié plusieurs ouvrages sur l'Arabie heureuse. « Il fallait comprendre les besoins de chacun. Au final, on trouvait une bonne entente. »

Pour financer un tel projet, dépassant allègrement les 4 milliards de dollars, Total et les autres actionnaires de Yemen LNG (Hunt Oil à 17. 2 %, les Sud-Coréens de SK Corp à 9.55 % ou Hyundai Corporation à 5.88%) obtinrent des prêts de plusieurs banques pour une valeur de 2.8 milliards de dollars en 2008. Parmi les établissements financiers, BNP Paribas était en bonne place, agissant aussi comme conseillère d'une société chinoise (Sinochem E&P) qui acheta une participation à 16.78 % dans le bloc 10 opéré par Total. Sous la surveillance de Marianne Daryabegui, la directrice historique de la branche pétrole/gaz de la BNP, les affaires allaient bon train depuis les premières exportations en octobre 2009. « Total dispose de cinq blocs, mais comme je l'avais dit, il y avait une opacité incroyable pour les travailleurs yéménites comme moi à savoir les véritables chiffres », peste Al-Obaly. « J'avais aussi travaillé pour une compagnie pétrolière yéménite, Safer. Les chefs demandaient sans arrêt des quantités supérieures à celles prévues dans le contrat. Ils donnaient des pots-de-vin au ministère du Pétrole pour pomper plus que la norme prévue. Annuellement, Safer devait extraire 6.7 millions de tonnes métriques. En réalité, on dépassait les 9 millions. Ces deux ou trois millions de différence n'apparaissaient pas dans les bilans. Avec Total, on avait autre chose de surréaliste puisqu'à un moment, Total Yémen était le vendeur, et de l'autre côté, Total SA était l'acheteur ! Comment avaient-ils réussi à être acheteur et vendeur en même temps ? C'est un mystère. »

Finançant les activités culturelles de l'ambassade française, Total recevait souvent la visite de membres de la DGSE par le biais de l'attaché culturel de l'ambassade. « Le service tournait pour protéger les intérêts français à travers le monde », témoigne un ancien agent. « Les plus grosses compagnies avaient un traitement de faveur. On veillait à ce que tout se passe bien. » Pour cela, des projets humanitaires et scientifiques furent intensifiés, notamment le très respectable Centre français d'archéologie et de sciences sociales basé à Sanaa. « C'était une institution », s'exclame Hamid Alawadhi, ambassadeur yéménite à l'UNESCO. « Malheureusement, les investissements baissèrent au fil des années. Les Italiens nous ont aussi beaucoup aidé dans le domaine de la recherche. La coopération avec les États européens en général nous apportait beaucoup vu notre longue histoire. »

Dotée d'analystes et experts de l'Arabie heureuse parmi les plus réputés au monde[181], la France permettait à des dignitaires du régime d'envoyer leur progéniture étudier dans de prestigieuses écoles de l'Hexagone. « Total était impliqué dans les bourses données à ces étudiants », clame Al-Obaly. « On arrosait un peu tout le monde. Hôtels de luxe, grands restaurants, soirées alcoolisées, les dirigeants yéménites adoraient aller en France ! » Parmi la myriade de conseillers et pique-assiettes proches de Saleh, Jalal Yacoub était un intermédiaire indispensable. Cultivé, élégant, polyglotte, il représentait souvent les délégations yéménites signant des accords de coopération. D'autres hommes d'affaires, à l'instar de Shaher Abdulhak, investirent une partie de leurs fortunes dans l'immobilier français, achetant des appartements parisiens ou dans le Sud du pays.

Dès 2005, la famille Saleh acquit plusieurs appartements à proximité des Champs-Élysées et de l'Arc de Triomphe, notamment dans la rue Galilée. Dépensant sans compter, les fils et neveux d'Afash se

181. Pêle-mêle François Burgat et Franck Mermier, anciens directeurs du Centre français d'archéologie et de sciences sociales à Sanaa, les chercheurs Laurent Bonnefoy et Marine Poirier, l'écrivain Sébastien Deledicque…

pavanaient dans la capitale avec une assurance déconcertante. Les contrats étaient signés, l'argent ne manquait pas, alors pourquoi se priver ? « Les fonds proviennent en partie de la corruption, en particulier celle liée aux contrats pétroliers et gaziers », écrit en 2015 un rapport officiel de l'ONU au sujet de l'ancien président. Selon les Nations unies, 20 % des revenus liés aux hydrocarbures étaient accaparés par Saleh, un chiffre élevé mais pas inhabituel dans le domaine. Avec des avocats, des businessmen et plusieurs membres de sa famille, en particulier ses fils Ahmed et Khaled, le colonel à la moustache avait tissé un réseau inextricable de sociétés écrans à travers le monde. Les îles Caïmans, les îles Vierges britanniques, les îles Turques-et-Caïques, les Bahamas, les Pays-Bas, les Émirats arabes unis et la France : l'argent transitait à travers les continents sans que personne ne puisse estimer la réelle fortune du président déchu.

Si l'ONU avançait une fourchette estimée entre 32 et 60 milliards de dollars, il était impossible de comptabiliser les actifs de l'homme qui avait commencé à gagner de l'argent par de la contrebande de whisky depuis la garnison qu'il dirigeait à Mocha. Illettré, donné mort des quantités de fois, Saleh renaissait toujours, insaisissable. « Ils n'étaient pas nés les gens pensant l'attraper », rigole Abdo Borgi, son ancien secrétaire particulier. Forcément, lorsque la France fit pression sur le colonel pendant le soulèvement populaire pour baisser les coûts de sécurité payés par Total aux différentes factions militaires[182], la réponse ne s'était pas fait attendre ; au Yémen, les secrets les moins avouables sortent toujours.

Lâché par son partenaire de trente ans, qui demanda publiquement son départ et exerça un chantage – baisser les subventions pour Total en échange d'un soutien politique –, Afash rappela à l'Élysée qui était le maître chanteur. « Un kidnapping de trois Français travaillant pour une ONG a été organisé[183] », explique un ancien membre des Nations unies. « Saleh avait l'habitude d'utiliser des opérateurs dits d'Al-Qaïda. Ça n'a pas loupé, même si personne ne savait si ces hommes étaient réellement d'Al-Qaïda. » Paniqué, Paris appela l'ambassade à Sanaa pour récolter plus d'informations. L'ONG, Triangle Génération Humanitaire, était financée en majeure partie par les donations de Total, qui « signait un chèque d'un million par an », *dixit* Al-Obaly.

182. Voir chapitre 17 et le rapport du parlement yéménite de 2014 faisant état des 238 millions de dollars annuels versés.
183. Le 28 mai 2011.

Envoyant sur place des éléments de la DGSE, la France fut obligée de passer par une médiation tribale menée par Ahmed Farid Al-Suraima Al-Awlaqi, un businessman de Shabwat disposant d'investissements immobiliers dans l'Hexagone. « C'était un grand homme », complimente l'économiste Majd Ibrahim, un des proches amis de la fille d'Al-Suraima. « Il avait le cœur sur la main. » Diplomate et habitué aux négociations politiques épineuses, Al-Suraima était issu de la même tribu qu'un des assaillants, Fahd Muhammed Al-Quso Al-Awlaki. Membre instrumental de l'attentat contre l'USS Cole, le djihadiste fit partie de la liste des dix terroristes les plus recherchés par le FBI, qui offrait cinq millions de dollars pour chaque information menant à sa capture.

Pendant des semaines, la médiation, avec l'appui du Sultanat d'Oman[184], buta sur les montants de la transaction. Al-Quso s'engageait à libérer les trois otages, mais il fallait payer. Une option inenvisageable pour la France qui refusait de s'acquitter des rançons à des groupes comme AQPA. « C'est là où Total est entré en jeu », poursuit la source interne à l'ONU, dont les faits ont été confirmés par plusieurs officiels yéménites. « Total a versé la rançon. La France avait les fesses propres, les otages étaient en vie, c'était un marché qui convenait à tout le monde. » Sur le coup, le 14 novembre 2011, le constat était limpide : Total avait payé pour obtenir la libération de ces trois humanitaires, et personne ne pouvait les en blâmer ; quel était le prix d'une vie humaine pour ces familles mortes d'inquiétude à des milliers de kilomètres ? « C'est toute la complexité des rançons », décrit Anas Al-Hamati, négociateur ayant permis la libération d'un professeur sud-africain détenu par Al-Qaïda. « Il y a un business du kidnapping qui s'est monté au Yémen, *a fortiori* depuis la guerre. Des groupes sont payés pour enlever des gens ayant une valeur. On veut sauver les vies de n'importe quelle manière, et des mauvaises âmes en profitent. Un jour, ça peut vous péter à la figure. » Trois ans plus tard, le 7 janvier 2015, Chérif et Saïd Kouachi pénétrèrent dans les locaux de Charlie Hebdo et assassinèrent 12 personnes. Un attentat terrible, préparé dans des camps d'entraînement d'AQPA au Yémen, financés par la multitude d'opérations criminelles du groupe. Si Al-Quso, le récepteur de la rançon, a été tué par un drone américain en 2012, l'argent récolté lui succédait ; au Yémen, vos méfaits vous hantent jusqu'à la mort, et même après.

184. Ahmed Farid Al-Suraima Al-Awlaqi bénéficiait de la nationalité omanaise et entretenait des relations privilégiées avec le sultan Qaboos, qu'il avait connu lors de ses études en Angleterre.

Intraitable père de la nation, Saleh était soupçonné d'avoir rappelé à ses anciens amis ce qu'il en coûtait de s'attaquer à lui. Un avertissement, pas plus, mais attention : Balhaf n'avait pas fini de livrer ses tristes vérités. « Depuis le début de la guerre, Total avait dû évacuer son personnel et stopper ses activités », narre Al-Obaly. « Les femmes de ménage et les employés de maintenance venaient régulièrement, escortés par des chauffeurs entraînés, pour s'assurer que le site ne tombait pas en décrépitude. Puis les forces émiraties s'installèrent. Elles transformèrent Balhaf, une usine de gaz liquéfié, en centre de détention et d'opérations militaires. »

Fortement militarisé dès sa construction, comme l'ensemble des structures destinées à l'exportation d'hydrocarbures, Balhaf était devenu en avril 2017 le centre névralgique des Émirats arabes unis avec l'accord tacite de Total et de l'Élysée. Coordination des mouvements, repérage, tirs de drones (chinois), l'état-major d'Abu Dhabi organisait ses plans dans les confortables salles de réunion occupées auparavant par les employés de Total. « Ils ont surtout bâti un centre de détention secret où ils emprisonnaient des gens », révèle Tony Fortin, chargé d'études à l'observatoire des armements et l'un des premiers à avoir documenté les détentions sur le site de Total. « Dans quel monde vit-on pour qu'un site gazier détenu par une compagnie française serve de prison clandestine ? »

Si Total démentait son implication à travers un communiqué publié sur son site Internet[185], arguant s'être « conformé à l'injonction des autorités du Yémen », Balhaf était désormais un centre où les détentions arbitraires côtoyaient les séances de torture. « Deux de nos leaders ont été emmenés là-bas », proclame Fadi Baoom, le responsable du bureau politique du mouvement sudiste. « Muhsen Azzan est resté cinq mois, tandis que Salem Al-Rabizy a passé largement plus d'un an et demi dans des sites tenus par les Émiratis ; il a commencé à Balhaf avant d'être transféré dans une cellule à l'aéroport d'Al-Rayan. On avait réussi à lui envoyer secrètement un téléphone portable. Il nous avait expliqué être victime de torture. Il pleurait tellement au téléphone qu'il avait du mal à parler. »

Sous couvert de la lutte contre le terrorisme, les forces émiraties et le STC emprisonnaient des opposants politiques ou des hommes suspectés de tendances djihadistes ou fréristes. « Nous n'avions pas accès aux toilettes la nuit. Parfois, ils nous disaient qu'on avait qu'à

185. Daté du 7 novembre 2019.

nous pisser dessus ou sur les autres détenus de la cellule », confesse Nasser bin Awadh bin Salem de la tribu Al-Oaliq. « J'ai passé 18 jours à Balhaf en mai 2018 sans savoir pourquoi. Ils m'ont relâché car je n'avais rien fait. Pendant ce laps de temps, on m'a soumis à des interrogatoires humiliants. J'étais menotté avec un sac sur la tête. On me frappait si je ne répondais pas assez vite ou si la réponse n'était pas satisfaisante. Les questions étaient frivoles, on me demandait le nom de ma mère, de mon père, pourquoi je portais une longue barbe, pourquoi je m'étais rendu au Qatar, etc. D'autres détenus avaient reçu de véritables corrections, ils gisaient sur le sol de notre cellule. Moi, j'ai été frappé, insulté et humilié, mais moins que d'autres. On vivait dans la terreur, sous la menace. Un des officiers m'a carrément dit : "Je vais te tuer et donner ton corps à manger à mes chiens." Avant ma libération, le nombre de personnes dans la cellule était passé de 8 à 13, avec des Somaliens. On ne voyait qu'une petite lumière à travers la porte, c'était horrible. »

Si Balhaf avait accueilli des individus aux activités criminelles et terroristes avérées, d'autres hommes incarcérés n'avaient rien à se reprocher. Un traitement aléatoire, motivé par des conflits idéologiques, politiques ou de simples rancœurs. « Il n'y a pas de loi à Balhaf », s'énerve Baoom. « Le plus surprenant à mes yeux reste le mutisme de la France. Au Yémen, on pense que la France est le pays pionnier des révolutions dans le monde. Nous respectons grandement le pays, sa civilisation, mais nous ne pouvons que constater que la réciproque n'est pas vraie. Comment peuvent-ils accepter des actes aussi éhontés que ceux commis à Balhaf ? Je m'étais rendu trois fois en France, j'ai de bonnes relations avec l'ambassadeur et le ministère des Affaires étrangères. J'ai donc parlé à un diplomate français arabophone qui m'a répondu en toute sincérité : "Franchement, on a des liens économiques forts avec les Émirats, donc on ne veut pas qu'une action de notre part puisse affecter cela." » Avec une présence militaire française sur le sol émirati, comprenant une base navale, une base aérienne – incorporée au sein d'Al Dhafra, à une soixante de kilomètres d'Abu Dhabi, et un régiment de cuirassiers –, Paris avait fait des Émirats arabes unis un allié et partenaire fidèle, opérant conjointement en Libye au soutien du général Haftar.

Dans l'ombre de l'Arabie saoudite, qui avait mené la coalition à un enlisement continu depuis sept ans et demi, les Émirats avaient annoncé officiellement le retrait de leurs troupes en 2019 sous l'œil de Tahnoon ben Zayed, le conseiller à la sécurité nationale. Considéré comme le numéro 3 du régime, Tahnoon était l'homme à tout faire de MBZ, le seul capable de s'envoler à Damas, Téhéran ou Tel-Aviv dans la même semaine pour rencontrer ses homologues respectifs.

Fondamental dans le rapprochement avec la Syrie, il s'exaspérait de la stratégie émiratie au Yémen qu'il considérait illisible. Tareq Saleh, le STC, d'autres milices, des îles occupées[186], beaucoup d'argent dépensé, mais dans quel but ? Le contrôle de ports yéménites ouverts sur l'océan Indien était une chose, préserver l'image du pays en était une autre encore plus importante. « Tout repose sur l'apparence », appuie Matthew Hedges. « Les Émirats ne se sont jamais réellement retirés du Yémen. Ils ont toujours des organisations yéménites faisant le travail pour eux. » La First Abu Dhabi Bank continua ainsi de payer une milice soudanaise, la RSF (Rapid Support Forces), avec la bénédiction de Tahnoon, président du comité directeur de la banque. Soucieux de contrecarrer l'influence des Frères musulmans et du Qatar, il s'évertua à neutraliser l'influence de Doha dans la province de Taez. « Il y avait un différend entre l'Arabie saoudite, les Émirats et le Qatar », se souvient Ahmed bin Fareed, l'un des vice-présidents du STC. « Les tensions sont apparues après que la coalition ait perdu plus de 50 soldats à Mareb suite à un missile houthi[187]. Les coordonnées des soldats avaient été données aux houthis par les services secrets qataris. »

Démentie par Doha, l'information circulait dans les sphères étatiques yéménites, surtout celles sous influence émiratie, *a fortiori* après la crise du Golfe survenue le 5 juin 2017. « Plein de rumeurs sont sorties suite au blocus imposé par l'Arabie saoudite, le Bahreïn, l'Égypte et les Émirats arabes unis », abonde Andreas Krieg qui œuvrait avec le Qatar au début de cette guerre. « Au Yémen, on les accusait d'avoir des liens appuyés avec Al-Islah et surtout les houthis. Il existait bien un canal de communication avec les houthis depuis les guerres de Saada, mais il n'y avait pas d'alliance. D'ailleurs, lorsque le blocus a débuté et que le Qatar s'est retrouvé exclu de tout ce qui était possible, il y avait une exception au Yémen. Le chef des forces spéciales qataries, un ami, s'occupait de la garnison protégeant la frontière saoudienne. L'Arabie saoudite a envoyé une lettre officielle pour demander aux Qataris de rester. Deux mois après le blocus, ils étaient toujours là ! »

Tour à tour amies puis ennemies, les parties impliquées dans la guerre yéménite s'entredéchiraient, puis se rabibochaient sans s'accorder

186. Malgré l'accord initial entre le gouvernement yéménite et l'Arabie saoudite, ce sont les Émirats arabes unis qui commencèrent des travaux sur l'île de Mayun en 2021 selon des images satellites obtenues par Associated Press. Socotra est également sous contrôle du STC, et donc des Émirats dont les liens avec l'archipel sont anciens.
187. Le 4 septembre 2015, 52 soldats émiratis décédèrent, 10 saoudiens et 5 bahreïnis.

dans la durée. Dans la province de Mahra, les intérêts des Émiratis, Saoudiens et Omanais divergeaient, entre soutien à l'ancien sultan, au STC ou à un projet d'oléoduc piloté par Riyad. Un méli-mélo indéchiffrable, qui rendait parfois chèvre les dirigeants yéménites. « Honnêtement, ils me perdent un peu à Mahra », confesse l'ancien ambassadeur Noman. « Les Saoudiens ne cachaient pas qu'ils étaient intéressés par un projet pétrolier. Le reste... » Un contingent britannique se joignait à cette foire d'empoigne caractéristique de l'Arabie heureuse. Néanmoins, un élément semblait unir toutes les factions de ce conflit : la lutte contre les groupes djihadistes. « C'était le discours répété en boucle », dit l'activiste Tawfil Al-Hamidi. « Les Émirats exagéraient la menace Daech dans le Sud, qui était un mouvement marginal. C'était une manière de créer un problème pour légitimer une intervention sur le terrain. »

Idiot utile de la guerre, Al-Qaïda rendait sans le vouloir un sacré service à beaucoup de gens. Dès qu'un camp souhaitait entrer en bataille, qu'importent ses raisons cachées, il le faisait au nom du combat contre le terrorisme. Un argument imparable, presque aussi gros que des armes de destruction massive en Irak. « Les houthis avaient collaboré un temps avec Daech contre Al-Qaïda », continue Al-Hamidi. « On trouvait de tout dans ce conflit, sauf des solutions de paix. »

Un temps classé organisation terroriste à la fin du mandat de Donald Trump, Ansar Allah a été enlevée de la liste sous l'administration Biden. Une nouvelle victoire pour les houthis qui surmontèrent toutes les épreuves sur leur chemin, y compris les distensions avec Saleh. « Tôt ou tard, ça allait exploser », prédisait l'ancien ambassadeur Mustafa Noman. « C'était un mariage de circonstances, pas d'amour. » Un constat tissé également par Mohammed Al-Absi, qui craignait des jours de chagrin et d'infortune. « La corruption le rendait fou », assura sa sœur. « Il avait compris que les houthis continuaient les méthodes de l'ancien régime. »

Clairvoyant, Mohammed s'attabla avec son cousin Jihad au restaurant Al-Dubai. Ce soir-là, il s'était promis d'oublier les documents à éplucher et les révélations scabreuses à venir pour profiter d'un être cher qu'il voyait si rarement. Entre les blagues potaches et les souvenirs communs d'une jeunesse perdue, Mohammed et Jihad festoyèrent comme si la guerre n'existait pas. Quittant l'établissement, ils se dirigèrent vers la maison d'un pas lent. « Lorsqu'il est rentré, il disait être malade », se remémore Qabool. Pris de maux de ventre, il s'allongea dans son lit. « Une heure plus tard, nous avons entendu sa femme crier. Nous avons accouru. Mohammed était mal, très mal. »

Fiévreux, dégoulinant de sueur, l'investigateur au regard pénétrant avait compris ce qui lui arrivait : au Yémen, il n'y a pas d'accident pour les journalistes, seulement des meurtres. « On l'a pris pour partir à l'hôpital, mais il est mort dans les escaliers… » Émue, Qabool Al-Absi ne souhaitait pas en rajouter. Cette histoire, cette tragédie, elle l'avait assez racontée et vécue. « Il n'y a pas une nuit qui passe sans que je ne me souvienne de ça. L'hôpital nous avait annoncé que sa mort était naturelle. On préparait donc l'enterrement jusqu'à ce que notre oncle nous appelle. Son fils, notre cousin Jihad, a aussi été transporté d'urgence à l'hôpital. Son état était critique, il était même tombé dans le coma. C'est à partir de là que nous avons su que la mort de Mohammed n'était pas naturelle. »

Si Jihad s'en était finalement sorti, Qabool demanda aux autorités de pratiquer une autopsie sur son défunt frère. « Je suis allé voir le procureur, mais on m'a répondu que c'était impossible. Le gouvernement légitimement reconnu me proposa de transférer le corps de Mohammed à Aden où une autopsie pouvait être faite, mais c'était difficile. Les houthis en avaient profité pour perquisitionner notre maison… J'avais besoin de protéger mes sœurs et moi-même tout en voulant connaître la vérité. »

Prudente, Qabool attendit 18 jours. 18 interminables journées où la dépouille de son frère était à la morgue. « Sans réponse du gouvernement légitime qui s'était proposé de nous aider, on avait dû effectuer des prélèvements pour les faire analyser. J'ai contacté plusieurs organisations autorisées à utiliser l'aéroport de Sanaa, mais elles ont toutes refusé de transférer les échantillons en dehors du Yémen. On a donc dû obtenir les autorisations nécessaires pour rejoindre Aden depuis Sanaa. D'Aden, on a pris un vol pour la Jordanie où l'analyse a montré qu'il avait 65 % de monoxyde de carbone dans le sang. Il n'y avait plus de doute : la nourriture qu'il avait mangée était empoisonnée. » Sans aucune plainte ou symptôme manifesté sur place par les autres clients du restaurant, la thèse de l'empoisonnement volontaire ne faisait aucun doute pour la famille Al-Absi ou Reporters sans frontières qui demanda en vain l'ouverture d'une enquête. « Mohammed avait tellement d'informations et de documents gouvernementaux compromettants qu'il était un danger », juge Qabool. « C'est ce qui l'a fait tuer. La question est juste de savoir par qui… »

Préparant une investigation complète sur la saisie d'entreprises par des leaders houthis, le journaliste savait qu'il était espionné. Une impression partagée également par Ali Abdullah Saleh, retranché dans une de ses somptueuses demeures. Depuis des mois, il s'agaçait des prérogatives prises par Ansar Allah. « Sans lui, les houthis seraient restés dans leurs montagnes de Saada », juge Nadwa Dawsari. « Il attendait une reconnaissance et surtout de retrouver le pouvoir qu'il convoitait tant. » Fêté par ses fidèles, qui célébrèrent le 24 août 2017 le 35e anniversaire du Congrès général du peuple, Afash n'avait plus de temps à perdre ; il avait célébré ses 70 ans et ses cicatrices le faisaient terriblement souffrir chaque jour.

Diminué physiquement depuis l'attentat vécu dans sa mosquée, Saleh gardait cependant la gnaque inhérente au pouvoir. « Le président s'est toujours battu, quoi qu'il arrive », félicite Abdo Borgi. Pourtant, quelque chose avait changé. Trop impétueux, trop prévisible, le colonel à la moustache avait perdu la flamme de ses jeunes années. L'ancien père de la nation yéménite ne pensait plus au bien-être de son « grand peuple », mais aux vengeances à accomplir. Se séparant officiellement des houthis le 2 décembre 2017 après plusieurs jours de combats entre ses fidèles et les miliciens d'Ansar Allah, Saleh ouvrit la porte à une collaboration avec la coalition pour éjecter les partisans de Dieu de la capitale. Un nouveau revirement qui ne surprit personne ; depuis quelques semaines, le mot était passé dans la capitale qu'Afash communiquait clandestinement avec des officiels émiratis. Refusant de quitter Sanaa, le siège de son règne long de trois décennies, le septuagénaire dut fuir le 4 décembre pour Mareb. « Il voulait s'offrir une dernière danse », glisse le journalise Gamal Al-Moliky. Problème, Abdul Malik Al-Houthi contrôlait désormais chaque entrée et sortie de la capitale. Enfants, femmes, hommes, élèves, professeurs, commerçants, fermiers : personne ne pouvait quitter Sanaa sans laisser une trace.

Usé, moins précautionneux, Afash s'enfonça avec son véhicule dans la circulation. Prenant plein sud, il espérait se retirer dans son village natal de Sanhan en attendant des nouvelles de la coalition. Conscients de ses plans, les houthis attaquèrent la voiture par une roquette et des grenades. Sans escorte blindée comme à sa grande époque, Saleh était encerclé. Pas d'arme lourde, peu de munitions, qu'allait-il advenir de lui ? « Il n'aurait jamais dû sous-estimer les houthis », lance l'écrivain Aiman Nabil. « Ça a été sa plus grande erreur : croire qu'il pouvait encore manipuler tout le monde. »

Secoué par l'explosion, Saleh était dans le viseur d'un *sniper*. Vêtu d'un habit noir chaud, il ne pouvait discerner le danger l'entourant, ni même sortir de son véhicule : une balle entra immédiatement par le haut de son crâne. Étendu, le colonel à la moustache toujours finement taillée semblait dormir. Aucune grimace, aucune souffrance, son visage semblait avoir enfin trouvé la paix. « Il était épuisé de se battre encore et encore », glisse Barbara Bodine. « Ses amis me le disaient : “On ne le reconnaissait plus.” » Ce 4 décembre 2017, plus personne ne pouvait reconnaître Ali Abdullah Saleh, dont la photo circula rapidement sur les réseaux sociaux. Refusant d'y croire, une partie de ses fidèles jurait qu'il s'agissait d'un montage. « Pas lui ! Ce n'est pas possible », disait-on, apeuré de la prophétie qui s'annonçait ; le père de la nation était mort, et l'Arabie heureuse avec lui.

Cinq ans plus tard, la prédication n'avait jamais semblé aussi juste. Qu'importent les annonces, le départ de Abd Rabbo Mansour Hadi[188] ou les trêves éphémères : le Yémen était toujours en guerre. « Nous étions dans une telle impasse que le fils de Saleh, Ahmed, essayait de s'imposer comme une possible solution », souffle Nadwa Dawsari. « Ces gens n'ont rien compris malgré le mal qu'ils ont fait. »

En France, une enquête pour « blanchiment de détournement public » a été ouverte contre la famille Saleh. Alerté par les autorités suisses pour des mouvements de fonds suspects entre Genève et Paris, le parquet national financier tiqua en voyant Ahmed, le fils aîné, transférer 30 millions de dollars de Sanaa à une banque française. En attendant de démêler la bobine financière, l'Élysée dépêcha son ambassadeur, Jean-Marie Safa, pour s'enquérir d'une potentielle reprise (partielle) des exportations de gaz par le site de Balhaf, tandis qu'Ahmed Saleh Al-Essi, l'omnipotent président de la fédération de football qui s'était encore enrichi grâce à la guerre, avait dû prêter des centaines de millions au gouvernement de Hadi pour payer des camps d'entraînement, équipements militaires et nourriture aux soldats[189] ! « Les ressources d'hydrocarbures restent limitées », tempère Edmund Hull, l'ambassadeur américain assigné par George W. Bush après le 11 septembre. « Elles existent, elles sont importantes pour le Yémen, mais ça n'a rien à voir avec les autres pays du Golfe. C'est pour ça… [Il marque une pause.] C'est pour ça que je me demande parfois ce qu'il y a vraiment à gagner dans cette guerre. Il y a des attraits géostratégiques, c'est indéniable, mais est-ce que cela valait vraiment le coup ? » Non, et c'est bien ça le pire : au Yémen, la guerre perdure car les gens ont oublié pourquoi ils se battent.

188. Le 7 avril 2022, Hadi fut remplacé par un Conseil de direction présidentiel dirigé par Rashad Al-Alimi, l'ancien dirigeant du comité préparatoire pour la Coupe du Golfe 2010.
189. Al-Essi expliqua au Sanaa Center en 2021 que le gouvernement lui devait toujours une somme environnant 133 millions de dollars.

NOTA BENE

L'auteur et l'éditeur précisent que des personnes et des institutions citées dans cet ouvrage ont été contactées afin d'obtenir des précisions ou des réponses à certaines questions, proposant également un droit de réponse possible.

Il s'agit de Total, l'ONU (World Food Program), Rashad Al-Alimi, Martin Griffiths, Tareq Saleh et les représentants de la famille du défunt Ali Abdulah Saleh, Jalal Yacoub, Alain Juppé, le Quai d'Orsay, Jean-Marie Safa, Haitham Alaini, Hisham Sharaf et Alain Juillet.

Pour ces deux derniers, des réponses positives aux demandes d'entretiens sont parvenues à l'auteur, mais à l'heure où nous imprimons ces lignes, les entretiens n'ont pu avoir lieu. L'auteur et l'éditeur s'engagent à publier leurs réponses éventuelles sur leurs sites Internet respectifs ainsi que celles des autres personnes ou organisations mentionnées ci-dessus.

DANS LA MÊME COLLECTION

Au fait, au fait !, d'Anselme Bellegarigue
Note sur la suppression générale des partis politiques, de Simone Weil
Discours de la servitude volontaire, d'Étienne de La Boétie
Colaricocovirus, de Mehdi Belhaj Kacem
Agonie et renouveau du système de santé, de Louis Fouché

Imprimé en octobre 2022 par :

SEPEC
1 Rue Prony, 01960 Péronnas – France